Zwangsversteigerungsrecht für Banken

Ein praktischer Leitfaden anhand eines Mustergrundbuchs

Ditmar Weis

Herausgeber:
Bundesverband der Deutschen Volksbanken und Raiffeisenbanken · BVR

Der Text gibt die Rechtsauffassung des Autors wieder. Weder er noch der Herausgeber der Broschüre haften für die Richtigkeit der Interpretation.

Deutscher Genossenschafts-Verlag eG, Wiesbaden 2001

Herstellung: Raiffeisendruckerei GmbH, Neuwied

Bestell-Nr. 961 720 DG VERLAG

ISBN 3-87151-041-6

Inhaltsverzeichnis

Seite

Vorwort 9

Abkürzungsverzeichnis 11

Verzeichnis der Musterseiten 15

A. Vollstreckungsversteigerung 17

1 Überlegungen vor Beantragung eines Zwangsversteigerungsverfahrens 17

2 Voraussetzungen für einen Zwangsversteigerungsantrag 19
2.1 Fälligkeit der gesicherten persönlichen Forderung 19
2.2 Persönlicher Titel 22
2.3 Dinglicher Titel 23
2.4 Sonstige Voraussetzungen 26

3 Zwangsversteigerungsantrag und/oder Zwangssicherungshypothek 30

4 Kosten der Vollstreckung 31
4.1 Gerichtskosten 32
4.2 Rechtsanwaltsgebühren 33

5 Bewertung und Berücksichtigung vorrangiger Ansprüche und ihre Bedeutung für das geringste Gebot 34
5.1 Rangklassen des ZVG 35
5.2 Geringstes Gebot 36
5.3 Rechte in Abteilung II des Grundbuchs 37
5.4 Rechte in Abteilung III des Grundbuchs 40

Seite

5.5	Öffentliche Grundstückslasten	43
5.5.1	Übliche Öffentliche Grundstückslasten	43
5.5.2	Kosten der Altlastensanierung	44
5.6	Umfang und Wirkung der Beschlagnahme	47
6	Darstellung des Mustergrundbuchs	49
6.1	Berechnung der dinglichen Forderung in Rangklasse 4 des § 10 Abs. 1 ZVG	50
6.2	Antrag auf Zwangsversteigerung	53
7	Verhalten während des laufenden Verfahrens	57
7.1	Einstellungsantrag nach § 30 a ZVG	57
7.2	Einstellungsantrag nach § 765 a ZPO	60
7.3	Einstellungsantrag nach § 30 d ZVG durch einen Insolvenzverwalter	61
7.4	Insolvenzantrag anstelle eines Zwangsversteigerungsantrags	66
7.5	Beitritt zum Zwangsversteigerungsverfahren	68
7.6	Möglichkeiten der Einstellung des Zwangsversteigerungsverfahrens	69
7.7	Bedeutung der Wertfestsetzung	86
7.8	Bestimmung des Versteigerungstermins	89
7.9	Versteigerungstermin	100
7.9.1	Anmeldung von Ansprüchen	101
7.9.2	Wesentliche Bestandteile/Grundstückszubehör	105
7.9.3	Vorbereitung des Versteigerungstermins	110
7.9.4	Ausgebotsarten	114
7.9.4.1	Einzel-, Gesamt- und Gruppenausgebot mehrerer Grundstücke	114
7.9.4.2	Zuschlagserteilung bei mehreren Ausgebotsarten	116
7.9.4.3	Verteilung eines Gesamtrechts	121
7.9.5	Gläubigerablösung als taktisches Mittel	126
7.9.6	Sicherheitsleistung	130
7.9.7	Ablauf eines Versteigerungstermins anhand des Beispielsfalls	137
7.9.8	Gebotsabgabe/Bietungsvollmacht	155
7.9.9	Zuschlagsversagung nach § 85 a / § 74 a ZVG	159
7.9.10	Befriedigungsfiktion nach § 114 a ZVG	166
7.9.11	Die Zuschlagsentscheidung	168
7.9.12	Zuschlagsbeschluss als Vollstreckungstitel	173

Seite

7.9.13 Mietverträge 175
7.9.14 Ausbietungsgarantien 178

8 Das Verteilungsverfahren 184
8.1 Allgemeines 184
8.2 Grundsätze für die Aufstellung des Teilungsplans und Berücksichtigung der Ansprüche 185
8.3 Ablauf eines Verteilungsverfahrens anhand des Beispielsfalls 197
8.4 Außergerichtliche Verteilung 210
8.5 Wahlrecht des Gesamtgläubigers nach § 1132 BGB 212
8.6 Rückgewähranspruch bei Grundschulden 216
8.7 Löschungsanspruch 219
8.8 Wahlmöglichkeit Löschungsanspruch/Rückgewähranspruch 222

9 Forderungsübertragung und Wiederversteigerung 223

10 Abweichende Versteigerungsbedingungen 228

11 Besonderheiten bei der Versteigerung eines Erbbaurechts 232

12 Finanzierung des Erstehers 237

13 Abrechnung des Versteigerungserlöses mit dem Eigentümer 239

14 Zwangsversteigerung und Umsatzsteuer 241

15 Verwertung der Grundschuld und der Forderung im Wege eines Forderungsverkaufs 244

16 Rechtsmittel 252

B. Zwangsverwaltung 257

1 Allgemeines 257

2 Zwangsverwaltungsantrag und Ablauf des Verfahrens . . 258
2.1 Anordnung und Beitritt zum Verfahren 258
2.2 Aufgaben des Zwangsverwalters 267

Seite

2.3 Vergütung des Zwangsverwalters und Behandlung der Vorschüsse . . . 274
2.4 Kosten des Zwangsverwaltungsverfahrens . . . 277

3 Verteilungstermin und die Rangfolge der Ansprüche . . . 278

4 Zwangsverwaltung und Insolvenzverfahren . . . 293

5 Mietpfändung aus dem dinglichen Anspruch . . . 297

C. Zwangsversteigerung zum Zwecke der Auseinandersetzung (Teilungsversteigerung) . . . 299

1 Einführung . . . 299

2 Voraussetzungen für eine Teilungsversteigerung . . . 302

3 Bewertung und Berücksichtigung eingetragener Rechte . . . 304
3.1 Besonderheiten in der Teilungsversteigerung . . . 304
3.2 Umfang und Wirkung der Beschlagnahme . . . 307
3.3 Einstellungsmöglichkeiten . . . 307

4 Geringstes Gebot . . . 310
4.1 Grundsätze für die Aufstellung . . . 310
4.2 Rechte in Abteilung II und III . . . 311
4.3 Unterschiedliche Belastung der Anteile . . . 312
4.4 Ausgleichsbetrag nach § 182 Abs. 2 ZVG . . . 316

5 Verhalten während des laufenden Verfahrens . . . 317
5.1 Bedeutung Antragsteller bzw. Antragsgegner . . . 317
5.2 Grundpfandgläubiger mit Gesamtrechten . . . 318
5.3 Grundpfandgläubiger mit Anteilsrechten . . . 321
5.4 Pfändungs-/Verpfändungsgläubiger . . . 322
5.5 Anwendbare Vorschriften der Vollstreckungsversteigerung . . . 323
5.6 Darstellung des Mustergrundbuchs und des Verfahrensablaufs mit den Abweichungen zur Vollstreckungsversteigerung . . . 325

6 Erlösverteilung . . . 340
6.1 Ziel der Erlösverteilung . . . 340
6.2 Verteilung an die früheren Miteigentümer . . . 340

Seite

6.3 Finanzierung des Meistgebots eines der früheren Miteigentümer 348
6.4 Beachtung des Rückgewähranspruchs bei Grundschulden 348

7 Kosten der Teilungsversteigerung 350

D. Besondere Zwangsversteigerungsverfahren 351

1 Zwangsversteigerung auf Antrag des Insolvenzverwalters 351
2 Zwangsversteigerung von Schiffen 355
3 Zwangsversteigerung von Luftfahrzeugen 358
4 Zwangsversteigerung auf Antrag des Erben 360

Anhang 363

1 Mustergrundbücher 365

2 Hinweise für Bietinteressenten im Zwangsversteigerungsverfahren 380

3 Sterbetafel 383

4 Zwangsverwalterverordnung 385

5 § 9 EGZVG 393

6 Formulare des DG-Verlags zum Themengebiet „Zwangsversteigerung“ 394

Literaturverzeichnis 415

Stichwortverzeichnis 417

Vorwort

Fast jede Bank stand schon einmal vor dem Problem, dass ein Kreditnehmer seinen Zahlungsverpflichtungen nicht mehr nachkommt und sie daher gezwungen ist, aus den zu ihren Gunsten als Sicherheit eingetragenen Grundpfandrechten die Zwangsversteigerung zu betreiben.

Dieser Weg wird von der Bank im Allgemeinen nur dann bestritten, wenn eine andere Regelung, sei es durch einen freihändigen Verkauf des Grundstücks oder eine Ablösung durch ein anderes Kreditinstitut, nicht möglich ist.

Die Zahl der Zwangsversteigerungsverfahren hat im Jahr 2000 in der Bundesrepublik Deutschland erneut zugenommen. Gerade in den neuen Ländern ist einmal mehr ein kräftiger Anstieg zu verzeichnen, während sich in den alten Ländern die Zahl der Verfahren auf hohem Niveau stabilisiert hat.

Das Zwangsversteigerungsrecht zeichnet sich dadurch aus, dass es zwar zum einen nach starren formalen Regeln abläuft, zum anderen aber auch allen am Verfahren beteiligten Personen zahlreiche Möglichkeiten bietet, den Ablauf in ihrem Sinne und nach ihren Interessen zu beeinflussen – dies mit dem Ziel, ein optimales Ergebnis zu erzielen und möglichst keinen Ausfall zu erleiden.

Die meisten Bankmitarbeiter werden mit einer Zwangsversteigerung – wenn überhaupt – nur am Rande zu tun bekommen. Dabei ist jedoch jeder Kredit, der mit einem Grundpfandrecht abgesichert wird, ein potenzieller Anwärter für eine mögliche Zwangsversteigerung. Zwar kommt es nur bei einem Bruchteil dieser Kredite später tatsächlich zu einer Zwangsversteigerung, und auch längst nicht alle eingeleiteten Verfahren werden bis zum Zuschlag durchgeführt, doch sollte unabhängig davon jeder im Kreditbereich tätige Bankmitarbeiter Grundkenntnisse über den Ablauf eines Zwangsversteigerungsverfahrens und die wichtigsten damit zusammenhängenden Probleme besitzen. Der Grundstein für manche in der Zwangsversteigerung auftretenden Probleme wird oft schon unwissentlich bei der Beleihung gelegt, sei es aufgrund von Fehlern bei der Bewertung vorrangiger Rechte oder wegen Unkenntnis der Folgen einer nachrangigen Beleihung im Rahmen eines Zwangsversteigerungsverfahrens.

Die Zwangsversteigerung selbst wird dann oft durch die Rechtsabteilung der Bank, einen Rechtsanwalt oder die genossenschaftliche Treuhandgesellschaft durchgeführt und der frühere Kundenberater ist nicht mehr oder nur noch am Rande eingebunden.

Da die meisten Kommentare zum Zwangsversteigerungsrecht entsprechende Fachkenntnisse voraussetzen, soll mit diesem Buch versucht werden, anhand von praktischen Beispielsfällen den Ablauf eines Zwangsversteigerungsverfahrens darzustellen und gleichzeitig auf die dabei wichtigen Probleme und Rechtsfragen einzugehen. Zusätzlich werden Hinweise und Anregungen gegeben, wie der Gläubiger möglicherweise einen Ausfall vermeiden oder verringern kann.

Durch die Verknüpfung mit den Beispielen soll das Buch eine für Zwangsversteigerungslaien verständliche und nachvollziehbare Darstellung liefern. Auch der bereits erfahrenere Praktiker wird möglicherweise noch die eine oder andere Anregung für künftige Verfahren erhalten, da die Erfahrungen des Autors aus ca. 2.500 Zwangsversteigerungsterminen in das Buch eingeflossen sind.

Neben einer Vollstreckungsversteigerung mit einem parallel betriebenen Zwangsverwaltungsverfahren wird zusätzlich auch eine Zwangsversteigerung zum Zwecke der Auseinandersetzung anhand eines Beispielsfalls dargestellt.

Die jeweiligen Formulierungsvorschläge sind stets nur als eine von vielen Möglichkeiten zu verstehen. Andere Formulierungen sind deshalb durchaus denkbar und möglich. Die Formulierungen sind dem jeweiligen Mustergrundbuch angepasst und daher in der Praxis ohnehin entsprechend zu ändern und auf den konkreten Fall zuzuschneiden.

Der besondere Dank des Autors gilt Herrn Hartmut Wirtz, Diplom-Rechtspfleger (FH) beim Amtsgericht Bitburg, für die Überprüfung der Beispielsfälle und Herrn Assessor Günther Diefenbach für die Korrektur des Buchs.

Osterspai, im Dezember 2000

Abkürzungsverzeichnis

a.A.	andere Auffassung
a.a.O.	am angegebenen Ort
Abb.	Abbildung
Abs.	Absatz
a. F.	alte Fassung
AGB	Allgemeine Geschäftsbedingungen
Anm.	Anmerkung
Art.	Artikel
Aufl.	Auflage
BayObLG	Bayerisches Oberstes Landesgericht
BB	Betriebs-Berater
BBodSchG	Bundes-Bodenschutzgesetz
Bd.	Band
BI/GF	BankInformation und Genossenschaftsforum
BFH	Bundesfinanzhof
BGB	Bürgerliches Gesetzbuch
BGBl.	Bundesgesetzblatt
BGH	Bundesgerichtshof
BRAGO	Bundesgebührenordnung für Rechtsanwälte
BStBl.	Bundessteuerblatt
bzw.	beziehungsweise
ca.	cirka
DB	Der Betrieb
d. h.	das heißt
EGBGB	Einführungsgesetz zum Bürgerlichen Gesetzbuch
EGZVG	Einführungsgesetz zum Zwangsversteigerungsgesetz
ErbbauVO	Verordnung über das Erbbaurecht
etc.	et cetera
f.	folgende

ff.	fortfolgende
GBO	Grundbuchordnung
gem.	gemäß
ggf.	gegebenenfalls
GKG	Gerichtskostengesetz
GmbH	Gesellschaft mit beschränkter Haftung
GmbHR	GmbH Rundschau
HGB	Handelsgesetzbuch
i. d. F.	in der Fassung
i. H. v.	in Höhe von
InsO	Insolvenzordnung
InVo	Zeitschrift „Insolvenz & Vollstreckung“
i. S.	im Sinne
i. V. m.	in Verbindung mit
KostO	Kostenordnung
KTS	Zeitschrift „Konkurs-, Treuhand und Schiedsgerichtswesen“
lfd.	laufende
LG	Landgericht
LZ	Leipziger Zeitschrift für Deutsches Recht
m. w. N.	mit weiteren Nachweisen
MittBay	Mitteilungen des Bayrischen Notarvereins
NJW	Neue Juristische Wochenschrift
NJW-RR	NJW-Rechtsprechungs-Report
Nr.	Nummer
NZG	Neue Zeitschrift für Gesellschaftsrecht
OLG	Oberlandesgericht
RG	Reichsgericht
RGZ	Entscheidungen des Reichsgerichts in Zivilsachen
Rn	Randnummer
Rpfleger	Zeitschrift „Der Deutsche Rechtspfleger“
RPflG	Rechtspflegergesetz
Rz	Randziffer
S.	Seite
SchiffsRG	Gesetz über Rechte an eingetragenen Schiffen und Schiffsbauwerken
sog.	so genannte
UStG	Umsatzsteuergesetz
UStDV	Umsatzsteuer-Durchführungsverordnung

usw.	und so weiter
u. U.	unter Umständen
VerbrKrG	Verbraucherkreditgesetz
vgl.	vergleiche
WiB	Zeitschrift für „Wirtschaftsrechtliche Beratung"
WM	Wertpapiermitteilungen
WuB	Entscheidungssammlung zum Wirtschafts- und Bankrecht
z. B.	zum Beispiel
Ziff.	Ziffer
ZInsO	Zeitschrift für das gesamte Insolvenzrecht
ZIP	Zeitschrift für Wirtschaftsrecht
ZPO	Zivilprozessordnung
ZVG	Zwangsversteigerungsgesetz
ZwVerwVO	Verordnung über die Geschäftsführung und die Vergütung des Zwangsverwalters vom 16. Februar 1970
zzgl.	zuzüglich
ZZP	Zeitschrift für den Zivilprozess
zz.	zurzeit

Verzeichnis der Musterseiten

		Seite
Muster 1	Antrag auf Zwangsversteigerung	54
Muster 2	Anordnungsbeschluss Zwangsversteigerung	55
Muster 3	Belehrung nach § 30 a ZVG	58
Muster 4	Antrag auf Beitritt zum Zwangsversteigerungsverfahren	70
Muster 5	Beitrittsbeschluss Zwangsversteigerung	71
Muster 6	Abwicklungsvereinbarung	74
Muster 7	Zustimmung zum Antrag auf einstweilige Einstellung nach § 30 a ZVG	78
Muster 8	Einstellungsbeschluss	79
Muster 9	Bewilligung der einstweiligen Einstellung nach § 30 ZVG	82
Muster 10	Einstellungsbeschluss	83
Muster 11	Antrag auf Fortsetzung des Verfahrens	84
Muster 12	Fortsetzungsbeschluss	85
Muster 13	Wertfestsetzungsbeschluss	88
Muster 14	Terminsbestimmung Versteigerungstermin	90
Muster 15	Mitteilung nach § 41 Abs. 2 ZVG	102
Muster 16	Anmeldung der dinglichen Forderung zum Versteigerungstermin	103
Muster 17	Protokoll über den Versteigerungstermin	138
Muster 18	Anlage zum Protokoll über den Versteigerungstermin am 16. Juni 1999	146
Muster 19	Bietungsvollmacht	158
Muster 20	Zuschlagsbeschluss	171
Muster 21	Garantieerklärung	181
Muster 22	Terminbestimmung zum Verteilungstermin im Zwangsversteigerungsverfahren	186

		Seite
Muster 23	Anmeldung der dinglichen Forderung zum Verteilungstermin	187
Muster 24	Protokoll über den Verteilungstermin im Zwangsversteigerungsverfahren	198
Muster 25	Anmeldung der dinglichen Forderung zum Verteilungstermin mit Verteilung	214
Muster 26	Kaufvertrag	246
Muster 27	Abtretungserklärung persönliche Forderung	250
Muster 28	Abtretungserklärung Grundschuld	251
Muster 29	Haftungsübernahmeerklärung	260
Muster 30	Antrag auf Zwangsverwaltung	262
Muster 31	Anordnungsbeschluss Zwangsverwaltung	263
Muster 32	Antrag auf Beitritt zum Zwangsverwaltungsverfahren	268
Muster 33	Beitrittsbeschluss Zwangsverwaltung	269
Muster 34	Terminbestimmung Verteilungsverfahren im Zwangsverwaltungsverfahren	280
Muster 35	Anmeldung zum Verteilungstermin in der Zwangsverwaltung	282
Muster 36	Protokoll über den Verteilungstermin in der Zwangsverwaltung	283
Muster 37	Aufhebungsbeschluss Zwangsverwaltung	292
Muster 38	Antrag auf Anordnung der Teilungsversteigerung	305
Muster 39	Anordnungsbeschluss in der Teilungsversteigerung	306
Muster 40	Belehrung über die einstweilige Einstellung nach § 180 Abs. 2 ZVG	308
Muster 41	Beitrittsantrag in der Teilungsversteigerung	319
Muster 42	Beitrittsbeschluss in der Teilungsversteigerung	320
Muster 43	Wertfestsetzungsbeschluss in der Teilungsversteigerung	327
Muster 44	Terminbestimmung zum Versteigerungstermin in der Teilungsversteigerung	328
Muster 45	Mitteilung nach § 41 Abs. 2 ZVG in der Teilungsversteigerung	329
Muster 46	Protokoll über den Versteigerungstermin in der Teilungsversteigerung	331
Muster 47	Zuschlagsbeschluss in der Teilungsversteigerung	339
Muster 48	Terminbestimmung zum Verteilungstermin in der Teilungsversteigerung	341
Muster 49	Protokoll über den Verteilungstermin in der Teilungsversteigerung	343

A. Vollstreckungsversteigerung

1 Überlegungen vor Beantragung des Zwangsversteigerungsverfahrens

Die Vollstreckung in den Grundbesitz des Schuldners kann erfolgen durch

- die Eintragung einer Sicherungshypothek,
- die Zwangsverwaltung oder
- die Zwangsversteigerung[1].

Diese drei Maßnahmen können jeweils für sich alleine oder aber parallel mit den übrigen durchgeführt werden[2].

Auf die Zwangsverwaltung bzw. die Sicherungshypothek wird später eingegangen (A. 3). Zunächst soll der Ablauf eines Zwangsversteigerungsverfahrens dargestellt werden.

Objekte der Zwangsversteigerung können sein:

- Grundstücke[3],
- selbstständig gebuchte Miteigentumsanteile[4],
- Erbbaurechte[5],
- Wohnungs- und Teileigentum[6],
- Schiffe und Schiffsbauwerke[7],
- Stockwerkseigentum nach landesrechtlichen Vorschriften[8],
- Luftfahrzeuge.

---

[1] § 866 Abs. 1 ZPO
[2] § 866 Abs. 2 ZPO
[3] § 864 Abs. 1 ZPO
[4] § 864 Abs. 2 ZPO
[5] § 864 Abs. 1 ZPO, § 11 ErbbauVO
[6] § 864 Abs. 2 ZPO
[7] § 864 Abs. 1 ZPO
[8] Artikel 131, 182 EGBGB

Vollstreckungsorgan für die Zwangsversteigerung ist grundsätzlich dasjenige Amtsgericht als Vollstreckungsgericht, in dessen Bezirk das zu versteigernde Grundstück belegen ist. Es besteht jedoch nach Landesrecht auch die Möglichkeit, dass die Zwangsversteigerungsverfahren bestimmten Amtsgerichten zugeordnet werden.

Liegen die zu versteigernden Grundstücke in verschiedenen Amtsgerichtsbezirken und sind die Voraussetzungen für eine Verbindung der Verfahren[1] gegeben, muss beim nächsthöheren gemeinsamen Gericht (dies kann z. B. auch der Bundesgerichtshof sein) die Bestimmung des zuständigen Gerichts beantragt werden.

Soweit mehrere Grundstücke mit einem Gesamtrecht belastet sind, kann die Zwangsversteigerung in demselben Verfahren erfolgen, wenn sie entweder wegen einer Forderung gegen denselben Schuldner oder wegen eines an jedem der Grundstücke bestehenden Rechts oder wegen einer Forderung, für welche die Eigentümer gesamtschuldnerisch haften, betrieben wird. Eine gemeinsame Versteigerung mehrerer Grundstücke empfiehlt sich auch dann, wenn es sich um eine wirtschaftliche Einheit handelt.

Praxistipp	***Soweit der Bank kein Gesamtrecht zusteht, kann eine Verbindung auch dann erfolgen, wenn die Versteigerung aus einem persönlichen Anspruch in alle Grundstücke betrieben wird.***

Beim Amtsgericht ist der Rechtspfleger funktionell zuständig[2].

Beteiligter im Zwangsversteigerungsverfahren ist jeder, zu dessen Gunsten zum Zeitpunkt der Eintragung des Zwangsversteigerungsvermerks im Grundbuch ein Recht eingetragen ist[3].

Die neben dem antragstellenden Gläubiger und dem Schuldner sonstigen Beteiligten werden üblicherweise durch das Gericht vom laufenden Zwangsversteigerungsverfahren erst dann informiert, wenn die Anhörung über die beabsichtigte Wertfestsetzung erfolgt, also nicht bereits bei Einleitung des Verfahrens. Manche Grundbuchämter informieren alle im Grundbuch eingetragenen Berechtigten jedoch bereits von der Ein-

[1] § 18 ZVG
[2] § 3 Abs. 1 Ziffer i RPflG
[3] § 9 ZVG

tragung des Zwangsversteigerungsvermerks, sodass in diesen Fällen sofort Kenntnis über das laufende Verfahren besteht.

Soweit die Eintragung eines Rechts oder einer Veränderung im Grundbuch erst nach dem Zwangsversteigerungsvermerk erfolgt, wird dieser Berechtigte erst mit der Anmeldung seines Anspruchs zum Zwangsversteigerungsverfahren Beteiligter und erhält vorher auch keine Mitteilungen vom laufenden Verfahren. Dies ist z. B. bei der Eintragung einer Zwangssicherungshypothek nach dem Zwangsversteigerungsvermerk der Fall.

Die Bank sollte grundsätzlich nicht nur nach jeder Neueintragung, sondern auch nach jeder Veränderung im Grundbuch einen aktuellen Grundbuchauszug anfordern.

Praxistipp

2 Voraussetzungen für einen Zwangsversteigerungsantrag

2.1 Fälligkeit der gesicherten persönlichen Forderung

Für die Beantragung der Zwangsversteigerung eines Grundstückes oder eines grundstücksgleichen Rechts ist zunächst ein vollstreckbarer Schuldtitel erforderlich. Auch hier gelten die allgemeinen Vollstreckungsvoraussetzungen, d. h. Vollstreckungstitel und -klausel sowie deren Zustellung an den Eigentümer[1].

Ehe die Bank aus einem für sie eingetragenen Grundpfandrecht die Zwangsversteigerung beantragt, muss die durch das Grundpfandrecht gesicherte persönliche Forderung fällig sein. Hierbei müssen die vorgegebenen Fristen beachtet werden, wobei diese sich aus dem Kreditvertrag bzw. den Darlehensbedingungen ergeben. Außerdem müssen bei einer ordentlichen Kündigung, falls es sich bei der durch das Grundpfandrecht gesicherten Forderung um einen Verbraucherkredit handeln

[1] § 750 ZPO

sollte, die Besonderheiten nach § 12 Verbraucherkreditgesetz beachtet werden, d. h.

- bei Darlehen unter 36 Monaten Laufzeit müssen mindestens zwei aufeinander folgende Raten rückständig sein, und der Rückstand muss mindestens 10 Prozent der ursprünglichen Darlehenssumme ausmachen;
- bei Darlehen über 36 Monaten Laufzeit müssen mindestens zwei aufeinander folgende Raten rückständig sein, und der Rückstand muss mindestens 5 Prozent der ursprünglichen Darlehenssumme ausmachen.

Bei entsprechender Rückstandshöhe ist eine Nachfristsetzung mit Kündigungsandrohung erforderlich, außerdem soll dem Kreditnehmer ein Gesprächsangebot unterbreitet werden.

Eine außerordentliche Kündigung außerhalb des Anwendungsbereichs des Verbraucherkreditgesetzes seitens der Bank nach Ziffer 19 AGB-Banken ist ebenfalls möglich, sofern rechtfertigende Gründe für diese Kündigung vorliegen.

Nach erfolgter Kündigung darf aufgrund gesetzlicher Regelung[1] grundsätzlich nur noch der Verzugsschaden i. H. v. 5 Prozent über dem jeweiligen Basiszinssatz berechnet werden. Nach einer neuen Entscheidung des Bundesgerichtshofs[2] darf bei grundpfandrechtlich gesicherten Krediten in Zukunft nicht mehr pauschal dieser Verzugsschaden angesetzt werden, da diese Kredite in aller Regel zinsgünstiger sind als Verbraucherkredite.

Praxistipp

Bei grundpfandrechtlich gesicherten Krediten sollte die Bank daher, wie bereits früher[3] anerkannt, ihre durchschnittliche Aktivverzinsung als Verzugsschaden berechnen und dem Kunden in Rechnung stellen. Hier hat dann jedoch auch eine quartalsweise Anpassung an die aktuelle Zinssituation zu erfolgen.

Um die Zwangsversteigerung einleiten zu können, ist nicht unbedingt eine Kündigung des Gesamtkredits erforderlich. Soweit fällige Überziehungen bestehen oder eine befristete Kreditlinie ausgelaufen ist, kann

1 § 11 VerbrKrG
2 ZIP 1999, 1483
3 BGH ZIP 1988, 759

die Bank auch bereits wegen dieser fälligen Teilforderung die Zwangsversteigerung einleiten.

Die grundsätzlich in den Darlehensverträgen vorgesehene Umbuchung der fälligen Darlehensleistungen zulasten des Kontokorrentkontos des Schuldners sollte nach den ersten Mahnungen gestoppt werden, da die Darlehensraten ansonsten als gezahlt gelten. Eine Stornierung ist höchstens noch in der laufenden Rechnungsperiode des Kontokorrentkontos zulässig. Dies, obwohl inzwischen zum Teil in den Verwendungszweckerklärungen der Banken ausdrücklich aufgenommen ist, dass auch dann eine Haftung für die Zins- und Tilgungsleistungen von drei Monaten weiter besteht, wenn diese einem Kontokorrentkonto des Schuldners belastet werden (siehe Anhang 6, Vordrucke Nr. 220 020, 220 030 und 220 040).

Soweit das Darlehen endfällig ist, sollte es nicht zulasten dieses Einzugskontos umgebucht werden, da es ansonsten zu Problemen bei der Inanspruchnahme von nur für das Darlehen gestellten Drittsicherheiten kommen könnte.

Auch die Verwertung von Drittsicherheiten setzt die Fälligkeit oder Teilfälligkeit des gesicherten Kredits voraus. Dies, obwohl die meisten Grundschuldbestellungsvordrucke ausdrücklich vorsehen, dass die Grundschuld sofort fällig ist. Eine Fälligstellung der Grundschuld ist nur dann erforderlich, wenn der Grundstückseigentümer nicht zugleich persönlicher Schuldner ist (siehe Anhang 6, Vordrucke Nr. 220 400 und 220 410). In diesem Fall muss der Eigentümer nach Fälligkeit der persönlichen Forderung gegen den nicht personenidentischen Schuldner aus der als Sicherheit gestellten Grundschuld in Anspruch genommen und zur Ablösung der fälligen gesicherten persönlichen Forderung aufgefordert werden. Damit macht der Gläubiger seinen Befriedigungsanspruch aus der Grundschuld geltend[1]. Zahlt der Eigentümer dann nicht und kommt auch keine Regelung mit ihm zustande, kann der Gläubiger anschließend aus der Grundschuld die Zwangsversteigerung betreiben.

Eine Fälligstellung der Grundschuld ist z. B. auch dann erforderlich, wenn, wie in der Praxis häufig, Eheleute gemeinsam Grundstückseigentümer und nur einer der Ehegatten Kreditnehmer bei der Bank ist.

Praxistipp

[1] §§ 1147, 1142 BGB

2.2 Persönlicher Titel

Als Titel für die Einleitung eines Zwangsversteigerungsverfahrens kommen zunächst alle nach den Bestimmungen der ZPO zur Vollstreckung geeigneten Titel auf Zahlung eines bestimmten Geldbetrages, d. h. sog. persönliche Titel infrage, also insbesondere:

- ▷ rechtskräftige oder vorläufig vollstreckbare Endurteile,
- ▷ Vollstreckungsbescheide (§ 699 ZPO),
- ▷ Prozessvergleiche (§ 794 Abs. 1 Nr. 1 ZPO),
- ▷ Kostenfestsetzungsbeschlüsse (§ 794 Abs. 1 Nr. 2 ZPO),
- ▷ vollstreckbare Urkunden (§ 794 Abs. 1 Nr. 5 ZPO).

Die üblichen Vollstreckungsvoraussetzungen[1] müssen erfüllt sein, darüber hinaus muss eine ggf. nach dem Titel erforderliche Sicherheitsleistung erbracht sein. Mit diesen sog. persönlichen Titeln kann die Zwangsversteigerung und/oder die Zwangsverwaltung bezüglich des Grundbesitzes des Schuldners beantragt werden, wahlweise kann jedoch auch in sonstiges Vermögen des Schuldners vollstreckt werden. Außerdem ist es möglich, eine Zwangssicherungshypothek eintragen zu lassen.

Neben der Einleitung des Zwangsversteigerungsverfahrens kann aus einem Teilbetrag des persönlichen Titels parallel die Mobiliarvollstreckung gegen den Eigentümer betrieben werden, um eine weitere Befriedigung der Forderung zu versuchen.

Praxistipp

Der Gläubiger sollte sich nicht alleine auf die Befriedigung aus dem Erlös der Zwangsversteigerung verlassen, sondern die Mobiliarvollstreckung zusätzlich betreiben. Dieses Verfahren sollte dann zur Abgabe der eidesstattlichen Versicherung durch den Schuldner betrieben werden. Soweit sich aus dem Vermögensverzeichnis weitere Vermögenswerte ergeben, in die vollstreckt werden kann, sollte diese Vollstreckung in jedem Fall erfolgen.

Der Vollstreckungstitel muss hierzu nach Einleitung des Zwangsversteigerungsverfahrens vom Gericht zurückgefordert werden, jedoch zum Versteigerungstermin in jedem Fall wieder vorliegen.

---

[1] Titel, Klausel, Zustellung

Soweit dem Gläubiger mehrere Grundpfandrechte zustehen, sollte die Mobiliarvollstreckung aus dem persönlichen Anspruch des letztrangigen Rechts erfolgen, um eine Anrechnung auf die vorrangige dingliche Forderung so gering als möglich zu halten.

2.3 Dinglicher Titel

Im Gegensatz dazu besteht auch die Möglichkeit, aus einem sog. dinglichen Titel die Zwangsversteigerung zu beantragen. Der Titel gibt dem Gläubiger einen Anspruch auf Duldung der Zwangsvollstreckung in das Grundstück aus einem zugunsten des Gläubigers im Grundbuch eingetragenen Recht. Dieser Titel verpflichtet den Grundstückseigentümer nicht zur Zahlung des geschuldeten Betrages, sondern nur dazu, die Vollstreckung in das belastete Grundstück und damit dessen Verwertung zu dulden.

Um eine Vollstreckung zu verhindern, muss der Eigentümer zwar den geschuldeten Betrag zahlen, aufgrund des dinglichen Titels ist er aber nicht zur Zahlung, sondern nur zur Duldung verpflichtet. Der dingliche Titel bezieht sich auf den Zahlungsanspruch, der sich jedoch aus dem zugunsten des Gläubigers eingetragenen Recht ergibt. Der zugrunde liegende persönliche Anspruch muss nicht tituliert sein, zur Vollstreckung aus dem dinglichen Anspruch genügt die Vollstreckbarkeit dieses Anspruchs auf Duldung der Zwangsvollstreckung.

Als Rechte, aus denen vollstreckt werden kann, kommen infrage:

- Grundschuld/Rentenschuld[1],
- Hypothek[2] und
- Reallast[3].

Einen Titel erlangt der Gläubiger durch notarielle Unterwerfungserklärung nach § 794 Abs. 1 Nr. 5 ZPO oder durch Klage auf Duldung der Zwangsvollstreckung.

Vor dem 1. Juli 1977 konnte ein Duldungstitel auch im Mahnverfahren erwirkt werden.

Durch den Duldungstitel erwirkt der Gläubiger nur einen Anspruch auf Duldung der Zwangsvollstreckung in das belastete Grundstück. In sons-

[1] §§ 1191/1199 BGB
[2] § 1113 BGB
[3] § 1105 BGB

tige Vermögenswerte des Schuldners kann er mit dem dinglichen Titel nicht vollstrecken. Sollte der Eigentümer trotz entsprechender Aufforderung nicht freiwillig eine notariell beurkundete Unterwerfungserklärung abgeben, ist eine Klageerhebung notwendig. Zuständig ist das Gericht, in dessen Bezirk sich das belastete Grundstück befindet[1]. Bis zu einem Wert von 10.000,00 DM ist das Amtsgericht, darüber das Landgericht zuständig[2].

Praxistipp

Bei der Duldungsklage zur Erwirkung des Duldungstitels ist zu beachten, dass in der Klageschrift sowohl das Grundbuch als auch die Grundstücke, in die vollstreckt werden soll, genau bezeichnet sein müssen.

Auch für die Vollstreckung aus einer Zwangssicherungshypothek war bis zum 31. Dezember 1998 nach herrschender Meinung ein Duldungstitel erforderlich[3]. Aufgrund der Änderungen durch die 2. Zwangsvollstreckungsnovelle ist ab dem 1. Januar 1999 ein gesonderter Duldungstitel für die Vollstreckung aus einer Zwangssicherungshypothek nicht mehr erforderlich[4]. Dies erspart in Zukunft dem Gläubiger die Durchführung eines weiteren gerichtlichen Verfahrens gegen den Schuldner. Eine Grundbuchnachricht über die Eintragung der Zwangssicherungshypothek wird mit dem Vollstreckungstitel verbunden, daher ist dem Versteigerungsgericht bereits bei der Beantragung der Zwangsversteigerung bekannt, dass eine Zwangssicherungshypothek eingetragen ist. Es kann bei einem unklaren Antrag entsprechend nachfragen.

Bei der Vollstreckungsklausel aus dem dinglichen Anspruch muss ggf. eine Umschreibung erfolgen, soweit zwischenzeitlich ein Gläubigerwechsel bei dem dinglichen Recht oder aber ein Eigentumswechsel stattgefunden hat. Dies ist auch dann erforderlich, wenn z. B. der Verkäufer die Finanzierungsgrundschuld für die Bank bestellt hat. Die vollstreckbare Ausfertigung der Grundschuldbestellungsurkunde wird in diesen Fällen vom Notar sofort erteilt und richtet sich somit noch gegen den alten Eigentümer. Soweit später nach Eigentumsumschreibung gegen den Käufer und Kunden der Bank die Zwangsversteigerung betrieben werden muss, ist eine vorherige Umschreibung der Vollstreckungsklausel für die Vollstreckung aus dem dinglichen Anspruch erforderlich.

---

[1] § 24 ZPO
[2] § 23 Ziffer 1 GVG
[3] Zeller/Stöber, ZVG, 16. Auflage, Einleitung, Anm. 69.1
[4] § 867 Abs. 3 ZPO

Die Umschreibung der Vollstreckungsklausel in der vollstreckbaren Ausfertigung der Grundschuldbestellungsurkunde nach der Ablösung einer Grundschuld auf die eigene Bank sollte nicht sofort erfolgen. Dies wird zwar teilweise so gehandhabt, ist jedoch nicht erforderlich, da die allermeisten Finanzierungen ohne Vollstreckung abgewickelt werden. Eine sofortige Klauselumschreibung verursacht nur Kosten, die zwar dem Kunden belastet werden können[1], jedoch von diesem nicht immer ohne weiteres akzeptiert werden. Gerade bei einem Neukunden kann eine Belastung mit diesen Kosten zu Unverständnis und Unmut führen, da bei hohen Grundschulden die Notarkosten einige tausend DM ausmachen können. Vor der Vollstreckung aus der Grundschuld muss zunächst eine fällige persönliche Forderung vorhanden sein und grundsätzlich müssen auch Mahnungen erfolgt sein. Es ist daher ausreichend, wenn die Klauselumschreibung nach der zweiten Mahnung beantragt wird. In diesem Fall sollte vorher mit der Rechtsabteilung der Bank Kontakt aufgenommen werden, damit die Umschreibung korrekt erfolgt.

Die Klauselumschreibung muss bei dem Notar beantragt werden, der die Grundschuldbestellung beurkundet hat. Der Eigentumswechsel kann im Regelfall durch Verweis auf das Grundbuch nachgewiesen werden. Soweit ein Gläubigerwechsel stattgefunden hat und dieser im Grundbuch eingetragen ist, reicht meistens auch die Bezugnahme auf die Grundbucheintragung. Sollte die Abtretung bei einem Briefrecht nicht im Grundbuch eingetragen sein, muss dem Notar die Gläubigerschaft durch die Vorlage des Grundschuldbriefs und einer lückenlosen Kette von öffentlich beglaubigten Abtretungserklärungen nachgewiesen werden. Privatschriftliche Abtretungserklärungen sind für die Klauselumschreibung nicht ausreichend.

Soweit bei der Gläubigerin lediglich eine Firmenänderung stattgefunden hat, ist eine Klauselumschreibung nicht erforderlich, hier ist es ausreichend, wenn dem Versteigerungsgericht durch Vorlage eines Registerauszuges nachgewiesen wird, dass es sich lediglich um eine Firmenänderung und nicht um eine Rechtsnachfolge handelt. Gleiches gilt, wenn sich der Name des Schuldners, z. B. durch Heirat geändert hat. Auch hier ist keine Klauselumschreibung erforderlich.

Vor der Vollstreckung aus einer notariellen Urkunde ist die Wartefrist von zwei Wochen nach erfolgter Zustellung einzuhalten[2].

[1] Ziffer 12 Nr. 5 AGB Genossenschaftsbanken
[2] § 798 ZPO

Ist der Grundstückseigentümer vor Beginn der Zwangsversteigerung verstorben, muss die Klausel nach Annahme der Erbschaft gegen den Erben umgeschrieben und der Titel an diesen zugestellt werden.

Praxistipp

Die zusätzlich erforderliche Zustellung des Titels an den Eigentümer muss nicht durch den Gerichtsvollzieher am Wohnort des Eigentümers erfolgen, diese kann vielmehr durch jeden Gerichtsvollzieher erfolgen, also z. B. auch durch denjenigen am Sitz der Bank.

Hatte eine Zwangsvollstreckung bereits gegen den Eigentümer begonnen, kann diese in den Nachlass fortgesetzt werden[1]. Hier reicht irgendeine Vollstreckung zu Lebzeiten des Eigentümers, es muss nicht ein Zwangsversteigerungsverfahren gewesen sein. Der Gläubiger muss jedoch die Bestellung eines besonderen Vertreters[2] beantragen, an den die erforderlichen Zustellungen erfolgen. Sobald dann der Erbe feststeht, erfolgen die weiteren Zustellungen an diesen.

2.4 Sonstige Voraussetzungen

Für die Einleitung eines Zwangsversteigerungsverfahrens sind erforderlich:

- ein Antrag des Gläubigers,
- die Vorlage des Schuldtitels und Erfüllung der vollstreckungsrechtlichen Voraussetzungen,
- der Eigentumsnachweis des Schuldners (Zeugnis gem. § 17 ZVG, beglaubigter Grundbuchauszug oder Bezugnahme auf das zum selben Amtsgericht gehörende Grundbuch).

Daneben muss der Antrag die genaue Bezeichnung des Gläubigers, des Eigentümers, der genauen Forderung (aufgegliedert nach Hauptforderung, Zinsen und Kosten) sowie des Grundbesitzes, in den vollstreckt werden soll, enthalten. Soll nur in einzelne Grundstücke und nicht in den gesamten im Grundbuch eingetragenen Grundbesitz vollstreckt werden, ist dies anzugeben.

---

[1] § 779 Abs. 1 ZPO
[2] § 779 Abs. 2 ZPO

Gleichfalls muss vom Gläubiger angegeben werden, ob aus dinglichem und persönlichem Anspruch oder nur aus einem von beiden vollstreckt werden soll. Dies wäre z. B. dann erforderlich, wenn der Eigentümer im Rahmen der Grundschuldbestellungsurkunde gleichzeitig auch die persönliche Haftung für den Betrag der Grundschuld übernommen hat. Der Gläubiger besitzt in diesem Fall ja sowohl einen dinglichen Titel auf Duldung der Zwangsvollstreckung in den Grundbesitz, als auch einen persönlichen Titel, mit dem zusätzlich auch in sonstige Vermögenswerte des Schuldners vollstreckt werden könnte.

Soweit mehrere Grundstücke mit einem Gesamtrecht belastet sind, die Zwangsversteigerung gegen denselben Schuldner oder wegen einer Forderung betrieben wird, für welche die Eigentümer gesamtschuldnerisch haften, kann die Zwangsversteigerung in einem Verfahren erfolgen[1]. Eine Verbindung kann auf Antrag eines Beteiligten oder auch von Amts wegen erfolgen[2]. Sinnvoll ist eine Verbindung z. B. bei einer wirtschaftlichen Einheit mehrerer Grundstücke oder einer gegenwärtigen oder künftigen einheitlichen Nutzung. Auch aus Kostengründen kann eine Verbindung geboten sein.

Die Verbindung kann während des gesamten Verfahrens erfolgen. Soweit sie nicht bereits mit einem gemeinsamen Anordnungs- oder Beitrittsbeschluss erfolgt, muss der gesonderte Verbindungsbeschluss allen Beteiligten zugestellt werden.

Der persönliche Titel kann dann wichtig sein, wenn der Schuldner z. B. weiteren Grundbesitz, eventuell sogar im selben Grundbuch, hat, der nicht mit dem Grundpfandrecht für die Bank belastet ist. Aus dem persönlichen Titel kann dann gleichzeitig auch in diesen nicht verhafteten Grundbesitz vollstreckt werden.

Die Frage, ob dann die Zwangsversteigerung für diesen nicht belasteten Grundbesitz gleichzeitig mit beantragt werden oder zunächst eine Zwangssicherungshypothek hierauf eingetragen werden soll, muss der Gläubiger entscheiden. Insoweit wird auf die Ausführungen A. 3 verwiesen.

Wichtig in diesem Zusammenhang ist jedoch, dass der Gläubiger seinen Anspruch aus der Grundschuld, selbst wenn neben dem dinglichen auch ein persönlicher Titel in der Grundschuldbestellungsurkunde enthalten ist, insgesamt nur einmal geltend machen kann. Soweit er also mit seinem Anspruch aus der Grundschuld befriedigt wird, kann er an-

[1] § 18 ZVG
[2] Zeller/Stöber, a.a.O., § 18 Anm. 3.1

schließend, selbst wenn er noch eine entsprechend hohe persönliche Forderung besitzt, nicht nochmals aufgrund des persönlichen Titels aus der Grundschuldbestellungsurkunde Befriedigung verlangen[1]. Sinnvoll ist es dann, insoweit ggf. aus den meist vorhandenen „alten" Zinsen, d. h. aus den Zinsen in der Rangklasse 5 bzw. 8 des § 10 Abs. 1 ZVG, zu vollstrecken.

Die Zinsen aus einer Grundschuld verjährten bisher nach einer Entscheidung des Bundesgerichtshofs[2] nicht nach vier Jahren[3], die Verjährung begann erst mit der Inanspruchnahme des Grundstückseigentümers aus der Grundschuld. Die Verjährungsfrage wurde jedoch im Jahre 1999 vom Elften Zivilsenat dem seinerzeit zuständigen Neunten Zivilsenat zur Stellungnahme vorgelegt. Der Elfte Zivilsenat wollte in einem neuen Prozessverfahren der früheren Entscheidung des Neunten Zivilsenats nicht folgen. Mit Beschluss vom 15. April 1999 hat der Neunte Zivilsenat geantwortet und mitgeteilt, dass er an seiner alten Rechtsauffassung nicht mehr festhält. Der Elfte Zivilsenat hat daher in seiner Entscheidung vom 28. September 1999[4] entschieden, dass auch die Zinsen aus einer Grundschuld grundsätzlich in vier Jahren verjähren. Auch kritische Anmerkung in der Literatur[5] werden hieran nichts mehr ändern.

Da die Zinsen, die älter als vier Jahre sind, im Normalfall nicht im Range des § 10 Abs. 1 Ziffer 4 ZVG geltend gemacht werden können[6], konnte es bisher sinnvoll sein, aus diesem, ansonsten im Regelfall wertlosen Titel, die Vollstreckung in weiteres Vermögen des Schuldners vorzunehmen. Gerade bei Drittsicherungsgebern war es bisher möglich, aus diesen alten Zinsen manchmal mit Erfolg zu vollstrecken. Hier dürfte in Zukunft, selbst wenn dem Gläubiger formell der Anspruch noch zusteht, bei einer Vollstreckung die Einrede der Verjährung erhoben werden. Diese Einrede kann nur durch eine Unterbrechung der Verjährung verhindert werden. Gerade bei Drittsicherheiten ist dies im Normalfall aber nicht möglich, weil der Sicherungsfall noch nicht eingetreten ist.

Soweit der Bank mehrere Grundpfandrechte zustehen, muss sie vor Einleitung der Zwangsversteigerung entscheiden, aus welchen dieser Rechte die Versteigerung betrieben werden soll.

Obergrenze ist die eigene gesicherte persönliche Forderung. Ansonsten muss bereits beim Versteigerungsantrag zum einen an eine mögliche

[1] BGH NJW 1988, 707
[2] ZIP 1993, 257
[3] § 197 BGB
[4] WM 1999, 2253
[5] Eidenmüller/Terharn WuB I F3. – 3.00
[6] s. A. 5.1

und nicht gewollte Ablösung einzelner Grundpfandrechte gedacht werden, zum anderen auch an die Anrechnung eventueller Zahlungen auf die Grundschuld. Hier hängt es vom jeweiligen Einzelfall ab, wie vorgegangen werden soll. Ein betragsmäßig geringes vorrangiges Gesamtrecht sollte lieber als bestehen bleibendes Recht in Kauf genommen und das geringste Gebot über die Verteilung des Gesamtrechts nach § 64 ZVG niedrig gehalten werden[1]. Grundsätzlich sollte die Zwangsversteigerung jedoch immer aus dem erstrangigen Recht betrieben werden.

Wegen einer Teilforderung aus einer Grundschuld sollte die Zwangsversteigerung nur noch dann betrieben werden, wenn die fällige persönliche Forderung nicht hoch genug ist. Gerichtskosten werden nicht erspart, da diese generell 100,00 DM zzgl. Zustellungskosten für jeden Anordnungs- oder Beitrittsbeschluss betragen[2].

Bei einem insolventen Schuldner und der Bank als einzige Grundpfandgläubigerin besteht auch die Möglichkeit, die Zwangsversteigerung durch einen freihändigen Erwerb vom Insolvenzverwalter zu vermeiden. Grundsätzlich wäre anzustreben, mit dem Insolvenzverwalter einen freihändigen Verkauf an einen Dritten durchzuführen. Soweit jedoch ein Interessent nicht vorhanden ist und der Insolvenzverwalter das Grundstück evtl. aus der Masse freigeben will, sollte die Bank überlegen, ob es nicht sinnvoll sein könnte, das Objekt freihändig zu übernehmen, um es anschließend in Ruhe verwerten zu können. Das wirtschaftliche Risiko liegt ohnehin bei der Bank, sodass sie als Alternative höchstens noch eine Gesamtabschreibung des Engagements in Kauf nehmen kann. Den nach dem Erwerb anfallenden Aufwand für die Bewachung und Instandhaltung des Objektes muss die Bank vorher einkalkulieren.

Ähnliches gilt für den Fall, dass der Eigentümer insolvent, jedoch bereit ist, der Bank das Grundstück zu übertragen. Hier könnte dann auch versucht werden, eine notarielle Verkaufs- und Vermietungsvollmacht vom Eigentümer zu erhalten, um das Grundstück an einen später auftauchenden Interessenten sofort veräußern oder vorher zumindest vermieten zu können. Für den Fall der Vermietung sollte in diesem Fall auch eine Abtretung der Mietansprüche durch den Eigentümer eingeholt werden. Zu einer solchen Vollmachtserteilung dürfte der Eigentümer im Regelfall nur dann bereit sein, wenn die Bank ihn im Gegenzug von möglichen Verbindlichkeiten, die nach dem Verkauf verbleiben, freistellt und ihm selbstverständlich einen möglichen Übererlös zusichert.

[1] siehe dazu A. 7.9.4.3
[2] Kostenverzeichnis Nr. 5100 zu § 11 GKG

Um zu verhindern, dass durch die Eintragung nachrangiger Rechte ein späterer freihändiger Verkauf verhindert wird, könnte in einem solchen Fall auch eine Auflassungsvormerkung eingetragen werden.

Die bereits im Rahmen von Konkursanträgen aufgetauchte Frage, ob ein Gläubiger auch wegen einer sehr geringen Forderung einen Zwangsversteigerungsantrag stellen darf, wird in der Rechtsprechung und der Literatur unterschiedlich gesehen. Zum Teil wird davon ausgegangen, dass ein Gläubiger mit einer sehr geringen Forderung (unter 500,00 DM) nicht sofort die Zwangsversteigerung beantragen darf, sondern vorher zumindest die Mobiliarvollstreckung erfolglos versucht haben muss[1].

3 Zwangsversteigerungsantrag und/oder Zwangssicherungshypothek

Die Bank sollte vor der Vollstreckung aus einem persönlichen Titel in den Grundbesitz des Schuldners genau überlegen, ob sie eine Zwangssicherungshypothek eintragen lässt oder aber nicht besser sofort die Zwangsversteigerung beantragt.

Durch die Zwangssicherungshypothek erlangt der Gläubiger, wie es der Name bereits ausdrückt, nur eine Absicherung seiner Forderung, jedoch noch keine Befriedigung. Falls der Schuldner Eigentümer mehrerer Grundstücke ist, muss der Gläubiger seine Forderung auf die einzelnen Grundstücke verteilen[2], ohne im Regelfall deren genauen Wert zu kennen. Die Zwangssicherungshypothek für das einzelne Grundstück muss dann jedoch ebenfalls mindestens 1.500,00 DM betragen.

Durch eine Beschlagnahme im Rahmen eines Zwangsversteigerungsverfahrens erwirkt der Gläubiger bei mehreren dem Schuldner gehörenden Grundstücken eine gesamtschuldnerische Haftung, sodass im Gegensatz zur Sicherungshypothek ein Forderungsausfall bei einem Grundstück ggf. mit dem Erlös bei den anderen Grundstücken kompensiert werden kann.

Einziger Vorteil der Zwangssicherungshypothek ist der gesetzliche Löschungsanspruch[3] gegenüber vorrangigen Grundpfandrechten. Dieser besteht nicht, wenn ein Gläubiger die Zwangsversteigerung des Grundbesitzes betreibt. Diesen möglichen Nachteil kann der Gläubiger

[1] Zeller/Stöber, a.a.O., Einleitung Anm. 48.4 – 48.6
[2] § 867 Abs. 2 ZPO
[3] § 1179 a BGB

jedoch durch eine in jedem Fall sinnvolle Pfändung der Rückgewähransprüche des Schuldners gegenüber eventuell vorrangigen Grundschuldgläubigern, verbunden mit einer Pfändung der bereits entstandenen oder künftig entstehenden Eigentümergrundschulden, ausgleichen. Mit dem Pfändungs- und Überweisungsbeschluss sollte dann gleichzeitig auch eine Kontopfändung, d. h. eine Pfändung aller sonstigen Ansprüche aus der bankmäßigen Geschäftsverbindung, die im Einzelnen spezifiziert werden müssen, vorgenommen werden.

Sehr oft wird zunächst die Eintragung einer Zwangssicherungshypothek beantragt und erst anschließend, da der Schuldner hierauf erfahrungsgemäß nicht reagiert, zusätzlich die Zwangsversteigerung beantragt. Durch die Gesetzesänderung seit 1. Januar 1999 ist ein gesonderter dinglicher Titel für die Vollstreckung aus der Sicherungshypothek nicht mehr erforderlich. Durch die Eintragung einer Zwangssicherungshypothek lässt sich der Schuldner meist nicht beeindrucken und bewirkt keine Zahlung an den Gläubiger.

Sie führt daher nicht zu der vom Gläubiger gewünschten Befriedigung seiner Forderung. Nur durch die Anordnung der Zwangsversteigerung wird ein entsprechender psychologischer Druck auf den Schuldner ausgeübt, und er ist eher bereit, den Gläubiger, wenn auch ggf. nur durch Ratenzahlung, zu befriedigen. Auf die Eintragung einer Sicherungshypothek reagieren die Schuldner erfahrungsgemäß nur äußerst selten.

Bei lastenfreiem oder nur sehr gering belastetem Grundbesitz sollte daher in jedem Fall bevorzugt die Zwangsversteigerung beantragt werden.

Praxistipp

4 Kosten der Vollstreckung

Bei der Frage, welche Vollstreckungsmaßnahme eingeleitet werden soll, spielen natürlich auch die dadurch anfallenden Kosten eine nicht unwesentliche, allerdings manchmal überbetonte, Rolle.

4.1 Gerichtskosten

Für die Eintragung einer Zwangssicherungshypothek entsteht an Gerichtskosten eine volle Gebühr nach der KostO[1]. Dies entspricht:

Wert der Forderung	Höhe der Gebühr
10.000,00 DM	80,00 DM
20.000,00 DM	120,00 DM
50.000,00 DM	160,00 DM
100.000,00 DM	260,00 DM

Für die gesamte Durchführung eines Zwangsversteigerungsverfahrens fallen grundsätzlich insgesamt $^{15}/_{10}$ Gebühren nach dem GKG[2] an. Dies entspricht:

Festgesetzter Verkehrswert	Höhe der Gebühr
100.000,00 DM	1.432,50 DM
300.000,00 DM	3.532,50 DM
500.000,00 DM	5.317,50 DM
1.000.000,00 DM	8.857,50 DM

Finden mehrere Versteigerungstermine statt, erhöht sich die Gebühr für jeden weiteren Versteigerungstermin, falls in diesem nicht eine Zuschlagsversagung nach § 85 a oder § 74 a ZVG erfolgt, um weitere $^{5}/_{10}$.

Hinzu kommen noch die Auslagen für das Wertgutachten (je nach Objekt und Aufwand zwischen 1.000,00 und 4.000,00 DM) sowie die Zustellungskosten und Veröffentlichungsauslagen[3]. Gegenstandswert ist der festgesetzte Verkehrswert des Grundbesitzes. Ist der Verkehrswert noch nicht festgesetzt, ist der Einheitswert des Grundbesitzes maßgebend[4].

[1] § 62 Abs. 1 KostO
[2] Kostenverzeichnis Nr. 5110, 5120, 5140 zu § 11 Abs. 1 GKG
[3] Kostenverzeichnis Nr. 9002, 9005 zu § 11 Abs. 1 GKG
[4] § 29 Abs. 1 S. 2 GKG

Für den Erlass des Anordnungs- oder eines Beitrittsbeschlusses fallen pro Anordnungs- bzw. Beitrittsbeschluss 100,00 DM als Gerichtsgebühr[1] zzgl. der Zustellungskosten an.

Für die Zuschlagserteilung fällt eine halbe Gebühr[2] an. Als Wert gilt das Meistgebot einschließlich des Wertes der nach den Versteigerungsbedingungen bestehen bleibenden Rechte. Soweit der Ersteher gleichzeitig Gläubiger ist, wird ein Betrag, in dessen Höhe er nach § 114 a ZVG als aus dem Grundstück befriedigt gilt, hinzugerechnet[3]. Bei Zuschlägen an verschiedene Ersteher wird die Gebühr für die Erteilung des Zuschlags von jedem Ersteher nach dem Wert der auf ihn entfallenden Gegenstände erhoben[4]. Eine Bietergemeinschaft gilt als ein Ersteher[5].

Die Gebühr für das Verteilungsverfahren bestimmt sich nach dem Gebot ohne Zinsen, für das der Zuschlag erteilt ist, einschließlich des Wertes der nach den Versteigerungsbedingungen bestehen bleibenden Rechte[6]. Bei einer außergerichtlichen Verteilung[7] ermäßigt sich die Gebühr für das Verteilungsverfahren von einer halben auf eine viertel Gebühr[8].

Sind mehrere Grundstücke betroffen, so ist der Gesamtwert maßgebend[9]. Betrifft ein Antrag mehrere Grundstücke, wird die Gebühr nur einmal erhoben, soweit durch einen einheitlichen Beschluss entschieden wird.

Für ein Beschwerdeverfahren wird, wenn die Beschwerde verworfen oder zurückgewiesen wird, eine Gebühr von 100,00 DM erhoben[10]. Wird die Beschwerde nur teilweise verworfen oder zurückgewiesen, kann das Gericht die Gebühr nach billigem Ermessen auf die Hälfte ermäßigen oder bestimmen, dass keine Gebühr zu erheben ist.

4.2 Rechtsanwaltsgebühren

Bei Beauftragung eines Rechtsanwalts oder eines Rechtsbeistands für die Vertretung der Bank in einem Zwangsversteigerungsverfahren fallen

[1] Kostenverzeichnis Nr. 5100 zu § 11 Abs. 1 GKG
[2] Kostenverzeichnis Nr. 5130 zu § 11 Abs. 1 GKG
[3] § 29 Abs. 2 S. 1 GKG
[4] § 29 Abs. 5 S. 1 GKG
[5] § 29 Abs. 5 S. 2 GKG
[6] § 29 Abs. 3 S. 1 GKG
[7] §§ 143, 144 ZVG
[8] Kostenverzeichnis Nr. 5141 zu § 11 Abs. 1 GKG
[9] § 29 Abs. 4 GKG
[10] Kostenverzeichnis Nr. 5400 zu § 11 Abs. 1 GKG

Rechtsanwaltsgebühren nach der BRAGO[1] an. Für die gesamte Abwicklung des Zwangsversteigerungsverfahrens – inkl. der Wahrnehmung möglicherweise mehrerer Zwangsversteigerungstermine – erhält der Rechtsanwalt insgesamt 10/10 Gebühr, wobei die 3/10 Gebühr für das Verteilungsverfahren meist einen niedrigeren Gegenstandswert hat.

Der Gegenstandswert für die Gebühren bestimmt sich bei der Vertretung des Antragstellers nach dem Anspruch, wegen dessen das Verfahren beantragt ist; Nebenforderungen sind mitzurechnen. Bei Ansprüchen auf wiederkehrende Leistungen ist der Wert der Leistungen eines Jahres maßgebend[2].

Beispiele für eine 10/10 Gebühr nach BRAGO:

Höhe der Forderung der Bank, maximal der Verkehrswert des Grundbesitzes	Gebühr
100.000,00 DM	2.125,00 DM
300.000,00 DM	3.245,00 DM
500.000,00 DM	4.225,00 DM
1.000.000,00 DM	6.225,00 DM

Hinzu kommen die Auslagen und die gesetzliche Mehrwertsteuer[3].

5 Bewertung und Berücksichtigung vorrangiger Ansprüche und ihre Bedeutung für das geringste Gebot

Vor Beginn der Vollstreckung in den Grundbesitz eines Schuldners aus einem persönlichen Titel liegt im Regelfall ein Grundbuchauszug vor, der genau ausgewertet werden sollte, um die Erfolgsaussichten vorab zumindest besser einschätzen zu können. Hierbei sind insbesondere die bereits vorhandenen Eintragungen in Abteilung II und III des Grund-

[1] § 68 Abs. 1 Ziffer 1–3 BRAGO
[2] § 69 Abs. 2 BRAGO
[3] §§ 25, 26 BRAGO

buchs wichtig, da diese im Extremfall eine Vollstreckung von vornherein aussichtslos machen.

Für die Bank ist die Frage der Bewertung der vorrangigen Ansprüche im Rahmen eines Zwangsversteigerungsverfahrens natürlich auch schon bei der Beleihung für die Bewertung des eigenen Grundpfandrechts wichtig.

Zunächst ist die Kenntnis der Rangklassen des ZVG erforderlich.

5.1 Rangklassen des ZVG

Für jede Zwangsversteigerung wird vom Gericht ein geringstes Gebot aufgestellt. Das geringste Gebot geht vom sog. Deckungsgrundsatz aus, wonach alle dem bestrangig betreibenden Gläubiger vorgehenden Ansprüche gedeckt sein müssen[1]. Nach § 10 ZVG sind die Ansprüche der Gläubiger grundsätzlich in acht Rangklassen aufgeteilt, wobei auf einen nachrangigen Anspruch erst dann eine Zuteilung erfolgt, wenn die vorrangigen Ansprüche gedeckt sind. Zusätzlich wird in der Kommentierung zum ZVG auch noch die Rangklasse 0 angeführt, da die Gerichtskosten des Zwangsversteigerungsverfahrens vor den übrigen Ansprüche zu bedienen sind.

Rangklasse 0:	Gerichtskosten des Zwangsversteigerungsverfahrens
Rangklasse 1:	Vorschüsse des Gläubigers im Zwangsverwaltungsverfahren
Rangklasse 2:	Litlohnansprüche (Lohnansprüche der land- und forstwirtschaftlichen Bediensteten; untereinander Gleichrang)
Rangklasse 3:	Öffentliche Grundstückslasten; einmalige Beträge aus den letzten vier Jahren, wiederkehrende Leistungen nur laufende und zwei Jahre Rückstände (untereinander Gleichrang)

[1] § 44 ZVG

Rangklasse 4:	Rechte am Grundstück einschließlich laufender wiederkehrender Leistungen; zzgl. auf Anmeldung Rückstände aus den letzten zwei Jahren (untereinander Rang gemäß Grundbuchlage)
Rangklasse 5:	Ansprüche des betreibenden Gläubigers, soweit diese nicht vorrangig zu berücksichtigen sind (untereinander Rang nach dem Zeitpunkt der Beschlagnahme[1])
Rangklasse 6:	Ansprüche aus dinglichen Rechten, die infolge der Beschlagnahme dem betreibenden Gläubiger gegenüber unwirksam sind (z. B. der Gläubiger einer Sicherungshypothek gegenüber einem vorher betreibenden persönlichen Gläubiger aus der Rangklasse 5)
Rangklasse 7:	Ältere Rückstände aus Rangklasse 3
Rangklasse 8:	Ältere Rückstände aus Rangklasse 4

Bei gleichem Rang werden die Ansprüche nach dem Verhältnis der Beträge (einschließlich Zinsen und Kosten) befriedigt[2]. Aus demselben Recht wird zunächst auf Kosten, dann auf wiederkehrende Leistungen und sodann auf den Hauptanspruch zugeteilt[3].

5.2 Geringstes Gebot

Bei der Aufstellung des geringsten Gebots werden die vor dem Zwangsversteigerungsvermerk im Grundbuch eingetragenen Rechte von Amts wegen beachtet, später eingetragene Rechte müssen angemeldet werden. Laufende wiederkehrende Leistungen werden gemäß ihrer Grundbucheintragung berücksichtigt, eventuelle Rückstände müssen angemeldet werden.

---

[1] § 11 Abs. 2 ZVG
[2] § 10 ZVG
[3] § 12 ZVG

Laufende wiederkehrende Leistungen sind die zuletzt vor der ersten Beschlagnahme und die danach fällig werdenden Beträge[1], die älteren Beträge sind Rückstände. Endzeitpunkt für die Aufnahme der wiederkehrenden Leistungen in das geringste Gebot ist zwei Wochen nach dem Versteigerungstermin[2]. Bei mehreren betreibenden Gläubigern ist die erste Beschlagnahme in diesem Zwangsversteigerungsverfahren maßgebend, auch wenn dieser Gläubiger das Verfahren ggf. nicht mehr betreibt. Soweit bereits vorher die Zwangsverwaltung angeordnet worden war und diese zum Zeitpunkt der Beschlagnahme in der Zwangsversteigerung noch immer läuft, gilt die Beschlagnahme aus dem Zwangsverwaltungsverfahren[3].

Das geringste Gebot gliedert sich auf in das Bargebot und die bestehen bleibenden Rechte. Aufgenommen werden, ausgehend vom bestrangig betreibenden Gläubiger für das Bargebot:

- die Kosten des Verfahrens,
- Ansprüche der Rangklassen 1 bis 3,
- Kosten und wiederkehrende Leistungen der Rangklasse 4,
- eventuell auch Kosten, wiederkehrende Leistungen und Hauptanspruch der Rangklasse 5;

für die bestehen bleibenden Rechte die dem bestrangig betreibenden Gläubiger vorgehenden Rechte (in Abteilung III mit ihrem Kapitalbetrag).

5.3 Rechte in Abteilung II des Grundbuchs

Die Eintragungen in Abteilung II werden meistens nur sehr wenig beachtet, können jedoch, soweit sie vorrangig sind, die erfolgreiche Durchführung einer Zwangsversteigerung unmöglich machen. Wegen der Vielzahl der möglichen Eintragungen kann hier nur auf die wichtigsten eingegangen werden. Auf die Frage, welche Beträge im Verteilungstermin auf die jeweiligen Rechte zugeteilt werden können, wird unter A. 8 näher eingegangen.

Zwangsversteigerungsvermerk, § 19 ZVG

Ein Beitritt zum Verfahren und/oder die Eintragung einer Zwangssicherungshypothek sind trotzdem möglich, da keine Grundbuchsperre erfolgt. Der Gläubiger sollte aber vorher beim Rechtspfleger telefonisch

[1] § 13 ZVG
[2] § 47 ZVG
[3] § 13 Abs. 4 ZVG

die Erfolgsaussichten klären. Dies insbesondere im Hinblick auf ein evtl. bereits vorliegendes Wertgutachten. Eine Zwangssicherungshypothek, die nach dem Zwangsversteigerungsvermerk eingetragen wird, muss zum Zwangsversteigerungsverfahren angemeldet werden, um berücksichtigt zu werden.

Konkursvermerk, § 113 KO oder Insolvenzvermerk, § 32 InsO

Diese Eintragungen bewirken eine Grundbuchsperre. Eine Vollstreckung aus einem persönlichem Anspruch ist nicht mehr möglich. Bei einer Vollstreckung aus einem vorher eingetragenen dinglichen Recht ist der Gläubiger absonderungsberechtigt. Wenn der Konkurs- bzw. Insolvenzverwalter das Grundstück nicht aus der Masse freigibt, ist eine Titelumschreibung gegen und Zustellung an diesen erforderlich.

Erbbaurecht

Nach § 5 Erbbaurechtsverordnung kann eine Veräußerungsgenehmigung vereinbart sein, die aber im Grundbuch eingetragen sein muss. Die Zustimmung ist erst zum Zuschlag erforderlich. Oft ist der Zuschlag im Rahmen eines Zwangsversteigerungsverfahrens von der Genehmigungspflicht ausgenommen.

Die Bank sollte, falls eine Genehmigung erforderlich ist, bereits bei Einleitung der Zwangsversteigerung um die Genehmigung nachsuchen. Manchmal ist der Gläubiger auch verpflichtet, bereits die Einleitung eines Verfahrens anzuzeigen, um dem Ausgeber des Erbbaurechts die Möglichkeit zur Ausübung seines Heimfallanspruchs zu geben.

Flurbereinigungsvermerk, §§ 52, 53 FlurbG

Dieser Vermerk bewirkt keine Grundbuchsperre, der Ersteher tritt in das laufende Flurbereinigungsverfahren ein. Wegen der Ungewissheit hinsichtlich der Abfindungsgrundstücke ist jedoch bereits die Wertermittlung oft schwierig und das Ende des Flurbereinigungsverfahrens muss ggf. abgewartet werden.

Grunddienstbarkeiten, §§ 1018 bis 1029 BGB

Sie hindern die Durchführung des Zwangsversteigerungsverfahrens normalerweise nicht, da sie die Nutzung des Grundstücks meistens nur sehr wenig einschränken (z. B. Leitungsrecht, Wegerecht).

Beschränkt persönliche Dienstbarkeiten, §§ 1090 bis 1093 BGB

Sie können die Verwertungsmöglichkeiten erheblich einschränken, z. B.

- das Wohnrecht: Es sind kaum Interessenten zu finden, die bereit sind, das Wohnrecht mit zu übernehmen, bei Erlöschen kommt eventuell ein hoher Ersatzwert zum Tragen[1];
- die Tankstellendienstbarkeit, das Brauereirecht: Der Ersteher ist, falls er ebenfalls eine Tankstelle bzw. Gaststätte betreiben will, an den Berechtigten und dessen Produkte gebunden;
- das Wohnungsbelegungsrecht: Die Verwertungsmöglichkeiten sind unter wirtschaftlichen Gesichtspunkten eingeschränkt.

Reallast, §§ 1105 bis 1112 BGB

Die Verwertungsaussichten sind erheblich eingeschränkt, da unter Umständen der 25fache Jahreswert als Vorlast zu berücksichtigen ist. Nur bei sehr geringen Leistungen bietet die Zwangsversteigerung Aussicht auf Erfolg.

Altenteil

Ein sog. Altenteil macht die Versteigerung aus einem nachrangigem Anspruch wirtschaftlich aussichtslos, da kaum Interessenten vorhanden sein dürften. Bei Erlöschen wird ggf. ein hoher Ersatzwert anfallen. Soweit die Grundschuld der Bank vorrangig ist, muss ein Antrag auf Doppelausgebot gestellt werden[2].

Nießbrauch, §§ 1030 bis 1067 BGB

Das Grundstück ist nicht oder nur sehr schwer zu verwerten, da der Ersteher von der Nutzung des Grundstücks ausgeschlossen ist, also insbesondere bei gewerblichen Objekten keine Mieteinnahmen erhält.

Vorkaufsrechte §§ 1094 bis 1104 BGB

- Einmaliges Vorkaufsrecht: kann in der Versteigerung nicht ausgeübt werden und erlischt, das Recht erhält auch keinen Wertersatz;
- Vorkaufsrecht für mehrere Verkaufsfälle: kann in der Versteigerung nicht ausgeübt werden; bei Bestehenbleiben ist die Verwertung eingeschränkt, bei Erlöschen ggf. hoher Wertersatz;
- gesetzliche Vorkaufsrechte: können in der Vollstreckungsversteigerung grundsätzlich nicht ausgeübt werden.

---

[1] § 92 Abs. 1 ZVG
[2] § 9 Abs. 2 EGZVG

Auflassungsvormerkung §§ 883 ff. BGB

Eine Vollstreckung in den Grundbesitz ist fast aussichtslos, da der Berechtigte vom nachrangigen Gläubiger bei Ausübung seines Anspruchs wegen § 883 Abs. 2 BGB die Freigabe verlangen kann. Bei Bestehenbleiben kann der Anspruch gegen den Ersteher geltend gemacht werden, bei Erlöschen ggf. hoher Wertersatz.

Veräußerungsverbot

Eine Zwangsversteigerung kann nicht angeordnet werden, da es sich um ein entgegenstehendes Recht im Sinne von § 28 ZVG handelt[1].

Baulast

Eine Baulast wird zwar nicht im Grundbuch eingetragen, kann jedoch ähnlich wie eine Belastung in Abteilung II des Grundbuchs erhebliche Einschränkungen hinsichtlich der Nutzung bedeuten und den Wert des Grundbesitzes gravierend beeinträchtigen. Durch Erklärung gegenüber der Bauaufsichtsbehörde können Grundstückseigentümer öffentlich-rechtliche Verpflichtungen zu einem ihre Grundstücke betreffenden Tun, Dulden oder Unterlassen übernehmen. Es handelt sich um Ansprüche, die sich nicht schon aus öffentlich-rechtlichen Vorschriften ergeben, sondern durch freiwillige Erklärung des Grundstückseigentümers entstehen (z. B. Wegerechte). Baulasten werden unbeschadet der Rechte Dritter mit der Eintragung in das Baulastenverzeichnis wirksam und wirken auch gegenüber dem Rechtsnachfolger.

Der Sachverständige muss im Rahmen der Erstellung des Wertgutachtens prüfen, ob und ggf. welche Baulasten vorliegen.

5.4 Rechte in Abteilung III des Grundbuchs

Bei eingetragenen Grundschulden muss als Vorbelastung immer der volle Nennbetrag einkalkuliert werden, da Zahlungen des Schuldners nach den üblichen Bankbedingungen nicht auf die Grundschuld, sondern auf die gesicherte persönliche Forderung geleistet werden, und die Grundschuld daher immer in vollem Umfang dem Grundschuldgläubiger zusteht. Bei einer nachrangigen Beleihung sollte die im Rahmen der Verwendungszweckerklärung eingeholte Abtretung der Rückgewähransprüche zu eigenen Gunsten dem oder den vorrangigen Grundschuld-

[1] z. B. nach § 75 Abs. 1 Bundesversorgungsgesetz

gläubigern sofort angezeigt werden. Aufgrund der Bestätigung durch den vorrangigen Gläubiger ist dem nachrangigen Gläubiger bekannt, ob die eigene Abtretung wirksam ist oder nicht, und er kann sich hierauf einstellen.

Außerdem muss berücksichtigt werden, dass der vorrangige Grundschuldgläubiger neben den laufenden Zinsen ggf. auch die rückständigen Zinsen für zwei Jahre geltend machen kann. Selbst wenn die persönliche Forderung niedriger als der dingliche Anspruch der Grundschuld ist, kann der Gläubiger zunächst die volle Grundschuld im Zwangsversteigerungsverfahren geltend machen[1]. Der nachrangige Gläubiger muss sich hier die Rückgewähransprüche des Grundstückseigentümers gegen den Grundschuldgläubiger abtreten lassen oder notfalls pfänden, um sicherzustellen, dass ihm bei der endgültigen Abrechnung nur die tatsächliche persönliche Forderung vorgeht.

Da mit der Pfändung der Rückgewähransprüche auch eine Kontopfändung verbunden werden sollte, ist der nachrangige persönliche Gläubiger wegen der mit der Pfändung verbundenen Kontensperre auch vor einer weiteren Erhöhung der Forderung des Grundschuldgläubigers, mit Ausnahme der weiter anfallenden Zinsen und Kosten, geschützt.

Die Abtretung der Rückgewähransprüche schützt den nachrangigen Gläubiger nicht in jedem Fall vor einer Neuvalutierung, der vorrangige Gläubiger darf im Rahmen der ihm gegenüber abgegebenen Verwendungszweckerklärung trotz einer angezeigten Abtretung der Rückgewähransprüche neu valutieren.

Eine Erweiterung oder Änderung der bis zu diesem Zeitpunkt vorliegenden Verwendungszweckerklärung ist jedoch nach erfolgter Anzeige grundsätzlich nicht mehr möglich. Dies gilt aber nicht, wenn der Grundschuldgläubiger im Rahmen der Verwendungszweckerklärung mit dem Eigentümer vereinbart hat, dass die Abtretung der Rückgewähransprüche an einen Dritten der Zustimmung des Grundschuldgläubigers bedarf. Dies ist z. B. bei der engen Verwendungszweckerklärung auf dem Vordruck des DG-Verlags der Fall (siehe Anhang 6, Vordrucke Nr. 220 020, 220 030 und 220 040).

Nach den üblichen Bedingungen in der Verwendungszweckerklärung oder der Grundschuldbestellungsurkunde erfolgen Zahlungen nicht auf die Grundschuld, sondern auf die gesicherte persönliche Forderung (siehe Anhang 6, Vordrucke Nr. 220 020, 220 030, 220 040, 220 050, 220 060 und 220 070, jeweils Zi. 1.2). Dies gilt jedoch dann nicht mehr, wenn der Gläu-

[1] Zeller/Stöber, a.a.O., § 114 m. w. Nachw.

biger die Grundschuld geltend macht[1]. In diesem Fall muss sich die Bank Zahlungen durch den Eigentümer auf den betreibenden Anspruch der Grundschuld anrechnen lassen. Bereits mit der Androhung der Zwangsvollstreckung aus der Grundschuldbestellungsurkunde gibt die Bank zu erkennen, dass die Klausel, wonach alle Zahlungen ausschließlich auf die gesicherten Ansprüche anzurechnen sind, nicht gelten soll.

Praxistipp

Da die Anrechnung von Zahlungen auf die geltend gemachte dingliche Forderung erfolgt, ist der Bank anzuraten, die Zwangsversteigerung bei einer Grundschuld grundsätzlich aus der vollen dinglichen Forderung zu betreiben. Selbstverständlich darf aber nur in Höhe der persönlichen Forderung vollstreckt werden. Soweit der Bank mehrere Grundschulden zustehen, sollte sie grundsätzlich immer aus sämtlichen Grundschulden die Zwangsversteigerung betreiben, damit die mögliche Anrechnung von Zahlungen zunächst auf die alten Zinsen der letztrangigen Grundschuld erfolgt.

Die mögliche Einrede der Verjährung von älteren Grundschuldzinsen aufgrund der neuesten Rechtsprechung des Bundesgerichtshofs sollte hier in Kauf genommen werden.

Hypotheken können vom Gläubiger nur in Höhe der tatsächlichen Forderung geltend gemacht werden. Bei Zahlungen des Schuldners auf das Kapital entsteht insoweit eine Eigentümergrundschuld. Um als nachrangiger Gläubiger ggf. hierauf Zugriff nehmen zu können, muss entweder nachrangig eine Zwangssicherungshypothek (wegen des gesetzlichen Löschungsanspruchs) eingetragen werden oder der Gläubiger muss die bereits entstandenen und künftig noch entstehenden Eigentümergrundschulden pfänden.

Bei einer Vollstreckung aus einem persönlichen Anspruch sollte auch das Datum der Voreintragungen berücksichtigt werden; bei älteren Eintragungen ist die Wahrscheinlichkeit, dass die ursprünglich dem Schuldner gewährten Kredite bereits getilgt sind, größer. Sind bereits mehrere Zwangssicherungshypotheken neueren Datums eingetragen, sind die Erfolgsaussichten eines Zwangsversteigerungsverfahrens relativ gering, denn dies deutet auf eine höhere Verschuldung des Grundstückseigentümers hin, wobei er dann meistens nicht mehr in der Lage ist, auch nur kleinere Forderungen zu befriedigen. Ein solcher Schuldner wird

[1] BGH WM 1987, 1213

wahrscheinlich auch unter Druck eines Zwangsversteigerungsverfahrens keine Zahlungen mehr leisten. Hier könnte dann trotzdem eine Zwangssicherungshypothek eingetragen werden, um vielleicht noch eine sog. Lästigkeitsprämie bei einem eventuell freihändigen Verkauf zu erhalten und über den weiteren Fortgang unterrichtet zu werden.

Die in den Formularen des DG-Verlags für die Grundschuldbestellung enthaltene einmalige Nebenleistung von 5 Prozent des Kapitalbetrages wird bei einem Bestehenbleiben der Grundschuld von den Rechtspflegern unterschiedlich behandelt (siehe Anhang 6, Vordrucke Nr. 220 400 und 220 410). Ein Teil sieht diese Nebenleistung als Teil des bestehen bleibenden Rechts an, sodass 105 Prozent des Rechts bestehen bleiben. Ein anderer Teil berücksichtigt diese Nebenleistung wie Zinsen und nimmt sie mit ins Bargebot auf. Die letzte Auffassung dürfte die zutreffende sein. Nach den Vorschriften über die Aufstellung des geringsten Gebots[1] sind die Ansprüche auf wiederkehrende Leistungen und andere Nebenleistungen im Bargebot zu berücksichtigen. Da hier[2] von wiederkehrenden und anderen Nebenleistungen gesprochen wird, kann eine solche einmalige Nebenleistung auch nur im Bargebot berücksichtigt werden. Hier sollte jedoch ggf. vor dem Versteigerungstermin beim zuständigen Rechtspfleger dessen Rechtsauffassung nachgefragt werden.

5.5 Öffentliche Grundstückslasten

Auch die in Rangklasse 3 aufzunehmenden öffentlichen Grundstückslasten können im Rahmen eines Zwangsversteigerungsverfahrens eine nicht unerhebliche Beeinträchtigung der Rechte der Bank darstellen, da sie aus dem Erlös vorweg befriedigt werden.

5.5.1 Übliche öffentliche Grundstückslasten

Öffentliche Grundstückslasten sind insbesondere:

- Grundsteuern,
- Erschließungsbeiträge nach dem Bundesbaugesetz,
- Müllabfuhrgebühren,
- Schornsteinfegergebühren,
- Kommunalabgaben nach landesrechtlicher Regelung, z. B. Straßenreinigungsgebühren, Anschluss-, Benutzungs- und Bezugskosten für

[1] § 49 Abs. 1 ZVG
[2] § 12 ZVG

Gas, Strom, Wasser, Fernwärme; dies gilt nicht, wenn das Versorgungsunternehmen auf privatrechtlicher Grundlage betrieben wird,

- Feuerversicherungsbeiträge, soweit es sich um eine frühere Monopolversicherung handelt.

Keine öffentlichen Lasten sind:

- Persönliche Steuern des Eigentümers (z. B. nach der Abgabenordnung, Gewerbesteuer),
- Grunderwerbsteuer,
- Forderungen aus privaten Versicherungen,
- ein Geldbetrag zur Ablösung der Herstellungspflicht für KFZ-Stellplätze,
- öffentliche Wohnungsbindung nach dem Wohnungsbindungsgesetz.

5.5.2 Kosten der Altlastensanierung

Das seit dem 1. März 1999 geltende Bundes-Bodenschutzgesetz (BBodSchG) hat gravierende Auswirkungen auf die Beleihung von Gewerbegrundstücken, bei denen Altlasten vorhanden sind oder noch entstehen können.

Soweit Sanierungsmaßnahmen oder Altlastenbeseitigungen nicht vom Eigentümer, sondern mit öffentlichen Mitteln durchgeführt werden, hat der Eigentümer die dadurch bewirkte Erhöhung des Verkehrswertes des Grundstücks auszugleichen, soweit diese nicht unerheblich ist. Der Ausgleichsanspruch ist durch einen Vergleich der Verkehrswerte vor Beginn und nach Beendigung der Maßnahme zu ermitteln.

Der Ausgleichsanspruch ruht als öffentliche Last auf dem Grundstück und geht daher in einem Zwangsversteigerungsverfahren den Grundpfandrechten der Bank vor. Je nach Umfang der Altlasten und Leistungsfähigkeit des Eigentümers könnte dies dazu führen, dass der Beleihungswert des beliehenen Grundstücks bis auf 0,00 DM sinkt. Sowohl bei bestehenden Beleihungen als auch bei Neuengagements muss daher die Frage von möglichen Altlasten in jedem Fall sorgfältig geprüft werden.

Eine Verpflichtung zum Wertausgleich besteht nicht in den neuen Bundesländern, soweit eine Freistellung von der Verantwortlichkeit oder der Kostentragungspflicht erfolgt ist[1].

[1] Art. 1 § 4 Abs. 3 Umweltrahmengesetz

Im Einzelfall müsste daher bei Neufinanzierungen ggf. die Vorlage eines Bodengutachtens verlangt werden.

Im BBodSchG werden der Kreis der für die Sanierung schädlicher Bodenveränderungen und Altlasten verantwortlichen Personen und deren Pflichten bundeseinheitlich und abschließend festgelegt.

Ziel des Gesetzes ist die Herstellung der Rechtseinheit bei der Sanierung schädlicher Bodenveränderungen und Altlasten. Es sollen einheitliche und bundesweit rechtsverbindliche Werte und Anforderungen für die Maßnahmen zur Vorsorge und Sanierung von schädlichen Bodenveränderungen und Altlasten geschaffen werden. Der bestehende „Wildwuchs" an Listen und Werten für Bodenstandards soll beseitigt werden.

Durch das Gesetz sollen schädliche Bodenveränderungen abgewehrt werden, bereits vorhandene Schäden und Altlasten sind zu sanieren, gegen künftige nachteilige Veränderungen ist Vorsorge zu treffen.

Es wird abschließend festgelegt, wer bei bereits eingetretenen schädlichen Bodenveränderungen sanierungspflichtig ist. Insoweit wird unterschieden zwischen:

- Handlungsstörer: Hierbei handelt es sich um den Verursacher der schädlichen Bodenveränderung oder Altlast sowie dessen Rechtsnachfolger.
- Zustandsstörer: Hierbei handelt es sich um den Grundstückseigentümer und den Inhaber der tatsächlichen Gewalt über ein Grundstück.
- Gesamtrechtsnachfolger: Hierbei handelt es sich um diejenige Person, die kraft gesetzlicher Anordnung in die gesamten Rechte und Pflichten des Rechtsvorgängers eintritt (z. B. der Erbe[1]) oder durch einen anderen Vorgang nach zivilrechtlichen Vorschriften (z. B. Verschmelzung).

Zusätzlich wurde eine Durchgriffshaftung und Konzernverantwortlichkeit normiert, um dem Missbrauch von Haftungsbeschränkungen und den Beherrschungsmöglichkeiten in einem Konzern vorzubeugen.

Der frühere Eigentümer haftet auch für die Sanierung[2]. Die Zustandsverantwortlichkeit des Eigentümers wird damit über den Verlust des Eigentums hinaus perpetuiert. Hierdurch soll verhindert werden, dass belastete Grundstücke an vermögenslose Personen übertragen werden. Die Haftung des Alteigentümers tritt jedoch nur ein, wenn die Eigen-

[1] § 1922 BGB
[2] § 4 Abs. 6 BBodSchG

tumsübertragung nach dem 1. März 1999 erfolgte, und er die schädlichen Bodenveränderungen oder Altlasten bei der Veräußerung kannte oder kennen musste.

Eine Haftungsbeschränkung des Zustandsverantwortlichen, der ein Grundstück ohne Kenntnis der Altlasten erworben hatte, auf den Wert des Grundstücks ist im Gesetz nicht festgeschrieben, sodass der Erwerber zumindest theoretisch in voller Höhe der Kosten haften würde.

Das Bundesverfassungsgericht hat nunmehr mit Beschlüssen vom 16. Februar 2000[1] die unbeschränkte Haftung relativiert. Maßgeblich ist danach der Verkehrswert nach erfolgter Sanierung. Wenn die Kosten höher als der Verkehrswert nach Sanierung sind, entfällt in der Regel das Interesse an einer privaten Nutzung der Immobilie. Die Zumutbarkeit spielt insbesondere dann eine Rolle, wenn die Altlastgefahr aus Naturereignissen, aus der Allgemeinheit zuzurechnenden Ursachen oder von nicht nutzungsberechtigten Dritten herrührt. Es ist insbesondere nicht erforderlich, Vermögen, das in keinem rechtlichen Zusammenhang mit dem sanierungsbedürftigen Grundstück steht, einzusetzen.

Soweit das zu sanierende Grundstück den wesentlichen Teil des Vermögens des Pflichtigen bildet, und die Grundlage seiner privaten Lebensführung einschließlich seiner Familie darstellt, ist die Belastungsgrenze des sanierungspflichtigen Eigentümers schon erreicht, wenn die Kosten die Vorteile aus der weiteren Nutzung des Grundstücks nach der Sanierung übersteigen. Die Grenze des Zumutbaren ist dann überschritten, wenn der Eigentümer unter Beachtung seiner wirtschaftlichen Verhältnisse daran gehindert wird, das Grundstück zu behalten.

Nur dann, wenn der Eigentümer das Altlastenrisiko bewusst in Kauf genommen hat, kann eine Kostenbelastung auch über den Verkehrswert hinaus zumutbar sein. Insoweit bleibt nunmehr die konkrete Ausgestaltung durch die zuständigen Behörden abzuwarten, wobei diese die Maßstäbe des Bundesverfassungsgerichts bei der Anordnung von Sanierungsmaßnahmen berücksichtigen müssen.

Der Eigentümer kann sich nicht durch Aufgabe des Eigentums an einem belasteten Grundstück (d. h. ohne es an einen anderen zu übertragen, sog. Dereliktion) von der Sanierungspflicht befreien.

---

[1] WM 2000, 1656

5.6 Umfang und Wirkung der Beschlagnahme

Die Beschlagnahme im Rahmen des Zwangsversteigerungsverfahrens umfasst neben dem Grundstück auch diejenigen Gegenstände, auf welche sich bei einem Grundstück die Hypothek erstreckt, also auch seine wesentlichen Bestandteile sowie das Zubehör[1]. Sie erstreckt sich auf die von dem Grundstück getrennten Erzeugnisse und sonstigen Bestandteile, soweit sie nicht mit der Trennung in das Eigentum eines anderen als des Eigentümers oder des Eigenbesitzers des Grundstücks gelangt sind[2]. Des Weiteren auf das Zubehör des Grundstücks mit Ausnahme der Zubehörstücke, welche nicht in das Eigentum des Eigentümers des Grundstücks gelangt sind[3].

Im Zwangsversteigerungsverfahren umfasst die Beschlagnahme land- und forstwirtschaftliche Erzeugnisse des Grundstücks sowie die Forderung aus einer Versicherung solcher Erzeugnisse nur, soweit die Erzeugnisse noch mit dem Boden verbunden oder soweit sie Zubehör des Grundstücks sind. Im Zwangsversteigerungsverfahren sind im Gegensatz zum Zwangsverwaltungsverfahren die Miet- und Pachtzinsforderungen sowie die Ansprüche aus einem mit dem Eigentum an dem Grundstück verbundenen Recht auf wiederkehrende Leistungen nicht beschlagnahmt. Das Recht eines Pächters auf den Fruchtgenuss wird von der Beschlagnahme nicht berührt.

Die Beschlagnahme hat die Wirkung eines Veräußerungsverbots. Der Schuldner kann jedoch, wenn sich die Beschlagnahme auf bewegliche Sachen erstreckt, über einzelne Stücke innerhalb der Grenzen einer ordnungsmäßigen Wirtschaft auch dem Gläubiger gegenüber wirksam verfügen[4].

Erzeugnisse und sonstige Bestandteile des Grundstücks sowie Zubehörstücke werden von der Haftung frei, wenn sie veräußert und von dem Grundstück entfernt werden, bevor sie zugunsten des Gläubigers in Beschlag genommen worden sind[5]. Erfolgt die Veräußerung vor der Entfernung, so kann sich der Erwerber dem Gläubiger gegenüber nicht darauf berufen, dass er in Ansehung der Hypothek in gutem Glauben gewesen sei. Entfernt der Erwerber die Sache von dem Grundstück, so ist eine vor der Entfernung erfolgte Beschlagnahme ihm gegenüber nur wirksam, wenn er bei der Entfernung in Ansehung der Beschlagnahme nicht in gutem Glauben ist.

---

1 § 20 ZVG
2 §§ 954 bis 957 BGB
3 § 1120 BGB
4 § 23 Abs. 1 ZVG
5 §§ 1121, 1122 BGB

Kommt es bei einer gegen die Beschlagnahme verstoßenden Verfügung nach § 135 Abs. 2 BGB darauf an, ob derjenige, zu dessen Gunsten verfügt wurde, die Beschlagnahme kannte, so steht die Kenntnis des Versteigerungsantrags einer Kenntnis der Beschlagnahme gleich. Die Beschlagnahme gilt auch in Ansehung der mithaftenden beweglichen Sachen als bekannt, sobald der Versteigerungsvermerk eingetragen ist[1].

Sind die Erzeugnisse oder Bestandteile innerhalb der Grenzen einer ordnungsmäßigen Wirtschaft von dem Grundstück getrennt worden, so erlischt ihre Haftung auch ohne Veräußerung, wenn sie vor der Beschlagnahme von dem Grundstück entfernt werden, es sei denn, dass die Entfernung zu einem vorübergehenden Zwecke erfolgt.

Zubehörstücke werden ohne Veräußerung von der Haftung frei, wenn die Zubehöreigenschaft innerhalb der Grenzen einer ordnungsmäßigen Wirtschaft vor der Beschlagnahme aufgehoben wird. Zu der Frage, welche Gegenstände wesentliche Bestandteile oder Zubehör sind, wird auf A. 7.9.2 verwiesen.

Trotz des laufenden Zwangsversteigerungsverfahrens ist der Schuldner nicht daran gehindert, weiter über das Grundstück zu verfügen, eine solche Verfügung ist jedoch gegenüber demjenigen Gläubiger, der die Beschlagnahme erwirkt hat, unwirksam. Beim Zwangsversteigerungsvermerk handelt es sich lediglich um eine relative Verfügungsbeschränkung. Jedem Dritten gegenüber ist die Verfügung wirksam.

Die Hypothek erstreckt sich auch auf eine Versicherungsforderung[2]. Die Forderung gegen den Versicherer ist von der Hypothekenhaftung umfasst, wenn Gegenstände, die der Hypothek unterliegen, für den Eigentümer oder den Eigenbesitzer des Grundstücks unter Versicherung gebracht worden sind. Die Haftung der Forderung gegen den Versicherer erlischt, wenn der versicherte Gegenstand wiederhergestellt oder Ersatz für ihn beschafft ist.

Wenn ein Gebäude versichert ist, darf der Versicherer die Versicherungssumme mit Wirkung gegen den Hypothekengläubiger an den Versicherten erst zahlen, wenn er oder der Versicherte dem Hypothekengläubiger den Eintritt des Schadens angezeigt hat und seit dem Empfang der Anzeige ein Monat verstrichen ist[3]. Der Hypothekengläubiger kann bis zum Ablauf der Frist dem Versicherer gegenüber der Zahlung widersprechen. Die Anzeige darf unterbleiben, wenn sie untunlich ist; in diesem Fall wird

---

1 § 23 Abs. 2 ZVG
2 § 1127 BGB
3 § 1129 BGB

der Monat von dem Zeitpunkt an berechnet, in welchem die Versicherungssumme fällig wird.

Hat der Hypothekengläubiger seine Hypothek dem Versicherer angemeldet, so kann der Versicherer mit Wirkung gegen den Hypothekengläubiger an den Versicherten nur zahlen, wenn der Hypothekengläubiger der Zahlung schriftlich zugestimmt hat.

Im Übrigen finden die für eine verpfändete Forderung geltenden Vorschriften Anwendung; der Versicherer kann sich jedoch nicht darauf berufen, dass er eine aus dem Grundbuch ersichtliche Hypothek nicht gekannt habe.

Ist der Versicherer nach den Versicherungsbedingungen nur verpflichtet, die Versicherungssumme zur Wiederherstellung des versicherten Gegenstandes zu zahlen, so ist eine diesen Bedingungen entsprechende Zahlung an den Versicherten dem Hypothekengläubiger gegenüber wirksam[1].

Über den Verweis in § 1192 BGB gelten die Vorschriften für die Hypothek auch für die Grundschuld.

6 Darstellung des Mustergrundbuchs

Nach diesen notwendigen allgemeinen Ausführungen wird das fiktive Mustergrundbuch von Speicher Blatt 1422 vorgestellt, auf dessen Basis anschließend der Ablauf eines Zwangsversteigerungsverfahrens dargestellt wird. Das Mustergrundbuch ist im Anhang 1 abgedruckt.

Es handelt sich um ein Grundbuch mit fünf Grundstücken und drei Grundschulden in Abteilung III für drei unterschiedliche Gläubiger und zusätzlich zwei Eintragungen in Abteilung II.

Die Zinsen für die Grundschulden sind wie folgt fällig:

- III/1: kalenderjährlich nachträglich am ersten Werktag eines jeden Jahres für das vorangegangene Kalenderjahr;
- III/2: kalendervierteljährlich nachträglich;
- III/3: ohne Angabe in der Grundschuldbestellungsurkunde, daher in entsprechender Anwendung von § 608 BGB jährlich nachträglich ab Eintragung der Grundschuld fällig.

[1] § 1130 BGB

Zusätzlich wird unterstellt, dass es sich bei dem Recht II/2 um ein Altenteil im Sinne von § 9 EGZVG handelt.

Grundsätzlich besteht ein Altenteil (auch als Leibgeding, Leibzucht oder Auszug bezeichnet) aus einer Reallast und einer Dienstbarkeit. Dies ist jedoch nicht zwingend erforderlich. Die Bezeichnung im Grundbuch ist nicht maßgeblich, sondern allein der Inhalt des Rechts. Das Altenteil gewährt dem Berechtigten Leistungen, die aus dem Grundstück zu erbringen sind. Das oder die Rechte müssen typischerweise zu Versorgungszwecken bestellt sein[1].

Eine Verknüpfung mit einer Grundstücksübertragung ist nicht zwingend erforderlich, ebensowenig verwandtschaftliche Beziehungen zwischen dem Berechtigten und dem Verpflichteten[2]. Auch wenn Altenteile typischerweise bei der Übertragung von landwirtschaftlichen Anwesen eingetragen werden, können sie trotzdem auch an einem städtischen Grundstück bestellt werden, z. B. ein Wohnrecht bei der Übergabe eines Gaststättenbetriebs[3].

6.1 Berechnung der dinglichen Forderung in Rangklasse 4 des § 10 Abs. 1 ZVG

Für die weitere Darstellung ist die Frage wichtig, in welchem Umfang der jeweilige Grundschuldgläubiger sein Recht in der Rangklasse 4 des § 10 Abs. 1 ZVG geltend machen kann.

Laufende Zinsen sind der letzte vor der Beschlagnahme fällig gewordene Betrag sowie die später fällig werdenden Beträge. Die älteren Beträge sind Rückstände[4].

Liegen mehrere Beschlagnahmen vor, so ist die erste maßgebend. Bei der Zwangsversteigerung gilt, wenn bis zur Beschlagnahme eine Zwangsverwaltung fortgedauert hat, die für diese bewirkte Beschlagnahme als die erste[5].

Ausgehend von dem Mustergrundbuch sowie der dargestellten Zinsfälligkeit der einzelnen Grundschulden ergibt sich die auf Seite 51 oben vorgenommene Berechnung.

---

[1] Zeller/Stöber, a.a.O., § 9 EGZVG Anm. 3.2
[2] OLG Köln DNotZ 1990, 513
[3] OLG Hamm Rpfleger 1986, 270 und 1987, 76 Leitsatz mit Anm. Fuchs
[4] § 13 Abs. 1 ZVG
[5] § 13 Abs. 4 ZVG

Fiktive erste Beschlagnahme am 20. Dezember 1997

III/1: Letzte Fälligkeit vor Beschlagnahme 2. Januar 1997 für die
Zinsen ab 1. Januar 1996
Laufende Zinsen ab 1. Januar 1996
Rückständige Zinsen ab 1. Januar 1994

III/2: Letzte Fälligkeit vor Beschlagnahme 1. Oktober 1997 für die
Zinsen ab 1. Juli 1997
Laufende Zinsen ab 1. Juli 1997
Rückständige Zinsen ab 1. Juli 1995

III/3: Letzte Fälligkeit vor Beschlagnahme 2. Mai 1997 für die
Zinsen ab 2. Mai 1996
Laufende Zinsen ab 2. Mai 1996
Rückständige Zinsen ab 2. Mai 1994

Aus diesem Beispiel ist ersichtlich, wie wichtig die kalenderjährlich nachträgliche Fälligkeit der Zinsen sein kann, denn im Gegensatz zu der kalendervierteljährlichen Fälligkeit kann in der Rangklasse 4 ein Zinsanspruch von zusätzlich 18 Monaten geltend gemacht werden. Dies gilt jedoch nur dann, wenn die Beschlagnahme im letzten Quartal eines Jahres erfolgt.

Bei einer Beschlagnahme am Anfang eines Jahres ist der Unterschied nicht so groß, wie sich aus dem nachstehenden zweiten Beispiel für Zinsfälligkeit ergibt.

Fiktive erste Beschlagnahme am 10. Januar 1998

III/1: Letzte Fälligkeit vor Beschlagnahme 2. Januar 1998 für die
Zinsen ab 1. Januar 1997
Laufende Zinsen ab 1. Januar 1997
Rückständige Zinsen ab 1. Januar 1995

III/2:	Letzte Fälligkeit vor Beschlagnahme 2. Januar 1998 für die	
	Zinsen ab	1. Oktober 1997
	Laufende Zinsen ab	1. Oktober 1997
	Rückständige Zinsen ab	1. Oktober 1995
III/3:	Letzte Fälligkeit vor Beschlagnahme 2. Mai 1997 für die	
	Zinsen ab	2. Mai 1996
	Laufende Zinsen ab	2. Mai 1996
	Rückständige Zinsen ab	2. Mai 1994

Als drittes Beispiel wird nachstehend die Berechnung bei einer Beschlagnahme zur Jahresmitte dargestellt.

Fiktive erste Beschlagnahme am 10. Juli 1998

III/1:	Letzte Fälligkeit vor Beschlagnahme 2. Januar 1998 für die	
	Zinsen ab	1. Januar 1997
	Laufende Zinsen ab	1. Januar 1997
	Rückständige Zinsen ab	1. Januar 1995
III/2:	Letzte Fälligkeit vor Beschlagnahme 1. Juli 1998 für die	
	Zinsen ab	1. April 1998
	Laufende Zinsen ab	1. April 1998
	Rückständige Zinsen ab	1. April 1996
III/3:	Letzte Fälligkeit vor Beschlagnahme 2. Mai 1998 für die	
	Zinsen ab	2. Mai 1997
	Laufende Zinsen ab	2. Mai 1997
	Rückständige Zinsen ab	2. Mai 1995

Aus diesen Beispielen ist ersichtlich, dass es für einen erstrangigen Gläubiger wichtig sein kann, die Beschlagnahme noch bis zum Jahresende herbeizuführen, um damit seine dingliche Forderung in der Rangklasse 4 zu erhöhen. Im Gegensatz dazu sollte ein nachrangiger Gläubiger, der die Einleitung eines Zwangsversteigerungsverfahrens beabsichtigt, am Jahresende lieber abwarten und den Zwangsversteigerungsantrag erst im neuen Jahr stellen, um nicht dem vorrangigen Gläubiger zu einer um ein Jahr höheren dinglichen Forderung zu verhelfen.

Abhängig von der Rangfolge im Grundbuch ist somit die Interessenlage der Gläubiger ganz unterschiedlich.

Selbstverständlich können die dinglichen Zinsen im Rahmen eines Zwangsversteigerungsverfahrens frühestens ab dem Tage der Eintragung der Grundschuld bzw. bei entsprechender Bewilligung in der Grundschuldbestellungsurkunde (so z. B. im Mustervordruck des DG-Verlags für eine Grundschuldbestellung, siehe Anhang 6, Vordrucke Nr. 220 400 und 220 410) ab dem Tage der Bewilligung geltend gemacht werden.

6.2 Antrag auf Zwangsversteigerung

Auf den Seiten 54 und 55 f. sind Muster eines Versteigerungsantrags (Muster 1) durch den Gläubiger III/1 sowie eines entsprechenden Anordnungsbeschlusses (Muster 2) durch das Amtsgericht dargestellt.

Alle Zustellungen im Zwangsversteigerungsverfahren erfolgen von Amts wegen[1]. Soweit der Schuldner unbekannt verzogen ist, kann eine öffentliche Zustellung des Anordnungsbeschlusses erfolgen. Anschließend sollte in solchen Fällen bei Gericht beantragt werden, einen Zustellungsvertreter[2] zu bestellen.

Das Versteigerungsgericht beantragt gleichzeitig beim Grundbuchamt die Eintragung des Zwangsversteigerungsvermerks[3].

---

[1] § 3 ZVG
[2] § 6 ZVG
[3] § 19 ZVG

Muster 1 **Antrag auf Zwangsversteigerung**

A-Bank eG
Postfach 1234
54634 Bitburg

Bitburg, den 1. Dezember 1997

An das
Amtsgericht Bitburg
Gerichtsstraße 2
54634 Bitburg

Antrag auf Zwangsversteigerung

In Sachen
A-Bank eG, Postfach 1234, 54634 Bitburg
– vertreten durch den Vorstand –

Gläubigerin

gegen
Herrn Hermann Meyer, Roonstraße 7, 54662 Speicher

Schuldner

Aufgrund der anliegenden vollstreckbaren Ausfertigung der Urkunde des Notars Schulz, Bitburg vom 27. Februar 1992 – Ur. Nr. 211/92 – hat die Gläubigerin vom Schuldner aus dinglichem und persönlichem Anspruch zu fordern:

1. Aus der Grundschuld III/1:
   a) 15 Prozent Zinsen seit dem 1. Januar 1994
   b) Kapital: 100.000,00 DM
2. Die Kosten der gegenwärtigen Rechtsverfolgung

Wir beantragen hiermit die Zwangsversteigerung der im Grundbuch von Speicher Blatt 1422 auf den Namen des Schuldners eingetragenen Grundstücke lfd. Nr. 1 Flur 27 Nr. 17/1, lfd. Nr. 2 Flur 27 Nr. 17/2, lfd. Nr. 4 Flur 27 Nr. 17/4, lfd. Nr. 5 Flur 27 Nr. 17/5 und lfd. Nr. 6 Flur 27 Nr. 18.

Wegen der Eigentumsverhältnisse nehmen wir auf das Grundbuch Bezug.

A-Bank eG

Anordnungsbeschluss Zwangsversteigerung — Muster 2

– 6 K 100/97 –

Beschluss

In der Zwangsversteigerungssache der
A-Bank eG, Postfach 1234, 54634 Bitburg
– vertreten durch den Vorstand –

Gläubigerin

gegen
Herrn Hermann Meyer, Roonstraße 7, 54662 Speicher

Schuldner

Der Schuldner ist Eigentümer der im Grundbuch von Speicher Blatt 1422 eingetragenen Grundstücke:

lfd. Nr. 1	Flur 27 Nr. 17/1 Gebäude- und Freifläche, Bahnhofstraße	4,83 ar
lfd. Nr. 2	Flur 27 Nr. 17/2 Gebäude- und Freifläche, daselbst	4,80 ar
lfd. Nr. 3 zu 2	Geh- und Fahrrecht an dem Grundstück Flur 27 Nr. 17/3 Gebäude- und Freifläche, Bahnhofstraße	
lfd. Nr. 4	Flur 27 Nr. 17/4 Gebäude- und Freifläche, daselbst	5,27 ar
lfd. Nr. 5	Flur 27 Nr. 17/5 Freifläche, Bahnhofstraße	1,35 ar
lfd. Nr. 6	Flur 27 Nr. 18 Freifläche, Bahnhofstraße	1,35 ar

Aufgrund der vollstreckbaren Urkunde des Notars Schulz, Bitburg vom 27. Februar 1992 – Ur. Nr. 211/92 – steht der Gläubigerin gegen den Schuldner ein persönlicher und dinglicher Anspruch aus dem im vorgenannten Grundbuch in Abt. III unter lfd. Nr. 1 eingetragenen Recht zu, und zwar:

1. Hauptforderung: 100.000,00 DM
2. 15 Prozent Zinsen aus 100.000,00 DM seit dem 1. Januar 1994
3. die Kosten der gegenwärtigen Rechtsverfolgung.

Auf Antrag der Gläubigerin wird die

Zwangsversteigerung

des genannten Grundbesitzes a n g e o r d n e t.

Dieser Beschluss gilt zugunsten der Gläubigerin als Beschlagnahme des Grundbesitzes.

Bitburg, den 13. Dezember 1997

Das Amtsgericht

gez. Wirtz, Rechtspfleger

7 Verhalten während des laufenden Verfahrens

7.1 Einstellungsantrag nach § 30 a ZVG

Zusammen mit dem Anordnungsbeschluss wird dem Schuldner eine Belehrung über die Einstellungsmöglichkeiten nach § 30 a ZVG (Muster 3, Seite 58 f.) übersandt. Von der Möglichkeit des Einstellungsantrages machen derzeit etwa die Hälfte der Schuldner Gebrauch. Voraussetzungen für eine solche einstweilige Einstellung sind, dass durch die Einstellung die Aussicht besteht, dass die Versteigerung vermieden werden kann und dass die Einstellung nach den persönlichen und wirtschaftlichen Verhältnissen des Schuldners sowie nach der Art der Schuld der Billigkeit entspricht. Beide Voraussetzungen müssen erfüllt sein, damit eine Einstellung erfolgen kann.

Dem Schuldner bzw. einem Rechtsanwalt als Schuldnervertreter kommt es in der Regel darauf an, durch den Einstellungsantrag das Zwangsversteigerungsverfahren bzw. dessen Durchführung zu verzögern, auch wenn die vom Gesetz vorgeschriebenen Voraussetzungen für eine Einstellung nicht vorliegen. Durch die Stellung des Einstellungsantrages wird das Verfahren um mindestens zwei Monate verzögert.

Falls gegen einen abweisenden Beschluss des Versteigerungsgerichts noch Beschwerde eingelegt wird, kommen je nach Schnelligkeit des zuständigen Landgerichts nochmals zwei bis drei Monate hinzu. Die Begründung des Einstellungsantrages ergibt sich aus dem jeweiligen Einzelfall und kann unter Umständen sehr weit ausgedehnt werden. Meistens fehlen in den Einstellungsanträgen die Voraussetzungen für die Anwendung des § 30 a ZVG, zum Ausgleich wird dafür sehr stark die emotionale Seite betont und versucht, die Bank als den eigentlich Schuldigen darzustellen.

Der Schuldner sieht meistens nicht ein, dass er sich bei einem von vornherein aussichtslosen Einstellungsantrag durch die Verzögerung insoweit schadet, als dass die Forderung des Gläubigers durch die auflaufenden Zinsen weiter anwächst. Je nach Höhe der Verbindlichkeiten spielt dies jedoch für ihn wohl ohnehin keine Rolle.

Für die Bank als Gläubiger kommt es bei einem Einstellungsantrag darauf an, ob sie an gesicherter oder ungesicherter Rangposition steht. Falls sie an gesicherter Rangposition steht, wird das Verfahren durch den Einstellungsantrag nur verzögert. Am sinnvollsten ist es hier, einer Ein-

Muster 3 **Belehrung nach § 30 a ZVG**

Amtsgericht Bitburg

– 6 K 100/97 –

Belehrung über das Recht zur Stellung eines Einstellungsantrages (§§ 30 a, b, c Zwangsversteigerungsgesetz)

Das in dem anliegenden Beschluss näher bezeichnete Zwangsversteigerungsverfahren kann auf Ihren Antrag gemäß § 30 a Zwangsversteigerungsgesetz auf höchstens sechs Monate einstweilen eingestellt werden, wenn Aussicht besteht, dass durch die Einstellung die Versteigerung vermieden wird, und wenn die Einstellung nach Ihren persönlichen und wirtschaftlichen Verhältnissen sowie nach der Art der Schuld der Billigkeit entspricht.

Diese beiden Voraussetzungen sind eingehend darzulegen und glaubhaft zu machen, wenn Sie einen solchen Antrag zu stellen beabsichtigen. Für den betreibenden Gläubiger ist eine Abschrift der Begründung des Einstellungsantrages beizufügen. Der Antrag muss innerhalb einer Notfrist von zwei Wochen seit der Zustellung dieser Mitteilung bei Gericht eingegangen sein. Ein später eingehender Antrag muss als unzulässig verworfen werden. Fällt das Ende der Frist auf einen Sonntag, einen allgemeinen Feiertag oder einen Sonnabend, so endet die Frist mit Ablauf des nächsten Werktages. Ist das Verfahren wegen einer Forderung eines Gläubigers einstweilen eingestellt, so kann der Grundbesitz trotzdem wegen einer anderen Forderung desselben oder eines anderen Gläubigers versteigert werden, wenn nicht auch wegen dieser Forderung das Verfahren eingestellt wird. Es muss daher für jeden Anordnungs-, Beitritts- oder Fortsetzungsbeschluss ein Einstellungsantrag innerhalb der Notfrist von zwei Wochen gestellt werden. In jedem neuen Einstellungsantrag ist zum Ausdruck zu bringen, auf welchen Gläubiger und auf welchen Beschluss er sich bezieht. Im Falle der Fortsetzung eines Verfahrens kann gemäß § 30 c Zwangsversteigerungsgesetz einmal erneut das Verfahren eingestellt werden, es sei denn, dass die Einstellung dem Gläubiger unter Berücksichtigung seiner gesamten wirtschaftlichen Verhältnisse nicht zuzumuten ist.

Vor einer Einstellung wird der Gläubiger gehört. Außerdem kann der Gläubiger gemäß § 30 Zwangsversteigerungsgesetz die einstweilige Einstellung des Verfahrens bewilligen. Der Bewilligung der Einstellung steht es gleich, wenn der Gläubiger die Aufhebung des Versteigerungstermins bewilligt. Von mehreren Gläubigern kann jeder nur für das von ihm betriebene Verfahren die einstweilige Einstellung bewilligen. Durch die Bewilligung eines Gläubigers wird das von einem anderen Gläubiger betriebene Verfahren nicht berührt.

Sie werden gebeten, eventuell bestehende Miet- oder Pachtverhältnisse des genannten Grundbesitzes anzuzeigen.

Hochachtungsvoll

Auf Anordnung

Justizangestellte

stellung zuzustimmen, jedoch verbunden mit einer Zahlungsauflage[1]. Die Zahlung muss dann mindestens in Höhe der monatlichen Zinsen angesetzt werden. Zahlt der Schuldner dann nicht, ist nach der Fortsetzung durch den Gläubiger wegen Nichteinhaltung der Zahlungsauflage einem möglichen und zulässigen erneuten Einstellungsantrag die Grundlage entzogen.

Sollte der Schuldner die Zahlungsauflage tatsächlich einhalten, entsteht dem Gläubiger kein Nachteil, da ihm die laufenden Zinsen zufließen.

Einem ungesicherten Gläubiger könnte die Zahlungsauflage behilflich sein, über diese Ratenzahlungen als Auflage des Gerichts, die vom Schuldner eher eingehalten wird, seine Forderung doch noch zu realisieren. Hier müsste jedoch neben den Zinsen auch eine Tilgungsleistung gezahlt werden.

Praxistipp

Wenn für den Gläubiger feststeht, dass mit dem Einstellungsantrag nur eine Verzögerung des Verfahrens erreicht werden soll, sollte er darauf drängen, dass unabhängig von der noch ausstehenden Entscheidung über den Einstellungsantrag bereits die Wertermittlung eingeleitet wird.

Wenn der Gläubiger sich für die Kosten des Gutachtens stark sagt, kann das Gericht im Zweifel auch bereits vor der rechtskräftigen Entscheidung über den Einstellungsantrag den Sachverständigen mit der Wertermittlung beauftragen. Dies hat den Vorteil, dass das Wertgutachten dann bereits vorliegt, wenn über den Einstellungsantrag rechtskräftig entschieden ist.

Diese einstweilige Einstellung kann einmal wiederholt werden[2].

7.2 Einstellungsantrag nach § 765 a ZPO

Eine solche Einstellung ist grundsätzlich während des ganzen laufenden Verfahrens möglich. Im Hinblick auf die eng auszulegende Vorschrift wird § 765 a ZPO nur ausnahmsweise zum Zuge kommen können[3]. Als Gläubiger sollte darauf geachtet werden, dass mit einer Zurückweisung

[1] § 30 a Abs. 3 S. 2 ZVG
[2] § 30 c ZVG
[3] siehe Zöller/Stöber, ZPO, 19. Auflage, Rn 5 zu § 765 a

des Einstellungsantrages nach § 30 a ZVG auch gleichzeitig eine Zurückweisung nach § 765 a ZPO beantragt wird, damit der Schuldner nicht eventuell erst in der Beschwerdeinstanz die Einstellung nach § 765 a ZPO beantragt und das Beschwerdegericht die Angelegenheit aus diesem Grund nochmals zurückverweist[1].

Wichtig könnte diese Einstellungsmöglichkeit dann werden, wenn sich erst während des laufenden Zwangsversteigerungsverfahrens, unter Umständen kurz vor dem Versteigerungstermin, für den Schuldner Möglichkeiten zur Vermeidung der Versteigerung ergeben sollten. In diesen Fällen ist, unter Umständen auch nach dem Versteigerungstermin, jedoch vor Entscheidung über den Zuschlag, eine Einstellung des Zwangsversteigerungsverfahrens nur über § 765 a ZPO möglich. Tatsachen, die eine Einstellung des Zwangsversteigerungsverfahrens rechtfertigen würden, können mit der Zuschlagsbeschwerde nicht erstmals neu geltend gemacht werden[2].

7.3 Einstellungsantrag nach § 30 d ZVG durch einen Insolvenzverwalter

Eine neue gravierende Einschränkung für Grundpfandgläubiger im Zwangsversteigerungsverfahren bei gewerblich genutzten Grundstücken dürfte die neue Möglichkeit für den Insolvenzverwalter sein, eine einstweilige Einstellung des Zwangsversteigerungsverfahrens zu beantragen, wenn

- im Insolvenzverfahren der Berichtstermin[3] noch bevorsteht,
- das Grundstück nach dem Ergebnis des Berichtstermins im Insolvenzverfahren für eine Fortführung des Unternehmens oder für die Vorbereitung der Veräußerung eines Betriebs oder einer anderen Gesamtheit von Gegenständen benötigt wird,
- durch die Versteigerung die Durchführung eines vorgelegten Insolvenzplans gefährdet würde oder
- in sonstiger Weise durch die Versteigerung die angemessene Verwertung der Insolvenzmasse wesentlich erschwert würde.

Der Einstellungsantrag kann bereits vom vorläufigen Insolvenzverwalter gestellt werden, wenn dieser glaubhaft macht, dass die Einstellung zur

---

[1] Zeller/Stöber, a.a.O., Einleitung, Anm. 59.3
[2] Zeller/Stöber, a.a.O., Einleitung, Anm. 57.2
[3] § 29 Abs. 1 Nr. 1 InsO

Vermeidung nachteiliger Veränderungen in der Vermögenslage des Schuldners erforderlich ist[1].

Der Einstellungsantrag ist abzulehnen, wenn die Einstellung dem Gläubiger unter Berücksichtigung seiner wirtschaftlichen Verhältnisse nicht zuzumuten ist[2].

Aufgrund dieser Vorgaben wird der Insolvenzverwalter und auch bereits der vorläufige Insolvenzverwalter fast immer eine Einstellung eines Zwangsversteigerungsverfahrens erreichen können. Da Zinsen aus der Insolvenzmasse erst ab dem dritten Monat zu zahlen sind, wird er zunächst die Einstellung beantragen und anschließend endgültig entscheiden, ob der Antrag aufrecht erhalten bleibt.

Es ist auch davon auszugehen, dass manche Insolvenzverwalter, um möglichen Vorwürfen anderer Gläubiger und Schadenersatzansprüchen zu entgehen, einen entsprechenden Antrag stellen werden, was zumindest zu einer Verzögerung des Verfahrens und dadurch zu einem Zinsausfall für den betreibenden Gläubiger führen wird.

Gerade im Hinblick darauf, dass bei der Abwägung der widerstreitenden Interessen beim Gläubiger auf seine wirtschaftlichen Verhältnisse abgestellt wird, und eine Bank nach der bisherigen Rechtsprechung im Zweifel nicht besonders schutzwürdig ist, ist zu befürchten, dass es zu entsprechenden Einstellungen kommen wird.

Eine Frist für die Stellung eines solchen Einstellungsantrags ist nicht vorgesehen, sodass dieser auch während des von der Bank bereits lange vorher beantragten Zwangsversteigerungsverfahrens noch gestellt werden kann. Sollte gegen den Eigentümer daher erst kurz vor dem bereits bestimmten Versteigerungstermin Insolvenzantrag gestellt werden, ist wahrscheinlich, dass jeder vorläufige Insolvenzverwalter den Einstellungsantrag stellt, um nicht etwas zu versäumen und das Versteigerungsgericht diesem Antrag im Hinblick auf die gesetzlichen Vorgaben auch stattgeben wird.

Die Einstellung hätte zur Folge, dass der Versteigerungstermin wegen der Einstellung zunächst einmal aufgehoben wird, und der Gläubiger bis zum Berichtstermin im Insolvenzverfahren abwarten muss. Erst hier wird sich dann entscheiden, ob es zu einer Liquidation kommt und die Versteigerung fortgesetzt werden kann, oder aber das Grundstück weiter benötigt wird und der betreibende Gläubiger dann aus der Insolvenzmasse laufend die geschuldeten Zinsen erhält.

---

[1] § 30 d Abs. 4 ZVG
[2] § 30 d Abs. 2 ZVG

Allerdings muss der vorläufige Insolvenzverwalter beachten, dass die Insolvenzmasse spätestens drei Monate nach der Einstellung mit Zinsen belastet wird[1].

Die Einstellung ist mit der Auflage anzuordnen, dass dem betreibenden Gläubiger für die Zeit nach dem Berichtstermin laufend die geschuldeten Zinsen binnen 2 Wochen nach Eintritt der Fälligkeit aus der Insolvenzmasse gezahlt werden, soweit das Grundpfandrecht einschließlich der dinglichen Zinsen werthaltig ist[2].

Hier ist nicht festgelegt, ob die dinglichen Zinsen aus der Grundschuld oder die persönlichen Zinsen aus der Forderung zu zahlen sind und ob sich dies lediglich auf Kredite für die Anschaffung des Grundstücks oder auf alle durch die Grundschulden abgesicherten Kredite bezieht. Insoweit bleibt die Rechtsprechung abzuwarten.

Die vom Gesetzgeber gewollte Beschränkung auf die persönlichen Zinsen widerspricht der Systematik des Zwangsversteigerungsgesetzes. Bei Grundschulden kennt das Gesetz keine „persönlichen" Zinsen[3].

Angesichts der mutmaßlichen Intention des Gesetzgebers ist jedoch zu befürchten, dass die Rechtsprechung diese Frage zugunsten der Insolvenzmasse entscheiden und den Grundpfandrechtsgläubiger auf die Zinsen aus der gesicherten Forderung verweisen wird. Inzwischen hat das Landgericht Göttingen durch Beschluss vom 27. Januar 2000[4] entschieden, dass dem betreibenden Gläubiger nicht die dinglichen Zinsen sondern nur die nach den vertraglichen Vereinbarungen geschuldeten Zinsen zu zahlen sind. Außerdem soll der aus der Insolvenzmasse zu zahlende Betrag auf die Höhe der Forderung beschränkt sein, wegen der die Zwangsvollstreckung betrieben wird.

Der Gläubiger kann bei einer masseorientierten Auslegung während der Einstellung des Zwangsversteigerungsverfahrens nur die laufenden persönlichen Zinsen verlangen, nicht jedoch mehr als die dinglichen Zinsen.

Hintzen[5] widerspricht mit zutreffender Begründung der Auffassung des Landgerichts Göttingen, da es bei der Vollstreckung aus einer Grundschuld keine „persönlichen" Zinsen gibt sondern nur die dinglichen Zinsen aus der Grundschuld.

---

[1] § 30 e Abs. 1 S. 2 ZVG
[2] § 30 e Abs. 1 S. 1 ZVG
[3] Insoweit wird auf die kontroverse Diskussion zu § 85 a ZVG verwiesen; vgl. Zeller/Stöber, a.a.O., § 85 a, Anm. 4.3 m. w. Nachw.
[4] ZInsO 2000, 163
[5] ZInsO 2000, 205

Des Weiteren vertritt Hintzen[1] die Auffassung, dass Grundpfandrechtsgläubiger, deren Recht außerhalb der 7/10-Grenze des § 74 a ZVG liegt, von der Zinszahlung ausgeschlossen sein sollen.

Diese Auffassung ist abzulehnen, da weder das Gesetz noch die Gesetzesmaterialien einen Hinweis darauf enthalten, dass für die Berechnung des Zinsanspruchs die sog. 7/10-Grenze des § 74 a ZVG Maßstab sein soll. Wert im Sinne von § 30 e Abs. 3 ZVG kann nur der Verkehrswert und nicht ein Bruchteil dieses Wertes sein. Es besteht kein Erfahrungssatz, dass der Erlös in Zwangsversteigerungsverfahren regelmäßig hinter der 7/10-Grenze zurückbleibt.

Der Zinsanspruch ist am Verkehrswert auszurichten. Ist im Zwangsversteigerungsverfahren der Verkehrswert noch nicht festgesetzt bzw. ermittelt, kann eine Einstellung des Verfahrens demnach auch noch nicht erfolgen.

Berechnungsbasis für den Zinsanspruch ist der geschätzte Betrag des auf das Grundpfandrecht entfallenden Erlöses. Ist der tatsächliche Erlös geringer als der geschätzte Betrag, ist der Grundpfandrechtsgläubiger nicht verpflichtet, die an sich zuviel erhaltenen Zinsen herauszugeben[2].

Das Zwangsversteigerungsgericht ordnet die Zinszahlung in Form einer Auflage mit dem Einstellungsbeschluss an. Die Auflage ist nicht selbstständig anfechtbar, sondern kann nur gemeinsam mit dem Einstellungsbeschluss angefochten werden[3].

Im Insolvenzeröffnungsverfahren beginnt der Zinsanspruch spätestens drei Monate nach der einstweiligen Einstellung[4] und endet mit der Aufhebung der einstweiligen Einstellung[5].

Bei einer Veränderung der tatsächlichen Verhältnisse kann der betreibende Gläubiger die Änderung der Höhe der laufenden Zinsen beantragen[6].

Die Anordnung der einstweiligen Einstellung erfolgt von Amts wegen und ist nicht verzichtbar[7].

Der Antrag auf Zwangsversteigerung ist auch nach Stellung eines Insolvenzantrags und Anordnung von Sicherungsmaßnahmen möglich. Bei

---

[1] ZInsO 1998, 320
[2] Obermüller, Insolvenzrecht für die Bankpraxis, Rz 6.374; Kübler/Prütting/Kemper, Kommentar zur Insolvenzordnung, Rz 40
[3] § 30 d Abs. 1 i. V. m. § 30 b Abs. 3 ZVG
[4] § 30 e Abs. 1 S. 2 ZVG
[5] § 30 f ZVG
[6] Kübler/Prütting/Kemper, a.a.O., § 165, Rz 46
[7] Hintzen, ZInsO 1998, 320

Grundpfandgläubiger sollten für eine rechtzeitige Verfahrenseinleitung bzw. einen Beitritt zu einem bereits angeordneten Zwangsversteigerungsverfahren wegen ihrer gesamten Forderung Sorge tragen, um sich den größtmöglichen Zinsanspruch zu sichern.

Praxistipp

Anordnung eines Verfügungsverbots ist die Vollstreckungsklausel auf den vorläufigen Insolvenzverwalter umzuschreiben und der Vollstreckungstitel diesem zuzustellen[1].

Im Falle des § 30 d Abs. 1 und 3 ZVG ist die einstweilige Einstellung auf Antrag des Gläubigers aufzuheben, wenn die Voraussetzungen für die Einstellung fortgefallen sind, wenn die Auflagen nach § 30 e ZVG nicht beachtet werden oder wenn der Insolvenzverwalter, im Falle des § 30 d Abs. 2 ZVG der Schuldner, der Aufhebung zustimmt. Auf Antrag des Gläubigers ist weiter die einstweilige Einstellung aufzuheben, wenn das Insolvenzverfahren beendet ist[2].

Die einstweilige Einstellung nach § 30 d Abs. 4 ist auf Antrag des Gläubigers aufzuheben, wenn der Antrag auf Eröffnung des Insolvenzverfahrens zurückgenommen oder abgewiesen wird[3].

Darüber hinaus ist auf Antrag des Gläubigers gegenüber dem Versteigerungsgericht der Wertverlust ab der Einstellung aus der Insolvenzmasse auszugleichen[4].

Der Gesetzesbegründung zur InsO ist nicht zu entnehmen, welche Wertverluste des Objektes auszugleichen und wie diese zu berechnen sind. Ein Wertverlust durch die Benutzung eines (bebauten) Grundstücks dürfte sich – wenn überhaupt – wahrscheinlich nur im Nachhinein feststellen lassen. Dabei dürfte der Nachweis eines Wertverlusts besonders schwierig sein bei Kontaminationen, die während des Insolvenzverfahrens eingetreten sind. Objektive Anhaltspunkte für einen Wertverlust werden während eines laufenden Insolvenzverfahrens nur schwer zu ermitteln sein. Gerichtliche Auseinandersetzungen um diese Fragen sind deshalb vorprogrammiert.

---

[1] Hintzen, ZInsO 1998, 318 und Kölner Schrift zur Insolvenzordnung, S. 1110 ff., Rn 10–25; LG Cottbus, ZInsO 2000, 240
[2] § 30 f Abs. 1 ZVG
[3] § 30 f Abs. 2 ZVG
[4] § 30 e Abs. 2 ZVG

7.4 Insolvenzantrag anstelle eines Zwangsversteigerungsantrags

Bei gewerblichen Kreditnehmern und der Absicherung durch Grundschulden auf einem gewerblich genutzten Objekt kommt eine neue Option der Verwertung für den Gläubiger in Betracht. Gerade im Hinblick auf die neue Einstellungsmöglichkeit auf Antrag des (vorläufigen) Insolvenzverwalters sollte die Bank vor Beantragung der Zwangsversteigerung überlegen, ob es im Gegensatz zur bisherigen Handhabung nicht sinnvoll sein kann, nach dem Scheitern von eventuellen Sanierungsbemühungen ihrerseits so schnell wie möglich (unter Wahrung der Vorgaben nach ihren AGB) die Kündigung des Kreditengagements auszusprechen und anschließend als Gläubiger selbst Insolvenzantrag zu stellen.

Soweit eine einvernehmliche Regelung mit dem gewerblichen Kreditnehmer – gleich aus welchen Gründen – nicht möglich ist, wäre es für den Gläubiger eine Option, wenn er durch den Antrag auf Eröffnung des Insolvenzverfahrens erreicht, dass kurzfristig ein vorläufiger Insolvenzverwalter bestellt wird, mit dem dann eine wirtschaftlich vernünftige Lösung über eine freihändige Verwertung des belasteten Objektes gefunden werden kann.

Selbst unter Berücksichtigung der Tatsache, dass der Kreditnehmer im Zweifel spätestens nach der Kreditkündigung durch die Bank zahlungsunfähig ist, wird nicht jeder Kunde auch der dadurch entstehenden Verpflichtung zur Stellung eines Insolvenzantrages nachkommen. Die Bank sollte in diesen Fällen keine Zeit verlieren und ggf. selbst durch die Stellung eines Insolvenzantrages tätig werden.

Stellt ein Gläubiger Antrag auf Eröffnung des Insolvenzverfahrens, so ist der Eröffnungsantrag zulässig, wenn der Gläubiger

- ein berechtigtes Interesse an der Eröffnung des Insolvenzverfahrens hat und
- seine Forderung sowie
- den Eröffnungsgrund

glaubhaft macht.

Ist die Forderung des Gläubigers noch nicht gerichtlich festgestellt, bedarf es der Vorlage von Belegen, evtl. verbunden mit einer eidesstattlichen Versicherung. Die Glaubhaftmachung der Zahlungsunfähigkeit kann z. B. durch eine Pfandlosigkeitsbescheinigung des Gerichtsvollziehers, ein Vermögensverzeichnis, eine eidesstattliche Versicherung über die Zahlungseinstellung oder Ähnliches erfolgen.

Die Bank kann ggf. durch Vorlage von Bilanzen oder betriebswirtschaftlichen Auswertungen des Kreditnehmers nachweisen, dass allein durch die Fälligkeit ihrer eigenen Forderung der Liquiditätsquotient deutlich unter 1 liegt und daher eine Zahlungsunfähigkeit im Sinne der InsO vorliegt[1].

Darüber hinaus muss der Gläubiger ein rechtlich anzuerkennendes Interesse an der Antragstellung haben (Rechtsschutzbedürfnis). Bei Verfolgung konkursfremder Zwecke ist nach herrschender Auffassung ein Rechtsschutzbedürfnis des Antragstellers zu verneinen. So darf ein Insolvenzantrag z. B. nicht als Druckmittel missbraucht werden, um den Schuldner zu Teilzahlungen oder zur Anerkennung einer zweifelhaften Forderung zu bewegen.

Das Rechtsschutzbedürfnis ist nicht von der Höhe der Forderung des antragstellenden Gläubigers abhängig[2].

Die Voraussetzungen für den Insolvenzantrag dürften von der Bank im Zweifel daher ohne weiteres nachzuweisen oder zumindest glaubhaft zu machen sein.

Ein Zwangsversteigerungsverfahren hätte folgende Nachteile:

- ▷ Es dauert mindestens ein Jahr;
- ▷ falls während der Dauer des Verfahrens ein Insolvenzantrag gestellt wird, ist zu befürchten, dass der vorläufige Insolvenzverwalter einen Einstellungsantrag nach § 30 d ZVG stellt, der zu einer weiteren Verzögerung des Verfahrens führt;
- ▷ es bewirkt keine Grundbuchsperre, andere Gläubiger können sich weiterhin mit Zwangssicherungshypotheken absichern (z. B. Bauhandwerkersicherungshypotheken) und einen möglichen freihändigen Verkauf verhindern oder zumindest wesentlich erschweren.

Ein Insolvenzverfahren hätte folgende Vorteile:

- ▷ Der Insolvenzvermerk[3] bewirkt eine Grundbuchsperre;
- ▷ durch die Rückschlagsperre werden alle im letzten Monat vor dem Insolvenzantrag eingetragenen Zwangssicherungshypotheken unwirksam;

[1] siehe Ehlenz/Weis, Insolvenzrecht für Banken, S. 34 f.
[2] BGH NJW-RR 1986, 1188
[3] § 32 InsO

- durch eine Anfechtung[1] können die im zweiten und dritten Monat vor dem Insolvenzantrag eingetragenen Zwangssicherungshypotheken in Wegfall gebracht werden;
- die Verwaltung und Beaufsichtigung des Objektes müssen nicht über eine zusätzliche Zwangsverwaltung erfolgen, diese erfolgen vielmehr durch den Insolvenzverwalter;
- eine freihändige Veräußerung ist gemeinsam mit dem Insolvenzverwalter möglich.

Über die Höhe des Massebeitrages bei der Veräußerung einer Immobilie durch den Insolvenzverwalter findet sich in der InsO keine Regelung, dies ist Verhandlungssache[2]. Je nach Höhe des Kaufpreises war bisher in Konkursverfahren bereits eine Zahlung von bis zu 3 Prozent des Kaufpreises in die Insolvenzmasse üblich.

Der Insolvenzantrag hätte zwar den Nachteil, dass möglicherweise eine Anfechtung von Rechtshandlungen zugunsten der antragstellenden Bank erfolgen könnte. Es lässt sich jedoch vorher entsprechend abschätzen bzw. abklären, ob und ggf. welche anfechtbaren Tatbestände vorliegen.

Diese Option wird sicher nicht in jedem Fall zum Zuge kommen können, der Insolvenzantrag sollte jedoch in die Überlegungen der Bank mit einbezogen werden.

7.5 Beitritt zum Zwangsversteigerungsverfahren

Soweit die eigene Forderung der Bank fällig ist und damit die Voraussetzungen für einen Zwangsversteigerungsantrag vorliegen, sollte die Bank einem bereits von einem anderen Gläubiger betriebenen Zwangsversteigerungsverfahren beitreten.

Für den Beitrittsantrag gelten die gleichen Voraussetzungen wie für den Anordnungsantrag. Soweit dem Gläubiger, der die Zwangsversteigerung beantragt, das bereits anhängige Verfahren noch nicht bekannt ist und er einen Antrag auf Anordnung des Verfahrens stellt, wird dieser vom Gericht als Beitrittsantrag ausgelegt[3]. Eine erneute Eintragung eines Zwangsversteigerungsvermerks in das Grundbuch erfolgt nicht. Der Gläubiger, dessen Beitritt zugelassen ist, hat dieselben Rechte, wie wenn auf seinen Antrag die Versteigerung angeordnet worden wäre.

[1] §§ 130, 131 InsO
[2] Hess/Klaas, InVo 1999, 194
[3] § 27 Abs. 1 ZVG

Vom Grundsatz her sollte sich ein Gläubiger nicht darauf verlassen, dass der andere Gläubiger das Verfahren weiter betreibt, sondern wegen seiner eigenen Ansprüche das Zwangsversteigerungsverfahren selbst betreiben.

Praxistipp

Es könnte sonst passieren, dass für den anderen Gläubiger das Verfahren – gleich aus welchen Gründen – eingestellt wird. Hiervon erhalten die sonstigen Beteiligten keine Mitteilung.

Von einer Aufhebung des Zwangsversteigerungsverfahrens, die nach einem entsprechenden Antrag des Gläubigers durch das Gericht erfolgt[1], werden die anderen Beteiligten nur dann informiert, wenn sie vorher bereits eine Mitteilung über das laufende Verfahren erhalten hatten.

Ein Muster eines Beitrittsantrags ist auf Seite 70, Muster 4, eines Beitrittsbeschlusses auf Seite 71 f., Muster 5, abgebildet.

Zusammen mit dem Beitrittsbeschluss wird dem Schuldner erneut eine Belehrung nach § 30 a ZVG zugestellt. Dadurch erhält er die Möglichkeit, auch für diesen Gläubiger einen Einstellungsantrag zu stellen. Das gilt auch dann, wenn es sich um denselben Gläubiger handelt und dieser lediglich aus einem weiteren Anspruch dem bereits laufenden und von ihm betriebenen Zwangsversteigerungsverfahren beitritt. Insoweit läuft das Verfahren für jeden Gläubiger bzw. jeden Anspruch getrennt.

7.6 Möglichkeiten der Einstellung des Zwangsversteigerungsverfahrens

Es kommt vor, dass der Eigentümer unter dem Druck der Anordnung des Zwangsversteigerungsverfahrens der Bank einen Rückzahlungsvorschlag unterbreitet, um die Fortführung des Verfahrens zu verhindern. Da eine Bank grundsätzlich nicht an der Durchführung des Zwangsversteigerungsverfahrens interessiert ist, sondern lediglich die Befriedigung ihrer Forderung sucht, sollte sie einen Vorschlag des Eigentümers unvoreingenommen prüfen. Soweit er realistisch ist und der Eigentümer auch nachweist, dass er die versprochenen Zahlungen erbringen kann, besteht die Möglichkeit für den Gläubiger, das Zwangsversteigerungsverfahren gemäß § 30 ZVG von sich aus auf die Dauer von längstens sechs Monaten einstweilen einzustellen.

[1] § 29 ZVG

Muster 4 Antrag auf Beitritt zum Zwangsversteigerungsverfahren

C-Bank eG
Postfach 5678
54634 Bitburg

Bitburg, den 1. Februar 1998

An das
Amtsgericht Bitburg
Gerichtsstraße 2
54634 Bitburg

Antrag auf Beitritt zur Zwangsversteigerung – 6 K 100/97 –

In Sachen
C-Bank eG, Postfach 5678, 54634 Bitburg
– vertreten durch den Vorstand –

Gläubigerin

gegen
Herrn Hermann Meyer, Roonstraße 7, 54662 Speicher

Schuldner

Aufgrund der anliegenden vollstreckbaren Ausfertigung der Urkunde des Notars Birken, Bitburg, vom 2. April 1992 – Ur. Nr. 521/92 – hat die Gläubigerin vom Schuldner aus dinglichem Anspruch zu fordern:

1. Aus der Grundschuld III/3:
   a) 15 Prozent Zinsen seit dem 1. Januar 1994
   b) Kapital 200.000,00 DM
2. Die Kosten der gegenwärtigen Rechtsverfolgung

Wir beantragen hiermit die Zulassung des Beitritts zum bereits anhängigen Zwangsversteigerungsverfahren 6 K 100/97 bzgl. der im Grundbuch von Speicher Blatt 1422 auf den Namen des Schuldners eingetragenen Grundstücke lfd. Nr. 1 Flur 27 Nr. 17/1, lfd. Nr. 2 Flur 27 Nr. 17/2, lfd. Nr. 4 Flur 27 Nr. 17/4, lfd. Nr. 5 Flur 27 Nr. 17/5 und lfd. Nr. 6 Flur 27 Nr. 18.

Wegen der Eigentumsverhältnisse nehmen wir auf das Grundbuch Bezug.

C-Bank eG

Beitrittsbeschluss Zwangsversteigerung **Muster 5**

– 6 K 100/97 –

Beschluss

In der Zwangsversteigerungssache der

C-Bank eG, Postfach 5678, 54634 Bitburg
– vertreten durch den Vorstand –

Gläubigerin

gegen
Herrn Hermann Meyer, Roonstraße 7, 54662 Speicher

Schuldner

Der Schuldner ist Eigentümer der im Grundbuch von Speicher Blatt 1422 eingetragenen Grundstücke:

lfd. Nr. 1	Flur 27 Nr. 17/1 Gebäude- und Freifläche, Bahnhofstraße	4,83 ar
lfd. Nr. 2	Flur 27 Nr. 17/2 Gebäude- und Freifläche, daselbst	4,80 ar
lfd. Nr. 3	zu 2 Geh- und Fahrrecht an dem Grundstück Flur 27 Nr. 17/3 Gebäude- und Freifläche, Bahnhofstraße	
lfd. Nr. 4	Flur 27 Nr. 17/4 Gebäude- und Freifläche, daselbst	5,27 ar
lfd. Nr. 5	Flur 27 Nr. 17/5 Freifläche, Bahnhofstraße	1,35 ar
lfd. Nr. 6	Flur 27 Nr. 18 Freifläche, Bahnhofstraße	1,35 ar

Aufgrund der vollstreckbaren Urkunde des Notars Birken, Bitburg, vom 2. April 1992 – Ur. Nr. 521/92 – steht der Gläubigerin gegen den Schuldner ein dinglicher Anspruch aus dem im vorgenannten Grundbuch in Abt. III unter lfd. Nr. 3 eingetragenen Recht zu, und zwar:

1. Hauptforderung: 200.000,00 DM
2. 15 Prozent Zinsen aus 200.000,00 DM seit dem 1. Januar 1994
3. die Kosten der gegenwärtigen Rechtsverfolgung.

Auf Antrag der Gläubigerin wird der **B e i t r i t t** zu der angeordneten

Zwangsversteigerung

des genannten Grundbesitzes z u g e l a s s e n.

Dieser Beschluss gilt zugunsten der Gläubigerin als Beschlagnahme des Grundbesitzes.

Bitburg, den 13. Februar 1998

Das Amtsgericht

gez. Wirtz, Rechtspfleger

Ein Rückzahlungsvorschlag ist genau zu prüfen, auf reine Versprechungen und Zahlungszusagen sollte sich die Bank nicht einlassen, sondern in jedem Fall darauf bestehen, dass vorab zumindest ein Teil der aufgelaufenen Rückstände ausgeglichen wird, ehe sie die Einstellung bewilligt.

Praxistipp

In diesem Fall ist dann ggf. eine neue Rückzahlungsvereinbarung mit dem Schuldner zu treffen und zwar regelmäßig nicht im Rahmen eines neuen Kreditvertrages, sondern am besten mit einer sog. Abwicklungsvereinbarung.

Hierin sollte aufgenommen werden, dass die Forderung weiterhin fällig bleibt, und die Bank dem Schuldner lediglich die Möglichkeit einräumt, diese fällige Forderung in Raten zurückzuzahlen. Weiterhin sollte in eine solche Vereinbarung aufgenommen werden, dass die Bank berechtigt ist, bei einem entsprechenden Zahlungsverzug die Vereinbarung zu widerrufen und die Fortsetzung des Zwangsversteigerungsverfahrens zu beantragen. Eine Befristung sollte ebenfalls aufgenommen werden. Ein Muster einer solchen Vereinbarung ist auf Seite 74 ff., Muster 6, dargestellt.

Soweit der Eigentümer gleichzeitig einen Einstellungsantrag nach § 30 a ZVG gestellt hat, besteht für die Bank auch die Möglichkeit, diesem Einstellungsantrag zuzustimmen, jedoch verbunden mit einer Zahlungsauflage durch das Gericht[1]. Erfahrungsgemäß ist der psychologische Druck einer solchen Zahlungsauflage durch das Gericht höher als wenn der Gläubiger von sich aus eine Ratenzahlungsvereinbarung mit dem Schuldner abschließt.

Durch die Zustimmung zum Einstellungsantrag des Schuldners erhält sich der Gläubiger die Möglichkeit, von sich aus die einstweilige Einstellung nach § 30 ZVG zu bewilligen. Da dies im Laufe eines Zwangsversteigerungsverfahrens grundsätzlich nur zweimal möglich ist, verbraucht er seine Möglichkeiten zur Einstellung nicht.

Ein Muster eines Schreibens mit der Zustimmung zu einem Einstellungsantrag des Schuldners nach § 30 a ZVG mit Zahlungsauflage (Muster 7) und ein Muster mit dem nachfolgenden Beschluss des Gerichts (Muster 8) sind auf den Seiten 78 und 79 f. dargestellt.

[1] § 30 a Abs. 3 S. 2 ZVG

Muster 6 **Abwicklungsvereinbarung**

Zwischen

der
C-Bank eG, 54634 Bitburg
– nachstehend Bank genannt –

und

Herrn Hermann Meyer, Roonstraße 7, 54662 Speicher

§ 1

Die Bank besitzt gegen Herrn Meyer per 1. April 1998 folgende Forderung:

Kontokorrentkonto Nr. 987 654 010 150.079,64 DM

Hinzu kommen die Zinsen i. H. v. 5 Prozent über dem jeweiligen Basiszinssatz seit dem 1. April 1998.

Die Forderung der Bank ist fällig und wird von Herrn Meyer anerkannt und bestätigt.

§ 2

Im Interesse einer einvernehmlichen Regelung wird daher zwischen den Parteien folgende Vereinbarung getroffen:

1. Die Bank wird die Forderung weiterhin auf dem Konto 987 654 010 belassen und seit dem 1. April 1998 mit einem Zinssatz i. H. v. 6 Prozent verzinsen. Dieser Zinssatz wird bis zum 30. März 2000 fest vereinbart.
2. Die Tilgung der Forderung wird wie folgt vereinbart:
   a) Herr Meyer zahlt bis zum 10. März 1998 einen Betrag i. H. v. 10.000,00 DM auf die Forderung der Bank.
   b) Herr Meyer zahlt auf die Forderung der Bank, beginnend ab dem 1. Mai 1998, monatlich einen Betrag i. H. v. 1.000,00 DM. Die Zahlung ist jeweils am ersten eines jeden Monats fällig.
   c) Die Zahlungen erfolgen auf das Konto des Herrn Meyer Nr. 987 654 010 bei der Bank.
3. Als Sicherheit für die Gesamtforderung der Bank gem. § 1 dient nach wie vor die auf dem Grundbesitz von Herrn Meyer im Grundbuch von Speicher Blatt 1422 zugunsten der Bank eingetragene Grundschuld III/3 i. H. v. 200.000,00 DM.

   Diese Grundschuld dient gemäß der abgegebenen Verwendungszweckerklärung zur Absicherung aller gegenwärtigen und künftigen Ansprüche der Bank gegen Herrn Meyer.

4. Sonderzahlungen auf die Forderung der Bank sind jederzeit möglich, sie verringern jedoch nicht die künftig zu erbringenden Leistungen. Eine Vorfälligkeitsentschädigung wird für eventuelle Sonderzahlungen nicht berechnet.

5. Diese Vereinbarung wird zunächst bis zum 30. März 2000 befristet. Wegen einer Neuregelung muss sich Herr Meyer rechtzeitig vorher mit der Bank in Verbindung setzen.

6. Die Bank wird nach fristgerechter Zahlung der ersten Rate gemäß Ziffer 2 a beim Amtsgericht Bitburg der einstweiligen Einstellung des Zwangsversteigerungsverfahrens 6 K 100/97 gemäß § 30 a ZVG mit der entsprechenden Zahlungsauflage zustimmen.

7. Solange Herr Meyer seinen Rückzahlungsverpflichtungen gemäß dieser Vereinbarung ordnungsgemäß nachkommt, wird die Bank das Zwangsversteigerungsverfahren nicht aktiv betreiben, d. h. es wird nicht zu einem Versteigerungstermin auf ihr Betreiben kommen. Sie ist jedoch berechtigt, das Zwangsversteigerungsverfahren durch Beitritte weiterhin anhängig zu behalten.

   Das Zwangsverwaltungsverfahren 6 L 2/98 wird zunächst weiter betrieben. Sollte Herr Meyer der Rückzahlungsverpflichtung gemäß dieser Vereinbarung bis zum 30. Oktober 1998 ordnungsgemäß nachkommen, wird die Bank ihren Zwangsverwaltungsantrag zurücknehmen.

§ 3

Die Bank ist berechtigt, diese Vereinbarung zu widerrufen und die verbleibende Restforderung geltend zu machen wenn:

a) Herr Meyer mit der Zahlung von einer Rate gemäß § 2 Ziffer 2 b ganz oder teilweise länger als vier Wochen in Rückstand gerät;

b) über das Vermögen von Herrn Meyer die Eröffnung eines Konkurs-, Vergleichs- oder Insolvenzverfahrens beantragt wird;

c) bezüglich des für die Bank belasteten Grundbesitzes von einem anderen Gläubiger neben der A-Bank eG ein Zwangsversteigerungs- oder Zwangsverwaltungsverfahren eingeleitet wird oder ein Beitritt zu den von der Bank betriebenen Verfahren erfolgt.

Sollte es zu einem Widerruf dieser Vereinbarung oder zu keiner Neuregelung ab dem 1. April 2000 kommen, wird die verbleibende Forderung der Bank ab dem Wirksamwerden des Widerrufs bzw. dem 1. April 2000 mit 5 Prozent über dem jeweiligen Basiszinssatz verzinst.

§ 4

Mündliche Nebenabreden sind nicht getroffen, Änderungen oder Ergänzungen dieser Vereinbarung bedürfen der Schriftform, hierauf kann nur schriftlich verzichtet werden.

Für diese Vereinbarung gelten zusätzlich die beigefügten Allgemeinen Geschäftsbedingungen und die Allgemeinen Kreditbedingungen der Bank.

§ 5

Sämtliche, eventuell mit Abwicklung und Durchführung dieser Vereinbarung entstehenden Kosten sowie die mit der bisherigen Abwicklung entstandenen Kosten trägt Herr Meyer. Gerichtsstand und Erfüllungsort ist Bitburg.

§ 6

Sollte eine Bestimmung dieses Vertrages nicht rechtswirksam sein oder sich als nicht durchführbar erweisen, so wird die Wirksamkeit des übrigen Vertragsinhaltes hiervon nicht berührt. Die Vertragsparteien werden die unwirksame oder undurchführbare Bestimmung durch eine Vereinbarung ersetzen, die dem wirtschaftlich Gewollten und rechtlich Zulässigen entspricht und dem Inhalt der zu ersetzenden Bestimmung möglichst nahe kommt.

Bitburg, den 1. März 1998

C-Bank eG	Hermann Meyer

Die vom Gericht vorgenommene Belehrung des Gläubigers im Hinblick auf die Fortsetzung des Zwangsversteigerungsverfahrens ist genau zu beachten. Die Fortsetzungsfrist von sechs Monaten beginnt – im Gegensatz zu einer Einstellung nach § 30 ZVG – nicht mit der Zustellung des Einstellungsbeschlusses sondern erst mit dem Ablauf der Einstellungsfrist.

Soweit das Verfahren daher für die Dauer von sechs Monaten einstweilen eingestellt worden war, hat der Gläubiger weitere sechs Monate Zeit, um die Fortsetzung zu beantragen. Der Antrag muss jedoch vor dem Ablauf von sechs Monaten bei Gericht gestellt werden. Daher müssen der Fristablauf und eine Wiedervorlage vier Wochen vorher genau notiert werden. Zusätzlich müssen natürlich die Zahlungseingänge des Schuldners überwacht werden. Sollte der Schuldner nicht zahlen, könnte die Bank auch bereits vorher die Fortsetzung des Zwangsversteigerungsverfahrens beantragen.

Die Bank könnte jedoch auch von sich aus die einstweilige Einstellung des Zwangsversteigerungsverfahrens bewilligen, damit sie nicht an die Zahlungsauflage gebunden ist.

Muster einer Einstellungsbewilligung nach § 30 ZVG (Muster 9) und des nachfolgenden Beschlusses des Gerichts (Muster 10) sind auf den Seiten 82 und 83 dargestellt.

Falls der Schuldner die Zahlungsauflage nicht einhält, kann die Bank die Fortsetzung des Zwangsversteigerungsverfahrens beantragen.

Muster eines Fortsetzungsantrages (Muster 11) und des nachfolgenden Beschlusses des Gerichts (Muster 12) sind auf den Seiten 84 und 85 dargestellt.

Der Eigentümer erhält mit dem Fortsetzungsbeschluss erneut eine Belehrung nach § 30 a ZVG und könnte daher auch wieder einen entsprechenden Einstellungsantrag stellen.

Eine einstweilige Einstellung nach § 30 ZVG kann insgesamt zweimal von der Bank bewilligt werden. Damit könnte ein Zwangsversteigerungsverfahren insgesamt für die Dauer von einem Jahr eingestellt werden. Die dritte Einstellungsbewilligung hätte die Wirkung einer Rücknahme[1].

---

[1] § 30 Abs. 1 S. 2 ZVG

Muster 7 **Zustimmung zum Antrag auf einstweilige Einstellung nach § 30 a ZVG**

C-Bank eG
Postfach 5678
54634 Bitburg

Bitburg, den 10. März 1998

An das
Amtsgericht Bitburg
Gerichtsstraße 2
54634 Bitburg

In der Zwangsversteigerungssache

Herrn Hermann Meyer, Roonstraße 7, 54662 Speicher

– 6 K 100/97 –

teilen wir zum Einstellungsantrag des Schuldners vom 23. Februar 1998 mit, dass wir mit einer einstweiligen Einstellung bis zum 30. September 1998 einverstanden sind.

Die Zustimmung erfolgt jedoch mit der Auflage, dass der Schuldner ab dem 1. Mai 1998 monatlich 1.000,00 DM an uns zahlt. Die Zahlung ist jeweils am ersten eines jeden Monats fällig.

Des Weiteren müssen folgende Auflagen gemacht werden:

Wir sollen berechtigt sein, die Fortsetzung des Zwangsversteigerungsverfahrens zu beantragen, wenn:

a) Herr Meyer mit der Zahlung von einer Rate ganz oder teilweise länger als vier Wochen in Rückstand gerät;
b) über das Vermögen von Herrn Meyer die Eröffnung eines Konkurs-, Vergleichs- oder Insolvenzverfahrens beantragt wird;
c) bezüglich des von der Zwangsversteigerung betroffenen Grundbesitzes von einem weiteren Gläubiger neben der A-Bank eG ein Zwangsversteigerungs- oder Zwangsverwaltungsverfahren eingeleitet wird oder ein Beitritt zu dem von uns betriebenen Verfahren erfolgt.

Mit freundlichen Grüßen

C-Bank eG

Einstellungsbeschluss

<u>Muster 8</u>

– 6 K 100/97 –

Beschluss

In der Zwangsversteigerungssache der

C-Bank eG, Postfach 5678, 54634 Bitburg
– vertreten durch den Vorstand –

Gläubigerin

gegen
Herrn Hermann Meyer, Roonstraße 7, 54662 Speicher

Schuldner

betreffend die im Grundbuch von Speicher Blatt 1422 auf den Namen des Schuldners eingetragenen Grundstücke

lfd. Nr. 1 Flur 27 Nr. 17/1 Gebäude- und Freifläche, Bahnhofstraße 4,83 ar
lfd. Nr. 2 Flur 27 Nr. 17/2 Gebäude- und Freifläche, daselbst 4,80 ar
lfd. Nr. 3 zu 2 Geh- und Fahrrecht an dem Grundstück Flur 27 Nr. 17/3 Gebäude- und Freifläche, Bahnhofstraße
lfd. Nr. 4 Flur 27 Nr. 17/4 Gebäude- und Freifläche, daselbst 5,27 ar
lfd. Nr. 5 Flur 27 Nr. 17/5 Freifläche, Bahnhofstraße 1,35 ar
lfd. Nr. 6 Flur 27 Nr. 18 Freifläche, Bahnhofstraße 1,35 ar

wird das Verfahren gemäß § 30 a ZVG bis einschließlich 30. September 1998 einstweilen eingestellt, soweit es von der Gläubigerin aus dem Beschluss vom 13. Februar 1998 betrieben wird.

Die Einstellung erfolgt unter folgender Auflage:
Der Schuldner wird verpflichtet, ab dem 1. Mai 1998 monatlich 1.000,00 DM an die Gläubigerin zu zahlen. Die Zahlung ist jeweils am ersten eines jeden Monats fällig.

Die Gläubigerin ist berechtigt, die Fortsetzung des Zwangsversteigerungsverfahrens zu beantragen wenn:

a) Der Schuldner mit der Zahlung von einer Rate i. H. v. 1.000,00 DM ganz oder teilweise länger als vier Wochen in Rückstand gerät;

b) über das Vermögen des Schuldners die Eröffnung eines Konkurs-, Vergleichs- oder Insolvenzverfahrens beantragt wird;

c) bezüglich des von der Zwangsversteigerung betroffenen Grundbesitzes von einem weiteren Gläubiger neben der A-Bank eG ein Zwangsversteigerungs- oder Zwangsverwaltungsverfahren eingeleitet wird oder ein Beitritt zu dem bereits anhängigen Zwangsversteigerungsverfahren erfolgt.

Die Beschlagnahme des Grundbesitzes bleibt bestehen.

Gründe:
Der Schuldner hat fristgerecht die einstweilige Einstellung des Zwangsversteigerungsverfahrens gemäß § 30 a ZVG beantragt. Die Gläubigerin ist zu diesem Antrag gehört worden und hat der einstweiligen Einstellung unter Auflagen zugestimmt. Der Schuldner war mit diesen Auflagen einverstanden, sodass seinem Einstellungsantrag zu entsprechen war.

Hinweis für die Fortsetzung des Verfahrens

Das Verfahren wird nur auf Antrag der genannten Gläubigerin fortgesetzt. Es wird aufgehoben, wenn der Antrag nicht binnen sechs Monaten gestellt wird. Die Frist beginnt mit dem Zeitpunkt, bis zu dem die Einstellung angeordnet ist, also dem 30. September 1998 (§ 31 Abs. 2 Ziffer b ZVG).

Bitburg, den 13. März 1998

Das Amtsgericht

gez. Wirtz, Rechtspfleger

Sollte der Bank jedoch ein dinglicher und ein persönlicher Anspruch gegen den Schuldner zustehen, könnte ein Zwangsversteigerungsverfahren – theoretisch – dauernd anhängig gehalten werden.

Die Bank bewilligt zweimal die einstweilige Einstellung des Zwangsversteigerungsverfahrens nach § 30 ZVG aus ihrem dinglichen Anspruch. Rechtzeitig vor dem Ablauf der zweiten 6-Monatsfrist beantragt sie sodann den Beitritt zum Zwangsversteigerungsverfahren aus ihrem persönlichen Anspruch. Nach Wirksamwerden der Beschlagnahme aus dem Beitrittsbeschluss bewilligt sie sodann die einstweilige Einstellung bezüglich des persönlichen Anspruchs und nimmt bezüglich des dinglichen Anspruchs den Versteigerungsantrag zurück. Nunmehr kann vor Ablauf der ersten 6-Monatsfrist die Fortsetzung und erneute einstweilige Einstellung aus dem persönlichen Anspruch erfolgen. Anschließend wird dann erneut der Beitritt aus dem dinglichen Anspruch beantragt und der Antrag aus dem persönlichen Anspruch zurückgenommen.

Ein solches Vorgehen kann für einen erstrangigen Gläubiger sinnvoll sein, um die Beschlagnahmewirkung wegen des Zinslaufes beizubehalten und ggf. auch über einen längeren Zeitraum den psychologischen Druck auf den Schuldner aufrecht zu erhalten. Der Autor war an einem Zwangsversteigerungsverfahren beteiligt, welches von der ersten Beschlagnahme bis zum Verteilungstermin 16 Jahre dauerte.

Soweit dies nicht erfolgt oder der erneute Einstellungsantrag rechtskräftig abgewiesen worden ist, leitet das Gericht die Wertermittlung ein. Dazu wird ein vereidigter Sachverständiger mit der Erstellung eines Wertgutachtens beauftragt. Soweit es sich erkennbar nur um landwirtschaftlich genutzte Grundstücke handelt, wird ggf. nur eine Auskunft aus der Kaufpreissammlung beim Katasteramt eingeholt oder aber es wird der Gutachterausschuss bei der Stadt- oder der Kreisverwaltung beauftragt.

Das Gericht muss nicht abwarten, bis über einen Einstellungsantrag entschieden ist. Es könnte den Gutachter auch bereits vorher beauftragen.

Soweit die Bank sicher davon ausgeht, dass der Einstellungsantrag unbegründet ist und nur dazu dient, das Zwangsversteigerungsverfahren zu verzögern, kann bei Gericht beantragt werden, bereits vorab den Sachverständigen zu beauftragen. Dies erspart der Bank Zeit, wobei sie sich dem Gericht gegenüber für die Kosten stark sagen muss.

Muster 9 **Bewilligung der einstweiligen Einstellung nach § 30 ZVG**

A-Bank eG
Postfach 1234
54634 Bitburg

Bitburg, den 6. März 1998

An das
Amtsgericht Bitburg
Gerichtsstraße 2
54634 Bitburg

In der Zwangsversteigerungssache

Hermann Meyer, Roonstraße 7, 54662 Speicher

– 6 K 100/97 –

bewilligen wir die einstweilige Einstellung des Verfahrens gemäß § 30 ZVG.

Mit freundlichen Grüßen

A-Bank eG

Einstellungsbeschluss **Muster 10**

– 6 K 100/97 –

Beschluss

In der Zwangsversteigerungssache der

A-Bank eG, Postfach 1234, 54634 Bitburg
– vertreten durch den Vorstand –

Gläubigerin

gegen

Herrn Hermann Meyer, Roonstraße 7, 54662 Speicher

Schuldner

betreffend die im Grundbuch von Speicher Blatt 1422 auf den Namen des Schuldners eingetragenen Grundstücke

lfd. Nr. 1	Flur 27 Nr. 17/1 Gebäude- und Freifläche, Bahnhofstraße	4,83 ar
lfd. Nr. 2	Flur 27 Nr. 17/2 Gebäude- und Freifläche, daselbst	4,80 ar
lfd. Nr. 3 zu 2	Geh- und Fahrrecht an dem Grundstück Flur 27 Nr. 17/3 Gebäude- und Freifläche, Bahnhofstraße	
lfd. Nr. 4	Flur 27 Nr. 17/4 Gebäude- und Freifläche, daselbst	5,27 ar
lfd. Nr. 5	Flur 27 Nr. 17/5 Freifläche, Bahnhofstraße	1,35 ar
lfd. Nr. 6	Flur 27 Nr. 18 Freifläche, Bahnhofstraße	1,35 ar

wird das Verfahren einstweilen eingestellt, soweit es von der Gläubigerin aus dem Beschluss vom 13. Dezember 1997 betrieben wird, weil die Gläubigerin die einstweilige Einstellung gemäß § 30 ZVG bewilligt hat.

Die Beschlagnahme des Grundbesitzes bleibt bestehen.

Hinweis für die Fortsetzung des Verfahrens

Das Verfahren wird nur auf Antrag der genannten Gläubigerin fortgesetzt. Der Antrag muss spätestens innerhalb von sechs Monaten seit der Zustellung dieses Beschlusses bei dem Gericht eingegangen sein. Wird der Fortsetzungsantrag nicht innerhalb der Frist gestellt, so ist das Verfahren aufzuheben (§ 31 ZVG).

Bitburg, den 13. März 1998

Das Amtsgericht

gez. Wirtz, Rechtspfleger

Muster 11 **Antrag auf Fortsetzung des Verfahrens**

A-Bank eG
Postfach 1234
54634 Bitburg

Bitburg, den 10. Juni 1998

An das
Amtsgericht Bitburg
Gerichtsstraße 2
54634 Bitburg

In der Zwangsversteigerungssache

Hermann Meyer, Roonstraße 7, 54662 Speicher

– 6 K 100/97 --

beantragen wir die Fortsetzung des Zwangsversteigerungsverfahrens.

Mit freundlichen Grüßen

A-Bank eG

Fortsetzungsbeschluss **Muster 12**

– 6 K 100/97 –

Beschluss

In der Zwangsversteigerungssache der

A-Bank eG, Postfach 1234, 54634 Bitburg
– vertreten durch den Vorstand –

Gläubigerin

gegen
Herrn Hermann Meyer, Roonstraße 7, 54662 Speicher

Schuldner

betreffend die im Grundbuch von Speicher Blatt 1422 auf den Namen des Schuldners eingetragenen Grundstücke

lfd. Nr. 1	Flur 27 Nr. 17/1 Gebäude- und Freifläche, Bahnhofstraße	4,83 ar
lfd. Nr. 2	Flur 27 Nr. 17/2 Gebäude- und Freifläche, daselbst	4,80 ar
lfd. Nr. 3 zu 2	Geh- und Fahrrecht an dem Grundstück Flur 27 Nr. 17/3 Gebäude- und Freifläche, Bahnhofstraße	
lfd. Nr. 4	Flur 27 Nr. 17/4 Gebäude- und Freifläche, daselbst	5,27 ar
lfd. Nr. 5	Flur 27 Nr. 17/5 Freifläche, Bahnhofstraße	1,35 ar
lfd. Nr. 6	Flur 27 Nr. 18 Freifläche, Bahnhofstraße	1,35 ar

wird das mit Beschluss vom 13. März 1998 einstweilen eingestellte Verfahren für die oben genannte Gläubigerin auf deren rechtzeitigen Fortsetzungsantrag vom 10. Juni 1998 hin wieder

f o r t g e s e t z t .

Bitburg, den 18. Juni 1998

Das Amtsgericht

gez. Wirtz, Rechtspfleger

7.7 Bedeutung der Wertfestsetzung

Sobald das Wertgutachten vorliegt, erfolgt durch das Gericht die Anhörung über die beabsichtigte Wertfestsetzung. Hierzu wird allen Beteiligten am Zwangsversteigerungsverfahren mitgeteilt, dass auf der Basis des vorliegenden Gutachtens der Verkehrswert festgesetzt werden soll und ihnen innerhalb einer Frist von zwei oder drei Wochen Gelegenheit gegeben, eine Stellungnahme abzugeben.

Mit dieser Anhörung erfahren außer dem Eigentümer und dem betreibenden Gläubiger auch alle anderen Beteiligten[1] unter anderem auch alle Gläubiger, zu deren Gunsten ein Grundpfandrecht im Grundbuch eingetragen ist, vom laufenden Zwangsversteigerungsverfahren.

Falls das Gericht das Gutachten nicht automatisch mit an die Gläubiger verschickt, ist es unerlässlich, dieses in Abschrift anzufordern. Die Bank benötigt das Gutachten, um zunächst die angesetzten Einzelwerte zu überprüfen und mit den eigenen Beleihungsunterlagen zu vergleichen. Zum anderen ist das Gutachten auch wichtig, um es ggf. vor dem Versteigerungstermin an Interessenten in Kopie aushändigen zu können.

Sollte der Eigentümer dem Gutachter den Zutritt nicht gewähren, besteht seitens des Gerichts keine Möglichkeit, diesem zwangsweise den Zutritt zu ermöglichen. Gegebenenfalls muss der Gutachter das Objekt dann von außen und anhand der Bauunterlagen schätzen. Dies erfolgt dann mit nicht unerheblichen Abschlägen.

Praxistipp

Die Bank sollte in einem solchen Fall in Erwägung ziehen, parallel die Zwangsverwaltung zu betreiben.

Der Gutachter könnte dann zusammen mit dem Zwangsverwalter, der ja das Besitzrecht inne hat, eine Innenbesichtigung vornehmen. Die Zwangsverwaltung könnte, falls keine anderen Gründe für deren Fortführung bestehen, anschließend wieder aufgehoben werden.

Die Bedeutung der Wertfestsetzung für das Zwangsversteigerungsverfahren wird von den Beteiligten sehr oft unterschätzt.

[1] § 9 ZVG

Für den Schuldner bietet das Wertfestsetzungsverfahren zum einen die Möglichkeit, durch Einwendungen und Beschwerden das Verfahren weiter zu verzögern, darüber hinaus ist der festgesetzte Verkehrswert jedoch gerade im Hinblick auf die 5/10- und 7/10-Grenze[1] von großer Bedeutung. Für den Schuldner dürfte im Normalfall ein hoher Verkehrswert sinnvoll sein, da hierdurch die Chancen einer Zuschlagsversagung nach §§ 85 a oder 74 a ZVG vergrößert werden und darüber hinaus auch bei Ansteigerung durch einen Gläubiger der Befriedigungsbetrag gemäß § 114 a ZVG[2] höher ist.

Für die Bank als Gläubigerin ist ebenfalls die 5/10- und 7/10-Grenze wichtig, weil z. B. bei einem niedrigeren Verkehrswert ein nachrangig Berechtigter vom Antragsrecht des § 74 a ZVG ausgeschlossen wird. Auch die Befriedigungsfiktion des § 114 a ZVG ist wichtig, denn bereits jetzt muss an diese zunächst noch theoretische Möglichkeit gedacht werden. Außerdem muss auch der Gläubiger im Hinblick auf die Verwertungsaussichten darauf achten, dass kein vollkommen unrealistisch hoher Verkehrswert festgesetzt wird, da mögliche Interessenten hiervon abgeschreckt werden.

Hierbei muss jedoch im Einzelfall abgewogen werden, da unter Umständen ein etwas höherer Verkehrswert bei Verhandlungen mit Interessenten den Vorteil bietet, dass diesen das Grundstück im Verhältnis zum Verkehrswert sehr günstig angeboten werden kann.

Das Wertfestsetzungsverfahren kann sich im Einzelfall sehr lange hinziehen, da unter Umständen die Erstellung eines zweiten Gutachtens oder eines Obergutachtens erforderlich ist und sich auch die Beschwerdegerichte sehr oft viel Zeit zur Entscheidung lassen. Die Rechtspfleger bestimmen normalerweise erst nach rechtskräftigem Wertfestsetzungsbeschluss den Versteigerungstermin.

Soweit mehrere Grundstücke in einem Verfahren versteigert werden, muss jeweils ein Einzelverkehrswert festgesetzt werden, selbst wenn es sich um eine wirtschaftliche Einheit handelt und die Bestimmung von Einzelwerten Probleme bereitet.

Soweit keiner der Beteiligten Einwände erhebt oder diese ausgeräumt sind, erlässt das Gericht den Wertfestsetzungsbeschluss; ein Muster ist auf Seite 88, Muster 13, dargestellt. Dieser Beschluss wird allen Beteiligten zugestellt.

---

[1] siehe A. 7.9.9
[2] siehe A. 7.9.10

Muster 13 **Wertfestsetzungsbeschluss**

– 6 K 100/97 –

Beschluss

In dem Verfahren zur Zwangsversteigerung der im Grundbuch von Speicher Blatt 1422 eingetragenen Grundstücke lfd. Nr. 1 bis 6

Eigentümer: Hermann Meyer, Roonstraße 7, 54662 Speicher

wird der Verkehrswert gem. § 74 a ZVG und § 85 a Abs. 1 ZVG wie folgt festgesetzt:

1. Grundstück lfd. Nr. 1 Flur 27 Nr. 17/1 Gebäude- und Freifläche, Bahnhofstraße 4, 4,83 ar auf **100.000,00 DM**;
2. Grundstück lfd. Nr. 2 Flur 27 Nr. 17/2 Gebäude- und Freifläche, daselbst 4,80 ar und lfd. Nr. 3 zu 2 Geh- und Fahrrecht an dem Grundstück Flur 27 Nr. 17/3 Gebäude- und Freifläche, Bahnhofstraße auf **100.000,00 DM**;
3. Grundstück lfd. Nr. 4 Flur 27 Nr. 17/4 Gebäude- und Freifläche, daselbst 5,27 ar auf **200.000,00 DM**;
4. Grundstück lfd. Nr. 5 Flur 27 Nr. 17/5 Freifläche, Bahnhofstraße 1,35 ar auf **50.000,00 DM**;
5. Grundstück lfd. Nr. 6 Flur 27 Nr. 18 Freifläche, Bahnhofstraße 1,35 ar auf **50.000,00 DM**;

Gesamtverkehrswert: 500.000,00 DM.

Gründe:

Der Wertfestsetzung liegt das Verkehrswertgutachten des Architekten und öffentlich bestellten und vereidigten Sachverständigen Laube in Bitburg vom 10. September 1998 zugrunde.

Alle Verfahrensbeteiligten wurden zur beabsichtigten Wertfestsetzung gehört. Einwendungen wurden nicht erhoben bzw. wurden zurückgenommen.

Es liegen dem Gericht keine Anhaltspunkte für eine nicht ordnungsgemäße Erstellung des Gutachtens vor. Die Berechnungen des Sachverständigen sind schlüssig und nachvollziehbar. Die Verkehrswerte waren daher auf der Grundlage des oben genannten Gutachtens festzusetzen.

Bitburg, den 10. November 1998

Das Amtsgericht

gez. Wirtz, Rechtspfleger

Im laufenden Verfahren kann ein bereits ergangener und sogar rechtskräftiger Wertfestsetzungsbeschluss geändert werden. Dies ist dann erforderlich, wenn neue Tatsachen eintreten, die eine wesentliche Auswirkung auf den Verkehrswert haben. Als wesentlich wird eine Änderung von 10 Prozent angesehen[1]. Beispiele hierfür sind ein Feuerschaden am oder im Objekt, eine Aufwertung von Bauerwartungsland zu Bauland durch eine Änderung der Bauleitplanung oder erhebliche Umbaumaßnahmen. Außerdem kann bei einer sehr langen Verfahrensdauer ggf. eine Neubewertung erforderlich werden.

Eine Änderung des Verkehrswertes muss von Amts wegen erfolgen, wenn dem Versteigerungsgericht entsprechende Tatsachen bekannt werden.

7.8 Bestimmung des Versteigerungstermins

Üblicherweise nach Rechtskraft dieses Wertfestsetzungsbeschlusses, zum Teil jedoch auch bereits mit dem Wertfestsetzungsbeschluss, bestimmt das Gericht den Versteigerungstermin. Der Zeitraum zwischen der Anberaumung des Termins und dem Termin selbst soll, wenn nicht besondere Gründe vorliegen, nicht mehr als sechs Monate betragen. War das Verfahren einstweilen eingestellt, so soll diese Frist nicht mehr als zwei Monate, muss aber mindestens einen Monat betragen[2]. Der Versteigerungstermin findet üblicherweise beim Amtsgericht statt, was jedoch nicht zwingend vorgeschrieben ist. Es ist auch möglich, den Versteigerungstermin an einer anderen Stelle, z. B. vor Ort im Saal einer örtlichen Gaststätte, stattfinden zu lassen[3]. Dies dürfte zwar die Ausnahme sein, doch bietet sich ein Termin vor Ort z. B. bei der Versteigerung von landwirtschaftlichen Grundstücken an.

Für viele Interessenten stellt der Gang zum Amtsgericht, auch wenn er nur erfolgt, um ein Grundstück zu ersteigern, die Überwindung einer Hemmschwelle dar. Auch die Gebotsabgabe fällt den Interessenten im gewohnteren Rahmen sicherlich leichter, als in der für sie ungewohnten Atmosphäre eines Sitzungssaals.

Die Bestimmung des Versteigerungstermins vor Ort muss rechtzeitig vorher mit dem zuständigen Rechtspfleger besprochen und auch begründet werden, da auch die Rechtspfleger einem solchen Ansinnen nicht immer aufgeschlossen gegenüber stehen. Ein Muster einer Terminsbestimmung ist auf Seite 90 f., Muster 14, dargestellt.

---

[1] Zeller/Stöber, a.a.O. § 74 a Anm. 7.20
[2] § 36 Abs. 2 ZVG
[3] § 36 Abs. 3 ZVG

Muster 14 **Terminsbestimmung Versteigerungstermin**

– 6 K 100/97 –

Terminsbestimmung

Im Wege der Zwangsvollstreckung sollen die im Grundbuch von Speicher Blatt 1422 eingetragenen, nachstehend bezeichneten Grundstücke lfd. Nr. 1 bis 6

am 16. Juni 1999, 10.00 Uhr

an der Gerichtsstelle Bitburg, Gerichtsstraße 2, Sitzungssaal 204, II. Stock versteigert werden.

1. lfd. Nr. 1 Flur 27 Nr. 17/1 Gebäude- und Freifläche, Bahnhofstraße 4,83 ar (100.000,00 DM)
2. lfd. Nr. 2 Flur 27 Nr. 17/2 Gebäude- und Freifläche, daselbst 4,80 ar und lfd. Nr. 3 zu 2 Geh- und Fahrrecht an dem Grundstück Flur 27 Nr. 17/3 Gebäude- und Freifläche, Bahnhofstraße (100.000,00 DM)
3. lfd. Nr. 4 Flur 27 Nr. 17/4 Gebäude- und Freifläche, daselbst 5,27 ar (200.000,00 DM)
4. lfd. Nr. 5 Flur 27 Nr. 17/5 Freifläche, Bahnhofstraße 1,35 ar (50.000,00 DM)
5. lfd. Nr. 6 Flur 27 Nr. 18 Freifläche, Bahnhofstraße 1,35 ar (50.000,00 DM)

Gesamtverkehrswert gemäß § 74 a ZVG: 500.000,00 DM. Die in Klammern angegebenen Beträge sind die gemäß § 74 a ZVG festgesetzten Verkehrswerte.

Der Versteigerungsvermerk ist am 20. Dezember 1997 im Grundbuch eingetragen worden. Als Eigentümer war damals Herr Hermann Meyer, Roonstrasse 7, 54662 Speicher eingetragen.

Ist ein Recht im Grundbuch nicht vermerkt oder wird ein Recht später als der Versteigerungsvermerk eingetragen, so muss der Berechtigte es spätestens im Versteigerungstermin vor der Aufforderung zur Abgabe von Geboten anmelden. Er muss das Recht glaubhaft machen, wenn der Gläubiger oder der Antragsteller widerspricht. Andernfalls wird das Recht im geringsten Gebot nicht berücksichtigt und bei der Verteilung des Versteigerungserlöses dem Anspruch des Gläubigers und den übrigen Rechten nachgesetzt.

Es ist zweckmäßig, schon zwei Wochen vor dem Termin eine genaue Berechnung der Ansprüche an Kapital, Zinsen und Kosten der Kündigung und der die Befriedigung aus dem Grundstück bezweckenden Rechtsverfolgung mit Angaben des beanspruchten Ranges schriftlich einzureichen oder zu Protokoll der Geschäftsstelle zu erklären.

Wer ein Recht hat, das der Versteigerung des Grundstücks, des Erbbaurechts oder des nach § 55 ZVG mithaftenden Zubehörs entgegensteht, wird aufgefordert, die Aufhebung oder einstweilige Einstellung des Verfahrens zu erwirken, bevor das Gericht den Zuschlag erteilt. Geschieht dies nicht, so tritt für das Recht der Versteigerungserlös an die Stelle des versteigerten Gegenstandes.

Bitburg, den 16. Februar 1999

Das Amtsgericht

gez. Wirtz, Rechtspfleger

Die Terminsbestimmung erfolgt im Regelfall ca. drei Monate im Voraus, da der Versteigerungstermin mindestens sechs Wochen vor dem Termin im vorgeschriebenen amtlichen Veröffentlichungsorgan bekannt gemacht werden muss. Dies ist üblicherweise der Staatsanzeiger des jeweiligen Bundeslandes. Zusätzlich muss die Terminsbestimmung allen Beteiligten zugestellt werden[1]. Eine Veröffentlichung des Versteigerungstermins in der Tagespresse oder in einer überregionalen Zeitung liegt grundsätzlich im Ermessen des Gerichts, in der Tagespresse wird jedoch immer ca. drei bis vier Wochen vor dem Versteigerungstermin eine Veröffentlichung durch das Gericht erfolgen.

In der Terminsbestimmung muss die Grundstücksbezeichnung entsprechend der Grundbuchbezeichnung aufgenommen werden, sollte sich jedoch die Wirtschaftsart zwischenzeitlich geändert haben, muss dies ausdrücklich vermerkt werden, da ansonsten ein Zuschlagsversagungsgrund vorliegt.

Der Versteigerungstermin ist aufzuheben und neu zu bestimmen, wenn die Terminsbestimmung nicht sechs Wochen vor dem Termin bekannt gemacht ist. War das Verfahren einstweilen eingestellt, reicht es aus, dass die Bekanntmachung der Terminsbestimmung zwei Wochen vor dem Termin bewirkt ist[2]. Eine Terminsaufhebung erfolgt ebenfalls, wenn nicht vier Wochen vor dem Termin dem Schuldner ein Beschluss, aufgrund dessen die Versteigerung erfolgen kann, und allen Beteiligten, die schon zur Zeit der Anberaumung des Termins dem Gericht bekannt waren, die Terminsbestimmung zugestellt ist, es sei denn, dass derjenige, in Ansehung dessen die Frist nicht eingehalten ist, das Verfahren genehmigt[3].

Spätestens nach Erhalt der Terminsbestimmung sollte die Bank bei eventuell vorhandenen vorrangigen Gläubigern die aktuelle Valuta der vorrangigen Grundpfandrechte erfragen, um sich auf den Termin vorbereiten und das eigene Risiko einschätzen zu können. Eine zu eigenen Gunsten erfolgte Abtretung der Rückgewähransprüche sollte zu diesem Zeitpunkt dem vorrangigen Gläubiger bereits lange vorher angezeigt worden sein.

Die Bank ist nach erfolgter Terminsbestimmung nicht daran gehindert, ihrerseits durch entsprechende gesonderte Veröffentlichungen oder Werbemaßnahmen auf den Versteigerungstermin hinzuweisen, um Interessenten zu gewinnen. Eine von der Bank geschaltete Anzeige kann

[1] § 41 Abs. 1 ZVG
[2] § 43 Abs. 1 ZVG
[3] § 43 Abs. 2 ZVG

anders gestaltet werden als die Veröffentlichung durch das Gericht und ist daher unter Umständen eher geeignet, das Interesse der Leser zu wecken.

Es besteht auch die Möglichkeit, die Immobilienabteilung der Bank oder einen externen Makler zu beauftragen, um Interessenten für den Versteigerungstermin zu gewinnen. Die möglichen Kosten für die Beauftragung des Maklers können jedoch nicht dem Eigentümer belastet werden. Dem Makler müssen dann natürlich auch die Vorstellungen der Bank über die Höhe des Meistgebots im Versteigerungstermin mitgeteilt werden, da er ansonsten möglicherweise Interessenten beibringt, deren Gebotsvorstellungen nicht mit denen der Bank in Einklang stehen.

Soweit ein Makler einem Kunden ein Objekt anbietet und dieser im Zwangsversteigerungsverfahren den Zuschlag erhält, steht dem Makler nur dann eine Provision zu, wenn dies auch für den Fall des Erwerbs in der Zwangsversteigerung ausdrücklich vereinbart worden ist. Eine Klausel in den AGB des Maklers ist hierfür nicht ausreichend[1].

Unter Umständen könnte auch noch ein freihändiger Verkauf möglich sein, wenn der Eigentümer hierzu bereit ist und der Kaufpreis ausreicht, um die Gläubiger zu befriedigen oder eine Einigung zwischen diesen möglich ist.

Nach einer Entscheidung des Oberlandesgerichts Köln[2] kann eine Bank aufgrund des besonderen Treueverhältnisses zu ihrem Kunden verpflichtet sein, einem von diesem beabsichtigten freihändigen Verkauf zuzustimmen, auch wenn ihre Forderung nicht vollständig befriedigt wird. Im entschiedenen Fall hatte eine Sparkasse einem von den Eigentümern geplanten freihändigen Verkauf nicht zugestimmt, weil der Kaufpreis nicht zur Abdeckung ihrer persönlichen Forderung ausreichte. Anschließend wurde der Kredit notleidend und die Sparkasse betrieb die Zwangsversteigerung. Das Meistgebot in der Zwangsversteigerung war niedriger als der vorher zu erzielen gewesene Verkaufspreis. Nach dem Urteil war die Bank verpflichtet, den Eigentümern die Differenz zwischen dem Erlös im Zwangsversteigerungsverfahren und dem geplanten Kaufpreis als Schadenersatz zusätzlich zu erstatten.

[1] BGH NJW 1993, 3236
[2] ZIP 1995, 1668 ff.

Praxistipp	***Unter Hinweis auf diese Entscheidung könnte versucht werden, nachrangige Grundpfandgläubiger zur Zustimmung zu einem freihändigen Verkauf zu bewegen, wenn der Kaufpreis nicht zur Befriedigung aller Gläubiger ausreicht.***

Ob die Entscheidung auch auf einen Gläubiger mit einer Zwangssicherungshypothek anzuwenden wäre, ist fraglich, da eine solche ja im Wege der Zwangsvollstreckung eingetragen wird und insoweit kein Vertragsverhältnis und damit auch keine Treuepflicht zwischen dem Eigentümer und dem Gläubiger besteht. Unabhängig davon könnte in einer Verhandlung unter Berufung auf diese Entscheidung eventuell eine Reduzierung der sog. Lästigkeitsprämie für den nachrangigen Gläubiger erreicht werden, damit er eine Löschungsbewilligung für sein Grundpfandrecht erteilt.

Zwischen mehreren Banken erfolgt die Aufteilung der Forderung in solchen Fällen oft auf der Basis der Grundschuldforderungen im Rahmen des § 10 Abs. 1 Ziffer 4 ZVG, d. h. die vorrangigen Gläubiger werden so gestellt, als wenn die Zwangsversteigerung durchgeführt worden wäre, und die nachrangigen Gläubiger erhalten entsprechend weniger aus dem Kaufpreis. Je mehr Gläubiger hier beteiligt sind, desto schwieriger werden die Verhandlungen und desto niedriger auch die Aussichten, eine Einigung zu erzielen.

Im Hinblick auf die Tatsache, dass auch die Zinsen aus einer Grundschuld in vier Jahren verjähren[1], kann ein Gläubiger auch im Rahmen eines freihändigen Verkaufs keine weiteren Zinsen geltend machen. Hier könnte ggf. auch der nachrangige Gläubiger diese Einrede erheben.

Praxistipp	***Soweit eine Bank aus dem Kaufpreis nicht voll befriedigt wird und eine Restforderung gegen den Eigentümer verbleibt, sollte sie in der Löschungsbewilligung ausdrücklich aufnehmen, dass auf die Ansprüche aus dem abstrakten Schuldanerkenntnis in der Grundschuldbestellungsurkunde nicht verzichtet wird, damit sie wegen der Restforderung zumindest den Vollstreckungstitel behält.***

[1] siehe A. 2.4

Die Formulierung in der Löschungsbewilligung sollte daher etwa wie folgt lauten:

„Diese Löschungsbewilligung bezieht sich nur auf das dingliche Recht. Die Ansprüche der Gläubigerin aus dem in der Grundschuldbestellungsurkunde enthaltenen persönlichen Schuldanerkenntnis bleiben hiervon unberührt und stehen der Gläubigerin weiterhin zu".

Ein freihändiger Verkauf scheitert seit dem 1. Januar 1999 auch nicht mehr an der Vorschrift des § 419 BGB (Vermögensübernahme im Ganzen), da diese seit diesem Zeitpunkt weggefallen ist. Früher sind versuchte freihändige Verkäufe von in der Zwangsversteigerung befindlichen Immobilien des Öfteren hieran gescheitert. Der den Kaufvertrag beurkundende Notar hatte spätestens bei der Beurkundung aufgrund seiner Aufklärungspflicht auf die Möglichkeit einer Inanspruchnahme des Käufers aus § 419 BGB hingewiesen, was regelmäßig dazu führte, dass die potentiellen Käufer wegen des möglichen Risikos nicht mehr zum Abschluss des Kaufvertrages bereit waren. Zu dieser Aufklärung war der Notar verpflichtet, da ihm die Eintragung des Zwangsversteigerungsvermerks und damit die missliche finanzielle Situation des Eigentümers bekannt war.

Mit Veröffentlichung der Terminsbestimmung im Staatsanzeiger wird das Zwangsversteigerungsverfahren öffentlich bekannt. Zunächst wird die Zwangsversteigerung damit in die diversen privat aufgelegten Versteigerungskalender aufgenommen, was für die Bank eher positiv zu sehen ist, da damit der Interessentenkreis größer wird. Je mehr Interessenten im späteren Versteigerungstermin anwesend sind, desto besser wird im Zweifel das Versteigerungsergebnis.

Neben der Aufnahme in die Versteigerungskalender werden die Versteigerungstermine inzwischen mit den entsprechenden Angaben unter der Internet-Adresse „http://focus.de/immobilien" veröffentlicht, und stehen somit jedem zur Einsicht zur Verfügung. Zusätzlich haben inzwischen auch die ersten Amtsgerichte damit begonnen, nicht nur sich selbst im Internet zu präsentieren, sondern stellen auch die vom eigenen Versteigerungsgericht bestimmten Versteigerungstermine ein. Eine sehr gelungene Präsentation vom Amtsgericht Neukölln in Berlin mit einer kurzen Einführung in das Zwangsversteigerungsverfahren und Hinweisen für Bietinteressenten findet sich unter der Internet-Adresse „www.zwangsversteigerung.de". Unter der Internet-Adresse „www.zvg.com" werden die Versteigerungstermine einiger deutscher Amtsgerichte und österreichischer Gerichte veröffentlicht. Für Österreich werden hier auch Objekte aus Insolvenzen angeboten. Interessenten haben hier sogar die Möglichkeit, sich das Gutachten herunterzuladen.

Des Öfteren treten jedoch auch dubiose Schuldnerberater auf den Plan. Diese wenden sich nach der Veröffentlichung des Versteigerungstermins an den Eigentümer und bieten ihm ihre Hilfe an. Aufgrund der speziellen psychischen Situation, in der sich der Eigentümer regelmäßig befindet, werden solche Angebote leider immer wieder angenommen. Diese Schuldnerberater, die nach ihren Äußerungen selbstverständlich keine Rechtsberatung vornehmen, was aufgrund des Rechtsberatungsgesetzes mangels entsprechender Qualifikation nicht zulässig wäre, versprechen dem Eigentümer eine Umfinanzierung oder eine Abwendung der Zwangsversteigerung auf andere Art und Weise. Einheitliches Merkmal all dieser Berater ist, dass sie, nachdem ihnen der Auftrag erteilt worden ist, zunächst einen Vorschuss verlangen. Nach Ablauf einiger Wochen wird der Eigentümer dann feststellen, dass sich an seiner Situation tatsächlich gar nichts geändert hat, sein Geld aber in den Taschen des Beraters verschwunden ist.

Einige wenige dieser Berater schrecken selbst nicht davor zurück, strafrechtlich relevante Handlungen vorzunehmen bzw. durch den Eigentümer vornehmen zu lassen, wobei hier Betrug und Urkundenfälschung die häufigsten Delikte sind[1].

Falls ein Grundpfandrecht nicht in DM sondern bereits in Euro oder einer anderen zugelassenen ausländischen Währung[2] eingetragen ist, gelten im Rahmen eines Zwangsversteigerungsverfahrens folgende Sonderbestimmungen[3]:

- Die Terminsbestimmung muss die Angabe, dass das Grundstück mit einer Hypothek, Grundschuld oder Rentenschuld in einer nach § 28 Satz 2 GBO zugelassenen Währung belastet ist, und die Bezeichnung dieser Währung enthalten.
- In dem Zwangsversteigerungstermin wird vor der Aufforderung zur Abgabe von Geboten festgestellt und bekannt gemacht, welchen Wert die in der nach § 28 Satz 2 GBO zugelassenen Fremdwährung eingetragene Hypothek, Grundschuld oder Rentenschuld nach dem amtlich ermittelten letzten Kurs in DM hat. Dieser Kurswert bleibt für das weitere Verfahren maßgebend.
- Die Höhe des Bargebots wird in DM festgestellt. Die Gebote sind in DM abzugeben.
- Der Teilungsplan wird in DM aufgestellt.

---

[1] siehe A. 7.9.12
[2] § 28 S. 2 GBO
[3] § 145 a ZVG

▷ Wird ein Gläubiger einer in nach § 28 Satz 2 GBO zulässigen Fremdwährung eingetragenen Hypothek, Grundschuld oder Rentenschuld nicht vollständig befriedigt, so ist der verbleibende Teil seiner Forderung in der Fremdwährung festzustellen. Die Feststellung ist für die Haftung mitbelasteter Gegenstände, für die Verbindlichkeit des persönlichen Schuldners und für die Geltendmachung des Ausfalls im Insolvenzverfahren maßgebend.

Soweit sich nach der Bestimmung des Versteigerungstermins Interessenten bei der Bank melden, die am Erwerb des Grundbesitzes interessiert sind, ist die Bank berechtigt, diesen eine Kopie des Wertgutachtens zur Verfügung zu stellen und auch weitere Auskünfte über das Objekt zu geben. Beim Gericht kann jeder die Mitteilungen des Grundbuchamtes sowie die Anmeldungen einsehen. Gleiches gilt auch für das Gutachten[1], wobei die Gerichte die Interessenten oft an die Gläubiger verweisen.

Die Höhe der eigenen persönlichen Forderung darf die Bank den Interessenten zwar im Hinblick auf das Bankgeheimnis nicht mitteilen, viele möchten aber von der Bank wissen, bei welchem Betrag denn eine Zuschlagserteilung möglich wäre.

Hier sollte die Bank vorsichtig agieren, denn zum einen ist ihr im Zweifel die Identität des Anrufers nicht bekannt, zum anderen darf sie hier nicht vorschnell einen Betrag nennen, der ihr im späteren Versteigerungstermin vorgehalten werden kann. Sehr oft dürfte zu diesem Zeitpunkt auch noch nicht feststehen, welches Vorgehen die Bank zum Versteigerungstermin plant, sodass die Interessenten insoweit auf den Versteigerungstermin und die dort herrschende freie Konkurrenz der Bieter hingewiesen werden sollten.

Praxistipp

Das im Anhang abgedruckte Muster eines Merkblatts für Bietinteressenten kann dann mit versandt werden, weil hier kurz und knapp die für einen Interessenten wesentlichen Dinge zusammengefasst sind. Auch für eigene Kunden, die an einem Erwerb eines Objektes in der Zwangsversteigerung interessiert sind, ist ein solches Merkblatt hilfreich und wird von diesen dankbar entgegengenommen.

[1] § 42 ZVG

Es ist auch sinnvoll, einen Hinweis auf den bevorstehenden Zwangsversteigerungstermin an die eigenen Kundenberater im Hause zu verteilen, da diese möglicherweise Kunden betreuen, die am Erwerb eines solchen Objekts interessiert sind.

Im Laufe der vierten Woche vor dem Termin soll das Gericht den Beteiligten mitteilen, auf wessen Antrag und wegen welcher Ansprüche die Zwangsversteigerung erfolgt[1]. Hieraus kann also jeder der Beteiligten entnehmen, ob und welche vorrangigen Gläubiger wegen welcher Ansprüche die Zwangsversteigerung betreiben. Es handelt sich hierbei nicht um eine zwingende Vorschrift, ein Unterlassen der Mitteilung ist kein Verfahrensfehler, der zu einer Einstellung des Zwangsversteigerungsverfahrens führt[2].

Die Mitteilung muss genau geprüft und mit dem vorliegenden Grundbuchauszug abgestimmt werden. Hierdurch kann ein die Zwangsversteigerung nicht betreibender Grundpfandgläubiger feststellen, ob das eigene Grundpfandrecht bestehen bleibt oder nicht. Gegebenenfalls kann auch die Ablösung vorrangig betreibender Gläubiger vorgenommen werden, um das Bestehenbleiben des eigenen Grundpfandrechts herbeizuführen[3].

Praxistipp

Eine Ablösung ist insbesondere dann sinnvoll und grundsätzlich anzuraten, wenn aus öffentlichen Grundstückslasten in der Rangklasse 3 des § 10 Abs. 1 ZVG betrieben wird.

Durch die Ablösung vor dem Versteigerungstermin und die damit verbundene Einstellung des Zwangsversteigerungsverfahrens für diesen Gläubiger wird verhindert, dass ein anderer Ablösungsberechtigter eventuell im Versteigerungstermin nach Ende der Bietezeit die Ablösung vornimmt und damit eine Zuschlagsversagung nach § 33 ZVG herbeiführt.

Dies gilt auch dann, wenn die Zwangsversteigerung bestrangig aus einem im Verhältnis zum Verkehrswert geringen erstrangigen Grundpfandrecht betrieben wird, also bei einem Recht, dessen Anspruch einschließlich der Zinsen weniger als ca. 15 Prozent des festgesetzten Verkehrswertes beträgt.

[1] § 41 Abs. 2 ZVG
[2] Zeller/Stöber, a.a.O., § 41 Anm. 3.1
[3] siehe A. 7.9.5

Weiterhin ist es sinnvoll, kurz vor dem Versteigerungstermin, z. B. nach Erhalt der Mitteilung über die betreibenden Gläubiger, die eigenen Ansprüche zum Versteigerungstermin anzumelden. **Praxistipp**

Unabhängig davon, ob die Zwangsversteigerung vom Gläubiger selbst betrieben wird oder nicht, sollte diese Anmeldung vorgenommen werden. Das Betreiben der Zwangsversteigerung stellt die stärkste Form der Anmeldung dar, und eine gesonderte Anmeldung wäre daher grundsätzlich nicht mehr erforderlich. Eine Anmeldung ist nur dann zwingend erforderlich, wenn für zwei Jahre rückständige Zinsen in der Rangklasse 4 des § 10 Abs. 1 ZVG beansprucht werden und hieraus die Zwangsversteigerung nicht betrieben wird, denn diese können ansonsten vorrangig nicht berücksichtigt werden und erleiden einen Rangverlust[1].

Bei einem parallel oder vorher bereits anhängigen Zwangsverwaltungsverfahren ist zu beachten, dass Zahlungen, die der Gläubiger aus dem Zwangsverwaltungsverfahren auf die laufenden dinglichen Zinsen erhält, im Zwangsversteigerungsverfahren nicht mehr geltend gemacht werden dürfen. Dies ist im Beispielsfall auch so dargestellt.

Mit einer Anmeldung der eigenen Ansprüche aus der Rangklasse 4 kann sich der Gläubiger auch selbst einen Überblick über die eigene Position im Zwangsversteigerungsverfahren verschaffen, also z. B. über die Frage, ob er selbst und ggf. auch andere Gläubiger berechtigt sind, einen Antrag nach § 74 a ZVG wegen Nichterreichens der 7/10-Grenze zu stellen. Hierzu muss natürlich auch die dingliche Forderung der anderen vorrangigen Gläubiger ausgerechnet werden. Da die Zinsfälligkeit der anderen Grundpfandrechte nicht bekannt ist, sollte hier grundsätzlich von einer kalenderjährlich nachträglichen Fälligkeit ausgegangen werden. Im Versteigerungstermin können dann ggf. die Grundakten, die der den Versteigerungstermin leitende Rechtspfleger grundsätzlich mit in den Termin bringt, zur Überprüfung eingesehen werden.

Die Zinsen sollten dann auch betragsmäßig bis zwei Wochen nach dem Versteigerungstermin angemeldet werden, da sie in diesem Umfang ins geringste Gebot aufgenommen werden[2].

Soweit der Bank – ausnahmsweise – eine Hypothek als Sicherheit zustehen sollte, darf sie die Hypothek nur in Höhe der tatsächlich bestehenden

---

1 § 110 ZVG
2 § 47 ZVG

Forderung zum Versteigerungstermin anmelden. Dies gilt auch bei einer Zwangssicherungshypothek.

Soweit der Bank eine bestehen bleibende Grundschuld zusteht, sollte der Gläubiger rein vorsorglich anmelden, dass auch der Ersteher hierfür persönlich haften soll[1]. Bei einer bestehen bleibenden Hypothek geht die persönliche Haftung mit über, soweit auch der Schuldner persönlich haftete[2].

Ebenso sollte, falls das bestehen bleibende Recht nicht bereits nach den Bedingungen fällig ist, die erfolgte Kündigung angemeldet werden, damit sie dem Ersteher gegenüber wirksam ist[3].

Muster einer Mitteilung nach § 41 Abs. 2 ZVG (Muster 15) sowie einer Anmeldung der dinglichen Ansprüche (Muster 16) sind auf den Seiten 102 und 103 dargestellt.

7.9 Versteigerungstermin

Der Versteigerungstermin ist der wichtigste Teil des gesamten Zwangsversteigerungsverfahrens und bedarf für alle Beteiligten einer gründlichen Vorbereitung.

Seit dem 1. August 1998 sind einige wesentliche Änderungen im ZVG in Kraft getreten. So wurde der § 73 Abs. 1 Satz 1 ZVG wie folgt geändert:

„Zwischen der Aufforderung zur Abgabe von Geboten und dem Zeitpunkt, in welchem bezüglich sämtlicher zu versteigernder Grundstücke die Versteigerung geschlossen wird, müssen mindestens 30 Minuten liegen."

Durch diese erhebliche Verkürzung der früheren Bietestunde sind die Versteigerungstermine nunmehr 30 Minuten kürzer, da 30 Minuten eingespart werden. Die Erfahrung in der Praxis zeigte, dass die bisherige Bietestunde von 60 Minuten mindestens zur Hälfte verstrichen war, ohne dass sich irgend etwas getan hatte. Um Fragen von Interessenten zu klären oder Gespräche mit diesen zu führen, reichen im Normalfall auch 30 Minuten aus. Ebenso um ggf. Verhandlungen mit anderen Gläubigern zu führen. Bisher war es üblich, dass die Gebote erst kurz vor Ablauf der Bietestunde abgegeben wurden, die Bietestunde hat sich dann entsprechend verlängert.

---

[1] § 53 Abs. 2 ZVG
[2] § 53 Abs. 1 ZVG
[3] § 54 Abs. 1 ZVG

Die nunmehr beschlossene Verkürzung wird eventuell dazu führen, dass sich potentielle Interessenten jetzt früher zur Abgabe des ersten Gebots entschließen und dann andere Interessenten einsteigen. Die Gebote könnten dann sogar überwiegend während der Bietezeit und nicht erst in der Verlängerung abgegeben werden. Ohnehin werden ja wie bisher auch die Versteigerungsbedingungen vor der Bietezeit bekannt gegeben, ebenso das geringste Gebot. Die ersten Erfahrungen mit der neuen Regelung lassen jedoch befürchten, dass die Interessenten nach wie vor bis wenige Minuten vor Ende der Bietezeit abwarten, ehe sie ihre Gebote abgeben.

Soweit dies erforderlich ist, kann darüber hinaus wie bisher eine Verlängerung der Bietezeit beantragt werden. Dies war in der Vergangenheit manchmal erforderlich, wenn kurz vor Ende der Bietestunde noch Verhandlungen mit Interessenten und/oder anderen Gläubigern geführt werden mussten.

7.9.1 Anmeldung von Ansprüchen

Anmeldung gem. § 37 Nr. 4 ZVG

Rechtzeitig vor dem Versteigerungstermin bzw. bis spätestens zur Aufforderung der Abgabe von Geboten im Versteigerungstermin müssen bestimmte Ansprüche angemeldet werden[1]. Hierzu zählen insbesondere:

- ▷ Rückständige wiederkehrende Leistungen,
- ▷ Eintragung von Rechten nach dem Versteigerungsvermerk,
- ▷ Nebenleistungen, deren Fälligkeit sich nicht aus dem Grundbuch ergibt,
- ▷ Kosten der Rechtsverfolgung (Anmeldung einer Pauschale genügt),
- ▷ Vorschüsse in der Zwangsverwaltung,
- ▷ Litlohnansprüche,
- ▷ öffentliche Lasten,
- ▷ Übergang der persönlichen Haftung des Schuldners[2],
- ▷ Kündigung eines bestehen bleibenden Grundpfandrechts[3].

---

1 § 37 Nr. 4 ZVG
2 § 53 ZVG
3 § 54 Abs. 1 ZVG

Muster 15 **Mitteilung nach § 41 Abs. 2 ZVG**

– 6 K 100/97 –

Mitteilung nach § 41 Abs. 2 ZVG

In dem Verfahren zur Zwangsversteigerung der im Grundbuch von Speicher Blatt 1422 eingetragenen Grundstücke lfd. Nr. 1 bis 6

1.	lfd. Nr. 1 Flur 27 Nr. 17/1 Gebäude- und Freifläche, Bahnhofstraße	4,83 ar
2.	lfd. Nr. 2 Flur 27 Nr. 17/2 Gebäude- und Freifläche, daselbst lfd. Nr. 3 zu 2 Geh- und Fahrrecht an dem Grundstück Flur 27 Nr. 17/3 Gebäude- und Freifläche, Bahnhofstraße	4,80 ar
3.	lfd. Nr. 4 Flur 27 Nr. 17/4 Gebäude- und Freifläche, daselbst	5,27 ar
4.	lfd. Nr. 5 Flur 27 Nr. 17/5 Freifläche, Bahnhofstraße	1,35 ar
5.	lfd. Nr. 6 Flur 27 Nr. 18 Freifläche, Bahnhofstraße	1,35 ar

Eigentümer: Hermann Meyer, Roonstraße 7, 54662 Speicher.

In dem Versteigerungstermin am 16. Juni 1999 wird nach den bis zum 18. Mai 1999 einschließlich dem Schuldner zugestellten Beschlüssen über die Anordnung der Zwangsversteigerung und die Zulassung des Beitritts – sowie die Fortsetzung des Verfahrens – die Versteigerung vorgenommen auf Antrag:

1. der A-Bank eG
   wegen eines dinglichen und persönlichen Anspruchs in Höhe von
   a) Hauptforderung: 100.000,00 DM
   b) 15 Prozent Zinsen aus 100.000,00 DM seit dem 1. Januar 1994
   c) die Kosten der gegenwärtigen Rechtsverfolgung
   aus der im Grundbuch in Abt. III unter lfd. Nr. 1 eingetragenen Grundschuld
2. der C-Bank eG
   wegen eines dinglichen Anspruchs in Höhe von
   a) Hauptforderung: 200.000,00 DM
   b) 15 Prozent Zinsen aus 200.000,00 DM seit dem 1. Januar 1994
   c) die Kosten der gegenwärtigen Rechtsverfolgung
   aus der im Grundbuch in Abt. III unter lfd. Nr. 3 eingetragenen Grundschuld

Bitburg, den 20. Mai 1999

Das Amtsgericht

gez. Wirtz, Rechtspfleger

Anmeldung der dinglichen Forderung zum Versteigerungstermin

Muster 16

A-Bank eG
Postfach 1234
54634 Bitburg

Bitburg, den 1. Juni 1999

An das
Amtsgericht Bitburg
Gerichtsstraße 2
54634 Bitburg

In der Zwangsversteigerungssache
Hermann Meyer
– 6 K 100/97 –

melden wir folgende Forderung zum Versteigerungstermin am 16. Juni 1999 an:

1. Aus der Grundschuld III/1:
   a) 15 Prozent Zinsen vom 1. Januar 1994 bis 30. Juni 1999: 82.500,00 DM
   abzüglich aus dem Zwangsverwaltungsverfahren 6 L 2/96 erhaltene Zahlungen: 30.000,00 DM
   daher restlich noch geltend zu machen: 52.500,00 DM
   b) Kapital: 100.000,00 DM
2. Kostenpauschale für die Terminswahrnehmung (spezifizierter Nachweis zum Verteilungstermin): 200,00 DM

Mit freundlichen Grüßen

A-Bank eG

Auf Verlangen ist der Anspruch glaubhaft zu machen. Falls der Anspruch nicht rechtzeitig angemeldet wird, wird er entweder nicht berücksichtigt oder aber er erleidet bei verspäteter Anmeldung einen Rangverlust[1].

Bei entsprechender Aufforderung durch das Gericht muss ein Mieter oder Pächter auch eine Anmeldung hinsichtlich eventuell geleisteter Vorauszahlungen und Baukostenvorschüsse abgeben[2]. Die Nichtanmeldung durch den Mieter kann unter Umständen dazu führen, dass das Ausnahmekündigungsrecht gem. § 57 a ZVG unbeschränkt gilt. Ein Beschlagnahmegläubiger muss seine Ansprüche nicht mehr gesondert anmelden, da das Betreiben als die stärkste Form der Anmeldung gilt. Jede Anmeldung gilt für das gesamte Verfahren, eine Anmeldung zum ersten Termin gilt also auch für alle weiteren Termine.

Anmeldung gem. § 37 Nr. 5 ZVG

Der Zwangsversteigerung entgegenstehende Rechte Dritter müssen ebenfalls angemeldet werden[3]. Hierunter fällt insbesondere das Eigentum eines Dritten. In der Praxis handelt es sich hierbei meistens um Zubehörgegenstände, die sich auf dem Grundbesitz des Schuldners befinden, nicht jedoch in dessen Eigentum stehen.

Die Frage, welche Gegenstände Zubehör sind, wird unter dem nachfolgenden Punkt erläutert.

Falls der Eigentümer der Zubehörgegenstände – dies ist z. B. der Lieferant bei vereinbartem Eigentumsvorbehalt – seine Ansprüche nicht rechtzeitig, d. h. vor Erteilung des Zuschlags, anmeldet, hat er lediglich einen Anspruch auf einen entsprechenden Teil des Versteigerungserlöses. Anmeldung bedeutet hier, dass rechtzeitig die Freigabe bzw. Einstellung von allen betreibenden Gläubigern herbeigeführt werden muss. Notfalls muss eine Einstellung über § 769 ZPO erreicht werden, sei es durch das Prozess- oder durch das Versteigerungsgericht nach § 769 Abs. 2 ZPO. Das Versteigerungsgericht entscheidet nicht darüber, ob ein Gegenstand Zubehör ist oder nicht. Es kann zwar seine Meinung äußern, maßgeblich ist jedoch die Entscheidung des Prozessgerichts.

Sollten die Ansprüche nicht rechtzeitig geltend gemacht und die Gegenstände mitversteigert werden[4], hat im vorgenannten Beispiel der Eigentümer der Zubehörgegenstände lediglich noch einen Bereiche-

[1] § 110 ZVG
[2] § 57 d ZVG
[3] § 37 Nr. 5 ZVG
[4] § 55 ZVG

rungsanspruch gegen den Gläubiger, der die letzte Zuteilung im Verteilungsverfahren erhält.

Der Verkehrswert der versteigerten Zubehörgegenstände wird hierfür dem Verkehrswert des Grundstücks gegenübergestellt. Bei einem Versteigerungsergebnis von z. B. 60 Prozent des Verkehrswertes erhält der Eigentümer der Zubehörgegenstände 60 Prozent des Verkehrswertes seiner Gegenstände. Eine Entscheidung kann hier nur das Prozessgericht herbeiführen.

7.9.2 Wesentliche Bestandteile/Grundstückszubehör

Die Rechtsprechung hat sich in der Vergangenheit immer wieder mit der Frage der Zubehöreigenschaft auseinander setzen müssen. Insoweit existiert eine breite Rechtsprechung, die stetig im Wandel ist, da hier zum Teil auch auf regionale Rechtsauffassungen Rücksicht genommen wird.

Zusätzlich ist von Bedeutung, ob und inwieweit es sich ggf. um wesentliche Bestandteile i. S. von § 93 BGB handelte, die nicht Gegenstand von gesonderten Rechten sein können. Einige Beispiel aus der Rechtsprechung zur Frage, was und was keine wesentlichen Bestandteile sind, werden nachstehend aufgeführt.

Wesentliche Bestandteile sind:

- ▷ Antennen, wenn sie vom Eigentümer eingefügt wurden,
- ▷ Dachgebälk,
- ▷ Fenster und Rahmen,
- ▷ Heizungsanlage,
- ▷ Einbauküche, wenn besonders eingepasst[1] oder eine Spezialanfertigung[2], ebenso bei Einbau während der ursprünglichen Herstellung[3]; in Norddeutschland besteht auch bei nachträglichem Einbau häufig die Absicht dauernder Einfügung[4], anders aber in West- und Süddeutschland[5],
- ▷ Fertiggarage (in der Regel)[6],

[1] BFH DB 71, 656
[2] OLG Zweibrücken NJW-RR 89, 84
[3] OLG Nürnberg MDR 73, 758
[4] BGH NJW-RR 90, 587; OLG Celle NJW-RR 89, 914
[5] OLG Karlsruhe NJW-RR 86, 19; 88, 459; OLG Düsseldorf NJW-RR 94, 1039
[6] BFH NJW 79, 392

- Bodenbelag: zugeschnittener und verlegter Teppichboden, wenn er im Auftrag des Eigentümers verlegt worden ist[1]. Gleiches gilt entsprechend für einen Linoleumbelag; darauf, dass der Belag nach gewisser Zeit abgenutzt ist, kommt es nicht an.

Keine wesentlichen Bestandteile sind:

- Baracken, wegen § 95 Abs. 2 BGB (Scheinbestandteil),
- Einbaumöbel, wenn sie an anderer Stelle ohne weiteres wieder aufgestellt werden können[2]. Unter Umständen können sie jedoch wesentlicher Bestandteil sein, wenn es sich um eine Sonderanfertigung handelt[3]. Eine aus serienmäßigen Teilen hergestellte Schrankwand ist kein Bestandteil[4],
- von einem Mieter angeschaffte Einbaumöbel sind wegen § 95 Abs. 2 BGB keine wesentlichen Bestandteile.

Von den Bestandteilen zu unterscheiden sind Zubehörgegenstände. Hierbei handelt es sich um bewegliche Sachen, die, ohne Bestandteile der Hauptsache zu sein, dem wirtschaftlichen Zwecke der Hauptsache zu dienen bestimmt sind und zu ihr in einem dieser Bestimmung entsprechenden räumlichen Verhältnis stehen[4]. Eine Sache ist nicht Zubehör, wenn sie im Verkehr nicht als Zubehör angesehen wird. Die vorübergehende Benutzung einer Sache für den wirtschaftlichen Zweck einer anderen begründet nicht die Zubehöreigenschaft. Die vorübergehende Trennung eines Zubehörstücks von der Hauptsache hebt die Zubehöreigenschaft nicht auf.

Für gewerbliches und landwirtschaftliches Inventar gilt, dass es dem wirtschaftlichen Zwecke der Hauptsache zu dienen bestimmt ist:

- bei einem Gebäude, das für einen gewerblichen Betrieb dauernd eingerichtet ist, insbesondere bei einer Mühle, einer Schmiede, einem Brauhaus, einer Fabrik, die zu dem Betriebe bestimmten Maschinen und sonstigen Gerätschaften;
- bei einem Landgut, das zum Wirtschaftsbetrieb bestimmte Gerät und Vieh, die landwirtschaftlichen Erzeugnisse, soweit sie zur Fortführung der Wirtschaft bis zu der Zeit erforderlich sind, zu welcher gleiche oder ähnliche Erzeugnisse voraussichtlich gewonnen werden, sowie der vorhandene, auf dem Gut gewonnene Dünger[6].

---

[1] LG Köln NJW 79, 1069; LG Frankenthal VersR 78, 1106;
[2] BFH NJW 77, 648
[3] OLG Köln NJW-RR 91, 1081
[4] OLG Düsseldorf OLGZ 88, 115
[5] § 97 BGB
[6] § 98 BGB

Beispiele aus der Rechtsprechung für Zubehör sind:

- Apothekeneinrichtung auf einem Apothekengrundstück[1],
- Baumaterial auf einem Baugrundstück[2],
- Baugerät auf einem für ein Baugeschäft eingerichteten Grundstück[3],
- Bierausschankanlage in einer Gastwirtschaft[4],
- Einbauküche, soweit sie nicht Bestandteil ist[5] (jedoch bestehen regional unterschiedliche Verkehrsauffassungen),
- die Einrichtung für eine Gaststätte oder einen sonstigen Gewerbebetrieb, wenn das Grundstück auf eine entsprechende Nutzung dauernd eingerichtet ist[6] (bei Gaststätten streitig),
- Fahrzeuge (Hotelomnibus[7], der dem Betrieb eines Baugeschäfts dienende PKW[8], Fahrzeuge eines Fabrik- oder Handelsunternehmens, die der An- oder Auslieferung von Gütern dienen[9]),
- Vorräte an Kohle oder Öl zum Heizen[10],
- Kühlanlage einer Gaststätte[11],
- Maschinen auf Fabrikgrundstück, auch vor Inbetriebnahme[12],
- Zuchthengst für einen Reiterhof[13],
- Dekorations- und Vergnügungsgegenstände eines Restaurants[14],
- Flaschen und Versandkisten[15],
- Büroeinrichtungen[16].

Kein Zubehör sind:

- Baumschulbestände, da diese zum Verkauf bestimmt sind[17],

---

[1] RG Warn 09, 491
[2] BGH 58, 312
[3] OLG Hamm MDR 85, 494
[4] OLG Celle OLGZ 80, 14
[5] BGH NJW-RR 90, 587; OLG Hamm NJW-RR 89, 333
[6] BGH 62, 49
[7] RG 47, 200
[8] OLG Hamm JMBlNRW 53, 244
[9] BGH WM 80, 1384
[10] RG 77, 38
[11] OLG Hamm NJW-RR 86, 376
[12] BGH NJW 79, 2514
[13] AG Oldenburg DGVZ 80, 94
[14] RG 47 199f
[15] BayObLG 12, 315
[16] BayObLG 12, 315; LG Mannheim BB 76, 1152
[17] RG 66, 90

- Bauunterlagen eines Hauses[1],
- Beleuchtungsgeräte, die ein Mieter angeschafft hat[2],
- die Fahrzeuge eines Speditions- oder Transportunternehmens[3],
- Rohstoffe für ein Fabrikgrundstück, da sie nach der Verarbeitung zur Veräußerung bestimmt sind[4],
- zum Verkauf bestimmte Ware[5].

Zubehör sind grundsätzlich nur diejenigen Gegenstände, die dem Grundstückseigentümer gehören; mitversteigert wird jedoch auch dasjenige Zubehör, welches nicht dem Grundstückseigentümer gehört[6].

Gerade bei einer heute nicht seltenen Betriebsaufspaltung in Betriebs- und Besitzgesellschaft steht das Zubehör nicht im Eigentum des Grundstückseigentümers, sondern eines Dritten. Dies gilt ebenso für Leasinggegenstände, unter Eigentumsvorbehalt stehende Gegenstände oder vor Einbringung in das Grundstück sicherungsübereignete Gegenstände.

Hier obliegt es jedoch dem jeweiligen Eigentümer des Zubehörgegenstandes, rechtzeitig vor der Versteigerung eine Freigabe durch alle die Zwangsversteigerung betreibenden Gläubiger herbeizuführen. Sehr oft erfahren diese Berechtigten erst kurz vor dem Versteigerungstermin hiervon, sodass es zu einstweiligen Einstellungen nach § 769 Abs. 2 ZPO kommt.

Der Grundpfandgläubiger muss bei Freigabeersuchen von solchen Berechtigten zum einen prüfen, ob der Gegenstand tatsächlich Zubehör ist und zum anderen, ob er tatsächlich im Eigentum dieses Gläubigers steht und zusätzlich auch wirksam enthaftet worden ist. Bei einer wirksamen Enthaftung ist eine Freigabe nicht mehr möglich.

In der Krise eines Unternehmens lassen sich Drittgläubiger sehr oft auch Zubehörgegenstände als Sicherheit übereignen, um wenigstens noch eine Sicherheit zu erlangen. An die Vorschriften der §§ 1121 ff. BGB, insbesondere an die Frage der Voraussetzungen einer wirksamen Enthaftung, wird hierbei nicht gedacht.

Dem Autor sind in der Vergangenheit bereits viele solcher Freigabeersuchen vorgelegt worden, bei denen wegen der fehlenden Entfernung

---

1 OLG Karlsruhe NJW 75, 694
2 OLG Bamberg OLG 14, 9
3 BGH 85, 238
4 RG 86, 329
5 RG 66, 90; KG JW 34, 435
6 § 55 ZVG i. V. m. § 90 ZVG

vom Grundstück die Sicherungsübereignung des Zubehörgegenstandes dem Grundpfandgläubiger gegenüber unwirksam war.

Soweit von der Versteigerung bewertbares Zubehör umfasst ist, besteht die Möglichkeit, dieses oder aber auch eine mitbeschlagnahmte Forderung gesondert zu verwerten[1]. Im Rahmen der Versteigerung des Grundstücks wird für das Zubehör im Regelfall kein besonderer Mehrerlös erzielt, dies könnte jedoch im Einzelfall bei einer gesonderten Versteigerung der Fall sein. Hier muss die Bank im Einzelfall vor dem Versteigerungstermin entscheiden, ob ein entsprechender Antrag sinnvoll ist.

Auf Antrag eines Beteiligten kann das Versteigerungsgericht anordnen, dass eine Forderung oder eine bewegliche Sache von der Versteigerung des Grundstücks ausgeschlossen und besonders versteigert werden soll. Auf Antrag kann auch eine andere Art der Verwertung angeordnet, insbesondere zur Einziehung einer Forderung ein Vertreter bestellt oder die Forderung einem Beteiligten mit dessen Zustimmung an Zahlungs statt überwiesen werden. Die Vorschriften der §§ 817, 820, 835 ZPO finden entsprechende Anwendung. Der Erlös ist zu hinterlegen und wird mit dem Versteigerungserlös für das Grundstück verteilt.

Es kann also im Einzelfall sinnvoll sein, Zubehörgegenstände gesondert durch den Gerichtsvollzieher versteigern zu lassen. Die Anweisung an den Gerichtsvollzieher erteilt das Versteigerungsgericht. Die Anordnung der gesonderten Verwertung ist jedoch erst zulässig, wenn das geringste Gebot erreicht ist[2]. Der Antrag auf gesonderte Verwertung muss bereits vor Beginn der Bietezeit gestellt werden, ebenso muss auch die Art der gesonderten Verwertung benannt werden. Dies bedeutet, dass der Antrag erst während der Bietezeit gestellt werden kann, nachdem ein Gebot mindestens in Höhe des geringsten Gebots abgegeben worden war. Das Gericht entscheidet über den Antrag nach pflichtgemäßem Ermessen. Soweit daher ein entsprechender Antrag vorgesehen ist, sollte die Bank den Antrag vor Beginn der Bietezeit stellen und dann sofort nach Beginn der Bietezeit ein Gebot in Höhe des geringsten Gebots bieten, damit dem Antrag auf gesonderte Verwertung stattgegeben werden kann.

Sinnvoll kann ein Antrag auf gesonderte Verwertung auch dann sein, wenn Dritteigentum an Zubehörgegenständen geltend gemacht wird und eine einstweilige Einstellung der Zwangsvollstreckung nach § 769 Abs. 2 ZPO erfolgt. Hier sollte für den Fall, dass eine endgültige Freigabe des Gegenstandes aus der Zwangsversteigerung nicht erfolgt, eine gesonderte Verwertung beantragt werden.

---

[1] § 65 ZVG
[1] § 65 Abs. 2 ZVG

7.9.3 Vorbereitung des Versteigerungstermins

Rechtzeitig vor jedem Versteigerungstermin muss sich der beteiligte Gläubiger überlegen, wie er im Versteigerungstermin auf die diversen möglicherweise auftretenden Situationen reagieren will. Dies unabhängig davon, ob er das Verfahren selbst betreibt oder aber nur wegen eines eingetragenen Grundpfandrechts Beteiligter ist und seine Forderung lediglich anmeldet.

Das Vorgehen im Versteigerungstermin hängt zunächst entscheidend von der Rangstelle des Gläubigers ab.

Generell gilt:

- Bei mehreren Grundstücken muss die Frage der Ausgebotsarten festgelegt und mit dem Rechtspfleger abgestimmt werden.
- Die dingliche Forderung eventuell vorrangiger Gläubiger muss ermittelt, die persönliche Forderung erfragt werden. Die Frage der Abtretung der Rückgewähransprüche gegenüber vorrangigen Grundschuldgläubigern muss geklärt sein.
- Soweit der Gläubiger nicht erstrangig ist, sollte eine Ablösung des bestrangig betreibenden Gläubigers geprüft und ggf. vorgenommen werden, wenn diese wirtschaftlich und zur Erlangung einer besseren eigenen taktischen Position sinnvoll ist.
- Das Vorgehen zum Versteigerungstermin muss rechtzeitig vorher mit dem hausinternen Kompetenzträger abgestimmt werden.
- Dem Terminvertreter sollte ein zusätzlicher Spielraum gegeben werden, damit er im Versteigerungstermin je nach Situation noch flexibel reagieren kann.
- Der Terminvertreter muss festgelegt und seine Vollmacht geprüft und/oder erteilt werden.
- Die eigene Immobilienabteilung und/oder ggf. auch ein externer Makler sollten eingeschaltet werden, um Interessenten für den Versteigerungstermin zu gewinnen.
- Soweit nicht bereits geschehen, sollte die Versteigerung im eigenen Hause bekannt gemacht werden, da den Kollegen möglicherweise Interessenten bekannt sind oder sie selbst Interesse haben.
- Die Sicherheitsleistung für eigene Kunden, die sich als Bietinteressenten gemeldet haben, muss vorbereitet werden.

Zusätzlich sind je nach Absicherung des Gläubigers folgende Punkte zusätzlich zu beachten:

Die Forderung des Gläubigers beträgt weniger als 50 Prozent des Verkehrswerts

Ist er an erster Rangstelle eingetragen und beträgt sein persönlicher Anspruch weniger als 50 Prozent des festgesetzten Verkehrswerts, kann der Zuschlag im ersten Versteigerungstermin grundsätzlich nur erteilt werden, wenn mindestens die Hälfte des Verkehrswerts geboten werden. Bei einem solchen Gebot wäre der Gläubiger mit seiner Forderung befriedigt, sodass er selbst nicht bieten muss. Die Frage einer möglichen Gebotsabgabe spielt daher in der Vorbereitung keine Rolle.

Eine Wahrnehmung des Versteigerungstermins ist jedoch in einem solchen Fall immer erforderlich, um ggf. eine Zuschlagserteilung an einen nachrangigen Gläubiger nach § 85 a Abs. 3 ZVG[1] oder bei einem bestehen bleibenden eigenen Gesamtrecht eine Verteilung nach § 64 Abs. 2 ZVG[2] beantragen zu können.

In diesen Fällen sollte vorher zusätzlich überlegt werden, ob der Terminvertreter der Bank ggf. für sich privat ein Gebot unterhalb der 5/10-Grenze abgibt, damit es, falls von dritter Seite keine weiteren Gebote abgegeben werden, zu einer Zuschlagsversagung und von Amts wegen zu einem neuen Versteigerungstermin kommt.

Soweit in dem weiteren Versteigerungstermin die Zuschlagsversagung wegen Nichterreichens der 5/10- oder 7/10-Grenze nicht mehr erfolgen kann, muss der Gläubiger neu überlegen. Hier stellt sich für ihn dann die Frage, ob er das Objekt ggf. zur Rettung seiner Forderung in diesem zweiten Termin ansteigert oder es notfalls zu einer Einstellung des Zwangsversteigerungsverfahrens wegen Nichtabgabe von Geboten kommen soll.

Die Forderung des Gläubigers läuft zwischen 50 und 70 Prozent des Verkehrswerts aus

Ist er an erster Rangstelle eingetragen und läuft sein persönlicher Anspruch zwischen 50 und 70 Prozent des festgesetzten Verkehrswerts aus, muss der Gläubiger vor dem ersten Versteigerungstermin überlegen, ob er bei einem Gebot in Höhe der 5/10-Grenze den Zuschlag erteilen lässt oder aber den Zuschlagsversagungsantrag wegen Nichterreichens der 7/10-Grenze stellt. Gleichzeitig muss er festlegen, ob er ggf. auch den Zuschlag unter 70 Prozent erteilen lässt und notfalls einen Forderungsausfall in Kauf nimmt, um das Objekt los zu werden.

---

[1] siehe A. 7.9.9
[2] siehe A. 7.9.4.1

Eventuell könnte sich die Möglichkeit ergeben, einen Bieter zu einer Zuzahlung zu bewegen[1], hierfür muss jedoch vorher bereits die Schmerzgrenze der Bank festgelegt werden.

Auch sollte vorher überlegt werden, ob der Terminvertreter der Bank ggf. für sich privat ein Gebot unterhalb der $\frac{5}{10}$-Grenze abgibt, damit es, falls von dritter Seite keine weiteren Gebote abgegeben werden, zu einer Zuschlagsversagung und von Amts wegen zu einem neuen Versteigerungstermin kommt.

Soweit bereits eine Zuschlagsversagung erfolgt ist und die Versagungsgrenzen nicht mehr gelten, muss festgelegt werden, ob und wie hoch die Bank ggf. selbst mitbietet, um mögliche Interessenten bis zur eigenen Auslaufgrenze hochzutreiben, und was geschieht, wenn die Bank das Meistgebot abgibt. Soweit sie bestrangig betreibender Gläubiger ist, kann durch eine einstweilige Einstellung nach Ende der Bietezeit ggf. ein Zuschlag verhindert werden.

Eine Wahrnehmung des Versteigerungstermins ist in einem solchen Fall immer erforderlich, nicht nur um ggf. eine Zuschlagserteilung an einen nachrangigen Gläubiger nach § 85 a Abs. 3 ZVG[2] oder bei einem bestehen bleibenden eigenen Gesamtrecht eine Verteilung nach § 64 Abs. 2 ZVG[3] beantragen zu können.

Vor einem eventuell erwogenen Ansteigern des Objektes zur Rettung der eigenen Forderung müssen im Hinblick auf die Befriedigungsfiktion alle sonst noch bestehenden Sicherheiten verwertet sein, da diese ansonsten freigegeben werden müssen[4].

Die Forderung des Gläubigers läuft über 70 Prozent des Verkehrswerts aus

Läuft der persönliche Anspruch des Gläubigers über 70 Prozent des festgesetzten Verkehrswerts aus und/oder ist er nicht an erster Rangstelle eingetragen, muss der Gläubiger vor dem ersten Versteigerungstermin überlegen, ob er selbst ein Gebot zur Rettung seiner Gesamtforderung abgeben will.

Soweit von dritter Seite ein Gebot in Höhe oder über der $\frac{7}{10}$-Grenze abgegeben wird, kann der Gläubiger nur versuchen, mit eigenen Geboten

[1] siehe A. 7.9.9
[2] siehe A. 7.9.9
[3] siehe A. 7.9.4.1
[4] siehe A. 7.9.10

den Bieter entsprechend hochzutreiben. Hierbei besteht jedoch die Gefahr, dass der andere Bieter aussteigt und die Bank das Meistgebot abgegeben hat. Gleichzeitig muss festgelegt werden, ob und bei welcher Gebotshöhe ein Zuschlag an einen Dritten erfolgen soll und ggf. ein Forderungsausfall in Kauf genommen wird.

Eine Terminwahrnehmung ist immer erforderlich.

Die Forderung des Gläubigers beginnt erst oberhalb von 70 Prozent des Verkehrswerts

Es besteht die Möglichkeit, ggf. zu versuchen, über ein eigenes Gebot das Objekt günstig zu erwerben, um bei einem Wiederverkauf zu einem höheren Preis den Forderungsverlust kompensieren zu können. Hierbei handelt es sich jedoch um eine Spekulation, die mit einem nicht unerheblichen Risiko verbunden ist. Neben der Grunderwerbsteuer müssen auch die Erwerbskosten und die Zinsen für die Zeit bis zum Wiederverkauf zusätzlich erzielt werden, ehe ein zusätzlicher Ertrag anfällt.

In einem solchen Fall könnte versucht werden, über § 85 a Abs. 3 ZVG das Objekt günstig zu erwerben, wobei dies bei einem einigermaßen aufmerksamen vorrangigen Gläubiger nicht mehr so ohne weiteres gelingen dürfte.

Soweit die Bank nicht selbst Gebote abgeben will, ist eine Terminwahrnehmung nicht erforderlich. Beim Mitbieten besteht nämlich die Gefahr, auf dem Meistgebot „sitzen" zu bleiben und eine Zuschlagserteilung dann nur noch über die Ablösung des bestrangig betreibenden Gläubigers verhindern zu können.

Gegebenenfalls kann auch entschieden werden, nicht selbst Gebote abzugeben und nur darauf zu hoffen, dass möglicherweise von anderen Interessenten so hoch geboten wird, dass auch auf den eigenen Anspruch noch eine Zuteilung entfällt.

Praxistipp

Falls die Bank selbst ein Gebot zur Rettung ihrer Forderung abgeben muss, sollte sie so günstig wie möglich ansteigern. Aufgrund der Befriedigungsfiktion muss sie den Schuldner ohnehin bis zur 7/10-Grenze entlasten. Die Kosten für das Verteilungsverfahren sind niedriger, nicht jedoch die Gebühr für die Zuschlagserteilung und die Grunderwerbsteuer, da auch hier die Befriedigungsfiktion mitgerechnet wird.

7.9.4 Ausgebotsarten

7.9.4.1 Einzel-, Gesamt- und Gruppenausgebot mehrerer Grundstücke

Bei der Versteigerung mehrerer Grundstücke (ein selbstständiger Miteigentumsanteil gilt ebenfalls als ein Grundstück) findet grundsätzlich ein Einzelausgebot statt[1]. Im Hinblick auf eine wirtschaftlich sinnvolle Verwertung können jedoch auch Gruppenausgebote (mehrere Grundstücke gemeinsam) oder ein Gesamtausgebot (alle Grundstücke gemeinsam) beantragt werden. Ein Verzicht auf Einzelausgebote findet nur statt, wenn alle anwesenden Beteiligten zustimmen, ansonsten finden Einzel- und Gruppen- bzw. Gesamtausgebote nebeneinander statt.

Bei vielen in einem Verfahren zu versteigernden Grundstücken kann unter Umständen ein Vortermin[2] sinnvoll sein, um die Frage der Zusammenstellung und Beantragung von möglichen Gruppenausgeboten innerhalb der Beteiligten zu erörtern. Leider sind jedoch die im Vortermin abgegebenen Erklärungen für den Versteigerungstermin nicht bindend[3], soweit die Beteiligten nicht untereinander verbindliche Vereinbarungen treffen oder Anträge stellen, die auch schon vor dem Versteigerungstermin gestellt werden können.

Dies gilt z. B. für Anträge auf Durchführung eines Gesamtausgebots oder bestimmter Gruppenausgebote. Für einen solchen Vortermin sollten, falls dies nicht bereits Bestandteil des Wertgutachtens ist, in jedem Fall aktuelle Lagepläne der zur Versteigerung anstehenden Grundstücke beschafft werden, damit wirtschaftlich sinnvolle Gruppenausgebote zusammengestellt werden.

Der Zuschlag auf das Gruppen- oder Gesamtausgebot kann nur erfolgen, wenn dies höher als die Summe der Einzelausgebote ist. Bei Gleichstand erfolgt der Zuschlag auf die Einzelausgebote. Einzelausgebote, auf die kein Gebot abgegeben wird, zählen beim Summenvergleich mit 0,00 DM.

Der Antrag auf Gruppen- oder Gesamtausgebot konnte früher bis zur Verkündung des Schlusses der Versteigerung gestellt werden. Geringstes Gebot und Versteigerungsbedingungen für die Einzelausgebote änderten sich nicht, bereits abgegebene Gebote blieben bestehen und erhöhten ggf. nach § 63 Abs. 4 ZVG das geringste Gebot im Gruppen- bzw. Gesamtausgebot.

---

[1] § 63 Abs. 1 ZVG
[2] § 62 ZVG
[3] Zeller/Stöber, a.a.O., § 62 Anm. 2

Die Vorschriften über Einzel- und Gesamtausgebote wurden mit Wirkung vom 1. August 1998 geändert. § 63 ZVG erhielt folgende Neufassung:

(1) Mehrere in demselben Verfahren zu versteigernde Grundstücke sind einzeln auszubieten. Grundstücke, die mit einem einheitlichen Bauwerk überbaut sind, können auch gemeinsam ausgeboten werden.

(2) Jeder Beteiligte kann spätestens im Versteigerungstermin vor der Aufforderung zur Abgabe von Geboten verlangen, dass neben dem Einzelausgebot alle Grundstücke zusammen ausgeboten werden (Gesamtausgebot). Sofern einige Grundstücke mit einem und demselben Recht belastet sind, kann jeder Beteiligte auch verlangen, dass diese Grundstücke gemeinsam ausgeboten werden (Gruppenausgebot). Auf Antrag kann das Gericht auch in anderen Fällen das Gesamtausgebot einiger der Grundstücke anordnen (Gruppenausgebot).

(3) Das Einzelausgebot unterbleibt, wenn die anwesenden Beteiligten, deren Rechte bei der Feststellung des geringsten Gebots nicht zu berücksichtigen sind, hierauf verzichtet haben. Dieser Verzicht ist bis spätestens vor der Aufforderung zur Abgabe von Geboten zu erklären.

Die in dem geänderten Abs. 1 eingeräumte Möglichkeit, Grundstücke bei einer einheitlichen Überbauung gemeinsam ausbieten zu können, soll der Vereinfachung und Beschleunigung des Verfahrens dienen, ein solcher Antrag war jedoch auch bisher bereits möglich. Neu ist die Zeitgrenze zur Stellung des Antrages auf Einzelausgebote, was dazu führt, dass der bisherige Abs. 3 überflüssig wurde. Nach der bisher herrschenden Meinung konnten die Anträge auf Erstellung eines Gesamt- oder Gruppenausgebots bis zum Schluss der Bietestunde gestellt werden.

Streitig war die Frage, bis wann die Beteiligten auf die Einzelausgebote nach dem bisherigen § 63 Abs. 5 ZVG verzichten konnten. Um das Verfahren praktikabel und übersichtlich zu halten, wurde bereits seit längerem die Auffassung vertreten, dass der Verzicht auf die Einzelausgebote nur bis zu Beginn der Bietestunde möglich sein sollte. Mit den neuen Änderungen greift der Gesetzgeber weitgehend diese Vorschläge auf. Wesentliches Ziel ist, dass vor Beginn der Bietestunde für alle Beteiligten feststeht, unter welchen Bedingungen die Grundstücke zur Versteigerung kommen bzw. welche geringsten Gebote in der Bietestunde vorliegen.

Vor der Durchführung des Versteigerungstermins muss der Gläubiger überlegen, ob im Rahmen des Termins nur ein Gesamtausgebot aller Grundstücke, nur Einzelausgebote oder Einzel- und Gesamtausgebot nebeneinander stattfinden sollen. Zusätzlich können dann noch Gruppenausgebote, d. h. Ausgebote einzelner Grundstücke gemeinsam stattfinden.

Praxistipp	***Vor der Durchführung des Versteigerungstermins muss das Vorgehen intern in der Bank besprochen und festgelegt werden. Wichtig ist, mit einer klaren und vorbereiteten Strategie in den Versteigerungstermin hineinzugehen, um soweit wie möglich auf alle Eventualitäten vorbereitet zu sein.***

Selbst wenn die Bank ein Gesamtausgebot unter Verzicht auf Einzelausgebote beantragen will, muss sie sich trotzdem auf Einzelausgebote vorbereiten, da der Verzicht hierauf nur mit dem Einverständnis aller im Versteigerungstermin anwesenden Beteiligten, deren Rechte bei der Feststellung des geringsten Gebots nicht zu berücksichtigen sind, möglich ist[1]. Auch ein nicht im Termin anwesender Beteiligter könnte vorher schriftlich auf der Durchführung von Einzelausgeboten bestehen. Das Gericht wäre hieran gebunden und müsste beide Ausgebotsarten nebeneinander stattfinden lassen.

Da ein Miteigentumsanteil rechtlich ein selbstständiges Grundstück ist, würden bei der häufigen Konstellation, dass Eheleute zu je ½ Anteil Eigentümer eines Grundstücks sind, grundsätzlich Einzelausgebote beider Miteigentumsanteile stattfinden. Dies wäre wirtschaftlich sinnlos, sodass dann als Abweichung von der gesetzlichen Lage für den Versteigerungstermin ein Gesamtausgebot unter Verzicht auf Einzelausgebote beantragt werden muss.

Dubiose Schuldnerberater versuchen regelmäßig, mit der Beantragung von Einzel-, Gruppen- und Gesamtausgeboten nebeneinander die anderen Beteiligten und gerade auch die Interessenten zu verwirren und damit eine Versteigerung zumindest zu erschweren.

7.9.4.2 Zuschlagserteilung bei mehreren Ausgebotsarten

Wichtig für die Bank als Gläubigerin ist die Frage, wer den Zuschlag erhält, wenn ein Gesamtausgebot und ggf. auch noch Einzel- und Gruppenausgebote parallel nebeneinander stattfinden.

Ausgehend vom Mustergrundbuch könnten im Versteigerungstermin z. B. folgende Ausgebote parallel nebeneinander stattfinden:

- ▷ Einzelausgebot aller 5 Grundstücke,
- ▷ Gruppenausgebot Grundstücke 1 und 2 und 5,

[1] § 63 Abs. 3 ZVG

- Gruppenausgebot Grundstücke 3 und 4,
- Gesamtausgebot.

Für diese Ausgebote wird jeweils ein eigenes geringstes Gebot aufgestellt und bekannt gemacht. Soweit die Bank daher entsprechende Ausgebotsarten plant, sollte sie den zuständigen Rechtspfleger vorher unterrichten, damit er sich für den Termin rechtzeitig vorbereiten kann.

Mehrere parallele Ausgebotsarten können ohne weiteres sowohl wirtschaftlich als auch von der Aufteilung und Lage der Grundstücke her sinnvoll sein.

Für die Bank ist es natürlich wichtig, bereits zum Versteigerungstermin zu wissen, auf welches der verschiedenen Ausgebote voraussichtlich der Zuschlag erteilt werden wird. Damit sowohl für die anwesenden Beteiligten als auch für die Bietinteressenten schneller erkennbar ist, auf welches Ausgebot der Zuschlag erteilt werden kann, muss das Gericht das geringste Gebot während der Bietezeit anpassen.

Wird bei dem Einzelausgebot auf eines der Grundstücke ein Gebot abgegeben, das höher ist als das geringste Gebot für dieses Grundstück, erhöht sich bei dem Gesamtausgebot das geringste Gebot um diesen Mehrbetrag[1]. Zur Verdeutlichung wird nachstehend ein Beispiel erläutert.

Versteigert werden die Grundstücke 1 und 2 mit einem Verkehrswert von jeweils 100.000,00 DM. Die Versteigerung erfolgt lastenfrei, das geringste Bargebot beträgt im Einzelausgebot jeweils 3.000,00 DM, für das Gesamtausgebot beider Grundstücke 6.000,00 DM. Wird im Versteigerungstermin dann auf das Einzelausgebot des Grundstücks 1 ein Gebot von 60.000,00 DM abgegeben, erhöht sich dadurch das geringste Gebot für das Gesamtausgebot um 57.000,00 DM auf dann 63.000,00 DM. Diese Erhöhung muss vom Rechtspfleger jeweils sofort berechnet und bekannt gegeben werden.

Erfolgt dann ein Gebot in Höhe von 50.000,00 DM auf das Grundstück 2, erhöht sich das geringste Gebot für das Gesamtausgebot um weitere 47.000,00 DM auf dann 110.000,00 DM. Soweit bereits vorher auf das Gesamtausgebot beispielsweise 100.000,00 DM geboten worden waren, wird dieses vorher abgegebene Gebot nicht unwirksam, es kann jedoch den Zuschlag nicht mehr erhalten, weil die Summe der Einzelausgebote

---

[1] § 63 Abs. 3 S. 1 ZVG

höher ist. Ein weiteres Gebot auf das Gesamtausgebot müsste jedoch dann mindestens 110.000,00 DM betragen, um als wirksam zugelassen zu werden, da ein wirksames Gebot mindestens das geringste Gebot erreichen muss.

Bereits an diesem einfachen Beispiel wird deutlich, dass es im Versteigerungstermin bei vielen Grundstücken und parallel stattfindenden Ausgebotsarten für alle Beteiligten schwierig werden kann, den Überblick zu behalten.

Der Zuschlag wird grundsätzlich auf das höhere Gebot erteilt, wobei das Einzelausgebot als gesetzliches Ausgebot privilegiert ist und bei Summengleichheit den Zuschlag erhält. Der Zuschlag auf das Gesamtausgebot kann nur erteilt werden, wenn es höher ist als die Summe der Einzelausgebote[1]. Finden Einzel-, Gruppen- und Gesamtausgebot nebeneinander statt, gilt das Gruppenausgebot gegenüber dem Einzelausgebot der hierin zusammengefassten Grundstücke als Gesamtausgebot und gegenüber dem Gesamtausgebot dann als Einzelausgebot.

Um die Frage der Zuschlagserteilung zu verdeutlichen wird nachstehend ein Beispiel erläutert. Die 5 Grundstücke des Mustergrundbuchs werden in einem Termin versteigert.

Grundstücke	**1**	**2**	**4**	**5**	**6**
Verkehrswert	**100.000**	**100.000**	**200.000**	**50.000**	**50.000**
Folgende Ausgebote wurden zugelassen:	Verkehrswert	Meistgebote Beispiel 1		Meistgebote Beispiel 2	
1 Grundstücke 1 und 2	200.000	150.000		170.000	
2 Grundstücke 4 und 5	250.000	160.000		160.000	
3 Grundstücke 1, 2, 4, 5	450.000	320.000		320.000	
4 Grundstück 6	50.000	30.000		30.000	
5 Grundstücke 1, 2, 4, 5, 6	500.000	350.000		361.000	

Für die Prüfung der Frage, auf welches der Ausgebote der Zuschlag erteilt werden kann, ist ein Summenvergleich der abgegebenen Meistgebote erforderlich. Es werden im Beispiel 1 daher zunächst die Summen der Meistgebote auf die Ausgebote 1 und 2 mit dem Meistgebot auf Aus-

[1] § 63 Abs. 3 S. 2 ZVG

gebot 3 verglichen. Das Meistgebot auf Ausgebot 3 ist höher, sodass 1 und 2 nicht mehr für die Zuschlagserteilung herangezogen werden können.

Anschließend werden die Summe der Meistgebote auf die Ausgebote 3 und 4 mit dem Meistgebot auf das Ausgebot 5 verglichen. Da hier Summengleichheit besteht, werden die Meistgebote auf die Ausgebote 3 und 4 für die Zuschlagsentscheidung herangezogen, da diese Ausgebote im Verhältnis zum Gesamtausgebot in Ausgebot 5 als Einzelausgebote gelten und daher bei Summengleichheit privilegiert sind. Wäre das Meistgebot auf das Ausgebot 5 auch nur 0,01 DM höher, wäre dieses zur Zuschlagsentscheidung herangezogen worden.

Im Beispiel 2 werden ebenfalls zunächst die Summen der Meistgebote auf die Ausgebote 1 und 2 mit dem Meistgebot auf Ausgebot 3 verglichen. Das Meistgebot auf Ausgebot 3 ist niedriger, sodass nur die Ausgebote 1 und 2 für die Zuschlagserteilung herangezogen werden können. Anschließend werden die Summe der Meistgebote auf die Ausgebote 1, 2 und 4 mit dem Meistgebot auf das Ausgebot 5 verglichen. Da das Meistgebot auf das Ausgebot 5 höher als die Summe der Meistgebote auf die Ausgebote 1, 2 und 4 ist, wird das Meistgebot auf das Ausgebot 5 für die Zuschlagsentscheidung herangezogen.

Ob auf die durch den Summenvergleich ermittelten Meistgebote sodann der Zuschlag auch tatsächlich erteilt wird, entscheidet sich erst danach. Soweit also z. B. ein Zuschlagsversagungsgrund nach § 85 a oder § 74 a ZVG wegen Nichterreichens der $\frac{5}{10}$- oder $\frac{7}{10}$-Grenze vorliegt, wird der Zuschlag auf das durch den Summenvergleich ermittelte Meistgebot versagt. Gebote unter der $\frac{5}{10}$-Grenze fallen also nicht bereits beim Summenvergleich weg.

Soweit auf ein Einzelausgebot überhaupt kein Gebot abgegeben wird, zählt dieses Ausgebot beim Summenvergleich mit 0,00 DM.

Es kann für die Bank in solchen Fällen daher sinnvoll sein, Gebote auf ein Einzelausgebot unter der $\frac{5}{10}$-Grenze abzugeben, um einen Zuschlag auf ein ihr zu niedriges Gesamtausgebot zu verhindern oder aber um den Bieter auf das Gesamtausgebot zu höheren Geboten zu zwingen.

Praxistipp

Hierbei ist jedoch zu beachten, dass vor Gebotsabgabe berechnet wird, ob und auf welches Ausgebot der Zuschlag erteilt werden kann. Ebenso ist zu prüfen, ob die Bank ggf. den Zuschlag an sich selbst erteilen lassen will. Bei Gebotsabgabe durch den Gläubiger muss die Anrechnungsfiktion des § 85 a Abs. 3 ZVG beachtet werden.

Soweit ein Gläubiger bietet, ist für die Berechnung des Erreichens der $\frac{5}{10}$-Grenze nicht nur das abgegebene Gebot zu berücksichtigen, sondern auch der mutmaßliche Ausfall. Wenn das Gebot zusammen mit dem Ausfall die $\frac{5}{10}$-Grenze erreicht, erhält der Gläubiger den Zuschlag. Um diesen Effekt zu verhindern, kann der Gläubigervertreter ggf. privat im eigenen Namen ein Gebot unter der $\frac{5}{10}$-Grenze abgeben, da hierauf, soweit die $\frac{5}{10}$-Grenze noch gilt, der § 85 a Abs. 3 ZVG keine Anwendung findet, der Zuschlag also zwingend versagt werden müsste.

Die Erfahrung zeigt, dass grundsätzlich derjenige Bieter, der auf das Gesamtausgebot bietet, einen Vorteil hat. Auf die Einzelausgebote bieten mehrere, zumindest zwei Bieter. Diese Bieter müssen sich ggf. darüber einigen, wer ein höheres Gebot abgibt, wenn das Gebot auf das Gesamtausgebot knapp über der Summe der Einzelausgebote liegt.

In den vom Autor wahrgenommenen Zwangsversteigerungsterminen mit einer solchen Konstellation wurde das Meistgebot immer auf das Gesamtausgebot abgegeben, da sich irgendwann während des Bietevorgangs die Einzelbieter nicht mehr einigen konnten oder aber auf Einzelgrundstücke überhaupt keine Gebote abgegeben worden waren. Bei dem vor dem Zuschlag vorzunehmenden Summenvergleich zählen diese Grundstücke mit 0,00 DM.

Finden Einzel-, Gruppen- und Gesamtausgebot nebeneinander statt, ist es für alle Beteiligten sehr wichtig, dass sie sich bereits vor dem Termin eingehend vorbereitet haben, um während des laufenden Versteigerungstermins sofort entscheiden zu können, auf welche Ausgebotsarten der Zuschlag erfolgen kann und ob ggf. noch eigene Gebote abgegeben werden müssen. Das Gericht wird nicht immer bereit und in der Lage sein, einem Gläubiger verbindlich sagen zu können, auf welche Ausgebote der Zuschlag erteilt werden wird. Im Zweifel wird der Rechtspfleger in solchen Fällen ohnehin einen gesonderten Zuschlagsverkündungstermin bestimmen.

Da Gebote jedoch nicht nachgeholt werden können, muss der Gläubiger unter Umständen sehr schnell entscheiden, auf welches Ausgebot letztendlich der Zuschlag erteilt werden kann und ob und inwieweit hierdurch seine Ansprüche gedeckt sind. Gegebenenfalls besteht zwar hier die Möglichkeit, die Bietezeit kurz unterbrechen zu lassen, ohne eine gründliche Vorbereitung können jedoch die erforderlichen Berechnungen nicht kurzfristig angestellt werden.

7.9.4.3 Verteilung eines Gesamtrechts

Beim § 64 ZVG, wonach ein Gesamtrecht für die Versteigerung auf die einzelnen Grundstücke im Verhältnis der Verkehrswerte verteilt werden kann, erfolgte keine entsprechende Änderung zum 1. August 1998. Damit die Versteigerungsbedingungen bis spätestens vor Beginn der Bietezeit endgültig feststehen, wäre auch hier der Einbau einer Zeitgrenze dringend notwendig gewesen. Die Anträge auf Verteilung gem. § 64 Abs. 1 ZVG und ein eventueller Gegenantrag gem. § 64 Abs. 2 ZVG sollten spätestens zu Beginn der Bietezeit gestellt sein. Der nunmehr vorliegende Widerspruch zu § 63 ZVG ist kaum verständlich und hätte vermieden werden sollen. Der Antrag auf Verteilung eines Gesamtrechts nach § 64 Abs. 1 ZVG kann auch heute noch bis zum Ende der Bietezeit gestellt werden.

Da im Rahmen eines Einzelausgebots bestehen bleibende Gesamtrechte bei jedem Grundstück in voller Höhe ins geringste Gebot fallen, kann dies im Extremfall eine Einzelversteigerung unmöglich machen. Aus diesem Grund ist es möglich, dass der betreibende Gläubiger, der Eigentümer und jeder dem zu verteilenden Gesamtrecht gleich- oder nachstehende Beteiligte den Antrag stellen kann, das bestehen bleibende Gesamtrecht bei jedem Einzelgrundstück nur im Verhältnis der Verkehrswerte zu berücksichtigen[1]. Bei den bestehen bleibenden Rechten wird der Kapitalbetrag verteilt, Zinsen und Nebenleistungen im Bargebot.

Da der Gläubiger des Gesamtrechts durch eine solche Verteilung die für ihn vorteilhafte Gesamtbelastung verliert, hat er die Möglichkeit, durch den sog. Gegenantrag die Gesamtbelastung wieder herbeizuführen[2].

Auf seinen Gegenantrag hin, der bis zum Schluss der Bietezeit gestellt werden kann, erfolgt die Ausbietung dann ohne das Bestehenbleiben seines Rechts, die Versteigerung erfolgt also genauso, als wenn dieser Gläubiger bestrangig betreibender Gläubiger wäre. Es erfolgt in diesem Fall ein Doppelausgebot sowohl nach § 64 Abs. 1, als auch nach § 64 Abs. 2 ZVG. Bieter können auf beide Ausgebotsarten Gebote abgeben, wobei ihnen dies auch anzuraten ist, da sich erst nach Ende der Bietezeit entscheidet, welche Gebote von den beiden Ausgebotsmöglichkeiten für die Zuschlagsentscheidung herangezogen werden.

---

[1] § 64 Abs. 1 ZVG
[2] § 64 Abs. 2 ZVG

Bei der Zuschlagserteilung hat der Gläubiger des verteilten Gesamtrechts nach Ende der Bietezeit ein Wahlrecht, welches Ausgebot für die Zuschlagserteilung herangezogen werden soll. Gibt er keine Erklärung ab, ist für die Zuschlagserteilung nur das Ausgebot nach § 64 Abs. 1 ZVG maßgebend, also das Ausgebot mit verteiltem Gesamtrecht.

Wählt der Gesamtgläubiger für die Zuschlagserteilung das von ihm beantragte Ausgebot nach § 64 Abs. 2 ZVG, ist zu beachten, dass der Zuschlag zu versagen ist, wenn nicht das geringste Gebot nach § 64 Abs. 1 ZVG erreicht ist[1]. Beeinträchtigt ist in diesem Fall auch der Schuldner, sodass für eine Zuschlagserteilung auch dessen Zustimmung erforderlich wäre.

Über eine vom Gesetzgeber so nicht vorgesehene Ausnutzung des § 64 ZVG besteht die Möglichkeit, Bietinteressenten abzuschrecken und Gläubigern, die noch an grundsätzlich gesicherter Rangposition stehen, einen Forderungsausfall zuzufügen.

Dubiose Schuldnerberater haben dies in der Vergangenheit bei Vorliegen der entsprechenden Voraussetzungen mehrfach ausgenutzt. Gerade wenn mehrere Grundstücke in einem Verfahren versteigert wurden und der bestrangig betreibende Gläubiger nur einen Anspruch bis ca. 20 Prozent des Verkehrswerts besaß, versuchten diese Berater unter Ausnutzung der Möglichkeiten des § 64 ZVG dem Schuldner zu helfen, den Grundbesitz günstig durch andere Familienangehörige ansteigern zu lassen.

Zunächst wird versucht, im ersten Versteigerungstermin den bestrangig betreibenden Gläubiger nach Ende der Bietezeit abzulösen und dadurch eine Einstellung des Verfahrens mit Zuschlagsversagung nach § 33 ZVG herbeizuführen (siehe insoweit den nachfolgenden Punkt). Um nicht mit dem Rechtsberatungsgesetz in Konflikt zu geraten, trat dieser Berater nicht offiziell als solcher auf, sondern unter dem Deckmantel eines nachrangigen Gläubigers. Gläubiger wurde er entweder durch die Eintragung einer nachrangigen Grundschuld kurz vor dem Versteigerungstermin oder durch die Ablösung eines nachrangigen persönlichen Gläubigers, der ohnehin keinerlei Aussicht auf Zuteilung hatte. Diesem Gläubiger wurde sein Anspruch gegen Zahlung eines geringen Betrages abgekauft.

Aus dieser Rechtsposition als nachrangiger Gläubiger heraus hatte er dann den Ablösungsanspruch geltend gemacht und den möglichen Zuschlag im ersten Versteigerungstermin verhindert. Im nächsten Versteigerungstermin blieb das erstrangige Recht bestehen, sodass die Voraus-

[1] § 83 Nr. 3 ZVG

setzungen für einen Verteilungsantrag nach § 64 Abs. 1 ZVG gegeben waren.

Im Versteigerungstermin beantragte der Schuldner, der im Gegensatz zu den meisten Versteigerungsterminen anwesend und vorher entsprechend instruiert worden war, die Durchführung von Einzelausgeboten und die Verteilung des Gesamtrechts[1]. Der Schuldnerberater als Gläubiger des verteilten Gesamtrechts stellte daraufhin den Gegenantrag[2], sodass beide Ausgebote nebeneinander stattfanden. Ein Strohmann/eine Strohfrau gab sofort nach Beginn der Bietezeit Gebote auf das Ausgebot nach § 64 Abs. 2 ZVG ab, die deutlich über dem Verkehrswert lagen und brachte die anwesenden Interessenten damit oft dazu, ihrerseits überhaupt keine Gebote mehr abzugeben. Diese anderen Interessenten sahen wegen der Höhe der bereits abgegebenen Gebote ihre „Felle davonschwimmen".

Viele Gläubiger gingen aufgrund dieser hohen Gebote davon aus, dass ihre Forderungen aus dem Versteigerungserlös befriedigt würden. Manche Rechtspfleger klärten zwar darüber auf, dass nicht feststünde, ob auf diese hohen Gebote der Zuschlag erteilt würde, für Interessenten und auch einen Teil der Gläubiger blieb jedoch wegen der oft fehlenden Kenntnisse der Zusammenhang häufig unklar.

Kurz vor Ende der Bietezeit wurden sodann durch einen weiteren Strohmann/eine Strohfrau Gebote auf das Ausgebot nach § 64 Abs. 1 ZVG abgegeben und zwar meistens genau in Höhe der 5/10-Grenze. Die anderen Interessenten waren zum Teil bereits gegangen bzw. gingen davon aus, dass wegen der hohen Gebote auf das Ausgebot nach § 64 Abs. 2 ZVG diese den Zuschlag erhalten würden.

Der Schuldnerberater und Antragsteller für das Ausgebot nach § 64 Abs. 2 ZVG ohne verteiltes Gesamtrecht war zum Ende der Bietezeit entweder nicht mehr anwesend oder aber beantragte, dass für die Zuschlagsentscheidung die Ausgebote nach § 64 Abs. 1 ZVG herangezogen werden sollten. Dies hatte zur Folge, dass die hohen Gebote auf das Ausgebot nach § 64 Abs. 2 ZVG für die Zuschlagsentscheidung nicht zur Verfügung standen, sondern nur die Gebote auf das Ausgebot nach § 64 Abs. 1 ZVG.

So kann ein anderer Gläubiger möglicherweise ganz andere Interessen vertreten und nicht vorbereiteten oder sachkundigen Gläubigern einen unerwarteten Forderungsausfall bescheren.

---

[1] § 64 Abs. 1 ZVG
[2] § 64 Abs. 2 ZVG

Praxistipp	***Soweit die Ausgebote nach § 64 Abs. 1 und Abs. 2 in einem Versteigerungstermin nebeneinander erfolgen, ist der Bank anzuraten, sehr genau zu prüfen, ob auch bei dem Ausgebot nach § 64 Abs. 1 ZVG die eigene Forderung entsprechend abgedeckt ist, da nicht feststeht, wie das Wahlrecht von einem anderen Gläubiger nach Ablauf der Bietezeit ausgeübt werden wird.***

Die Möglichkeiten des § 64 ZVG können jedoch auch auf seriöse Art und Weise ausgenutzt werden. Bei der Versteigerung von landwirtschaftlichen Grundstücken kommt es z. B. vor, dass an erster Rangstelle betragsmäßig kleine Grundschulden eingetragen sind, die oft auch nur einen Teil der Grundstücke belasten. Im Verhältnis zum Gesamtverkehrswert liegen diese Rechte oft unter 10 Prozent, sodass die Gefahr einer Ablösung grundsätzlich sehr groß ist. Soweit es sich um Gesamtrechte handelt, besteht dann über § 64 ZVG die Möglichkeit, das für Interessenten günstige lastenfreie Ausgebot zu gewährleisten.

Der Gläubiger dieser kleinen Gesamtrechte veranlasst einen nachrangigen Gläubiger, den Verteilungsantrag nach § 64 Abs. 1 ZVG zu stellen und stellt dann selbst den Antrag nach § 64 Abs. 2 ZVG, um damit ein lastenfreies Ausgebot der Grundstücke zu erreichen. Der Antrag kann auch dann gestellt werden, wenn ein Gläubiger selbst Inhaber der kleinen vorrangigen Rechte und gleichzeitig Inhaber eines nachrangigen Rechts ist. Für die Antragsberechtigung zählt jedes Grundpfandrecht getrennt.

Die beabsichtigte Antragstellung sollte jedoch vorher mit dem Rechtspfleger abgestimmt sein, damit er die geringsten Gebote bereits entsprechend vorbereiten kann. Dieser wird dann auch die Bietinteressenten zu Beginn der Bietezeit darauf hinweisen, auf welches Ausgebot der Zuschlag wann erteilt werden kann. Eine Bank wird ihr Wahlrecht nach der Bietezeit auch nicht missbräuchlich ausüben, sondern dafür Sorge tragen, dass die höheren Meistgebote für die Zuschlagserteilung herangezogen werden.

Ein Beispiel für die geringsten Gebote nach § 64 Abs. 1 und § 64 Abs. 2 ZVG ist nachstehend dargestellt.

Versteigert werden alle fünf Grundstücke aus dem Mustergrundbuch. Es betreiben die Gläubiger III/2 und III/3 dinglich. Es wird ein Einzelausgebot aller fünf Grundstücke und ein Gesamtausgebot beantragt. Der Gläubiger III/3 beantragt die Verteilung der Grundschuld III/1 nach § 64 Abs. 1

ZVG, der Gläubiger III/1 beantragt daraufhin das Ausgebot nach § 64 Abs. 2 ZVG.

Die Gerichtskosten betragen insgesamt 6.000,00 DM; die Zinsen der Grundschuld III/1 in der Rangklasse 4 des § 10 Abs. 1 ZVG 82.500,00 DM. Die Rechte II/1 und II/2 bleiben unberücksichtigt, es wird lediglich die Abteilung III dargestellt.

Grundstücke	**1**	**2**	**4**	**5**	**6**	**1,2,4,5,6**
Verkehrswert	**100.000**	**100.000**	**200.000**	**50.000**	**50.000**	**500.000**
a) gesetzliche Bedingungen						
Bestehen bleibende Rechte	100.000	100.000	100.000	100.000	100.000	100.000
Bargebot	88.500	88.500	88.500	88.500	88.500	88.500
Summe des geringsten Gebots	188.500	188.500	188.500	188.500	188.500	188.500
b) Ausgebot nach § 64 Abs. 1 ZVG						
Bestehen bleibende Rechte	20.000	20.000	40.000	10.000	10.000	
Bargebot	17.700	17.700	35.400	8.850	8.850	
Summe des geringsten Gebots	37.700	37.700	75.400	18.850	18.850	
c) Ausgebot nach § 64 Abs. 2 ZVG						
Bestehen bleibende Rechte	0	0	0	0	0	
Bargebot	1.200	1.200	2.400	600	600	
Summe des geringsten Gebots	1.200	1.200	2.400	600	600	

An diesem Beispiel ist zu erkennen, dass eine Versteigerung der einzelnen Grundstücke im Einzelausgebot unter wirtschaftlichen Gesichtspunkten nur aufgrund des Verteilungsantrages nach § 64 Abs. 1 ZVG möglich ist. Nach den gesetzlichen Versteigerungsbedingungen wäre das geringste Gebot bei den Grundstücken 1, 2, 5 und 6 weit höher als der Verkehrswert.

Von einem nachrangigen Gläubiger sollte der Verteilungsantrag nach § 64 Abs. 1 ZVG grundsätzlich gestellt werden, wenn die Versteigerung einzelner Grundstücke wirtschaftlich sinnvoll erscheint. Als Gläubiger des verteilten Gesamtrechts sollte auch in jedem Fall der Gegenantrag gestellt werden, um den Vorteil der Gesamtbelastung nicht zu verlieren. Der Gegenantrag nach § 64 Abs. 2 ZVG kann auch bereits vor dem Versteigerungstermin schriftlich gestellt werden.

Praxistipp	***Soweit der Versteigerungstermin nicht wahrgenommen wird, sollte der Gläubiger eines an sich bestehen bleibenden Rechts vorsorglich den Antrag nach § 64 Abs. 2 ZVG stellen und gleichzeitig sein Wahlrecht dahingehend ausüben, dass dieses Ausgebot zur Zuschlagserteilung herangezogen werden soll.***

Eine Terminswahrnehmung ist jedoch auch in diesen Fällen grundsätzlich anzuraten, um ggf. einen Zuschlag an einen nachrangigen Gläubiger über § 85 a Abs. 3 ZVG verhindern zu können.

7.9.5 Gläubigerablösung als taktisches Mittel

Im Rahmen eines Zwangsversteigerungsverfahrens genießt der bestrangig betreibende Gläubiger eine sehr herausgehobene Stellung, da sein Anspruch nicht nur für die Aufstellung des geringsten Gebots herangezogen wird, sondern weil eine Einstellung durch den bestrangig betreibenden Gläubiger nach Ende der Bietezeit zwingend zu einer Zuschlagsversagung führt[1]. Der bestrangig betreibende Gläubiger hat es daher in der Hand, unabhängig von möglicherweise sonst vorliegenden Zuschlagsversagungsgründen, eine Zuschlagsversagung durch seine Einstellungsbewilligung herbeizuführen.

[1] Zeller/Stöber, a.a.O., § 33 Anm. 2.6

Spätestens nach Vorliegen der Mitteilung über die betreibenden Gläubiger sollte sich daher jeder Beteiligte darüber Gedanken machen, ob und inwieweit er die Position des bestrangig betreibenden Gläubigers beeinflussen oder erlangen kann. Der Gläubiger mehrerer Grundpfandrechte sollte daher z. B. bei Beantragung des Verfahrens bereits an eine mögliche Ablösung durch Dritte denken und ggf. nur aus einem nachrangigen Anspruch die Versteigerung betreiben, um die Ablösungsgefahr zu mindern.

Für den Ablösenden selbst stellt die Ablösung meistens keine große Gefahr dar, da er im Zweifel nur einen in jedem Fall gesicherten Anspruch ablöst und den abgelösten Betrag zzgl. der weiter anfallenden Zinsen im Verteilungstermin wieder zurückerhält. Außerdem geht er in Anbetracht der meist hohen dinglichen Zinsen auch kein zusätzliches Risiko ein, sondern erhält ggf. noch eine weitere Absicherung. Bei einem Scheitern der Ablösung hat er allenfalls die Kosten für die zusätzliche Geldbeschaffung aufgewendet.

Das Ablösungsrecht ergibt sich grundsätzlich aus § 268 BGB und aus den §§ 1142, 1150 BGB. Durch die Ablösung des bestrangig betreibenden Gläubigers – nur diese ist im Normalfall sinnvoll – kann z. B. Folgendes erreicht werden:

- ▷ Zuschlagsversagung unabhängig von der Höhe des Meistgebots;
- ▷ neue Bietezeit und das Erlöschen bereits abgegebener Gebote;
- ▷ neue Bietezeit, um vergessene Anmeldungen nachzuholen;
- ▷ Verzögerung des Zwangsversteigerungsverfahrens durch Zuschlagsversagung;
- ▷ Aufhebung des Zwangsversteigerungsverfahrens, um neuen Zinslauf beginnen zu lassen;
- ▷ Verbesserung des Rangs der eigenen nachrangigen Ansprüche durch eine Verteilung des abgelösten Anspruchs gemäß § 1132 BGB;
- ▷ Aufhebung einer aus dem abgelösten Recht ebenfalls betriebenen Zwangsverwaltung und ggf. Pfändung des Anspruchs des Schuldners auf den Erlös aus der Zwangsverwaltung;
- ▷ Drohung mit Ablösung, um vom Ersteher eventuell möglichst noch eine Zuzahlung zu seinem Meistgebot zu erreichen.

Soweit ein nicht ablösungsberechtigter Dritter die Forderung erwerben will, ist die Übertragung nur im Rahmen eines Forderungsverkaufs möglich. Durch einen solchen Forderungsverkauf ist es auch einem Interessenten möglich, in das Verfahren als Beteiligter einzusteigen und damit größere Einflussmöglichkeiten zu erlangen[1]. Zu einem Forderungsverkauf ist die Bank jedoch nicht verpflichtet, sie kann hierzu nicht gezwungen werden. Eine Ablösung kann ggf. auch gegen den Willen des Gläubigers erfolgen.

Grundsätzlich kann jeder betreibende Gläubiger abgelöst werden. Hypotheken- und Grundschuldgläubiger können gem. §§ 1142, 1150 BGB bereits abgelöst werden, wenn sie Befriedigung aus dem Grundstück verlangen. Der abzulösende Gläubiger kann sich gegen die Ablösung nur durch eine Einstellung wehren.

Ablösungsberechtigte sind neben dem Eigentümer alle Personen, die ein Recht am Grundstück oder ein Recht zum Besitz haben, insbesondere also alle dinglichen Rechte in Abteilung II und III des Grundbuchs und alle persönlichen Gläubiger in der Rangklasse 5 des § 10 Abs. 1 ZVG, soweit die Gläubiger dem betreibenden und abzulösenden Anspruch nachgehen. Ablösungsberechtigt sind auch Mieter und Pächter sowie Inhaber von entgegenstehenden Rechten nach § 37 Nr. 5 ZVG[2].

Die Ablösung selbst kann erfolgen:

- durch Zahlung an das Gericht im Termin gem. § 75 ZVG;
- durch Zahlung an den Gläubiger und Einstellungsantrag gem. § 775 Nr. 4 und 5 ZPO, § 769 Abs. 2 ZPO;
- Befriedigung des betreibenden Gläubigers nach §§ 268, 1150 BGB.

Die Zahlung muss grundsätzlich in bar erfolgen, ein bestätigter LZB-Scheck dürfte jedoch grundsätzlich auch ausreichend sein.

Sehr unterschiedlich wird die Frage behandelt, wer nach der Ablösung Erklärungen gegenüber dem Gericht abgeben kann bzw. darf. Laut Zeller/Stöber[3] ist die Anmeldung und Glaubhaftmachung der Ablösung ausreichend, damit der Ablösende anstelle des Abgelösten die entsprechenden Erklärungen abgeben kann. Dieser Ansicht ist zuzustimmen, da es für den Ablösenden, gerade wenn er kurz vor dem oder im Versteigerungstermin ablöst, rein technisch unmöglich ist, die Vollstreckungsvoraussetzungen zu erfüllen, da eine Klauselumschreibung und neue Zustellung so kurzfristig nicht möglich sind. Die Mehrzahl der Rechtspfleger hat sich heute dieser Meinung angeschlossen.

Bei der Ablösung von öffentlichen Grundstückslasten ist streitig, ob der Gläubiger aus der Rangstelle der öffentlichen Last weiter betreiben kann.

---

[1] siehe A. 16
[2] Zeller/Stöber, a.a.O., § 15 Anm. 20.5
[3] Zeller/Stöber, a.a.O., § 15 Anm. 20.21

Laut Zeller/Stöber[1] ist für den Gläubiger in diesem Fall ein gesonderter Duldungstitel erforderlich. In der Praxis dürfte dies kaum eine Rolle spielen, da die öffentlichen Lasten im Normalfall entweder abgelöst werden, um eine Einstellung und Zuschlagsversagung herbeizuführen oder vor dem Versteigerungstermin, um eine Ablösung durch einen Dritten nach Ende der Bietezeit zu vermeiden. Bei einem Betreiben aus diesen Ansprüchen wäre die Ablösungsgefahr für den Betreiber wiederum zu groß.

Für den in Abteilung III bestrangig betreibenden dinglichen Gläubiger kann es sehr wichtig sein, vor dem Versteigerungstermin die besserrangig betreibenden öffentlichen Lasten abzulösen und die Versteigerung insoweit einstellen zu lassen, um selbst als Grundpfandgläubiger die Stellung des bestrangig Betreibenden zu erhalten und die Ablösung durch einen anderen Ablösungsberechtigten zu verhindern. Daher sollte sofort nach Erhalt der Mitteilung nach § 41 ZVG geprüft werden, von welchem Gläubiger aus welcher Rangstelle die Zwangsversteigerung betrieben wird.

Eine Teilablösung ist zwar grundsätzlich möglich, da diese aber nicht zum Nachteil des Abgelösten geltend gemacht werden kann, ist sie wirtschaftlich sinnlos[2]. Die Ablösung nur eines erstrangigen Teilbetrages ist nicht möglich.

Der Zeitpunkt der Ablösung sollte vorher genau bedacht werden. Da mit der Ablösung im Normalfall auch ein Überraschungseffekt verbunden sein soll, ist eine Ablösung schon einige Zeit vor dem Versteigerungstermin meistens nicht zu empfehlen (Ausnahme öffentliche Lasten), da sich in diesem Fall andere Beteiligte hierauf einstellen und ihrerseits wieder zur Ablösung schreiten könnten. Darüber hinaus kann auch, abhängig vom Verlauf des Versteigerungstermins, eine Ablösung nicht mehr erforderlich sein. Da die Entscheidung über eine Ablösung unter Umständen kurzfristig nach Ende der Bietezeit und vor der Entscheidung über den Zuschlag getroffen werden muss, empfiehlt es sich grundsätzlich, sich bei einer geplanten Ablösung bereits vorher sorgfältig hierauf vorzubereiten.

In der Zwangsverwaltung ist eine Ablösung nicht möglich. Soweit ein Gläubiger daher nur die Zwangsverwaltung und nicht auch die Zwangsversteigerung betreibt, kann er nicht von einem nachrangigen Gläubiger abgelöst werden[3].

---

[1] Zeller/Stöber, a.a.O., § 15 Anm. 20.26
[2] Zeller/Stöber, a.a.O., § 15 Anm. 20.20
[3] Zeller/Stöber, a.a.O., § 15 Anm. 20.16

Soweit ein anderer Gläubiger oder auch der Eigentümer die Forderung der Bank vor dem Versteigerungstermin ablösen will, tauchen manchmal Probleme wegen der Höhe der abzulösenden Forderung auf. Soweit der Eigentümer die Forderung der Bank zurückzahlen möchte, kann diese höchstens ihre tatsächliche persönliche Forderung (einschließlich aller Kosten sowie der bis zur Ablösung anfallenden Zinsen) geltend machen. Dies gilt auch dann, wenn ein Drittsicherungsgeber zur Vermeidung der Zwangsvollstreckung die Forderung begleichen will.

Die Bank darf in einem solchen Fall nicht ohne weiteres die dingliche Forderung aus der Grundschuld geltend machen. Nur wenn die durch die Verwendungszweckerklärung gesicherte persönliche Forderung höher als die dingliche Forderung ist, kann die volle dingliche Forderung (Kapital, nicht verjährte dingliche Zinsen sowie eventuelle Nebenleistung) geltend gemacht werden. Auch wenn ein nachrangiger Gläubiger, dem aufgrund Abtretung Rückgewähransprüche zustehen, ablösen will, kann diesem gegenüber nur die persönliche Forderung verlangt werden.

7.9.6 Sicherheitsleistung

Im Versteigerungstermin kann bei der Abgabe von Geboten unter Umständen vom Bieter Sicherheitsleistung für sein Gebot verlangt werden. Ein Beteiligter, dessen Rechte bei Nichtzahlung des Gebots beeinträchtigt würden, kann sofort nach Abgabe des Gebots Sicherheitsleistung verlangen[1].

Zu den Berechtigten gehören neben den Gläubigern, auf deren Ansprüche bei dem abgegebenen Gebot eine Zuteilung entfallen würde, auch der persönlich haftende Schuldner, da er bei Nichtzahlung des Gebots nicht von seinen Verbindlichkeiten befreit wird[2]. Die Sicherheitsleistung muss von jedem Bieter getrennt verlangt werden. Sie muss sofort nach Abgabe bzw. Zulassung des Gebots verlangt werden, das Verlangen kann nicht nachgeholt werden. Es besteht jedoch die Möglichkeit, bei einem weiteren Gebot dieses Bieters Sicherheitsleistung zu verlangen.

Derjenige, der die Sicherheitsleistung verlangt, kann diese auch nur von bestimmten Bietern verlangen, von anderen nicht. Die Bank wird daher von ihren eigenen Kunden, für die sie möglicherweise die Finanzierung des Meistgebots übernehmen will und deren Bonität bekannt ist, im Regelfall keine Sicherheitsleistung verlangen.

---

[1] § 67 Abs. 1 ZVG

[2] Zeller/Stöber, a.a.O., § 67 Anm. 2.2

Das Gericht hat über die Frage der Sicherheitsleistung sofort zu entscheiden[1]. Erklärt es die Sicherheitsleistung für erforderlich, ist sie sofort zu leisten. Die Sicherheitsleistung durch Hinterlegung kann bereits vor dem Versteigerungstermin erfolgen. Wird die Sicherheitsleistung nicht sofort erbracht, ist das Gebot zurückzuweisen. Wird das Gebot ohne Sicherheitsleistung zugelassen und von dem Beteiligten, der die Sicherheit verlangt hat, nicht sofort Widerspruch erhoben, gilt das Verlangen als zurückgenommen[2].

Mit Wirkung seit dem 1. August 1998 wurden auch die Vorschriften über die Sicherheitsleistung geändert. Der bisherige § 68 ZVG lautet nunmehr wie folgt:

(1) Die Sicherheit ist für ein Zehntel des in der Terminsbestimmung genannten, anderenfalls des festgesetzten Verkehrswerts zu leisten. Wenn der Betrag der aus dem Versteigerungserlös zu entnehmenden Kosten höher ist, ist Sicherheit für diesen Betrag zu leisten. Übersteigt die Sicherheit nach Satz 1 das Bargebot, ist der überschießende Betrag freizugeben oder zurückzuzahlen.

(2) Ein Beteiligter, dessen Recht nach § 52 bestehen bleibt, kann darüber hinausgehende Sicherheitsleistung bis zur Höhe des Betrages verlangen, welcher zur Deckung der seinem Rechte vorgehenden Ansprüche durch Zahlung zu berichtigen ist.

(3) Bietet der Schuldner oder ein neu eingetretener Eigentümer des Grundstücks, so kann der Gläubiger darüber hinausgehende Sicherheitsleistung bis zur Höhe des Betrags verlangen, welcher zur Deckung seines Anspruchs durch Zahlung zu berichtigen ist.

Bisher war die Sicherheit, soweit sie vom Bieter verlangt wurde, mit 10 Prozent des Bargebots zu erbringen. Ob dies noch zeitgemäß war, wurde sehr unterschiedlich beurteilt. Gerhardt[3] wies zutreffend darauf hin, dass zumindest bei einem hohen Betrag von bestehen bleibenden Rechten zahlungsunfähige Bieter durch das Sicherheitsverlangen nicht davon abgehalten werden konnten, im Versteigerungstermin mitzubieten. Auch konnte durch die 10-Prozent-Regelung nicht immer verhindert werden, dass ein Strohmann des Schuldners Gebote abgab und nach Zuschlagserteilung anschließend im Verteilungstermin nicht zahlte und es dann zu einer Forderungsübertragung und anschließender Wiederversteigerung kam.

[1] § 70 Abs. 1 ZVG
[2] § 70 Abs. 3 ZVG
[3] Dassler/Schiffhauer/Gerhardt/Muth, ZVG 12. Auflage, § 68 Rn 1

Wenn Rechte am Grundstück bestehen bleiben, wird das Bargebot relativ niedrig ausfallen und lediglich hiervon mussten dann 10 Prozent an Sicherheit geleistet werden. Im Rahmen der seit längerem geführten Diskussion wurden Größenordnungen zwischen 20 Prozent und 25 Prozent des Bargebots für gerechtfertigt gehalten. Die gesetzliche Neufassung nimmt nunmehr den festgesetzten Verkehrswert als Bezugsgröße für die Sicherheitsleistung. Durch diese Neuregelung wird eine bisher oft stattgefundene und an sich unnötige Unterbrechung bzw. Verzögerung bei der Abgabe von Geboten verhindert, da die fortlaufende Nachschusspflicht der verschiedenen Bieter entfällt.

Bisher musste jeder Bieter, für dessen Gebot Sicherheitsleistung verlangt worden war und der die Sicherheit durch Bargeld erbrachte, bei Abgabe eines höheren Gebots immer die Sicherheit auf 10 Prozent seines jeweiligen Bargebots erhöhen. Dies führte bei mehreren Bietern dazu, dass sich diese im Sitzungssaal laufend „nach vorne" begeben mussten, um die Sicherheit anzupassen. Um dies zu vermeiden, wurde oftmals von Seiten des die Sicherheit verlangenden Gläubigers auf die weitere Erhöhung der Sicherheit verzichtet. Durch die vorgenommene Änderung wird auch die unbare Sicherheitsleistung durch Bankbürgschaft oder LZB-Scheck gefördert, da der Bieter nun von vornherein den genauen Betrag kennt, für welchen er ggf. Sicherheit zu leisten hat.

Mit der neuen Orientierung am Verkehrswert besteht aber auch die Gefahr, dass insbesondere bei hohen bestehen bleibenden Rechten die Sicherheitsleistung höher ist, als das Bargebot selbst. In einem solchen Fall ist dann der überschießende Betrag freizugeben oder zurückzuzahlen. Dies dürfte jedoch in der Praxis nicht sehr oft vorkommen, da die meisten Versteigerungsverfahren aus der rangbesten dinglichen Position betrieben werden.

Die Änderungen in § 68 Abs. 2 bzw. Abs. 3 haben im Hinblick auf die Neuregelung nach Abs. 1 lediglich redaktionellen Charakter.

Neben der Höhe wurde gleichzeitig auch die Art der Sicherheitsleistung geändert. § 69 ZVG lautet nunmehr wie folgt:

(1) Bestätigte Bundesbankschecks sowie Verrechnungsschecks sind zur Sicherheitsleistung in Höhe der Schecksumme geeignet, wenn die Vorlegungsfrist nicht vor dem vierten Tag nach dem Versteigerungstermin abläuft. Dies gilt für Verrechnungsschecks nur, wenn sie von einem im Geltungsbereich dieses Gesetzes zum Betreiben von Bankgeschäften berechtigten Kreditinstitut ausgestellt und im Inland zahlbar sind. Als berechtigt im Sinne dieser Vorschrift gelten Kreditinstitute, die in der Liste der zugelassenen Kreditinstitute gem. Artikel 3 Abs. 7 und Artikel 10

Abs. 2 der Richtlinie 77/780/EWG des Rates vom 12. Dezember 1977 zur Koordinierung der Rechts- und Verwaltungsvorschriften über die Aufnahme und Ausübung der Tätigkeit der Kreditinstitute (Abl. EG Nr. L 322 S. 30) aufgeführt sind.

(2) Als Sicherheitsleistung ist eine unbefristete, unbedingte und selbstschuldnerische Bürgschaft eines Kreditinstituts im Sinne des Absatzes 1 zuzulassen, wenn die Verpflichtung aus der Bürgschaft im Inland zu erfüllen ist. Dies gilt nicht für Gebote des Schuldners oder des neu eingetretenen Eigentümers.

(3) Die Sicherheitsleistung kann auch durch Hinterlegung von Geld bewirkt werden. Die Übergabe an das Gericht hat die Wirkung der Hinterlegung.

Mit dieser Gesetzesänderung werden die Möglichkeiten der Sicherheitsleistung an die Bedürfnisse der Praxis angepasst. Gleichzeitig soll die Möglichkeit der unbaren Sicherheit erleichtert und gefördert werden. Die bisher vorgesehene Möglichkeit der Sicherheitsleistung durch Wertpapiere kam in der Praxis so gut wie nie vor und wurde daher gestrichen. Die Sicherheitsrisiken für die Interessenten bei der Mitnahme von Bargeld in den Versteigerungstermin liegen auf der Hand. Gleichermaßen gelten die Risiken aber auch für das Gericht selbst, wenn von mehreren Bietern nicht unerhebliche Barbeträge im Versteigerungstermin offen zugänglich sind.

Nunmehr werden auch solche Verrechnungsschecks als Sicherheit zugelassen, die von einem Geldinstitut ausgestellt sind. Diese Verrechnungsschecks unterscheiden sich nicht von den Schecks, die von natürlichen Personen ausgestellt werden. Die Möglichkeit der Sicherheitsleistung wurde allerdings ausdrücklich auf Schecks beschränkt, die von Kreditinstituten ausgestellt sind, die im Geltungsbereich dieses Gesetzes zum Betreiben von Bankgeschäften berechtigt sind. Ferner müssen die Schecks im Inland zahlbar sein, um den Aussteller ggf. im Inland gerichtlich in Anspruch nehmen zu können.

Die von allen Genossenschaftsbanken und Sparkassen mit Sitz in Deutschland ausgestellten Schecks sind als Sicherheitsleistung geeignet. Darüber hinaus sind auch Schecks von anderen Banken geeignet, wenn diese Institute in einer von der Europäischen Kommission herausgegebenen Liste aufgeführt sind, die jährlich aktualisiert wird. In dieser Liste sind die weitaus überwiegende Zahl der in den Mitgliedsstaaten der Europäischen Union zugelassenen Kreditinstitute enthalten. Die Liste der zugelassenen Kreditinstitute soll auch nicht als abschließend verstanden werden, auch Verrechnungsschecks anderer Kreditinstitute können gleichwohl anerkannt werden, wenn das Versteigerungsgericht diese zulässt. Um dies prüfen zu können, muss der Rechtspfleger die Liste mit in den Versteigerungstermin bringen, um in Zweifelsfällen einen vorgelegten Scheck prüfen zu können.

Mit der Neuregelung in Abs. 2 wird klargestellt, dass eine Sicherheitsleistung nur durch Bankbürgschaft möglich ist. Hierdurch wird das Versteigerungsgericht von der Prüfung der Frage der Tauglichkeit des privaten Bürgen entlastet. Im Normalfall konnte nämlich ein privater Bürge ohnehin nicht als tauglich angesehen werden, da das Gericht im Versteigerungstermin nicht die Möglichkeiten hatte, dessen Vermögensverhältnisse zu überprüfen. Daher wurden auch bisher schon ausschließlich Bankbürgschaften als tauglich angesehen und zugelassen. Der Hinweis, die Verpflichtung aus der Bürgschaft im Inland zu erfüllen, dient dazu, dass der Bürge im Inland gerichtlich in Anspruch genommen werden kann.

Die in Abs. 3 vorgesehene Hinterlegung von Geld dürfte wie bisher in der Praxis keine Rolle spielen.

Keine Sicherheitsleistung ist für bestimmte Körperschaften erforderlich[1], nach Landesrecht[2] auch nicht für Gemeinden und Sparkassen. Der aus dem abgegebenen Gebot selbst hebungsberechtigte Gläubiger muss Sicherheitsleistung nur auf Verlangen eines betreibenden Gläubigers leisten[3].

Erhöhte Sicherheitsleistung kann der Gläubiger eines bestehen bleibenden Rechts verlangen[4]. Darüber hinaus muss der Schuldner oder ein neu eingetretener Eigentümer höhere Sicherheitsleistung erbringen[5].

Wenn der Bieter die geforderte Sicherheitsleistung nicht sofort in einer zulässigen Form erbringt, wird sein Gebot zurückgewiesen und erlischt[6]. Das zuvor abgegebene Gebot erlischt nicht, sondern gilt weiterhin als Meistgebot.

Auch soweit ein eigener Kunde der Bank an der Ersteigerung des Objektes interessiert ist, muss die Bank ihn mit Sicherheitsleistung ausstatten, da ja auch durch den Eigentümer Sicherheitsleistung verlangt werden könnte. Für den Kunden am sinnvollsten und für die Bank mit dem geringsten Aufwand verbunden ist die neue Möglichkeit der Sicherheits-

---

1 § 67 Abs. 3 ZVG
2 § 10 EGZVG
3 § 67 Abs. 2 ZVG
4 § 68 Abs. 2 ZVG
5 § 68 Abs. 3 ZVG
6 § 72 Abs. 2 ZVG

leistung durch Verrechnungsscheck. Dem Kunden wird – entsprechende Bonität vorausgesetzt – ein auf ihr LZB- oder Zentralbankkonto ausgestellter und von der Bank unterzeichneter Verrechnungsscheck mitgegeben. Sollte die Sicherheitsleistung im Versteigerungstermin nicht verlangt werden, kann der Kunde den Scheck wieder zur Bank zurückbringen. Er zahlt dann lediglich für höchstens einen Tag die Zinsen. Ein bestätigter LZB-Scheck muss rechtzeitig vorher bestellt werden. Hierfür fallen in jedem Fall Gebühren an. Für die Ausstellung einer Bürgschaft muss zunächst ein Avalkreditvertrag abgeschlossen werden, zusätzlich muss die Bürgschaftsurkunde ausgefertigt werden.

Sicherheitsleistung für ein abgegebenes Gebot kann auch von mehreren Berechtigten verlangt werden, wobei diese vom Bieter selbstverständlich nur einmal zu erbringen ist. Soweit mehrere Kunden der Bank am Erwerb desselben Objektes interessiert sind und vorher um die Stellung der Sicherheitsleistung durch die Bank nachfragen, wäre es ausreichend, die Sicherheit nur einmal mitzubringen, dann allerdings nur in bar oder durch einen Verrechnungsscheck der Bank, ohne dass darauf vermerkt ist, für welchen der Kunden die Sicherheit bestimmt ist. Da nur einer der Kunden das Meistgebot abgeben kann, und die normale Sicherheitsleistung für alle Kunden 10 Prozent beträgt, genügt die dann im Versteigerungstermin abgegebene Erklärung der Bank, dass die Sicherheitsleistung für das jeweils letzte Gebot dieser Kunden gelten soll. Aus taktischen Gründen sollte jedoch jeder Kunde mit einem eigenen Scheck ausgestattet werden. Je nach Höhe des Verkehrswerts dürfte die Sicherheitsleistung jedoch nach wie vor durch Bargeld erbracht werden.

Mit Einverständnis des die Sicherheitsleistung verlangenden Beteiligten können auch andere Arten der Sicherheitsleistung (z. B. durch ein Sparbuch) zugelassen werden.

Im Einzelfall kann über § 68 Abs. 2 ZVG die Abgabe von Geboten durch einen Strohmann verhindert oder zumindest deutlich erschwert werden. Die Sicherheitsleistung von 10 Prozent des Verkehrswerts ist im Normalfall höher als früher, es sei denn, dass das Gebot höher als der Verkehrswert ist. Damit kann aber nicht verhindert werden, dass Gebote von Strohmännern oder -frauen abgegeben werden.

Soweit das Gebot erkennbar durch einen Strohmann abgegeben wurde, wird die Bank zwar auf Sicherheitsleistung bestehen, falls diese aber geleistet wird, muss das Gericht das Gebot zulassen. Sollte es das Meistgebot bleiben, wird der Zuschlag erteilt, obwohl davon ausgegangen oder zumindest befürchtet werden muss, dass im Verteilungstermin die restlichen 90 Prozent des Meistgebots nicht gezahlt werden. Der Eigentumsübergang findet jedoch bereits mit der Zuschlagsverkündung auch ohne Grundbucheintragung statt[1]. Im Verteilungstermin erfolgt bei Nichtzahlung eine Forderungsübertragung, und die Bank ist gezwungen, die sog. Wiederversteigerung gegen den Ersteher durchzuführen[2].

Voraussetzung für ein erhöhtes Sicherheitsverlangen nach § 68 Abs. 2 ZVG ist, dass mindestens ein bestehen bleibendes Recht vorhanden ist, im Regelfall ist diese Sicherheitsleistung nur bei zwei bestehen bleibenden Rechten höher als die normale Sicherheitsleistung.

Nachstehend ist ein Beispiel dargestellt, wie die Bank die Situation des § 68 Abs. 2 ZVG bewusst herbeiführen kann.

Versteigert werden die Grundstücke 1 und 2 aus dem Mustergrundbuch. Der Verkehrswert beträgt je 100.000,00 DM, zusammen 200.000,00 DM. Das Zwangsversteigerungsverfahren wird von dem Gläubiger III/1 aus seinem dinglichen Anspruch betrieben. Im ersten Versteigerungstermin hat ein Strohmann das Meistgebot abgegeben. Daraufhin hat die Bank nach Ende der Bietezeit die einstweilige Einstellung nach § 30 ZVG bewilligt, um den Zuschlag zu verhindern. Das geringste Gebot bestand lediglich aus den Gerichtskosten i. H. v. 5.000,00 DM.

Rechtzeitig vor dem zweiten Versteigerungstermin teilt die Bank durch einseitige, in öffentlich beglaubigter Form gegenüber dem Grundbuchamt abzugebender Erklärung ihre Grundschuld III/1 in drei Teilbeträge auf und zwar in einen großen erstrangigen Teilbetrag von 50.000,00 DM (III/1a), einen mittelrangigen Teilbetrag von 1.000,00 DM (III/1b) und einen letztrangigen Teilbetrag von 49.000,00 DM (III/1). Die Teilung der Grundschuld muss vor dem Versteigerungstermin im Grundbuch vollzogen werden, eine Zustimmung des Eigentümers ist hierzu nicht erforderlich. Auch eine Umschreibung der Vollstreckungsklausel und erneute Zustellung des Titels sind nicht notwendig.

Der zuständige Rechtspfleger sollte in jedem Fall vor dem Termin über das geplante Vorgehen unterrichtet werden, damit er das geringste Gebot vorbereiten kann. Im Versteigerungstermin meldet die Bank sodann die Teilung der Grundschuld zum Verfahren an und bewilligt vor der Bekanntgabe des geringsten Gebots die einstweilige Einstellung des Zwangsversteigerungsverfahrens gemäß § 30 ZVG für die beiden ersten Teilbeträge der Grundschuld i. H. v. 50.000,00 DM und 1.000,00 DM. Diese beiden Teilbeträge bleiben sodann im geringsten Gebot bestehen.

[1] § 90 Abs. 1 ZVG
[2] siehe A. 9

Die Bank kann aus der Grundschuld III/1 in der Rangklasse 4 Zinsen für insgesamt fünf Jahre, also 75.000,00 DM geltend machen.

Das Bargebot setzt sich dann wie folgt zusammen:

1. Gerichtskosten	5.500,00 DM
2. Zinsen III/1 a	37.500,00 DM
3. Zinsen III/1 b	750,00 DM
Summe:	43.750,00 DM

Als Berechtigte des mittelrangigen Teilbetrages III/1 b kann die Bank im Versteigerungstermin erhöhte Sicherheitsleistung nach § 68 Abs. 2 ZVG i. H. v. 43.000,00 DM und damit in gut der doppelten Höhe der normalen Sicherheitsleistung verlangen, soweit erneut Gebote von einem Strohmann oder vermeintlichen Strohmann abgegeben werden. Auf eine Sicherheitsleistung in dieser Höhe ist der Strohmann normalerweise nicht vorbereitet, sodass sein Gebot mangels ausreichender Sicherheitsleistung zurückgewiesen wird.

Von anderen Bietern kann die Bank dann ohne weiteres nur die normale Sicherheitsleistung i. H. v. 10 Prozent des Verkehrswerts verlangen. Soweit eine erhöhte Sicherheitsleistung erbracht werden soll, muss dies beim Verlangen ausdrücklich angegeben werden.

Bei der Teilung der Grundschuld ist jedoch darauf zu achten, dass der noch betreibende Teilbetrag groß genug ist, um eine Ablösung dieses Teilbetrages zu verhindern. Im Beispielsfall dürfte z. B. der letztrangige Teilbetrag nicht lediglich 20.000,00 DM betragen, da in diesem Fall die Gefahr der Ablösung dieses Teilbetrages besteht. Auch würde dann das geringste Gebot bei bestehen bleibenden Rechten von 80.000,00 DM und einem Bargebot von 65.000,00 DM bereits über der $^7/_{10}$-Grenze liegen. Die Beträge müssen daher vor dem Termin genau berechnet werden.

7.9.7 Ablauf eines Versteigerungstermins anhand des Beispielsfalls

Auf Seite 138 ff., Muster 17, ist ein Terminprotokoll über einen fiktiven Versteigerungstermin dargestellt, anhand dessen der Ablauf anschließend geschildert werden soll.

Der Rechtspfleger oder ein Geschäftsstellenbeamter als Urkundsbeamter protokolliert den Versteigerungstermin. Vorgänge am Termin, die für die Entscheidung über den Zuschlag oder für das Recht eines Beteiligten in Betracht kommen können, sind durch das Protokoll festzustellen.

Muster 17 **Protokoll über den Versteigerungstermin**

Amtsgericht Bitburg Bitburg, den 16. Juni1999

– 6 K 100/97 –

Gegenwärtig
Wirtz als Rechtspfleger und Urkundsbeamter der Geschäftsstelle

Zwangsversteigerungssache betreffend die Grundstücke, eingetragen im Grundbuch von Speicher Blatt 1422:

1. lfd. Nr. 1 Flur 27 Nr. 17/1 Gebäude- und Freifläche, Bahnhofstraße 4,83 ar;
2. lfd. Nr. 2 Flur 27 Nr. 17/2 Gebäude- und Freifläche, daselbst 4,80 ar und lfd. Nr. 3 zu 2 Geh- und Fahrrecht an dem Grundstück Flur 27 Nr. 17/3 Gebäude- und Freifläche, Bahnhofstraße;
3. lfd. Nr. 4 Flur 27 Nr. 17/4 Gebäude- und Freifläche, daselbst 5,27 ar;
4. lfd. Nr. 5 Flur 27 Nr. 17/5 Freifläche, Bahnhofstraße 1,35 ar;
5. lfd. Nr. 6 Flur 27 Nr. 18 Freifläche, Bahnhofstraße 1,35 ar.

Eigentümer: Hermann Meyer, Roonstraße 7, 54662 Speicher.

In dem heutigen Versteigerungstermin erschienen nach Aufruf der Sache folgende Beteiligte:

1. Der Eigentümer Herr Hermann Meyer,
2. Herr Theodor Meyer als Miteigentümer des begünstigten Grundstücks des Rechts II/1;
3. für die A-Bank eG Herr Steffen mit Bietungs- und Vertretungsvollmacht;
4. für die B-Bank Herr Müller sowie Herr Rechtsanwalt Lacher, Bietungsvollmacht überreichend;
5. für die C-Bank eG Herr Maxer mit Bietungs- und Vertretungsvollmacht;
6. der Zwangsverwalter, Herr Rechtsbeistand Hans-Dieter Ehlenz.

Den Erschienenen wurden die die Grundstücke betreffenden Nachweisungen bekannt gegeben. Ferner wurde Folgendes bekannt gemacht:

I. Die Zwangsversteigerung wird betrieben von den Gläubigern, die in der als Anlage beigefügten Mitteilung des Gerichts nach § 41 Abs. 2 ZVG vom 20. Mai 1999 aufgeführt sind. Die Mitteilung wurde verlesen.

II. Die erste Beschlagnahme ist bewirkt worden am 20. Dezember 1997 durch Zustellung des Anordnungsbeschlusses an den Schuldner und durch Eingang des Ersuchens um Eintragung des Zwangsversteigerungsvermerks beim Grundbuchamt.

III. Der Verkehrswert gemäß § 74 a ZVG ist rechtskräftig festgesetzt worden auf:

1. Grundstück lfd. Nr. 1 Flur 27 Nr. 17/1 Gebäude- und Freifläche, Bahnhofstraße 4,83 ar: 100.000,00 DM;
2. Grundstück lfd. Nr. 2 Flur 27 Nr. 17/2 Gebäude- und Freifläche, daselbst 4,80 ar und lfd. Nr. 3 zu 2 Geh- und Fahrrecht an dem Grundstück Flur 27 Nr. 17/3 Gebäude- und Freifläche, Bahnhofstraße: 100.000,00 DM;
3. Grundstück lfd. Nr. 4 Flur 27 Nr. 17/4 Gebäude- und Freifläche, daselbst 5,27 ar: 200.000,00 DM;
4. Grundstück lfd. Nr. 5 Flur 27 Nr. 17/5 Freifläche, Bahnhofstraße 1,35 ar: 50.000,00 DM;
5. Grundstück lfd. Nr. 6 Flur 27 Nr. 18 Freifläche, Bahnhofstraße 1,35 ar: 50.000,00 DM;

Verkehrswert im Gesamtausgebot: 500.000,00 DM.

IV. Es läuft parallel eine Zwangsverwaltung unter dem Aktenzeichen 2 L 2/98. Nach Angaben des Zwangsverwalters ist das Objekt zum Teil vermietet, es werden jährliche Mieteinnahmen von ca. 20.000,00 DM erzielt. Für weitere Auskünfte steht der im Termin anwesende Zwangsverwalter zur Verfügung.

V. An Anmeldungen, insbesondere von Rechten und Kündigungen, liegen vor:

1. A-Bank eG: Die Ansprüche aus der Grundschuld III/1 in Höhe von 100.000,00 DM Kapital nebst 15 Prozent Zinsen seit dem 1. Januar 1994 abzüglich der Zahlungen aus der Zwangsverwaltung – 6 L 2/96 –.
2. B-Bank: Die Ansprüche aus der Grundschuld III/2 in Höhe von 200.000,00 DM Kapital nebst 15 Prozent Zinsen seit dem Tage der Eintragung der Grundschuld in das Grundbuch.
3. C-Bank eG: Die Ansprüche aus der Grundschuld III/3 in Höhe von 200.000,00 DM Kapital nebst 15 Prozent Zinsen seit dem 1. Januar 1994.
4. Herr Walter Meyer als Berechtigter des Rechts II/2: Einen monatlichen Ersatzwert für das Recht in Höhe von 1.000,00 DM.
5. Gemeindekasse Speicher:
   a) Grundsteuer in Höhe von 1/4 jährlich 250,00 DM seit 1. Juli 1997;

b) Erschließungskostenbeitrag in Höhe von 5.000,00 DM, fällig am 20. März 1997;
c) Kanalbaubeitrag in Höhe von 3.500,00 DM, fällig am 2. Dezember 1993;
d) Hundesteuer in Höhe von 100,00 DM jährlich für 1998 und 1999.

6. Kreisverwaltung Bitburg-Prüm: Abfallbeseitigungsgebühr in Höhe von 160,00 DM jährlich seit dem 1. Januar 1998.
7. Bezirksschornsteinfeger Lau: Kehrgebühren 4. Quartal 1998 und 1. und 2. Quartal 1999 in Höhe von je 45,75 DM.

Weiter meldete an: Herr Rechtsanwalt Lacher eine Kostenpauschale für die Vertretung im Verfahren in Höhe von 5.000,00 DM; spezifizierter Nachweis erfolgt zum Verteilungstermin.

Das Gericht wies nunmehr auf Folgendes hin:

Eine Gewähr für die Richtigkeit und Vollständigkeit wird nicht übernommen; das gilt auch für die von den Steuerbehörden erteilten Auskünfte.

Der Ersteher darf erst dann in das Grundbuch eingetragen werden, wenn er dem Gericht eine Bescheinigung der Grunderwerbsteuerstelle des zuständigen Finanzamts vorlegt, wonach steuerliche Bedenken gegen die Eintragung nicht erhoben werden.

Das Gericht wies darauf hin, dass das Recht II/2 (Wohn- und Mitbenutzungsrecht) als Altenteil anzusehen sei, sodass es gemäß § 9 EGZVG außerhalb des geringsten Gebots bestehen bleibt und von einem Ersteher zu übernehmen sei.

Herr Steffen als Vertreter der A-Bank eG beantragt, ein Doppelausgebot gemäß § 9 Abs. 2 EGZVG durchzuführen, wonach die Grundstücke auch ohne das Recht II/1 auszubieten sind. Außerdem beantragte er, die 5 Grundstücke für beide Ausgebotsarten jeweils nur gemeinsam und unter Verzicht auf Einzelausgebote auszubieten. Herr Maxer als Vertreter der C-Bank schloss sich diesen Anträgen an. Herr Maxer wurde darauf hingewiesen, dass nur ein dem Recht II/2 gegenüber vorrangiger Gläubiger den Antrag auf Durchführung eines Doppelausgebots nach § 9 Abs. 2 EGZVG stellen könne. Daraufhin nahm er seinen diesbezüglichen Antrag zurück.

Der Eigentümer Hermann Meyer widersprach dem Verzicht auf Einzelausgebote für das gesetzliche Ausgebot mit Bestehenbleiben des Altenteils und der Durchführung nur eines Gesamtausgebots. Er beantragte für das gesetzliche Ausgebot neben dem Gesamtausgebot die Durchführung von zwei Gruppenausgeboten für die Grundstücke lfd. Nr. 4 und 5 sowie für die Grundstücke lfd. Nr. 1, 2 und 6. Auf Einzelausgebote für diese Grundstücke könne dann verzichtet werden.

Nach Erörterung der Sach- und Rechtslage mit den Beteiligten erfolgten sodann folgende Ausgebote:

1. Gesamtausgebot der Grundstücke lfd. Nr. 1 bis 6 mit Bestehenbleiben des Rechts II/2 außerhalb des geringsten Gebots;
2. Gruppenausgebot der Grundstücke lfd. Nr. 4 und 5 mit Bestehenbleiben des Rechts II/2 außerhalb des geringsten Gebots;
3. Gruppenausgebot der Grundstücke lfd. Nr. 1, 2 und 6;
4. Gesamtausgebot der Grundstücke lfd. Nr. 1 bis 6 ohne das Bestehenbleiben des Rechts II/2 außerhalb des geringsten Gebots.

Alle anwesenden Beteiligten waren mit diesen Ausgebotsarten einverstanden. Hierauf wurden das geringste Gebot und die Versteigerungsbedingungen nach Anhörung der anwesenden Beteiligten dahin festgestellt:

A) Geringstes Gebot

Das nachstehende, bei der Feststellung des geringsten Gebots berücksichtigte Recht II/1 bleibt als Teil des geringsten Gebots bestehen.

Der Ersatzwert des Rechts II/1 wurde nach Anhörung und mit Einverständnis der anwesenden Beteiligten auf 100,00 DM festgesetzt.

Der Ersatzwert des Rechts II/2 wurde aufgrund der vorliegenden Anmeldung des Berechtigten sowie nach Anhörung und mit Einverständnis der anwesenden Beteiligten auf 120.240,00 DM festgesetzt.

Der Wert der bestehen bleibenden Rechte beträgt insgesamt:

II/1:	100,00 DM
II/2:	120.240,00 DM (außerhalb des geringsten Gebots)
Summe:	120.340,00 DM

Das Gebot gibt jeweils nur den bar zu zahlenden Betrag an; daneben bleiben bei den Ausgeboten 1 und 2 die vorgenannten Rechte im Werte von insgesamt 120.340,00 DM bestehen bzw. sind außerhalb des geringsten Gebots zu übernehmen. Bei den Ausgeboten 3 und 4 bleibt jeweils nur das Recht II/1 bestehen.

Im Übrigen wird wegen der geringsten Gebote auf die als Anlage beigefügten Berechnungen verwiesen.

B) Versteigerungsbedingungen

Das Bargebot ist vom Zuschlag an mit vier vom Hundert zu verzinsen und mit den Zinsen im Verteilungstermin zu zahlen. Die Zinspflicht endet, wenn der Betrag unter Verzicht auf das Recht zur Rücknahme hinterlegt wird (§ 49 Abs. 2 ZVG). Die Kosten des Zuschlagsbeschlusses trägt der Ersteher. Versteigerungsbedingungen, die von den gesetzlichen Vorschriften abweichen, sind – mit Ausnahme der nachstehenden – nicht festgestellt.

Abweichende Versteigerungsbedingungen:

Es finden insgesamt folgende Ausgebote statt:

1. Gesamtausgebot der Grundstücke lfd. Nr. 1 bis 6 mit Bestehenbleiben des Rechts II/2 außerhalb des geringsten Gebots;
2. Gruppenausgebot der Grundstücke lfd. Nr. 4 und 5 mit Bestehenbleiben des Rechts II/2 außerhalb des geringsten Gebots;
3. Gruppenausgebot der Grundstücke lfd. Nr. 1, 2 und 6;
4. Gesamtausgebot der Grundstücke lfd. Nr. 1 bis 6 ohne das Bestehenbleiben des Rechts II/2 außerhalb des geringsten Gebots.

Die getroffenen Feststellungen wurden verlesen. Sodann wies das Gericht darauf hin, dass mit der Aufforderung zur Abgabe von Geboten weitere Anmeldungen ausgeschlossen werden und einen Rangverlust erleiden (§ 110 ZVG). Weitere Anmeldungen wurden nicht abgegeben.

Um 10.45 forderte das Gericht zur Abgabe von Geboten auf.

Es wurden folgende Gebote abgegeben:

I. Gesamtausgebot der Grundstücke lfd. Nr. 1 bis 6 mit Bestehenbleiben des Rechts II/2 außerhalb des geringsten Gebots:

1. Theodor Meyer	139.320,00 DM
2. C-Bank	190.000,00 DM
3. Helmut Müller	195.000,00 DM

Auf Verlangen der A-Bank wurde Sicherheitsleistung i. H. v. 50.000,00 DM in bar geleistet

4. C-Bank	210.000,00 DM
5. Theodor Meyer	220.000,00 DM
6. Helmut Müller	230.000,00 DM
7. Theodor Meyer	240.000,00 DM
8. C-Bank	270.000,00 DM
9. Helmut Müller	280.000,00 DM
10. Theodor Meyer	290.000,00 DM
11. C-Bank	300.000,00 DM
12. Helmut Müller	310.000,00 DM
13. Theodor Meyer	311.000,00 DM
14. Helmut Müller	320.000,00 DM
15. Theodor Meyer	325.000,00 DM
16. C-Bank	330.000,00 DM
17. Helmut Müller	335.000,00 DM
18. Theodor Meyer	340.000,00 DM

19. Helmut Müller	345.000,00 DM
20. Theodor Meyer	346.000,00 DM
21. Helmut Müller	350.000,00 DM
22. Theodor Meyer	351.000,00 DM
23. Helmut Müller	352.000,00 DM
24. Theodor Meyer	353.000,00 DM
25. Helmut Müller	354.000,00 DM
26. Theodor Meyer	355.000,00 DM

II. Gruppenausgebot der Grundstücke lfd. Nr. 4 und 5:
Kein Gebot

III. Gruppenausgebot der Grundstücke lfd. Nr. 1, 2 und 6:
Kein Gebot

IV. Gesamtausgebot der Grundstücke lfd. Nr. 1 bis 6 ohne das Bestehenbleiben des Rechts II/2 außerhalb des geringsten Gebots:

1. Hans Alt	250.000,00 DM

Auf Verlangen der A-Bank wurde Sicherheitsleistung i. H. v. 50.000,00 DM durch einen Verrechnungsscheck der C-Bank eG geleistet

2. B-Bank	280.000,00 DM
3. Helmut Müller	290.000,00 DM
4. C-Bank	300.000,00 DM
5. Hans Alt	320.000,00 DM
6. Helmut Müller	330.000,00 DM
7. Friedhelm Jung	340.000,00 DM
8. C-Bank	345.000,00 DM
9. Helmut Müller	348.000,00 DM
10. Friedhelm Jung	350.000,00 DM
11. C-Bank	355.000,00 DM
12. Helmut Müller	360.000,00 DM
13. Hans Alt	361.000,00 DM
14. Helmut Müller	365.000,00 DM
15. Friedhelm Jung	370.000,00 DM
16. C-Bank	380.000,00 DM
17. Helmut Müller	385.000,00 DM
18. Hans Alt	390.000,00 DM
19. Helmut Müller	395.000,00 DM
20. Hans Alt	396.000,00 DM
21. Helmut Müller	400.000,00 DM
22. Friedhelm Jung	405.000,00 DM

23. Helmut Müller	410.000,00 DM
24. Hans Alt	415.000,00 DM
25. Helmut Müller	420.000,00 DM
26. Friedhelm Jung	425.000,00 DM
27. Hans Alt	430.000,00 DM
28. Helmut Müller	435.000,00 DM
29. Friedhelm Jung	440.000,00 DM
30. Hans Alt	445.000,00 DM
31. Helmut Müller	450.000,00 DM
32. Friedhelm Jung	455.000,00 DM
33. Hans Alt	456.000,00 DM
34. Helmut Müller	457.000,00 DM
35. Friedhelm Jung	458.000,00 DM
36. Hans Alt	460.000,00 DM
37. Helmut Müller	463.000,00 DM
38. Friedhelm Jung	465.000,00 DM
36. Hans Alt	468.000,00 DM
37. Helmut Müller	470.000,00 DM
38. Friedhelm Jung	476.000,00 DM

Meistbietender blieben:

1. Auf das Gesamtausgebot der Grundstücke lfd. Nr. 1 bis 6 mit Bestehenbleiben des Rechts II/2 außerhalb des geringsten Gebots:
   Herr Theodor Meyer mit einem Bargebot i. H. v. 355.000,00 DM.
2. Gesamtausgebot der Grundstücke lfd. Nr. 1 bis 6 ohne das Bestehenbleiben des Rechts II/2 außerhalb des geringsten Gebots:
   Herr Friedhelm Jung mit einem Bargebot i. H. v. 476.000,00 DM.

Diese Gebote wurden durch dreimaligen Aufruf verkündet. Trotz der Aufforderung des Gerichts wurde kein weiteres Gebot abgegeben. Sodann verkündete das Gericht um 11.55 Uhr den Schluss der Versteigerung.

Hiernach wurden die anwesenden Beteiligten über den Zuschlag gehört. Folgende Erklärungen wurden abgegeben:

Hermann Meyer: Aussetzung der Zuschlagsentscheidung um 2 Wochen wegen einer angeblich kurz bevorstehenden Ablösung aller Banken über eine Umschuldung bzw. neue Finanzierung. Nachweise hierüber konnten auf Nachfrage der die Zwangsversteigerung betreibenden Gläubiger nicht vorgelegt werden.

Herr Theodor Meyer bat, den Zuschlag auf sein Meistgebot sofort zu erteilen.

Herr Friedhelm Jung bat, den Zuschlag auf sein Meistgebot sofort zu erteilen.

B-Bank: Aussetzung der Zuschlagsentscheidung um 4 Wochen

C-Bank eG: Zuschlagserteilung auf das Meistgebot Theodor Meyer

A-Bank eG: Keine Erklärung

Dem Bieter Hans Alt wurde der Verrechnungsscheck der C-Bank eG i. H. v. 50.000,00 DM zurückgegeben. Dem Bieter Helmut Müller wurde die Sicherheitsleistung i. H. v. 50.000,00 DM in bar zurückgegeben.

Es wurde sodann der anliegende Beschluss verkündet.

Beschluss

Termin zur Verkündung einer Entscheidung über den Zuschlag wird festgelegt auf den

30. Juni 1999, 10.00 Uhr

an der Gerichtsstelle Bitburg, Gerichtsstraße 2, Zimmer 405.

Die Sitzung ist geschlossen.

Das Amtsgericht

gez. Wirtz, Rechtspfleger

Muster 18 **Anlage zum Protokoll über den Versteigerungstermin am 16. Juni 1999**

Geringste Gebote

1. Gesamtausgebot der Grundstücke lfd. Nr. 1 bis 6 mit Bestehenbleiben des Rechts II/2 außerhalb des geringsten Gebots

   Verkehrswert: 500.000,00 DM

   I. Bestehen bleibende Rechte:

   II/1: Geh- und Fahrrecht auf dem Grundstück lfd. Nr. 2
   Ersatzwert: 100,00 DM

   II/2: Wohn- und Mitbenutzungsrecht außerhalb des geringsten Gebots auf den Grundstücken lfd. Nr. 4 und 5;
   Ersatzwert: 120.240,00 DM

   Summe bestehen bleibende Rechte: 120.340,00 DM

   II. Bargebot:

   1. Gerichtskosten vorläufig geschätzt 5.000,00 DM
   2. Öffentliche Lasten
      a) Grundsteuer v. 1.7.97– 30.6.99 2.000,00 DM
      b) Erschließungskostenbeitrag 5.000,00 DM
      c) Abfallbeseitigung 1.1.98 – 30.6.99 240,00 DM
      d) Schornsteinfeger Lau 137,25 DM

   Summe Bargebot: 12.377,25 DM

2. Gruppenausgebot der Grundstücke lfd. Nr. 4 und 5 mit Bestehenbleiben des Rechts II/2 außerhalb des geringsten Gebots

   Verkehrswert: 250.000,00 DM

   I. Bestehen bleibende Rechte:

   II/2: Wohn- und Mitbenutzungsrecht außerhalb des geringsten Gebots auf den Grundstücken lfd. Nr. 4 und 5
   Ersatzwert: 120.240,00 DM

   Summe bestehen bleibende Rechte: 120.240,00 DM

   II. Bargebot:

   1. Gerichtskosten vorläufig geschätzt 2.500,00 DM
   2. Öffentliche Lasten
      a) Grundsteuer v. 1.7.97– 30.6.99 1.000,00 DM
      b) Erschließungskostenbeitrag 2.500,00 DM

c) Abfallbeseitigung 1.1.98 – 30.6.99 120,00 DM
d) Schornsteinfeger Lau 68,63 DM

Summe Bargebot: 6.188,63 DM

3. Gruppenausgebot der Grundstücke lfd. Nr. 1, 2 und 6
Verkehrswert: 250.000,00 DM

I. Bestehen bleibende Rechte:
II/1: Geh- und Fahrrecht auf dem Grundstück lfd. Nr. 2
Ersatzwert: 100,00 DM

Summe bestehen bleibende Rechte: 100,00 DM

II. Bargebot:
1. Gerichtskosten vorläufig geschätzt 2.500,00 DM
2. Öffentliche Lasten
a) Grundsteuer v. 1.7.97– 30.6.99 1.000,00 DM
b) Erschließungskostenbeitrag 2.500,00 DM
c) Abfallbeseitigung 1.1.98 – 30.6.99 120,00 DM
d) Schornsteinfeger Lau 68,63 DM

Summe Bargebot: 6.188,63 DM

4. Gesamtausgebot der Grundstücke lfd. Nr. 1 bis 6 ohne das Bestehenbleiben des Rechts II/2 außerhalb des geringsten Gebots
Verkehrswert: 500.000,00 DM

I. Bestehen bleibende Rechte:

II/1: Geh- und Fahrrecht auf dem Grundstück lfd. Nr. 2
Ersatzwert: 100,00 DM

Summe bestehen bleibende Rechte: 100,00 DM

II. Bargebot:
1. Gerichtskosten vorläufig geschätzt 5.000,00 DM
2. Öffentliche Lasten
a) Grundsteuer v. 1.7.97– 30.6.99 2.000,00 DM
b) Erschließungskostenbeitrag 5.000,00 DM
c) Abfallbeseitigung 1.1.98 – 30.6.99 240,00 DM
d) Schornsteinfeger Lau 137,25 DM

Summe Bargebot: 12.377,25 DM

Bleibt streitig, ob oder für welches Gebot der Zuschlag zu erteilen ist, so ist der Sachverhalt mit den gestellten Anträgen in das Protokoll aufzunehmen[1].

Der Versteigerungstermin ist öffentlich, d. h. jeder kann – wenn auch nur aus reiner Neugierde – zum Termin erscheinen. Selbst wenn zahlreiche Personen zum Termin anwesend sind, muss dies kein Indiz für ein großes Bietinteresse sein. Gerade in ländlichen Gebieten ist die Neugierde manchmal sehr groß.

Zu Beginn des Termins stellt das Gericht zunächst die anwesenden Beteiligten fest. Anschließend werden die das Grundstück betreffenden Nachweisungen, die das Verfahren betreibenden Gläubiger, deren Ansprüche, der Zeitpunkt der ersten Beschlagnahme, der festgesetzte Verkehrswert und die erfolgten Anmeldungen bekannt gegeben[2]. Sodann haben die Beteiligten die Möglichkeit, abweichende Ausgebotsarten zu beantragen, damit der Rechtspfleger anschließend das geringste Gebot bekannt geben kann.

Im Beispielsfall hat die B-Bank die Zinsen seit dem Zeitpunkt der Eintragung in das Grundbuch angemeldet. Hier liegt es im Ermessen des Gerichts, ggf. festzustellen, welche Zinsen in den einzelnen Rangklassen geltend gemacht werden können.

Die C-Bank eG hat die Zinsen so angemeldet, als seien diese kalenderjährlich nachträglich fällig. Da die Zinsen jedoch ohne Fälligkeitsangabe in der Grundschuldbestellungsurkunde im Grundbuch eingetragen wurden, gilt insoweit die Vorschrift des § 608 BGB analog, wonach die Zinsen jährlich nachträglich fällig sind. Dies bedeutet im Beispielsfall, dass die Zinsen der Grundschuld III/3 jährlich (nicht kalenderjährlich) nachträglich ab Eintragung der Grundschuld fällig sind.

Soweit neue und vorher nicht angekündigte Ausgebote beantragt werden, muss der Rechtspfleger den Termin vor Beginn der Bietezeit ggf. unterbrechen, um erst für diese Ausgebotsarten die geringsten Gebote zu berechnen. Dies führt sowohl beim Rechtspfleger als auch bei den anderen Beteiligten und gerade bei Bietinteressenten wegen der Zeitverzögerung zu Unmut. Eine Bank sollte daher, falls sie beabsichtigt, von der gesetzlichen Regelung abweichende Versteigerungsbedingungen zu beantragen, dies rechtzeitig vorher dem Rechtspfleger mitteilen, damit er sich entsprechend vorbereiten kann.

---

1 § 78 ZVG
2 § 66 Abs. 1 S. 1 ZVG

Je nachdem, welche Anträge zum Versteigerungstermin gestellt werden, kann dies zu Diskussionen zwischen den Beteiligten führen, wobei der Rechtspfleger versuchen wird, hierbei eine Vermittlerrolle zu übernehmen.

Nach der Verlesung des geringsten Gebots als Grundlage der Versteigerungsbedingungen werden die allgemeinen Versteigerungsbedingungen bekannt gegeben.

Die angemeldeten öffentlichen Lasten werden, da der bestrangig betreibende Gläubiger hier aus der Rangklasse 4 des § 10 Abs. 1 ZVG betreibt, ins geringste Gebot aufgenommen. Hiervon ausgenommen ist die angemeldete Hundesteuer, da es sich nicht um eine öffentliche Last handelt. Der ebenfalls angemeldete Kanalbaubeitrag wird ebenfalls nicht ins geringste Gebot aufgenommen, da es sich um einen einmaligen Beitrag handelt, der länger als vier Jahre vor der ersten Beschlagnahme fällig war.

Grundsätzlich wären die laufenden öffentlichen Lasten vom Zwangsverwalter zu zahlen gewesen, sodass in der Zwangsversteigerung keine angemeldet worden wären. Um dies jedoch im Musterfall darstellen zu können, wurde davon ausgegangen, dass diese Zahlung nicht erfolgt ist.

Für die Rechte II/1 und II/2 muss sodann vom Gericht ein Ersatzwert ermittelt und bei der Feststellung des geringsten Gebots festgesetzt werden[1]. Dies erfolgt für den Fall, dass diese nach den gesetzlichen Versteigerungsbedingungen bestehen bleibende Rechte zum Zeitpunkt des Zuschlags tatsächlich nicht mehr bestehen sollten. Der Ersteher wäre in diesem Fall ungerechtfertigt bereichert und müsste den festgesetzten Ersatzwert an das Gericht zahlen, welches den Betrag mit zur Teilungsmasse nimmt und an die Gläubiger verteilt. Ein solcher Fall könnte z. B. eintreten, wenn der Berechtigte des Rechts II/2 bis zum Zuschlag verstirbt und hiervon niemand Kenntnis hat.

Für die Berechnung des Ersatzwertes des als Altenteil anzusehenden Wohn- und Mitbenutzungsrechts II/2 ist zunächst die Anmeldung des Berechtigten maßgebend. Dieser hat vorliegend einen monatlichen Ersatzwert von 1.000,00 DM angemeldet. Der Rechtspfleger ist nicht an diese Anmeldung gebunden. Im Gegensatz zum Verteilungsverfahren soll der Zuzahlungsbetrag nach § 51 ZVG den Betrag darstellen, um den der Grundstückswert objektiv durch die Belastung gemindert ist. Soweit also ein weit überhöhter Wert vom Berechtigten angemeldet wird, muss das Gericht diesen ggf. korrigieren.

---

[1] § 51 Abs. 2 ZVG

Im Beispielsfall wird unterstellt, dass der Mietwert der vom Wohnungsberechtigten genutzten Wohnung 1.000,00 DM monatlich beträgt. Der Rechtpfleger hat anhand der Anmeldung und nach Anhörung der anderen Beteiligten den Jahreswert des Rechts auf 12.000,00 DM festgesetzt. Anschließend wird der Jahreswert mit der durchschnittlichen Lebenserwartung des Berechtigten multipliziert. Als Tabelle verwenden die Rechtspfleger die im ZVG-Kommentar Zeller abgedruckte „Abgekürzte Sterbetafel 1995/1997" des Statistischen Bundesamtes in Wiesbaden (Az. VIII B)[1]. Dies würde aufgrund des Alters des Berechtigten (vollendetes 73. Lebensjahr) dazu führen, dass der Jahreswert von 12.000,00 DM mit dem Faktor 10,02 multipliziert wird, was einen Wert i. H. v. 120.240,00 DM ergibt.

Im Anhang 3 ist die im Jahr 2000 veröffentlichte neueste Sterbetafel 1996/1998 des Statistischen Bundesamtes abgedruckt. In den Beispielsfällen wurde jedoch noch die alte Sterbetafel 1995/1997 verwandt. In der neuesten Sterbetafel hat sich die Lebenserwartung geringfügig erhöht.

Soweit der Berechtigte eine Anmeldung nicht vorgenommen hat, wird das Gericht versuchen, den Wert anhand der Angaben in der Bestellungsurkunde des jeweiligen Rechts zu ermitteln, da es einen Ersatzwert festsetzen muss[2]. Für nachrangige Berechtigte bleibt, soweit sie mit der Festsetzung des Ersatzwertes nicht einverstanden sind, nur die Möglichkeit, diese Festsetzung bei einem bestehen bleibenden Recht im Rahmen einer Zuschlagsbeschwerde anzufechten[3].

Nach einer Entscheidung des Oberlandesgerichts Hamburg[4] ist in solchen Fällen jedoch nicht die durchschnittliche Lebenserwartung als Multiplikator anzuwenden, sondern immer der 25fache Jahreswert des Rechts anzusetzen. Hierbei handelt es sich um den Höchstbetrag, der berücksichtigt werden kann[5].

Für das Wegerecht wurde lediglich ein Ersatzwert von 100,00 DM festgesetzt, wie dies bei solchen Rechten generell üblich ist.

Die Festsetzung des Ersatzwertes ist zwingend erforderlich, obwohl dem Autor kein Fall aus der Praxis bekannt ist, in dem der Ersatzwert wegen Nichtbestehens des Rechts tatsächlich bezahlt werden musste. Wichtig ist der Ersatzwert jedoch im Hinblick auf die $\frac{5}{10}$- und $\frac{7}{10}$-Grenze, da bestehen bleibende Rechte insoweit mit berücksichtigt werden.

---

1 Zeller/Stöber, a.a.O., S. 1570
2 Zeller/Stöber, a.a.O., § 51 Anm. 3
3 § 83 Ziffer 1 ZVG
4 MDR 1961, 696
5 § 121 Abs. 1 ZVG

Vor der Aufforderung zur Abgabe von Geboten und damit dem Beginn der Bietezeit fragt das Gericht ausdrücklich nach, ob noch weitere Anmeldungen erfolgen und weist darauf hin, dass später erfolgende Anmeldungen einen Rangverlust nach § 110 ZVG erleiden[1]. Sodann fordert das Gericht zur Abgabe von Geboten auf, und das eigentliche Bietgeschäft kann beginnen.

Erfahrungsgemäß wird zu Beginn der Bietezeit noch nicht geboten. Die Interessenten warten meist auch nach Verkürzung der Bietezeit bis kurz vor deren Ende ab, ehe sie bieten. Das Gebot wird beim Rechtspfleger abgegeben. Dieser prüft die Legitimation, nimmt das Gebot zu Protokoll und gibt es dann bekannt, damit die Beteiligten ggf. Sicherheitsleistung verlangen können und das Gebot bekannt ist. Weitere Gebote desselben Bieters kann dieser dann aus dem Sitzungssaal heraus abgeben.

Ein unwirksames Gebot ist vom Gericht sofort zurückzuweisen[2]. Ist die Wirksamkeit eines Gebots von der Vertretungsmacht desjenigen, welcher das Gebot für den Bieter abgegeben hat, oder von der Zustimmung eines anderen oder einer Behörde abhängig, so erfolgt die Zurückweisung, sofern nicht die Vertretungsmacht oder die Zustimmung bei dem Gericht offenkundig ist oder durch eine öffentlich beglaubigte Urkunde sofort nachgewiesen wird[3].

Ein abgegebenes Gebot erlischt, wenn ein Übergebot zugelassen wird und ein Beteiligter der Zulassung nicht sofort widerspricht. Das Übergebot gilt als zugelassen, wenn es nicht sofort zurückgewiesen wird[4]. Ein Gebot erlischt auch dann, wenn es zurückgewiesen wird und der Bieter oder ein Beteiligter der Zurückweisung nicht sofort widerspricht[5]. Das gleiche gilt, wenn das Verfahren einstweilen eingestellt oder der Termin aufgehoben wird[6].

Mit Ablauf der Bietezeit von 30 Minuten wird die Versteigerung nicht geschlossen, sondern sie verlängert sich automatisch, solange noch Gebote abgegeben werden. Soweit die Bietezeit verstrichen ist und erkennbar keine weiteren Gebote mehr abgegeben werden, verkündet der Rechtspfleger das letzte Gebot dreimal und fragt dann anschließend ausdrücklich nach, ob noch weitere Gebote abgegeben werden. Erst wenn dies nicht mehr der Fall ist, wird die Versteigerung geschlossen, und eine weitere Abgabe von Geboten ist nicht mehr möglich. Entgegen der land-

---

[1] § 66 Abs. 2 ZVG
[2] § 71 Abs. 1 ZVG
[3] § 71 Abs. 2 ZVG
[4] § 72 Abs. 1 ZVG
[5] § 72 Abs. 2 ZVG
[6] § 72 Abs. 3 ZVG

läufigen Auffassung kann auch nach dem dreimaligen Aufruf des letzten Gebots noch ein weiteres Gebot abgeben werden. Manchmal ist es Taktik der Bieter, bis zu diesem Zeitpunkt zu warten, ehe sie ein neues höheres Gebot abgeben.

Bei mehreren Ausgeboten muss der Rechtspfleger das letzte Gebot für jedes Ausgebot dreimal verkünden. Die Versteigerung kann für alle Ausgebotsarten nur gemeinsam und nicht für einzelne Ausgebotsarten getrennt geschlossen werden. Dies kann dazu führen, dass durch die Verzögerung die Bietezeit länger als die gesetzlich vorgesehenen 30 Minuten dauert.

Im Beispielsfall wurden zahlreiche Gebote sowohl auf das gesetzliche als auch auf das abweichende Gesamtausgebot abgegeben. Sicherheitsleistung wurde auf Verlangen von zwei Bietern erbracht, von den anderen Bietern wurde keine Sicherheitsleistung verlangt.

Wenn nach Ablauf der Bietezeit und trotz Aufforderung des Rechtspflegers keine weiteren Gebote mehr abgegeben werden, wird das Ende der Bietezeit verkündet. Das Gericht muss das letzte Gebot mittels dreimaligem Aufruf und den Schluss der Versteigerung gesondert verkünden[1]. Anschließend tritt das Gericht in die Verhandlung über den Zuschlag ein[2]. Die anwesenden Beteiligten sind dabei über den Zuschlag zu hören.

Sind keine Gebote abgegeben worden, wird das Verfahren einstweilen eingestellt[3] oder nach dem zweiten ergebnislosen Termin ohne Gebote aufgehoben[4]. Um eine Aufhebung und damit den Wegfall der Beschlagnahme zu verhindern, besteht die Möglichkeit, dass der betreibende Gläubiger den Antrag stellt, das Verfahren als Zwangsverwaltung fortzusetzen[5]. Die Wirkungen der für das Zwangsversteigerungsverfahren erfolgten Beschlagnahme bleiben dann bestehen.

Wird bei der Versteigerung mehrerer Grundstücke für eines oder einige so viel geboten, dass der Anspruch des betreibenden Gläubigers gedeckt ist, so wird das Verfahren in Ansehung der übrigen Grundstücke einstweilen eingestellt; die Einstellung unterbleibt, wenn sie dem berechtigten Interesse des Gläubigers widerspricht[6]. Ist eine solche einstweilige Einstellung erfolgt, kann der Gläubiger die Fortsetzung des Verfahrens

[1] § 73 Abs. 2 S. 1 ZVG
[2] § 74 ZVG
[3] § 77 Abs. 1 ZVG
[4] § 77 Abs. 2 ZVG
[5] § 77 Abs. 2 S. 2 ZVG
[6] § 76 Abs. 1 ZVG

verlangen, wenn er ein berechtigtes Interesse daran hat, insbesondere wenn er im Verteilungstermin nicht befriedigt worden ist. Beantragt der Gläubiger die Fortsetzung nicht vor dem Ablauf von drei Monaten nach dem Verteilungstermin, gilt der Versteigerungsantrag als zurückgenommen[1].

Im Beispielsfall wurden sowohl auf das gesetzliche Ausgebot mit Bestehenbleiben des Rechts II/2, als auch auf die abweichenden Versteigerungsbedingungen ohne Bestehenbleiben des Rechts II/2 Gebote abgegeben. Auf die beiden anderen Ausgebote wurden keine Gebote abgegeben. Für die Frage, welches der beiden Ausgebote zur Zuschlagsentscheidung heranzuziehen ist, müssen im vorliegenden Fall die Besonderheiten beim Altenteil berücksichtigt werden.

Wie bereits bei der Darstellung des geringsten Gebots erläutert, wird der Berechtigte eines Altenteils besonders geschützt. Das Recht bleibt außerhalb des geringsten Gebots bestehen, selbst wenn es gegenüber dem bestrangig betreibenden Gläubiger nachrangig ist. Dieser hat dann jedoch die Möglichkeit, den Antrag auf Doppelausgebot ohne bestehen bleibendes Altenteil zu stellen, um diesen Nachteil auszugleichen. Ansonsten wäre sogar eine vorrangige Beleihung nicht mehr möglich.

Gläubiger, die dem Altenteil gegenüber nachrangig sind, haben diese Möglichkeit nicht, wobei dies auch sachgerecht erscheint. Ein dinglicher Gläubiger, der in Kenntnis eines solchen vorrangigen Rechts eine Belastung vornimmt, muss diesen Nachteil in Kauf nehmen.

Praxistipp

Auch soweit ein Recht in Abteilung II nicht als Altenteil sondern nur als Wohnrecht oder Reallast im Grundbuch eingetragen ist, sollte im Rahmen der Beleihungsprüfung ermittelt werden, ob es möglicherweise als Altenteil angesehen werden könnte. In diesem Fall sollte eine nachrangige Beleihung grundsätzlich nicht vorgenommen werden.

Die Folgen einer nachrangigen Beleihung ergeben sich bei der Zuschlagsentscheidung in einem Zwangsversteigerungsverfahren. Soweit ein Gebot abgegeben wird, durch welches der dem Altenteil gegenüber vorrangige Gläubiger abgedeckt ist, erhält dieses den Zuschlag, selbst wenn auf die abweichenden Versteigerungsbedingungen ein weit höhe-

[1] § 76 Abs. 2 ZVG

res Gebot abgegeben worden ist. Das Gesetz schützt insoweit den Berechtigten des Altenteils[1]. Der dem Altenteil gegenüber nachrangige Berechtigte verdient keinen Schutz, da er die Vorlast ja bewusst in Kauf genommen hat.

Eickmann[2] vertritt die Auffassung, dass trotz eines Antrags eines dem Altenteil gegenüber vorrangig Berechtigten kein Doppelausgebot durchzuführen ist, sondern zunächst nur das gesetzliche Ausgebot mit bestehen bleibendem Altenteil. Erst wenn nach Ablauf der Bietezeit feststeht, dass eine Beeinträchtigung vorliegt, würde eine neue Bietezeit ohne bestehen bleibendes Altenteil durchgeführt.

Dieser Ansicht ist jedoch nicht zu folgen. Nur durch das gleichzeitig stattfindende Doppelausgebot haben die Bieter die Möglichkeit, gleichzeitig auf beide Ausgebote zu bieten und variabel zu reagieren. Diese Auffassung wird auch in den beiden führenden ZVG-Kommentaren vertreten[3]. Daher wird im Beispielsfall trotz des weit höheren Gebots auf die abweichenden Bedingungen der Zuschlag auf die gesetzlichen Bedingungen mit Bestehenbleiben des Altenteils erteilt.

In der Verhandlung über den Zuschlag haben die Beteiligten die Möglichkeit, z. B. einen Zuschlagsversagungsantrag wegen Nichterreichens der $\frac{7}{10}$-Grenze zu stellen oder aber die Zuschlagserteilung oder die Zuschlagsversagung zu beantragen. Der Antrag auf Zuschlagsversagung kann nur in der Verhandlung über den Zuschlag im Versteigerungstermin und nicht mehr im gesonderten Verkündungstermin gestellt werden. Der Schuldner hat hier letztmals die Möglichkeit, einen Zuschlagsversagungsantrag nach § 765 a ZPO zu stellen.

Soweit ein Meistgebot vorliegt, kann das Gericht den Zuschlag anschließend sofort erteilen oder aber sofort einen gesonderten Verkündungstermin bestimmen[4]. Der Verkündungstermin soll nicht über eine Woche hinaus bestimmt werden[5], wobei dies nur eine Ordnungsvorschrift darstellt. Auf begründeten Antrag hin kann das Gericht auch eine längere Frist bestimmen. Der Verkündungstermin setzt den Versteigerungstermin fort, ist daher ebenfalls öffentlich und es können auch noch in diesem Termin neue Tatsachen und Beweismittel vorgebracht werden[6]. Im Beispielsfall wurde ein Verkündungstermin bestimmt, was im Hinblick auf den Ablauf des Versteigerungstermins sinnvoll war. Der Beispielsfall wird unter A. 7.9.11 fortgesetzt.

[1] Zeller/Stöber, a.a.O., § 9 EGZVG Anm. 4.7
[2] Eickmann, Zwangsversteigerungs- und Zwangsverwaltungsrecht, § 11 II, 2
[3] Zeller/Stöber, a.a.O., § 9 EGZVG Anm. 4.6 und 4.8; Steiner/Storz ZVG, § 59 Rz 68
[4] § 87 Abs. 1 ZVG
[5] § 87 Abs. 2 S. 1 ZVG
[6] § 87 Abs. 3 ZVG

7.9.8 Gebotsabgabe/Bietungsvollmacht

Bieter müssen sich durch einen Personalausweis oder Reisepass legitimieren können, ansonsten muss das Gebot zurückgewiesen werden.

Wenn für einen nicht anwesenden Dritten geboten werden soll, muss der Bieter eine öffentlich beglaubigte oder beurkundete Bietungsvollmacht vorlegen. Soweit für eine juristische Person Gebote abgegeben werden sollen, muss ein vertretungsberechtigtes Organ anwesend sein und sich durch einen beglaubigten Handelsregisterauszug oder eine Notarbescheinigung neueren Datums legitimieren können. Wie alt der Registerauszug sein darf, hängt von der Meinung des jeweiligen Rechtspflegers ab, bis zu drei Wochen wird generell anerkannt, teilweise auch bis zu zwei Monaten. Hier sollte vorher beim zuständigen Rechtspfleger nachgefragt werden.

Eltern, die für ihr Kind bieten wollen, können dies nicht im Rahmen der gemeinschaftlichen Vertretung tun. Sie benötigen zusätzlich zum Erwerb eines Grundstücks die Genehmigung des Vormundschaftsgericht[1]. Diese Genehmigung muss bei der Gebotsabgabe vorgelegt werden. Soweit nicht beide Elternteile anwesend sind, wird eine öffentliche beglaubigte oder beurkundete Vollmacht des anderen Elternteils benötigt.

Soweit die entsprechende Vollmacht nicht vorgelegt werden kann, besteht die Möglichkeit, selbst im eigenen Namen das Gebot abzugeben, und anschließend die Rechte aus dem Meistgebot an den anderen abzutreten. Dies kann in der Verhandlung über den Zuschlag oder in einem späteren gesonderten Verkündungstermin erfolgen. Hier müssen dann der Meistbietende und der Abtretungsempfänger anwesend sein und die Abtretung der Rechte aus dem Meistgebot und die Annahme der Abtretung und der Verpflichtung aus dem Meistgebot zu Protokoll erklären. Eine oder beide Erklärungen können auch in öffentlich beglaubigter oder beurkundeter Form erklärt und dem Gericht vorgelegt werden[2].

Ein gravierender Nachteil der Abtretung der Rechte aus dem Meistgebot besteht darin, dass bereits die Abgabe des Meistgebots grunderwerbsteuerpflichtig[3] ist. Für die Erteilung des Zuschlags nach einer Abtretung der Rechte aus dem Meistgebot fällt für den Zuschlagsempfänger ebenfalls Grunderwerbsteuer an. Insgesamt muss diese dann zweimal gezahlt werden. Lediglich wenn eine der noch vorhandenen Befreiungsvorschriften gegeben ist (z. B. Erwerb bei Verwandten in gerader Linie oder unter Ehegatten), fällt die Grunderwerbsteuer nur einmal an.

---

[1] § 1643 Abs. 1 i. V. m. § 1821 Nr. 5 BGB
[2] § 81 Abs. 3 ZVG
[3] § 1 Ab. 1 Nr. 4 Grunderwerbsteuergesetz

Seit der Änderung des Grunderwerbsteuergesetzes und der Reduzierung der Steuer von seinerzeit 7 auf 2 Prozent ist auch die Befreiung beim sog. Rettungserwerb durch die Bank als Gläubigerin weggefallen. Heute fällt auch bei Ersteigerung durch die Bank die Grunderwerbsteuer i. H. v. derzeit 3,5 Prozent an, was bei der Festlegung des Vorgehens zum Versteigerungstermin eine Rolle spielt, denn die Grunderwerbsteuer erhöht die Erwerbskosten nicht unerheblich.

Soweit ein Interessent sein Erwerbsinteresse nicht im Versteigerungstermin offenkundig machen will, besteht die Möglichkeit, einen Strohmann mit sog. verdeckter Vollmacht bieten zu lassen, d. h. der Strohmann bietet und legt erst nach Ende der Bietezeit, jedoch vor Verkündung des Zuschlags die Vollmacht offen. Die doppelte Grunderwerbsteuer könnte in solchen Fällen billigend in Kauf genommen werden, wenn der Vollmachtgeber sein Erwerbsinteresse nicht in der Bietezeit offenlegen will.

Der in der Praxis häufigste Fall der Abtretung der Rechte aus dem Meistgebot kommt dann vor, wenn nur ein Ehegatte im Versteigerungstermin anwesend ist, jedoch beide Ehegatten Eigentümer werden sollen. Wegen der Grunderwerbsteuerbefreiung fällt in diesem Fall keine doppelte Grunderwerbsteuer an.

Es besteht aber auch die Möglichkeit, dass die Bank als Meistbietende eine Zuschlagsaussetzung beantragt, um dann nach dem Versteigerungstermin die Rechte aus dem Meistgebot an einen Interessenten abzutreten. Die zusätzlich für die Bank anfallende Grunderwerbsteuer wird dann in Kauf genommen, um einen Eigenerwerb zu vermeiden.

Ein Nachteil und zusätzlich eine Gefahr bei der Abtretung der Rechte aus dem Meistgebot bestehen darin, dass auch der Meistbietende für die Zahlung des Meistgebots haftet[1]. Soweit daher der Abtretungsempfänger das Meistgebot im Verteilungstermin nicht zahlt, haftet der Meistbietende hierfür neben dem Zuschlagsempfänger als Gesamtschuldner persönlich. Eine Abtretung sollte daher nur dann erfolgen, wenn die Zahlung des Meistgebots oder die Finanzierung des Erstehers sichergestellt und nachgewiesen ist.

Zusätzliche Gerichtskosten fallen durch eine Abtretung der Rechte aus dem Meistgebot nicht an, die Gebühr für die Erteilung des Zuschlags fällt nur einmal an, der Meistbietende haftet jedoch neben dem Ersteher auch für diese Kosten.

---

[1] § 81 Abs. 4 ZVG

In einer Bank ist im Regelfall derjenige Mitarbeiter, der die Bearbeitung der Zwangsversteigerungsverfahren durchführt, entsprechend bevollmächtigt. Öffentliche Sparkassen können, da sie siegelführend sind, eine solche Bietungsvollmacht selbst erstellen, andere Kreditinstitute müssen sie bei einem Notar zumindest öffentlich beglaubigen lassen. Landesgesetze lassen zum Teil auch andere Arten der öffentlichen Beglaubigung zu. Die Bietungsvollmacht hat den Vorteil, dass nicht in jeder Versteigerung ein vertretungsberechtigter Vorstand anwesend sein muss. Das Vorgehen im Versteigerungstermin sollte ohnehin vorher abgesprochen werden und dem Terminsvertreter zusätzlich ein gewisser Handlungsspielraum hierbei eingeräumt werden. Ein Muster einer generellen Bietungsvollmacht ist auf Seite 158, Muster 19, dargestellt.

Im Versteigerungstermin kommen häufig Bietinteressenten auf den Terminvertreter der Bank zu und möchten von ihm wissen, wie hoch die Bank denn mitbieten will bzw. welche Vorstellungen die Bank für das Meistgebot hat. Hier muss dann genau abgewogen werden, welche Auskunft gegeben wird, um die Interessenten einerseits nicht vom Bieten abzuhalten, andererseits ihnen aber auch zumindest einen Anhaltspunkt zu geben, wo die Vorstellungen der Bank liegen. Das Vorgehen in solchen Gesprächen hängt zunächst davon ab, ob der Interessent zum ersten Mal in einem Versteigerungstermin ein Grundstück erwerben will und damit noch unsicher ist oder ob es sich um einen Interessenten handelt, der bereits mehrfach Versteigerungstermine besucht hat.

Versteigerungslaien können regelmäßig mit allgemein gehaltenen Formulierungen zufrieden gestellt werden. Es ist sogar möglich, im Gespräch durch geschicktes Fragen deren Vorstellungen zu erfahren. Ein Versteigerungsprofi wird es auf die Konkurrenz beim Bieten ankommen lassen. Soweit die Bank den Zuschlag für den Grundbesitz z. B. nicht unter $^7/_{10}$ erteilen lassen will, sollte dies den Interessenten selbstverständlich mitgeteilt werden. Hier empfiehlt sich sogar ein entsprechender Hinweis im Sitzungssaal für alle Interessenten.

Im Übrigen wird das Vorgehen in solchen Gesprächen von Erfahrungen, die in früheren Versteigerungsterminen gemacht worden sind, bestimmt. Ähnlich verhält es sich bei der Frage, in welcher Höhe die Bank, falls sie das Objekt notfalls erwerben, oder falls sie das Bietgeschäft anregen will, ein erstes Gebot abgeben soll. Ein Gebot sofort nach Beginn der Bietezeit kann andere Bietinteressenten dazu animieren, sofort mit der Gebotsabgabe zu beginnen, was jedoch auch dazu führen kann, dass Interessenten zu der Auffassung gelangen, eigene Gebote hätten keinen Zweck, da die Bank das Objekt ohnehin selbst ansteigern werde.

Muster 19 **Bietungsvollmacht**

Hiermit erteilen wir

1. Herr A,
2. Herr B,

handelnd als vertretungsberechtigte Vorstandsmitglieder der A-Bank eG,

1. Herrn X,
2. Herrn Y,
3. Herrn Z,

und zwar jedem für sich alleine,

Bietungsvollmacht,

um die A-Bank eG in Zwangsversteigerungs- und Zwangsverwaltungsverfahren bei den jeweiligen Amtsgerichten zu vertreten, in denen die A-Bank eG Beteiligte ist.

Die Bevollmächtigten sind insbesondere ermächtigt, für die A-Bank eG Gebote abzugeben, den Zuschlag für sie zu beantragen, die Rechte aus dem Meistgebot an einen anderen abzutreten, den auf die Bank entfallenden Teil des Versteigerungserlöses in Empfang zu nehmen, Vereinbarungen über das Bestehenbleiben von Rechten zu treffen sowie überhaupt alle Erklärungen für die A-Bank eG abzugeben, die in einem Zwangsversteigerungs- oder Zwangsverwaltungsverfahren in Betracht kommen.

Die Bevollmächtigten sind von allen gesetzlichen Beschränkungen, insbesondere denen des § 181 BGB, befreit und befugt, Untervollmacht zu erteilen.

A-Bank eG

Auch die Höhe der Übergebote hängt von taktischen Erwägungen ab. Soweit die Bank gegen andere Interessenten bietet, um von diesen nach Möglichkeit die Abgabe eines weiteren, höheren Gebots zu erreichen, sollte grundsätzlich nicht mit großen Schritten geboten werden, um diese Interessenten nicht von vorneherein abzuschrecken. Hier sind kleinere Übergebote sinnvoller. Sollten Interessenten jedoch weit unterhalb der Erwartungen und Vorgaben des Terminvertreters der Bank beginnen, kann durch ein entsprechend höheres Übergebot oder durch einen Hinweis an die Interessenten die erwartete Höhe des Meistgebots klargestellt werden.

Soweit die Bank selbst mitbietet, muss sie sich vorher darüber im Klaren sein, dass unabhängig von allen taktischen Überlegungen andere Bietinteressenten nicht mehr weiterbieten könnten und sie dann selbst das Meistgebot abgegeben hat. Insoweit ist es unerläßlich, vor dem Termin das weitere Vorgehen auch für diesen Fall abgeklärt zu haben[1].

7.9.9 Zuschlagsversagung nach § 85 a ZVG bzw. § 74 a ZVG

Liegt ein Meistgebot vor, können die Gläubiger zur Frage der Zuschlagserteilung eine Erklärung abgeben. Grundsätzlich ist dem Meistgebot der Zuschlag zu erteilen. Eine Zuschlagsversagung kann jedoch in Betracht kommen, wenn die Voraussetzungen des § 85 a ZVG ($^5/_{10}$-Grenze) oder des § 74 a ZVG ($^7/_{10}$-Grenze) vorliegen.

Das Gericht muss von Amts wegen den Zuschlag versagen, wenn im ersten Versteigerungstermin, in dem zulässige Gebote abgegeben werden und über den Zuschlag zu entscheiden ist, das Meistgebot einschließlich bestehen bleibender Rechte nicht mindestens $^5/_{10}$ des festgesetzten Verkehrswerts erreicht[2].

Diese Vorschrift ist von Amts wegen zu beachten und dient dem Schutz des Schuldners vor der Verschleuderung des Grundbesitzes. Vor der 1979 erfolgten Einfügung dieser Vorschrift war es möglich, dass ein Grundstück auch weit unter dem Verkehrswert versteigert werden konnte, falls nicht der Eigentümer seinerzeit versuchte, über die allgemeine Vollstreckungsschutzvorschrift des § 765 a ZPO einen Zuschlag wegen Sittenwidrigkeit zu verhindern.

Soweit ein Gläubiger ein Gebot abgibt, kann dieser den Zuschlag auch für ein Gebot unterhalb der $^5/_{10}$-Grenze Grenze erhalten, wenn das Gebot zzgl. des Betrages, mit dem er bei der Verteilung des Erlöses ausfallen

---

[1] siehe A. 7.9.3.
[2] § 85 a Abs. 1 ZVG

würde, die Hälfte des Grundstückswertes erreicht[1]. Hierbei ist streitig, ob die dingliche oder persönliche Forderung des Gläubigers heranzuziehen ist[2].

Nach Auffassung des Autors darf ein Zuschlag unter Anwendung dieser Vorschrift nur dann erteilt werden, wenn der Ersteher zu Protokoll des Gerichts erklärt, dass sein Ausfall auf die persönliche Forderung zusammen mit dem abgegebenen Meistgebot mehr als 50 Prozent des Verkehrswertes beträgt. Da heute üblicherweise Grundschulden als Sicherheit eingetragen werden, kann das Gericht nicht beurteilen, ob ein entsprechender Ausfall entsteht. Dies gerade auch vor dem Hintergrund der Tatsache, dass die Gläubiger zum Versteigerungstermin üblicherweise die volle dingliche Forderung anmelden.

Im Hinblick darauf, dass es sich bei der $^5/_{10}$-Grenze um eine Vorschrift zum Schutz des Eigentümers vor Verschleuderung handelt, kann eine sachgerechte Lösung nur in dieser Form erfolgen.

Derjenige Gläubiger, dessen persönliche Forderung unter 50 Prozent des Verkehrswertes liegt, muss dann ggf. einen zweiten Termin in Kauf nehmen und im ersten Termin durch eine entsprechende Gebotsabgabe eine Zuschlagsversagung herbeiführen. Dies kann dergestalt erfolgen, dass der Terminsvertreter der Bank ein Gebot unter 50 Prozent im eigenen privaten Namen abgibt, da in diesem Fall keine Anrechnung erfolgt. Im nächsten Termin gilt die $^5/_{10}$-Grenze nicht mehr und der Zuschlag kann auch für ein geringeres Gebot erteilt werden. Eine Zuschlagsversagung wäre nur noch durch einen Vollstreckungsschutzantrag des Eigentümers nach § 765 a ZPO zu verhindern. Zum einen muss hierzu jedoch der Eigentümer von sich aus tätig werden und den entsprechenden Antrag stellen, und zum anderen muss dieser Antrag auch begründet sein. Wo hier die Grenze liegt, hängt vom jeweiligen Einzelfall ab und wird in der Rechtsprechung unterschiedlich gesehen[3].

Der Zuschlag wird vom Gericht ebenfalls versagt, wenn das Meistgebot einschließlich bestehen bleibender Rechte zwischen $^5/_{10}$ und $^7/_{10}$ des festgesetzten Verkehrswertes liegt und ein antragsberechtigter Gläubiger einen entsprechenden Versagungsantrag stellt. Voraussetzung für die Anwendung des § 74 a ZVG ist, dass der antragstellende Gläubiger mit seinem Anspruch zwischen der $^5/_{10}$- und $^7/_{10}$-Grenze liegt und bei einem Gebot in Höhe der $^7/_{10}$-Grenze eine höhere Zuteilung erhalten würde. Der Schuldner oder ein nachrangiger Gläubiger, der mit seinem Anspruch erst nach der $^7/_{10}$-Grenze Zuteilung erhalten würde, können den Antrag

---

1 § 85 a Abs. 3 ZVG
2 siehe Zeller/Stöber, a.a.O., § 85 a Anm. 4.3
3 Zeller/Stöber, a.a.O., Einleitung Anm. 55.3

nach § 74 a ZVG nicht stellen, der Schuldner höchstens als Inhaber eines Eigentümerrechts innerhalb der 7/10-Grenze.

Um dem nachrangigen Gläubiger ggf. sein Antragsrecht zu nehmen, ist es für den vorrangigen Gläubiger besonders wichtig, in jedem Fall die volle dingliche Forderung in der Rangklasse 4 des § 10 Abs. 1 ZVG zum Versteigerungstermin anzumelden.

Praxistipp

Es kommt häufiger vor, dass die persönliche Forderung des erstrangigen Gläubigers nur 50 Prozent des festgesetzten Verkehrswertes beträgt, die dingliche Forderung in Anbetracht der Anmeldung der Zinsen weit darüber. Bei den heute eingetragenen Grundschuldzinsen bis zu 18 Prozent beträgt die dingliche Forderung bei vier Jahren Zinsen bereits 172 Prozent des Nominalbetrages der Grundschuld. Dies führt bei einer 50 Prozent-Beleihung bereits dazu, dass der nachrangige Gläubiger vom Antragsrecht ausgeschlossen ist, falls die Grundschuld seit mindestens drei Jahren eingetragen ist.

Der nachrangige Gläubiger wird durch dieses Vorgehen des erstrangigen Gläubigers dazu gezwungen, bei einem Gebot unter 7/10 entweder mitzubieten oder einen Ausfall in Kauf zu nehmen. Als nachrangiger Gläubiger muss man sich auf diese Situation vorbereiten.

Aus diesem Grunde ist auch die bei Bietinteressenten landläufig vorherrschende Meinung, im ersten Versteigerungstermin müssten immer mindestens 7/10 des Verkehrswerts erreicht werden müssen, nicht zutreffend.

Der Zuschlagsversagungsantrag ist abzulehnen, wenn der betreibende Gläubiger widerspricht und glaubhaft macht, dass ihm durch die Versagung des Zuschlags ein unverhältnismäßiger Nachteil erwachsen würde[1]. In der Praxis geschieht dies jedoch äußerst selten und wäre z. B. dann denkbar, wenn das Gebot nur ganz knapp unterhalb der 7/10-Grenze liegt oder aber, wenn der antragstellende und auch antragsberechtigte Gläubiger nur mit einem ganz geringen Teilbetrag seiner Forderung noch innerhalb der Grenze liegt.

Der Antrag auf Zuschlagsversagung wegen Nichterreichens der 7/10-Grenze kann nur nach Ablauf der Bietezeit in der Verhandlung über den Zuschlag gestellt werden, nicht bereits während der Bietezeit.

[1] § 74 a Abs. 1 S. 2 ZVG

Praxistipp

Aus taktischen Gründen empfiehlt es sich jedoch, bereits während der Bietezeit die Interessenten darauf hinzuweisen, dass ein solcher Antrag beabsichtigt ist, um ihnen Gelegenheit zu geben, entsprechend hohe Gebote abzugeben.

Ein Nachholen von Geboten ist nach dem Ablauf der Bietezeit in der Verhandlung über den Zuschlag nicht mehr möglich. Hier könnte eine Aussetzung der Zuschlagsentscheidung beantragt werden, um in der Zwischenzeit mit dem Ersteher eine Zuzahlung zu vereinbaren. Insoweit wird auf die nachstehenden Ausführungen verwiesen.

Es kommt vor, dass die Bank zwar eine entsprechend hohe Forderung besitzt, um einen Antrag auf Zuschlagsversagung zu stellen, das zu versteigernde Objekt jedoch nicht selbst ansteigern möchte und daher froh ist, wenn überhaupt ein Bietinteressent erscheint und ein Gebot in Höhe von 50 Prozent abgibt. Durch eine Zuschlagsversagung wegen Nichterreichens der $\frac{7}{10}$-Grenze erreicht sie nur, dass es in drei bis sechs Monaten zu einem neuen Versteigerungstermin kommt und der Interessent möglicherweise nicht mehr am Grundstück interessiert ist.

Wenn sie selbst ein höheres Gebot abgibt, um den Interessenten zu weiteren Geboten zu animieren, besteht die Gefahr, dass dieser nicht weiter bietet und die Bank auf dem Meistgebot „sitzen" bleibt. Hier könnte sie, soweit sie auch bestrangig betreibende Gläubigerin ist, nur durch eine einstweilige Einstellung oder aber den $\frac{7}{10}$-Antrag eines nachrangigen Gläubigers den Zuschlag verhindern.

Praxistipp

Um dies zu vermeiden, besteht die Möglichkeit, einerseits als Gläubiger den $\frac{7}{10}$-Antrag zu stellen, gleichzeitig jedoch eine Aussetzung der Zuschlagsentscheidung um zwei Wochen zu beantragen. Der Zuschlagsversagungsantrag kann nicht erst im Verkündungstermin gestellt werden, sondern muss zwingend im Anschluss an die Bietezeit in der Verhandlung über den Zuschlag gestellt werden.

In dieser Zeit besteht dann die Möglichkeit, mit dem Meistbietenden über eine Zuzahlung direkt an den Gläubiger zu verhandeln. Der Meistbietende ist an sein Gebot gebunden, die Bank kann aber den $\frac{7}{10}$-Antrag noch bis zum oder im Verkündungstermin zurücknehmen. Durch eine entsprechende Vereinbarung, die in jedem Fall schriftlich abgeschlossen werden sollte, kann sich die Bank das Antragsrecht nach § 74 a ZVG quasi abkaufen lassen.

Die Zuzahlung muss jedoch in jedem Fall vor dem Verkündungstermin an die Bank geleistet werden, da es sich um eine Gegenleistung für den Erwerb des Grundstücks handelt. Demnach wäre die Vereinbarung sogar beurkundungspflichtig[1], der Formmangel wird jedoch durch den Vollzug, d. h. die Erteilung des Zuschlags und die Eintragung im Grundbuch, geheilt[2]. Soweit der Meistbietende nicht bereit ist, eine Zuzahlung zu leisten, kann die Bank entscheiden, ob sie ihren Zuschlagsversagungsantrag zurücknimmt und sich mit dem abgegebenen Meistgebot zufrieden gibt oder es auf einen neuen Termin ankommen lässt.

Soweit ein Gläubiger selbst das Meistgebot abgegeben hat, kann er einen Antrag auf Zuschlagsversagung nicht stellen, da sich die Abgabe des Meistgebots auf der einen Seite und der Antrag auf Zuschlagsversagung auf der anderen Seite widersprechen[3].

Da bei Abgabe des Meistgebots nicht immer feststeht, ob das Meistgebot tatsächlich beim formell Meistbietenden bleibt, sollte ein berechtigter Gläubiger in jedem Fall auch bei einem Gebot unter 5/10 des Verkehrswerts immer zusätzlich den Zuschlagsversagungsantrag nach § 74 a ZVG stellen.

Praxistipp

Es wäre ja möglich, dass eine Abtretung der Rechte aus dem Meistgebot an einen Gläubiger vorgenommen wird und daher die Anrechnung nach § 85 a Abs. 3 ZVG Anwendung findet. Denkbar wäre auch, dass der Bieter mit verdeckter Vollmacht für einen solchen Berechtigten geboten hat.

Der Zuschlag kann nach den Vorschriften der §§ 85 a bzw. 74 a ZVG nur insgesamt einmal versagt werden. Ist der Zuschlag einmal wegen Nichterreichens einer der Grenzen versagt worden, finden beide Grenzen in künftigen Terminen keine Anwendung mehr[4].

Neuer Versteigerungstermin wird nach erfolgter Zuschlagsversagung jeweils von Amts wegen bestimmt. Der Zeitraum zwischen den beiden Terminen soll, sofern nicht nach den besonderen Verhältnissen des Einzel-

---

[1] § 313 S. 1 BGB
[2] § 313 S. 2 BGB
[3] Zeller/Stöber, a.a.O., § 74 a Anm. 3.9
[4] § 74 a Abs. 4 ZVG

falls etwas anderes geboten ist, mindestens drei Monate betragen, darf aber sechs Monate nicht übersteigen[1]. Hierbei handelt es sich um eine nicht zwingende Ordnungsvorschrift.

Da die Meistgebote im Beispielsfall jeweils über der 7/10-Grenze liegen, spielt das Antragsrecht hier keine Rolle.

Nachstehend sind einige Beispiele, wie sich die Antragsberechtigung für die Stellung des Zuschlagsversagungsantrags berechnen lässt, aufgeführt.

Der Gläubiger III/1 soll jeweils einen dinglichen Anspruch einschließlich Zinsen i. H. v. 160.000,00 DM geltend machen, die Gläubiger III/2 und III/3 i. H. v. jeweils 320.000,00 DM. Die Rechte in Abteilung II sollen hierbei unberücksichtigt bleiben. Die Gerichtskosten betragen bei jedem Beispiel jeweils 6.000,00 DM, öffentliche Lasten sind nicht angemeldet worden.

1. Beispiel:
Versteigert wird das Grundstück 4 im Einzelausgebot.

Verkehrswert	200.000,00 DM
7/10-Grenze	140.000,00 DM

Hier ist nur der Gläubiger III/1 antragsberechtigt, da nur er mit seinem Anspruch innerhalb der 7/10-Grenze liegt.

2. Beispiel:
Versteigert werden die Grundstücke 4 und 5 im Gruppenausgebot.

Verkehrswert	250.000,00 DM
7/10-Grenze	175.000,00 DM

Hier sind der Gläubiger III/1 und der Gläubiger III/3 antragsberechtigt, da beide mit ihren Ansprüchen innerhalb der 7/10-Grenze liegen. Der Gläubiger III/2 ist nicht antragsberechtigt, da die Grundschuld nicht auf diesen Grundstücken lastet.

3. Beispiel:
Versteigert werden alle 5 Grundstücke im Gesamtausgebot.

Verkehrswert	500.000,00 DM
7/10-Grenze	350.000,00 DM

Da eine unterschiedliche Belastung der Grundstücke vorliegt, muss eine fiktive Verteilung des Erlöses auf die einzelnen Grundstücke erfolgen[1], um feststellen zu können, ob und welcher Gläubiger bei Erreichen der 7/10-Grenze welchen Erlös erhält und ggf. antragsberechtigt ist.

1 § 74 a Abs. 3 ZVG
2 § 112 ZVG

Grundstücke	1	2	4	5	6	1,2,4,5,6
Verkehrswert	**100.000**	**100.000**	**200.000**	**50.000**	**50.000**	**500.000**
7/10-Grenze	70.000	70.000	140.000	35.000	35.000	350.000
Kosten	1.200	1.200	2.400	600	600	6.000
Anspruch III/1	32.000	32.000	64.000	16.000	16.000	160.000
Anspruch III/2	128.000	128.000	0	0	64.000	320.000
Anspruch III/3	64.000	64.000	128.000	32.000	32.000	320.000

Aus dieser Verteilung ist ersichtlich, dass beim Gesamtausgebot neben den Gläubigern III/1 und III/2 auch der Gläubiger III/3 antragsberechtigt ist, da ihm bei dem Grundstück lfd. Nr. 4 lediglich Ansprüche i. H. v. 66.400,00 DM vorgehen und bei dem Grundstück lfd. Nr. 5 solche i. H. v. 16.600,00 DM. Dies allerdings nur ohne Berücksichtigung der im Mustergrundbuch eingetragenen Rechte II/1 und II/2. Wenn diese beiden Rechte mit den im Versteigerungstermin festgesetzten Ersatzwerten berücksichtigt werden, ergibt sich folgende Berechnung:

Grundstücke	1	2	4	5	6	1,2,4,5,6
Verkehrswert	**100.000**	**100.000**	**200.000**	**50.000**	**50.000**	**500.000**
7/10-Grenze	70.000	70.000	140.000	35.000	35.000	350.000
Kosten	1.200	1.200	2.400	600	600	6.000
Anspruch II/1	0	100	0	0	0	100
Anspruch III/1	32.000	32.000	64.000	16.000	16.000	160.000
Anspruch II/2	0	0	96.192	24.048	0	120.240
Anspruch III/2	128.000	128.000	0	0	64.000	320.000
Anspruch III/3	64.000	64.000	128.000	32.000	32.000	320.000

Hier hat der Gläubiger III/3 kein Antragsrecht mehr, da ihm auch auf den Grundstücken 4 und 5 Rechte vorgehen, welche die 7/10-Grenze voll ausschöpfen, und er daher auch bei einem Gebot in Höhe der 7/10-Grenze keine Zuteilung mehr erhalten würde. Antragsberechtigt wären daher im zweiten Fall nur die Gläubiger III/1, III/2 und der Berechtigte des Rechts II/2.

7.9.10 Befriedigungsfiktion nach § 114 a ZVG

Sowohl die Wertfestsetzung als auch die 7/10-Grenze haben Bedeutung für die Befriedigungsfiktion nach § 114 a ZVG. Demnach ist ein Grundpfandgläubiger, der das Objekt selbst zu einem Gebot unterhalb der 7/10-Grenze ansteigert und mit seinem Anspruch ausfällt, verpflichtet, den Schuldner so zu stellen, als hätte er ein Gebot in Höhe der 7/10-Grenze abgegeben. Hierbei sind dem Anspruch des Erstehers vorgehende oder gleichstehende Rechte, die erlöschen, nicht zu berücksichtigen[1].

Diese Befriedigungsfiktion ist durch eine entsprechende Gutschrift mit den Verbindlichkeiten des Schuldners zu bewirken. Die Bank ist jedoch, da es sich um eine Befriedigungsfiktion handelt, lediglich zur Gutschrift bis zur Höhe der eigenen Forderung verpflichtet.

Soweit die Forderung der Bank die 7/10-Grenze nicht erreicht und sie das Grundstück selbst ansteigert, muss sie keine Herauszahlung an den Schuldner oder einen sonstigen Dritten leisten. Sie verliert durch diese materiellrechtliche Vorschrift lediglich ihren Anspruch[2]. Obergrenze für die Gutschrift ist daher entweder die persönliche oder aber ggf. auch die dingliche Forderung bis zur 7/10-Grenze, falls diese geringer sein sollte.

Für diese Befriedigungsfiktion spielt es keine Rolle, in welchem Versteigerungstermin der Gläubiger das Grundstück ansteigert. Selbst wenn also bereits eine Zuschlagsversagung nach § 74 a ZVG stattgefunden hat, muss der Gläubiger bei einem späteren Ansteigern die Befriedigungsfiktion gegen sich gelten lassen[3].

Die Befriedigungsfiktion tritt mit der Zuschlagswirksamkeit ein und hat die gleiche Wirkung wie eine Zahlung aus dem in Geld vorhandenen baren Versteigerungserlös[4].

Praxistipp

Soweit der Bank weitere Sicherheiten zustehen, muss sie diese in jedem Fall vor der Zuschlagswirksamkeit verwerten, um durch den Verwertungserlös ihre persönliche Forderung vorher zu reduzieren. Ansonsten wird durch die Befriedigungsfiktion z. B. der Bürge oder Mithaftende von der Haftung befreit[5].

---

[1] § 114 a S. 2 ZVG
[2] Zeller/Stöber, a.a.O., § 114 a Anm. 3.3
[3] Dassler/Schiffhauer, a.a.O., § 114a Rn 1
[4] Zeller/Stöber, a.a.O., § 114 a Anm. 3.4
[5] Jonas/Pohle, ZwVNotrechtrecht, § 114 a Anm. 2

Andere (abstrakte) Sicherungsrechte haften der Forderung nicht mehr[1]. Soweit andere Grundstücke mithaften, erlischt das Grundpfandrecht auf diesen Grundstücken[2].

Die Befriedigungsfiktion tritt auch dann ein, wenn der Gläubiger das Meistgebot abgibt und anschließend die Rechte aus dem Meistgebot an einen Dritten abtritt[3]. Gleiches gilt, wenn der Gläubiger nicht selbst bietet, sondern das Grundstück durch einen Strohmann oder eine von ihm abhängige Gesellschaft ansteigern lässt[4]. Die Bank kann also z. B. das Grundstück nicht von ihrer Immobilien-Tochtergesellschaft ansteigern lassen, um die Befriedigungswirkung zu umgehen.

Daher muss der Gläubiger, ehe er das Grundstück selbst ansteigert, die Auswirkungen der Befriedigungsfiktion mit berücksichtigen und in seine Überlegungen einbeziehen. Dies bedeutet, dass ggf. vorher alle andere Sicherheiten verwertet werden müssen.

Bei Bürgschaften taucht manchmal das Problem auf, dass der Bürge zwar zahlungswillig, aber nicht oder nicht in voller Höhe zahlungsfähig ist. Aufgrund der Befriedigungsfiktion würde der Bürge ggf. von seiner Verpflichtung befreit. Hier besteht die Möglichkeit, dem Bürgen einen Kredit zur Ablösung der Bürgschaftsverpflichtung zu gewähren und den Kreditbetrag vor der Versteigerung dem Schuldnerkonto gutzuschreiben, da die Befriedigungsfiktion dann nur für den verbleibenden Restbetrag der Forderung eintritt.

Die Kreditforderung gegen den Bürgen bleibt dann weiter bestehen, da aufgrund des Kreditvertrages ein eigener Rechtsgrund gegenüber dem Bürgen besteht. Soweit der Bürge jedoch nicht zu einer einvernehmlichen Regelung bereit ist und eine Titulierung und Vollstreckung erforderlich sind, wird eine solche Möglichkeit ausscheiden. Eine Forderung gegen den Bürgen ist im Zweifel besser als eine höhere Aktivierung des angesteigerten Grundstücks. Bei einem anschließenden freihändigen Verkauf könnte die Bank dann – ohne dass hierfür eine Rechtspflicht besteht – den Bürgen in Höhe eines eventuell entstehenden Gewinns entlasten.

Je nach Höhe der Bürgschaft könnte bzw. muss, um auch dem Bürgen entgegenzukommen, diese Kreditierung nur über einen Teilbetrag erfolgen. Dabei ist jeweils auf die konkreten Umstände des Einzelfalls abzustellen.

---

[1] Schiffhauer, Rpfleger 1970, 316 (3)
[2] §§ 1181, 1182 BGB
[3] BGH 108, 248; Steiner/Eickmann, a.a.O., § 114 a Rn 11
[4] Zeller/Stöber, a.a.O., § 114 a Anm. 2.8

7.9.11 Die Zuschlagsentscheidung

Der Zuschlag ist grundsätzlich dem Meistbietenden zu erteilen[1]. Hat der Meistbietende das Recht aus dem Meistgebot an einen anderen abgetreten und dieser die Verpflichtung aus dem Meistgebot übernommen, so ist, wenn die Erklärungen im Versteigerungstermin abgegeben oder nachträglich durch öffentlich beglaubigte oder beurkundete Erklärungen nachgewiesen werden, der Zuschlag nicht dem Meistbietenden, sondern dem anderen zu erteilen[2]. Die Erklärungen können auch in einem gesonderten Verkündungstermin zu Protokoll des Gerichts abgegeben werden.

Erklärt der Meistbietende im Termin oder nachträglich in einer öffentlich beglaubigten Urkunde, dass er für einen anderen geboten habe, so ist diesem der Zuschlag zu erteilen, wenn die Vertretungsmacht des Meistbietenden oder die Zustimmung des anderen entweder bei dem Gericht offenkundig ist oder durch eine öffentlich beglaubigte Urkunde nachgewiesen wird[3]. Wird der Zuschlag erteilt, so haften der Meistbietende und der Ersteher als Gesamtschuldner[4].

Der Zuschlag ist vom Gericht zu versagen, wenn:

- die Vorschrift des § 43 Abs. 2 ZVG oder eine der Vorschriften über die Feststellung des geringsten Gebots oder der Versteigerungsbedingungen verletzt ist;
- bei der Versteigerung mehrerer Grundstücke das Einzelausgebot oder das Gesamtausgebot den Vorschriften des § 63 Abs. 1, Abs. 2 Satz 1, Abs. 5 ZVG zuwider unterblieben ist;
- in den Fällen des § 64 Abs. 2 Satz 1, Abs. 3 ZVG die Hypothek, Grundschuld oder Rentenschuld oder das Recht eines gleich- oder nachstehenden Beteiligten, der dem Gläubiger vorgeht, durch das Gesamtergebnis der Einzelausgebote nicht gedeckt werden;
- die nach der Aufforderung zur Abgabe von Geboten erfolgte Anmeldung oder Glaubhaftmachung eines Rechts ohne Beachtung der Vorschrift des § 66 Abs. 2 ZVG zurückgewiesen ist;
- der Zwangsversteigerung oder der Fortsetzung des Verfahrens das Recht eines Beteiligten entgegensteht;

[1] § 81 Abs. 1 ZVG
[2] § 81 Abs. 2 ZVG
[3] § 81 Abs. 3 ZVG
[4] § 81 Abs. 4 ZVG

- die Zwangsversteigerung oder die Fortsetzung des Verfahrens aus einem sonstigen Grund unzulässig ist;
- eine der Vorschriften des § 43 Abs. 1 oder des § 73 Abs. 1 ZVG verletzt ist[1].

Die im § 83 Nr. 1 bis 5 ZVG bezeichneten Versagungsgründe stehen der Erteilung des Zuschlags nicht entgegen, wenn das Recht des Beteiligten durch den Zuschlag nicht beeinträchtigt wird oder wenn der Beteiligte das Verfahren genehmigt[2]. Die Genehmigung ist durch eine öffentlich beglaubigte Urkunde nachzuweisen.

Der Zuschlag ist zu versagen, wenn vor dem Schluss der Verhandlung ein Beteiligter, dessen Recht durch den Zuschlag beeinträchtigt würde und der nicht zu den Berechtigten des § 74 a Abs. 1 ZVG gehört, die Bestimmung eines neuen Versteigerungstermins beantragt und sich zugleich zum Ersatz des durch die Versagung des Zuschlags entstehenden Schadens verpflichtet, sowie auf Verlangen eines anderen Beteiligten Sicherheit leistet. Die Vorschriften des § 67 Abs. 3 und des § 69 ZVG sind entsprechend anzuwenden.

Die Sicherheit ist in Höhe des im Verteilungstermin durch Zahlung zu berichtigenden Teils des bisherigen Meistgebots zu leisten[3]. Für die weitere Versteigerung gilt das bisherige Meistgebot mit Zinsen von dem durch Zahlung zu berichtigenden Teil des Meistgebots unter Hinzurechnung derjenigen Mehrkosten, welche aus dem Versteigerungserlös zu entnehmen sind, als ein von dem Beteiligten abgegebenes Gebot. In dem fortgesetzten Verfahren findet diese Vorschrift keine Anwendung mehr.

Eine solche Zuschlagsversagung kommt in der Praxis nur äußerst selten vor, da die erforderliche Sicherheitsleistung in Höhe des gesamten Bargebots von einem Beteiligten nur schwer zu finanzieren sein dürfte, und es für ihn einfacher wäre, selbst ein entsprechendes Gebot abzugeben. Hier wäre dann lediglich Sicherheit i. H. v. 10 Prozent des Verkehrswerts erforderlich.

Der Zuschlagsbeschluss muss allen Verfahrensbeteiligten zugestellt werden[4], wird aber bereits mit seiner mündlichen Verkündung wirksam[5]. Ein Zuschlagsversagungsbeschluss dagegen wird erst mit der Rechtskraft des Beschlusses wirksam[6].

---

[1] § 83 ZVG
[2] § 84 Abs. 1 ZVG
[3] § 85 Abs. 1 ZVG
[4] § 88 ZVG
[5] § 89 ZVG
[6] § 86 ZVG

Mit der mündlichen Verkündung des Zuschlags als staatlichem Hoheitsakt geht das Eigentum auf den Ersteher über[1], sofern der Beschluss nicht im Beschwerdewege aufgehoben wird. Der Ersteher erwirbt das Grundstück sowie alle Gegenstände, auf die sich die Versteigerung erstreckt, also auch das Zubehör[2]. Die Gefahr des zufälligen Unterganges geht in Ansehung des Grundstücks mit dem Zuschlag, in Ansehung der übrigen Gegenstände mit dem Schluss der Versteigerung auf den Ersteher über. Einen Anspruch auf Gewährleistung hat er nicht[3].

Alle Rechte, die nach den Versteigerungsbedingungen nicht bestehen geblieben sind, erlöschen, Gefahren, Nutzungen und Lasten gehen sofort über[4]. Der Ersteher tritt in eventuell bestehende Miet- und Pachtverhältnisse ein. Unter den Voraussetzungen des § 53 ZVG geht auch die persönliche Schuld mit über. Ab dem Zuschlag ist das Meistgebot mit 4 Prozent zu verzinsen[5]. Ist Sicherheitsleistung in bar oder per Scheck geleistet worden, sollte vom Ersteher insoweit auf das Recht der Rücknahme verzichtet werden, da dann die Verzinsungspflicht in Höhe der Sicherheitsleistung entfällt.

Die Kosten des Zuschlagsbeschlusses muss der Ersteher tragen[6], dafür spart er die Notarkosten für einen Kaufvertrag.

Ein Muster eines Zuschlagsbeschlusses ist auf Seite 171 f., Muster 20, dargestellt.

Die Begründung für die Zuschlagserteilung ergibt sich aus dem Beschluss. Obwohl das Gebot nach den abweichenden Versteigerungsbedingungen auch unter Berücksichtigung des Ersatzwertes für das Recht II/2 höher war als dasjenige nach den gesetzlichen Versteigerungsbedingungen, musste der Zuschlag auf das Ausgebot nach den gesetzlichen Versteigerungsbedingungen erfolgen[7].

Eine rechtskräftige Versagung des Zuschlags wirkt, wenn die Fortsetzung des Verfahrens zulässig ist, wie eine einstweilige Einstellung, anderenfalls wie die Aufhebung des Verfahrens[8].

---

[1] § 90 Abs. 1 ZVG
[2] § 90 Abs. 2 ZVG
[3] § 56 ZVG
[4] § 56 ZVG
[5] § 49 Abs. 2 ZVG
[6] § 58 ZVG; 5/10 Gebühr nach Kostenverzeichnis Nr. 5130 zu § 11 Abs. 1 GKG
[7] Zeller/Stöber, a.a.O., § 9 EGZVG Anm. 4.7
[8] § 86 ZVG

Zuschlagsbeschluss **Muster 20**

– 6 K 100/97 –

Zuschlagsbeschluss

In dem Verfahren zur Zwangsversteigerung der im Grundbuch von Speicher Blatt 1422 eingetragenen Grundstücke lfd. Nr. 1 bis 6 –

1. lfd. Nr. 1 Flur 27 Nr. 17/1 Gebäude- und Freifläche, Bahnhofstraße 4,83 ar;
2. lfd. Nr. 2 Flur 27 Nr. 17/2 Gebäude- und Freifläche, daselbst 4,80 ar; lfd. Nr. 3 zu 2 Geh- und Fahrrecht an dem Grundstück Flur 27 Nr. 17/3 Gebäude- und Freifläche, Bahnhofstraße;
3. lfd. Nr. 4 Flur 27 Nr. 17/4 Gebäude- und Freifläche, daselbst 5,27 ar;
4. lfd. Nr. 5 Flur 27 Nr. 17/5 Freifläche, Bahnhofstraße 1,35 ar;
5. lfd. Nr. 6 Flur 27 Nr. 18 Freifläche, Bahnhofstraße 1,35 ar;

Eigentümer: Hermann Meyer, Roonstraße 7, 54662 Speicher

ist in dem Versteigerungstermin am 16. Juni 1999 Herr Theodor Meyer, Bahnhofstraße 9, 54662 Speicher Meistbietender auf das Gesamtausgebot aller fünf Grundstücke nach dem Ausgebot nach den gesetzlichen Versteigerungsbedingungen geblieben.

Der vorbezeichnete Grundbesitz wird Herrn Theodor Meyer für den durch Zahlung zu berichtigenden Betrag von 355.000,00 DM unter folgenden Bedingungen zugeschlagen:

1. Es bleiben folgende Rechte bestehen:
   a) II/1: Geh- und Fahrrecht auf dem Grundstück lfd. Nr. 2;
   b) II/2: Wohn- und Mitbenutzungsrecht außerhalb des geringsten Gebots auf den Grundstücken lfd. Nr. 4 und 5.
2. Der durch Zahlung zu berichtigende Betrag des Meistgebots ist von heute an mit 4 Prozent zu verzinsen und mit den Zinsen im Verteilungstermin zu zahlen.
3. Die Kosten dieses Beschlusses fallen dem Ersteher zur Last.
4. Im Übrigen gelten die gesetzlichen Versteigerungsbedingungen.

Gründe:

Im Versteigerungstermin am 16. Juni 1999 fanden im Einverständnis aller anwesenden Beteiligten folgende Ausgebotsarten statt:

1. Gesamtausgebot der Grundstücke lfd. Nr. 1 bis 6 mit Bestehenbleiben des Rechts II/2 außerhalb des geringsten Gebots;

2. Gruppenausgebot der Grundstücke lfd. Nr. 4 und 5 mit Bestehenbleiben des Rechts II/2 außerhalb des geringsten Gebots;
3. Gruppenausgebot der Grundstücke lfd. Nr. 1, 2 und 6;
4. Gesamtausgebot der Grundstücke lfd. Nr. 1 bis 6 ohne das Bestehenbleiben des Rechts II/2 außerhalb des geringsten Gebots.

Auf die Gruppenausgebote zu 2 und 3 wurden keine Gebote abgegeben. Auf das Gesamtausgebot mit Bestehenbleiben des Rechts II/2 außerhalb des geringsten Gebots blieb Herr Theodor Meyer Meistbietender mit einem Bargebot i. H. v. 355.000,00 DM. Auf das Gesamtausgebot ohne Bestehenbleiben des Rechts II/2 außerhalb des geringsten Gebots blieb Herr Friedhelm Jung Meistbietender mit einem Bargebot i. H. v. 476.000,00 DM.

Der Zuschlag war jedoch auf das von Herrn Theodor Meyer abgegebene Meistgebot zu erteilen, obwohl es niedriger ist. Das Wohn- und Mitbenutzungsrecht II/2 ist als Altenteil i. S. von § 9 Abs. 1 EGZVG anzusehen, da es für den Berechtigten im Zusammenhang mit der Übertragung des Grundstücks von ihm auf den neuen Eigentümer eingetragen wurde. Das Recht II/2 musste daher nach den gesetzlichen Versteigerungsbedingungen außerhalb des geringsten Gebots bestehen bleiben, selbst wenn es dem bestrangig betreibenden Gläubiger gegenüber nachrangig war. Den Antrag auf die Durchführung eines Doppelausgebots nach § 9 Abs. 2 EGZVG konnte nur die A-Bank eG als vorrangige Gläubigerin stellen. Durch das auf das gesetzliche Ausgebot abgegebene Meistgebot ist jedoch der angemeldete Anspruch der A-Bank eG aus deren Recht III/1 abgedeckt, sodass die Schutzfunktion des § 9 Abs. 2 EGZVG für diesen vorrangigen Gläubiger weggefallen ist. Da der Berechtigte des als Altenteil anzusehenden Rechts II/2 schutzwürdig ist, denn das Recht soll nach den gesetzlichen Versteigerungsbedingungen bestehen bleiben, war der Zuschlag daher auf dieses Ausgebot zu erteilen. Dem Gläubiger des Rechts III/3 ging das Recht II/2 rangmäßig ohnehin vor, sodass er nicht beeinträchtigt ist. Dieser Gläubiger war daher auch nicht berechtigt, einen Antrag auf Durchführung eines Doppelausgebots nach § 9 Abs. 2 EGZVG zu stellen, seinen Antrag hatte er im Versteigerungstermin zurückgenommen.

Alle Verfahrensvorschriften wurden beachtet, §§ 81 bis 85 a ZVG.

Bitburg, den 30. Juni 1999

Das Amtsgericht

gez. Wirtz, Rechtspfleger

Auf Antrag eines Beteiligten, der Befriedigung aus dem Bargebot zu erwarten hat, ist das Grundstück für Rechnung des Erstehers in gerichtliche Verwaltung zu nehmen, solange nicht die Zahlung oder Hinterlegung erfolgt ist. Der Antrag kann schon zum Versteigerungstermin gestellt werden[1]. Auf die Bestellung des Verwalters sowie auf dessen Rechte und Pflichten finden die Vorschriften über die Zwangsverwaltung entsprechende Anwendung[2].

Praxistipp

Ein Antrag nach § 94 Abs. 1 ZVG kann dann sinnvoll sein, wenn zu befürchten ist, dass das Meistgebot von einem Strohmann oder einer Strohfrau abgegeben wurde.

Für die Zuschlagserteilung kann die Zustimmung Dritter erforderlich sein. Bei Wohnungseigentum ist dies oft der Verwalter des Wohnungseigentums, soweit dies bei der Begründung des Wohnungseigentums entsprechend festgelegt worden ist. Bei der Versteigerung von Erbbaurechten behält sich der Grundstückseigentümer oft dieses Recht vor. Der Gläubiger sollte, da dieses Zustimmungserfordernis vorher bekannt ist, rechtzeitig vor dem Versteigerungstermin die erforderliche Zustimmung beantragen und einholen.

7.9.12 Zuschlagsbeschluss als Vollstreckungstitel

Der Zuschlagsbeschluss ist für den Ersteher Vollstreckungstitel zum Zwecke der Räumung des Grundstücks gegen den früheren Eigentümer als Besitzer des Grundbesitzes[3]. Auf formlosen Antrag des Erstehers erteilt das Versteigerungsgericht eine vollstreckbare Ausfertigung des Zuschlagsbeschlusses zum Zwecke der Räumung gegen den früheren Eigentümer. Die Erteilung der vollstreckbaren Ausfertigung ist bereits ab der Zuschlagswirksamkeit möglich, also bereits vor Rechtskraft des Zuschlagsbeschlusses. Der Ersteher sollte jedoch, falls der Zuschlag angefochten wird, im eigenen Interesse mit der Vollstreckung bis zur Rechtskraft des Zuschlags abwarten. Auch die Zahlung des Meistgebots ist nicht Voraussetzung für die Erteilung der vollstreckbaren Ausfertigung.

Damit eine Vollstreckung aus dem Zuschlagsbeschluss problemlos möglich ist, sollte darauf gedrängt werden, dass sich die Vollstreckungsklau-

[1] § 94 Abs. 1 ZVG
[2] § 94 Abs. 2 ZVG
[3] § 93 ZVG; Zeller/Stöber, a.a.O., § 93 Anm. 2.1

sel auch ausdrücklich gegen Familienangehörige richtet, die ebenfalls auf dem Grundstück wohnen.

Die Erteilung der Vollstreckungsklausel gegen Mieter und Pächter ist grundsätzlich nicht möglich. Hier ist nach der Kündigung eines bestehenden Miet- oder Pachtverhältnisses ggf. die Erlangung eines gesonderten Räumungstitels über ein Prozessverfahren erforderlich.

Falls der frühere Eigentümer das Durchsuchen und Räumen seiner Wohnung nicht freiwillig gestattet, ist ggf. noch ein richterlicher Durchsuchungsbeschluss zu beantragen. Vollstreckungsschutz nach § 721 ZPO kann nicht gewährt werden, der Schuldner kann lediglich eine Einstellung nach der allgemeinen Vollstreckungsschutzvorschrift des § 765 a ZPO erreichen.

Die Kosten der Räumung durch den Gerichtsvollzieher muss der Ersteher zunächst vorstrecken. Sein dadurch bestehender Kostenerstattungsanspruch gegen den früheren Eigentümer dürfte in der Regel wertlos sein. Da die Räumungskosten sehr schnell einige Tausend DM betragen können, sollte der Ersteher zumindest den Versuch unternehmen, mit dem früheren Eigentümer eine einvernehmliche Regelung über eine freiwillige Räumung zu erzielen.

Praxistipp

Hierzu könnte der Ersteher dem früheren Eigentümer eine Vereinbarung über eine freiwillige Räumung und besenreine Übergabe des Objekts z. B. innerhalb der nächsten zwei Monate vorschlagen. Als Gegenleistung für die freiwillige Räumung sollte dem früheren Eigentümer eine Zahlung von z. B. 4.000,00 DM angeboten werden, wovon ein Teilbetrag i. H. v. 1.000,00 DM bei Abschluss der entsprechenden schriftlichen Vereinbarung und der Restbetrag nach Räumung und Übergabe fällig ist. In die Vereinbarung muss ausdrücklich aufgenommen werden, dass hierdurch keinesfalls ein Mietverhältnis begründet, sondern lediglich die Räumung aufgeschoben wird. Auch könnte eine Mithilfe beim Umzug vereinbart werden.

Da der frühere Eigentümer oft mittellos ist, ist der angebotene Betrag für ihn ein entsprechender Anreiz, während der Ersteher sich besser steht als bei einer Zwangsräumung. Auch ist durch eine solche Vereinbarung meistens sichergestellt, dass keine weiteren Schäden im Objekt angerichtet werden.

7.9.13 Mietverträge

Soweit Mietverträge bestehen, werden hinsichtlich des Eigentumswechsels grundsätzlich die Vorschriften aus dem Kaufrecht für anwendbar erklärt[1], doch hat der Ersteher das Recht, ein bestehendes Mietverhältnis vorzeitig zum erstmöglichen gesetzlichen Zeitpunkt zu kündigen[2].

Soweit es sich jedoch um ein wohnwirtschaftlich genutztes Objekt handelt, gelten aufgrund der Rechtsprechung grundsätzlich die üblichen Kündigungsschutzvorschriften[3]. Das vom Gesetz her vorgesehene Ausnahmekündigungsrecht besteht insoweit nur auf dem Papier. Soweit Eigenbedarf geltend gemacht wird, kann dies noch – wie auch generell – am ehesten dazu führen, die Kündigung auch durchsetzen zu können.

Diese Rechtslage spielt bei der Versteigerung von vermieteten Objekten eine große Rolle, da gerade bei vermieteten Eigentumswohnungen von Eigennutzern höhere Preise gezahlt werden als von Kapitalanlegern. Lediglich bei gewerblich genutzten Räumen ist das Ausnahmekündigungsrecht grundsätzlich durchsetzbar.

Eine Vorschrift über die Verrechnung von gezahlten Baukostenzuschüssen durch einen Mieter[4] hat unseriösen Schuldnerberatern ein probates Mittel an die Hand gegeben, die Durchführung von Zwangsversteigerungen zusätzlich zu erschweren.

Danach ist die Ausübung des gesetzlichen Ausnahmekündigungsrechts durch den Ersteher solange gehemmt, wie ein Mieter einen gezahlten Baukostenzuschuss mit der von ihm zu zahlenden Miete verrechnen kann. Dies gilt jedoch nur dann, wenn und solange die Miete zur Schaffung oder Instandsetzung des Mietraums ganz oder teilweise vorausentrichtet oder mit einem sonstigen zur Schaffung oder Instandsetzung des Mietraums geleisteten Beitrag zu verrechnen ist und zwar ohne Rücksicht darauf, ob die Verfügung gegenüber dem Ersteher wirksam oder unwirksam ist.

Gleiches gilt, wenn der Mieter oder eine andere Person zugunsten des Mieters zur Schaffung oder Instandsetzung des Mietraums einen Beitrag im Betrag von mehr als einer Jahresmiete geleistet oder erstattet hat und eine Vorausentrichtung der Miete oder eine Verrechnung mit der Miete nicht vereinbart ist (verlorener Baukostenzuschuss). Dies gilt solange, wie der Zuschuss nicht als durch die Dauer des Vertrages als getilgt an-

---

[1] § 57 ZVG
[2] § 57 a ZVG
[3] Zeller ZVG, § 57 a Anm. 2.1
[4] § 57 c ZVG

zusehen ist. Ein Zuschussbetrag in Höhe einer Jahresmiete ist als durch eine Mietdauer von vier Jahren getilgt anzusehen. Ist die Miete im Hinblick auf den Baukostenzuschuss erheblich niedriger bemessen worden, als dies ohne den Zuschuss geschehen wäre, so tritt für die Berechnung des vorgesehenen Zeitraums an die Stelle der vereinbarten Jahresmiete die Jahresmiete, die ohne Berücksichtigung des Beitrags vereinbart worden wäre[1]. In jedem Falle ist jedoch der Zuschuss nach Ablauf von zwölf Jahren seit Überlassung der Mieträume oder, sofern die vereinbarte Mietzeit kürzer ist, nach deren Ablauf als getilgt anzusehen.

Für Pachtverhältnisse gelten die entsprechenden Vorschriften[2].

Soweit Baukostenzuschüsse zur Instandhaltung geleistet worden sind, findet die Vorschrift keine Anwendung[3], wobei die Unterscheidung zur Instandsetzung manchmal Probleme bereiten kann.

So kann es vorkommen, dass kurz vor oder sogar erst im Versteigerungstermin der Schuldner oder der Mieter einen Mietvertrag mit einem Baukostenzuschuss i. S. von § 57 c ZVG anmeldet, um Bietinteressenten vom Bieten abzuhalten und damit eine Versteigerung unter wirtschaftlichen Gesichtspunkten zu verhindern. Der behauptete Mietvertrag wird nicht immer vorgelegt, wobei dieser üblicherweise auch mit einem engen Familienmitglied abgeschlossen worden ist. Selbst bei einem Einfamilienhaus wird dann ein Mietvertrag über einzelne Räume präsentiert, worin dann die Mitbenutzung von Bad, Küche etc. exakt geregelt ist.

Die Miete ist meist sehr niedrig, damit sich die Verrechnungsdauer noch über mehrere Jahre erstreckt. Eine solche Anmeldung, die vom Gericht verlesen werden muss, hat meist den vom Schuldnerberater erwünschten Effekt: Dritte Bietinteressenten schrecken jetzt in der Regel vor der Abgabe von Geboten zurück oder machen erhebliche Abschläge, da sie nicht bereit sind, das Risiko eines Prozessverfahrens mit dem angeblichen Mieter auf sich zu nehmen.

Meist werden die Gläubiger von der Anmeldung überrascht, da ihnen vorher von einer Vermietung nichts bekannt war. Für den Gläubiger besteht dann oft nur die Möglichkeit, diesen Versteigerungstermin, in dem die Anmeldung vorgenommen wurde, ergebnislos verlaufen zu lassen, um anschließend tätig zu werden und zu versuchen, den Mietvertrag mit Baukostenzuschuss zu Fall zu bringen.

---

[1] § 57 c Abs. 2 S. 1 ZVG
[2] § 57 c Abs. 4 ZVG
[3] Zeller/Stöber, a.a.O., § 57 c Anm. 2.3.

Hier sollte die Bank zunächst die eigenen Finanzierungsunterlagen sorgfältig prüfen. Da der Baukostenzuschuss nur für Schaffung oder Instandsetzung verwandt werden darf, müssten sich die nach dem Mietvertrag gezahlten Mittel eigentlich aus dem Finanzierungsplan ergeben. Dies ist aber oft nicht der Fall, was dann ein Hinweis darauf ist, dass die Vereinbarung über den Baukostenzuschuss tatsächlich nicht zustande gekommen ist. Je nach Sachverhalt können sich aus den Unterlagen der Bank auch Hinweise für einen möglichen Kreditbetrug ergeben. Auch aus sonstigen Unterlagen in der Kreditakte können sich Anhaltspunkte für eine Fälschung des Mietvertrags ergeben. Des Weiteren kann ggf. eine Anfrage beim Einwohnermeldeamt ergeben, dass der angebliche Mieter noch nie im Objekt gemeldet war.

Als weitere Maßnahme sollte von Seiten der Bank sofort die Zwangsverwaltung eingeleitet werden, damit der Zwangsverwalter prüfen kann, ob der Mietvertrag rechtmäßig und insbesondere auch zu dem angegebenen Zeitpunkt zustande gekommen ist. Hierbei sollte jedoch auf die Benennung eines Institutsverwalters verzichtet werden und ein Rechtsanwalt nach Wahl des Gerichts das Amt des Zwangsverwalters übernehmen.

Praxistipp

Der Zwangsverwalter kann die Vorlage des Mietvertrages verlangen. Spätestens aber in dem von ihm eingeleiteten Räumungsprozess muss das Original des Mietvertrages vorgelegt werden. Damit könnte durch einen Sachverständigen geklärt werden, ob der Vertrag nicht doch erst kurz vor dem Versteigerungstermin abgeschlossen worden ist.

Es besteht auch die Möglichkeit, dass die Bank das Objekt selbst ansteigert, um dann als Eigentümerin gegen den Mieter vorzugehen, wobei der Weg über die Zwangsverwaltung grundsätzlich vorzuziehen ist.

Die Bank sollte sich in solchen Fällen auch nicht scheuen, Strafanzeige wegen Betrugs und/oder Urkundenfälschung zu erstatten, falls hierfür ausreichende Anhaltspunkte vorliegen. Wenn auch nicht der Schuldner, so sind doch oft die mit involvierten Familienmitglieder unter dem Druck der Strafanzeige bereit, die Wahrheit auszusagen.

Die mit der Zwangsverwaltung und dem möglichen Prozessverfahren verbundenen Verzögerungen muss die Bank notgedrungen in Kauf nehmen.

Dem Autor ist nur ein einziger Fall bekannt, in dem eine echte Vereinbarung über eine Mietvorauszahlung als Baukostenzuschuss getroffen worden war. Diese Vereinbarung war auch der finanzierenden Bank bekannt gewesen, da es sich um einen Beitrag der Schwiegereltern des Eigentümers als künftige Mieter für die Fertigstellung des Objekts gehandelt hatte.

In der Finanzierungspraxis spielt die Vorschrift des § 57 c ZVG keine Rolle. Vielmehr wird sie nur von den Schuldnerberatern im Rahmen von Zwangsversteigerungen missbraucht. Leider hat sich der Gesetzgeber noch nicht dazu durchringen können, die Vorschrift – wenn auch nur für die Zukunft – ersatzlos zu streichen.

Soweit dem Versteigerungsgericht bekannt ist oder wird, dass das Objekt vermietet oder verpachtet ist, muss es den Mieter bzw. Pächter des Grundstücks auffordern, bis zum Beginn des Versteigerungstermins eine Erklärung darüber abzugeben, ob und welche Beiträge im Sinne des § 57 c Abs. 1 ZVG von ihm geleistet und welche Bedingungen hierüber vereinbart worden sind[1]. Im Versteigerungstermin wird dann bekannt gegeben, ob und welche Erklärungen vom Mieter oder Pächter abgegeben worden sind. Hat ein Mieter oder Pächter keine, eine unvollständige oder eine unrichtige Erklärung abgegeben, und ist die Bekanntgabe durch das Gericht im Versteigerungstermin erfolgt, so ist § 57 c ZVG ihm gegenüber nicht anzuwenden. Das gilt nicht, wenn der Ersteher die Höhe der Beiträge gekannt hat oder bei Kenntnis das gleiche Gebot abgegeben hätte. Die Aufforderung wird dem Mieter oder Pächter zugestellt. Gleichzeitig wird er auf die Folgen einer unterlassenen Anmeldung hingewiesen[2].

7.9.14 Ausbietungsgarantien

Für einen Gläubiger ist es in jedem Zwangsversteigerungsverfahren ideal, wenn es gelingt, mit einem Erwerbsinteressenten vor dem Versteigerungstermin eine sog. Ausbietungsgarantie zu vereinbaren, damit er sicher sein kann, dass der Interessent im Versteigerungstermin auch tatsächlich ein Gebot in der ausgehandelten Höhe abgibt. In dieser Garantieerklärung verpflichtet sich der Garant der Bank gegenüber, im Versteigerungstermin ein Gebot in vorher festgelegter Höhe abzugeben.

Für die Bank ist es verständlicherweise vorteilhaft, wenn sie einen Interessenten zur Abgabe einer für ihn bindenden Erklärung bewegen kann.

---

[1] § 57 d Abs. 1 ZVG
[2] § 57 d Abs. 3 ZVG

Damit kann sie mit einem Versteigerungsergebnis in vorab feststehender Höhe rechnen.

Für den Bieter, der die Ausbietungsgarantie abgeben soll oder abgibt, ist diese wenig vorteilhaft, denn die Bank kann ihm nicht garantieren, dass er für das ausgehandelte Gebot auch tatsächlich den Zuschlag erhalten wird. Vielmehr kann die Bank nicht ausschließen, dass andere Bieter höhere Gebote abgeben und der Garant überboten wird.

Als Anreiz für den Garanten kann die Garantie mit einer Finanzierungszusage verbunden werden, wobei die Bank insoweit die Möglichkeit hat, den Zinssatz für den Garanten besonders attraktiv und unter dem Marktzins zu gestalten, um hierüber eine höhere Garantiesumme aushandeln zu können. Eine höhere Garantiesumme bedeutet je nach Rangstelle der Bank einen geringeren Ausfall beim Kreditengagement des Schuldners und damit weniger bilanziellen Aufwand für eine Einzelwertberichtigung oder Direktabschreibung. Der Zinsverlust durch den günstigeren Zinssatz fällt demgegenüber auf die Dauer von mehreren Jahren an. Des Weiteren kann sich die Bank verpflichten, keine weiteren Interessenten zu werben.

Eine solche Garantieerklärung kann notariell abgegeben werden, wobei sich der Garant verpflichtet, im Versteigerungstermin einen bestimmten Betrag zu bieten. Da es sich um die Verpflichtung zum Erwerb von Grundbesitz handelt, ist zur Rechtswirksamkeit eine notarielle Beurkundung erforderlich[1]. Hierdurch fallen wiederum Kosten an, die der Garant im Zweifel nicht übernehmen wird. Soweit der Garant zur Abgabe einer notariellen Ausbietungsgarantie bereit ist, muss die Bank überlegen, ob sie ihrerseits bereit ist, diese Kosten zusätzlich zu übernehmen, um den Garanten stärker zu binden. In einer notariellen Ausbietungsgarantie kann auch zusätzlich eine Bietungsvollmacht für die Bank bis zum ausgehandelten Betrag vereinbart werden, sodass die Bank auch ohne Mitwirkung des Garanten für ihn bieten könnte.

Es besteht auch die Möglichkeit, eine privatschriftliche Garantie zu vereinbaren. Diese darf den Garanten aber nicht verpflichten, ein Gebot in der Zwangsversteigerung abzugeben. Vielmehr verpflichtet sich der Garant hierin, dafür Sorge zu tragen, dass auf das Grundpfandrecht der Bank in der Zwangsversteigerung ein bestimmter Betrag zugeteilt werden wird. Er übernimmt somit eine Garantie für die Grundschuld der Bank.

---

[1] § 313 BGB

Vom wirtschaftlichen Ergebnis her müsste er zwar auch ein Gebot abgeben, da er ansonsten außerhalb des Zwangsversteigerungsverfahrens zahlen muss. Eine notarielle Beurkundung ist aber wegen der anders ausgestalteten Garantie nicht erforderlich und erspart somit zusätzliche Kosten.

Selbst eine notarielle Ausbietungsgarantie kann die Bank nicht mit Sicherheit schützen. Soweit der notariell verpflichtete Garant im Versteigerungstermin nicht oder nicht in ausreichender Höhe bietet, hat die Bank gegen ihn lediglich einen Schadensersatzanspruch, den sie gesondert durchsetzen muss. Dies wäre auch bei der privatschriftlichen Garantieerklärung der Fall, weshalb insoweit kein Unterschied besteht.

Beim Aushandeln einer Garantie besteht die Möglichkeit, dass ein bestimmter Betrag ausgehandelt wird, der vom Garanten geboten werden soll, wobei dann die der Bank gegenüber bevorrechtigten Ansprüche hiervon abgezogen werden. Das Risiko, dass sich Vorlasten erhöhen, geht dann zulasten der Bank. Dies ist der übliche Fall, da der Garant meist genau wissen will, was an finanzieller Belastung auf ihn zukommt. Die Alternative, dass die bevorrechtigten Ansprüche hinzu kommen, ist zwar möglich und für die Bank günstiger, in den Verhandlungen aber meist nicht durchsetzbar.

Eine Garantieerklärung sollte nicht eingeholt werden, ohne sich die finanziellen Verhältnisse des Garanten offen legen zu lassen. Da die Bank in diesen Fällen häufig für den Garanten die Finanzierung des Meistgebots übernimmt, muss sie diese Nachweise ohnehin einholen.

Auf Seite 181 ff., Muster 21, ist ein Muster einer Garantieerklärung dargestellt, die in privatschriftlicher Form abgeschlossen werden kann. Das Muster ist dem jeweiligen Einzelfall anzupassen, wobei je nach Ausgang der Verhandlungen mit dem Garanten auch weitere Ergänzungen erforderlich werden können.

Auf die Darstellung einer notariellen Ausbietungsgarantie wird verzichtet, da hier jeder Notar sein eigenes Formular verwendet und ihm auch aufgrund der Beurkundungspflicht eine Aufklärungs- und Beratungspflicht obliegt.

Bei gewerblich genutzten Objekten, die z. B. wegen eines Insolvenzverfahrens leer stehen, kann eine Ausbietungsgarantie mit einem Mietvertrag verknüpft werden. Hierzu ist eine parallele Zwangsverwaltung erforderlich, die dann auch als Institutsverwaltung durchgeführt werden sollte, um Einfluss auf die Konditionen des Mietvertrages zu bekommen. Der Zwangsverwalter darf Mietverträge grundsätzlich ohne Zustimmung

Garantieerklärung

Muster 21

Zwischen der C-Bank eG, 54634 Bitburg
– nachstehend Bank genannt –

und

Herrn Theodor Meyer, 54662 Speicher

1.

Im Grundbuch von Speicher Blatt 1422 ist auf den Grundstücken

lfd. Nr. 1 Flur 27 Nr. 17/1 Gebäude- und Freifläche,
Bahnhofstraße, 4,83 ar,

lfd. Nr. 2 Flur 27 Nr. 17/2 Gebäude- und Freifläche, daselbst, 4,80 ar,

lfd. Nr. 3 zu 2 Geh- und Fahrrecht an dem Grundstück
Flur 27 Nr. 17/3 Gebäude- und Freifläche,
Bahnhofstraße,

lfd. Nr. 4 Flur 27 Nr. 17/4 Gebäude- und Freifläche, daselbst 5,27 ar,

lfd. Nr. 5 Flur 27 Nr. 17/5 Freifläche, Bahnhofstraße 1,35 ar,

lfd. Nr. 6 Flur 27 Nr. 18 Freifläche, Bahnhofstraße 1,35 ar,

in Abteilung III für die Bank die Grundschuld III/3 i. H. v. 200.000,00 DM nebst 15 Prozent Zinsen seit dem 2. Mai 1992 eingetragen.

Die Bank betreibt aus diesem Recht beim Amtsgericht Bitburg unter dem Aktenzeichen – 6 K 100/97 – das Zwangsversteigerungsverfahren in den vorbezeichneten Grundbesitz. Der Verkehrswert der Grundstücke ist auf insgesamt 500.000,00 DM festgesetzt worden, Versteigerungstermin ist auf den 16. Juni 1999, 10.00 Uhr, an der Gerichtsstelle Bitburg bestimmt.

2.

Herr Theodor Meyer übernimmt hiermit der Bank gegenüber die Gewähr für die vorbezeichnete Grundschuld dahingehend, dass in der Zwangsversteigerung der belasteten Grundstücke kein Ausfall an Kapital und Zinsen bis zu einem Betrag in Höhe von 40.000,00 DM zum Versteigerungstermin am 16. Juni 1999 entsteht.

Die im geringsten Gebot enthaltenen Gerichtskosten und öffentlichen Lasten werden von diesem Betrag nicht in Abzug gebracht.

Im Versteigerungstermin werden nach den Versteigerungsbedingungen in Abteilung III keine Rechte bestehen bleiben. In Abteilung II bleiben das Geh- und Fahrrecht II/1 sowie das Wohn- und Mitbenutzungsrecht II/2 außerhalb des geringsten Gebots bestehen. Inhalt und Umfang dieser Rechte sind Herrn Theodor Meyer bekannt.

Die Bank wird am Versteigerungstermin ein Gesamtausgebot aller 5 Grundstücke unter Verzicht auf Einzelausgebote beantragen.

Der Inhalt des Grundbuchs ist Herrn Theodor Meyer bekannt.

3.

Falls im ersten Versteigerungstermin kein Gebot abgegeben wird, durch welches auf die Grundschuld der Bank ein Betrag in Höhe von 40.000,00 DM per 16. Juni 1999 entfällt und dadurch die Grundschuld in der Zwangsversteigerung ausfällt und die Bank unter Umständen zur Rettung der Grundschuld den Grundbesitz selbst ansteigern muss, ersetzt Herr Theodor Meyer dieser den Ausfall.

Dieser besteht aus den durch die Grundschuld gesicherten Forderungen nebst Zinsen und Nebenleistungen, unabhängig von der Höhe des von der Bank (wenn Sie die Grundstücke ersteigert hat) oder einem Dritten, falls dieser den Zuschlag erhält, zu zahlenden Meistgebots. Ein Wertausgleich findet zwischen den Parteien nicht statt, § 114 a ZVG findet im Verhältnis zwischen ihnen keine Anwendung.

Herr Theodor Meyer ist zur Zahlung des Ausfalls nur gegen Abtretung der eventuell noch bestehenden Rechte und Ansprüche der Bank gegen den Schuldner der durch die Grundpfandrechte gesicherten Forderungen verpflichtet.

Sollte ein Dritter das Meistgebot abgeben, den Zuschlag erhalten und im Verteilungstermin auf die Grundschuld der Bank eine Zuteilung in Höhe von mindestens 40.000,00 DM per Versteigerungstermin abzüglich der vorrangigen Gerichtskosten und öffentlichen Lasten entfallen, wird dieses Abkommen hinfällig.

Sollte Herr Theodor Meyer das Meistgebot abgeben und den Zuschlag aus Gründen, die er nicht zu vertreten hat, nicht erhalten, gilt die Garantieverpflichtung auch für weitere Versteigerungstermine.

4.

Die Bank wird von Herrn Theodor Meyer keine Sicherheitsleistung verlangen. Sollte von dritter Seite von ihm Sicherheitsleistung verlangt werden, wird die Bank für Herrn Theodor Meyer eine selbstschuldnerische Bürgschaft bis zum Betrag von 50.000,00 DM übernehmen.

5.

Die Bank verpflichtet sich gegenüber Herrn Theodor Meyer, ihm das Meistgebot sowie die Erwerbskosten bis zur Höhe von insgesamt 400.000,00 DM zu finanzieren. Den eventuell darüber hinausgehenden Betrag des Meistgebots muss Herr Theodor Meyer selbst aufbringen. Diese

Finanzierungszusage gilt nur für den Fall, dass Herr Theodor Meyer kein höheres Gebot als 550.000,00 DM abgibt.

Die Finanzierung des Meistgebots erfolgt von der Bank zu einem Zinssatz von 5 Prozent, der Zinssatz ist bis zum 30. Juni 2009 fest vereinbart. Wegen der Einzelheiten wird auf den noch gesondert abzuschließenden Kreditvertrag Bezug genommen.

Herr Theodor Meyer verpflichtet sich, der Bank vor Unterzeichnung dieser Vereinbarung seine gesamten Einkommens- und Vermögensverhältnisse im Sinne von § 18 KWG offen zu legen.

6.

Die Bank verpflichtet sich, für den Versteigerungstermin am 16. Juni 1999 keine weiteren Interessenten mehr zu werben.

7.

Zwischen den Parteien besteht Übereinstimmung, dass die Bank in keiner Weise für Größe, Güte oder Beschaffenheit der zur Versteigerung anstehenden Grundstücke haftet.

8.

Sämtliche eventuell mit Abschluss und Durchführung dieser Garantieerklärung verbundenen Kosten und Steuern, insbesondere die Grunderwerbsteuer, die Gerichtskosten für die Erteilung des Zuschlags und die Gerichtskosten für die Umschreibung des Eigentums trägt Herr Theodor Meyer. Im Übrigen gelten die Allgemeinen Geschäftsbedingungen der Bank, die Herrn Theodor Meyer bekannt sind.

Bitburg, den 1. Juni 1999

C-Bank eG	Theodor Meyer

des Schuldners nicht über die Dauer eines Jahres hinaus abschließen[1]. Vielmehr muss für einen vom Interessenten gewünschten längerfristigen Mietvertrag die Zustimmung des Gerichts eingeholt werden.

In die Ausbietungsgarantie kann die Zusage der Bank aufgenommen werden, bei einem höheren Gebot eines Dritten die Zwangsversteigerung einstweilen einzustellen, um einen Zuschlag an diesen zu verhindern. Dies sollte jedoch nur dann vereinbart werden, wenn die gezahlte Miete auch in etwa ausreicht, die Zinsen in Höhe des Garantiebetrages abzudecken.

8 Das Verteilungsverfahren

8.1 Allgemeines

Nach Erteilung des Zuschlags kann das Gericht sofort den Verteilungstermin bestimmen, es kann jedoch auch zunächst die Rechtskraft des Zuschlags abwarten. Wenn nach dem bisherigen Verfahrensablauf mit einer Zuschlagsbeschwerde nicht zu rechnen ist, bestimmt das Gericht den Verteilungstermin in der Regel sofort und stellt die Terminsbestimmung bereits mit dem Zuschlagsbeschluss allen Beteiligten und dem Ersteher zu.

Die Vorschriften über die Zahlung des Meistgebots im Verteilungstermin wurden zum 1. August 1998 angepasst. Bisher war der Ersteher verpflichtet, das Bargebot im Verteilungstermin an das Versteigerungsgericht bar zu zahlen. Der Ersteher konnte sein Bargebot bereits vor dem Verteilungstermin schuldbefreiend hinterlegen, um sich so von der vierprozentigen Verzinsung des Bargebots zu befreien. Eine bloße Überweisung des Betrages an das Gericht reichte jedoch nicht aus, vielmehr war eine förmliche Hinterlegung erforderlich. Hieran ändert sich auch nach neuem Recht nichts. Die bisher vom Gesetz vorgesehene Barzahlung entspricht jedoch nicht mehr den heutigen Gewohnheiten im Geld- und Zahlungsverkehr. Eine Barzahlung durch den Ersteher im Verteilungstermin an das Gericht und die anschließende Auszahlung an die Berechtigten kam in der Praxis nur bei geringen Versteigerungserlösen vor. Im Normalfall wurde das Meistgebot bereits vorher an die Gerichtszahlstelle überwiesen. Diese Verfahrensweise wurde vom Gericht und den Beteiligten problemlos akzeptiert, wenn sie auch rein formal nicht der Wirkung einer Barzahlung im Verteilungstermin gleichkam.

---

[1] § 6 Abs. 2 ZwVerwVO

Das Bargebot kann nach den neuen gesetzlichen Bestimmungen auch durch Überweisung oder Einzahlung auf ein Konto der Gerichtskasse entrichtet werden. Damit für das Versteigerungsgericht sichergestellt ist, dass der Betrag auch zur Verfügung steht, muss allerdings eine Zahlungsanzeige der Gerichtskasse zum Verteilungstermin vorliegen. Entsprechend wurden auch der § 107 ZVG und der § 117 ZVG vom Gesetzgeber angepasst.

8.2 Grundsätze für die Aufstellung des Teilungsplanes und Berücksichtigung der Ansprüche

Die Terminsbestimmung wird an die Beteiligten ohne besondere Fristwahrung zugestellt. Beim Ersteher muss nach § 105 Abs. 4 ZVG eine Frist von zwei Wochen gewahrt sein. Dem Ersteher wird gleichzeitig die Höhe des von ihm zum Verteilungstermin zu zahlenden Betrages mitgeteilt.

Ein Muster für eine solche Terminsbestimmung ist auf Seite 186, Muster 22, dargestellt.

Eine gesonderte Anmeldung der Ansprüche zum Verteilungstermin durch den Gläubiger ist grundsätzlich nicht mehr erforderlich, wenn die Ansprüche zum Versteigerungstermin bereits angemeldet worden sind. Eine zum Versteigerungstermin angemeldete Kostenpauschale muss zum Verteilungstermin spezifiziert werden, da sie ansonsten nicht berücksichtigt wird. Der vom betreibenden Gläubiger an das Gericht gezahlte Gerichtskostenvorschuss muss nicht angemeldet werden, da dieser von Amts wegen berücksichtigt wird. Die Gerichtskosten für die Anordnung oder den Beitritt zum Zwangsversteigerungsverfahren müssen angemeldet werden.

In der Anmeldung an das Gericht sollte die Bank die Zahlung des Erlöses auf ein Sachkonto der Bank verlangen, um den Betrag von dort aus mit den Forderungen verrechnen zu können[1].

Ein Muster für eine Anmeldung der Ansprüche zum Verteilungstermin ist auf Seite 187, Muster 23, dargestellt.

Für die Aufstellung des Teilungsplanes gelten folgende Grundsätze:

- Betreibende Ansprüche gelten als angemeldet; Ansprüche die vor dem Versteigerungsvermerk im Grundbuch eingetragen waren, werden von Amts wegen beachtet, ebenso laufende wiederkehrende Leistungen.

---

[1] siehe A. 13

Muster 22 **Terminsbestimmung zum Verteilungstermin im Zwangsversteigerungsverfahren**

– 6 K 100/97 –

In dem Verfahren zur Zwangsversteigerung der im Grundbuch von Speicher Blatt 1422 eingetragenen Grundstücke lfd. Nr. 1 bis 6

1. lfd. Nr. 1 Flur 27 Nr. 17/1 Gebäude- und Freifläche, Bahnhofstraße 4,83 ar;
2. lfd. Nr. 2 Flur 27 Nr. 17/2 Gebäude- und Freifläche, daselbst 4,80 ar;

   lfd. Nr. 3 zu 2 Geh- und Fahrrecht an dem Grundstück Flur 27 Nr. 17/3 Gebäude- und Freifläche, Bahnhofstraße;
3. lfd. Nr. 4 Flur 27 Nr. 17/4 Gebäude- und Freifläche, daselbst 5,27 ar;
4. lfd. Nr. 5 Flur 27 Nr. 17/5 Freifläche, Bahnhofstraße 1,35 ar;
5. lfd. Nr. 6 Flur 27 Nr. 18 Freifläche, Bahnhofstraße 1,35 ar;

Eigentümer: Hermann Meyer, Roonstraße 7, 54662 Speicher

wird Termin zur Verteilung des Versteigerungserlöses bestimmt auf den

1. Oktober 1999, 10.00 Uhr

an der Gerichtsstelle Bitburg, Gerichtsstraße 2, Sitzungssaal 204, II. Stock.

Wer eine Zahlung aus dem Versteigerungserlös beansprucht, hat die Urkunden über seinen Anspruch und die zum Nachweise seiner Berechtigung erforderlichen Urkunden (Hypothekenbriefe, Grundschuldbriefe, Vollmachten, Erbscheine, Abtretungserklärungen usw.) vor dem Termin einzureichen oder s p ä t e s t e n s zum Termin vorzulegen.

Es ist zweckmäßig, schon 2 Wochen vor dem Termin eine genaue Berechnung der Ansprüche an Kapital, Zinsen und Kosten der Kündigung und der Befriedigung aus dem Grundstück bezweckenden Rechtsverfolgung mit Angabe des beanspruchten Ranges schriftlich einzureichen oder zu Protokoll der Geschäftsstelle zu erklären. In gleicher Weise ist auch anzumelden, wenn ein aus dem Barerlös zu deckendes Recht aufgrund einer Vereinbarung mit dem Ersteher bestehen bleiben soll.

Bitburg, den 30. August 1999

Das Amtsgericht

gez. Wirtz, Rechtspfleger

Anmeldung der dinglichen Forderung zum Verteilungstermin **Muster 23**

A-Bank eG
Postfach 1234
54634 Bitburg

Bitburg, den 10. September 1999

An das
Amtsgericht Bitburg
Gerichtsstraße 2
54634 Bitburg

In der Zwangsversteigerungssache
Hermann Meyer
– 6 K 100/97 –

melden wir folgende Forderung zum Verteilungstermin am 1. Oktober 1999 an:

1. Aus der Grundschuld III/1

a) Gerichtskosten für die Anordnung des Verfahrens		111,00 DM
b) Kosten für die Wahrnehmung des Versteigerungs- und des Verteilungstermins		100,00 DM
c) 15 Prozent Zinsen vom 1. Januar 1994 bis 30. September 1999	86.250,00 DM	
abzüglich aus dem Zwangsverwaltungsverfahren 6 L 2/98 erhaltene Zahlungen auf die Zinsen 1997 und 1998	30.000,00 DM	
daher restlich noch geltend zu machen:		56.250,00 DM
d) Kapital		100.000,00 DM

2. Den gesetzlichen Löschungsanspruch gem. § 1179 a BGB

Den Grundschuldbrief III/1 fügen wir anliegend bei.

Die an uns erfolgende Zuteilung erbitten wir auf das in unserem Hause geführte Konto Nr. 9000200022 (BLZ 300 600 86).

Nach dem Verteilungstermin bitten wir um Übersendung einer Abschrift des Protokolls nebst Teilungsplan.

Mit freundlichen Grüßen

A-Bank eG

- ▷ Rückständige wiederkehrende Leistungen werden nur bei rechtzeitiger Anmeldung an der Rangstelle des Hauptrechts berücksichtigt, bei nachträglicher Anmeldung erleiden sie einen Rangverlust nach § 110 ZVG.
- ▷ Eine zum Versteigerungstermin angemeldete Kostenpauschale muss spezifiziert sein.
- ▷ Bei Briefrechten muss der Brief zum Nachweis der Berechtigung vorgelegt werden. Dies gilt jedoch nicht bei Zuteilung lediglich auf Nebenleistungen, also z. B. bei den Zinsen eines bestehen gebliebenen Rechts. Hat ein Rechtsübergang stattgefunden, muss der Rechtsübergang durch eine lückenlose Kette von Abtretungserklärungen (öffentliche Beglaubigung nicht erforderlich[1]) nachgewiesen werden.
- ▷ Öffentliche Grundstückslasten und Nebenleistungen bestehen gebliebener Grundpfandrechte werden nur auf Anmeldung und nur bis zum Tage vor dem Zuschlag in den Teilungsplan aufgenommen.
- ▷ Bei erloschenen Rechten werden die Nebenleistungen bis zum Tage vor dem Verteilungstermin berechnet und in den Teilungsplan aufgenommen.
- ▷ Eigentümerrechte werden beachtet, wegen § 1197 BGB werden jedoch keine Zinsen zugeteilt.
- ▷ Nach Eintragung des Versteigerungsvermerks eingetragene dingliche Rechte werden nur mit Anmeldung aufgenommen.

Die durch den Zuschlag erloschenen Rechte setzen sich nach dem Surrogationsprinzip am Versteigerungserlös fort. Soweit dieser ausreicht, werden die Rechte hieraus befriedigt. Der Erlös bleibt zugunsten des Berechtigten von der Beschlagnahme umfasst. Der gesamte Versteigerungserlös haftet den Gläubigern für ihre durch den Zuschlag erloschenen Rechte.

Nachstehend wird im Einzelnen erläutert, wie nach den Versteigerungsbedingungen erloschene Rechte in Abteilung III und II des Grundbuchs im Verteilungstermin berücksichtigt werden.

Grundschulden

Grundschulden werden vom Gericht in Höhe des Nominalbetrages berücksichtigt. Laufende Zinsen werden von Amts wegen, die rückständigen nur dann in der Rangklasse des Rechts berücksichtigt, wenn sie bis

[1] Zeller/Stöber, a.a.O., § 126 Anm. 2.1

zum Versteigerungstermin und der Aufforderung zur Abgabe von Geboten angemeldet waren.

Eine Teilanmeldung einer Grundschuld stellt noch keinen Verzicht auf die Grundschuld und damit die Zuteilung dar. Gläubiger melden teilweise zum Verteilungstermin – im Gegensatz zur Anmeldung zum Versteigerungstermin – die Grundschuld nicht mehr in Höhe der gesamten dinglichen Forderung an. Um keinen Übererlös zu erhalten, der anschließend an den Rückgewährberechtigten ausgekehrt werden muss, wird die Grundschuld zum Verteilungstermin nur in Höhe der tatsächlichen persönlichen Forderung angemeldet. Die Gefahr bei einer Minderanmeldung, d. h. der Geltendmachung einer geringeren als der vollen dinglichen Forderung aus der Rangklasse 4 des § 10 Abs. 1 ZVG, besteht darin, dass oft vor dem Verteilungstermin nicht bekannt ist, ob der Ersteher das bare Meistgebot tatsächlich zahlt oder nicht.

Hier besteht die Möglichkeit, die Anmeldung lediglich der persönlichen Forderung unter der Bedingung vorzunehmen, dass zum Verteilungstermin das bare Meistgebot auch gezahlt wird.

Praxistipp

Aus Gläubigersicht kann eine solche geringere Anmeldung zum Verteilungstermin sinnvoll sein, z. B. für den Fall, dass mehrere Abtretungen oder Pfändungen der Rückgewähransprüche vorliegen und der Gläubiger nicht entscheiden will, wem der Übererlös letztlich zusteht. Um diesem Risiko und auch dem zusätzlichen Aufwand, der mit einer Hinterlegung des Übererlöses verbunden ist, zu entgehen, kann der Gläubiger seine Grundschuld nur in Höhe der tatsächlichen persönlichen Forderung anmelden, muss dabei jedoch auf den Restbetrag ausdrücklich verzichten.

Die Bank sollte bei einer Minderanmeldung beachten, dass sie die Erlösverteilung auch durch die Art der Anmeldung steuern kann. Soweit sie zunächst die volle dingliche Forderung anmeldet und anschließend mitteilt, dass sie lediglich einen bestimmten niedrigeren Betrag als Zuteilung wünscht und auf den darüber hinaus gehenden Restbetrag verzichtet, wird das Gericht die volle dingliche Forderung in den Teilungsplan aufnehmen und dann zunächst auf die Kosten, dann auf die Zinsen und schließlich auf den verbleibenden Restbetrag der gewünschten (geringeren) Zuteilung auf das Kapital der Grundschuld zuteilen[1]. Durch den Ver-

[1] § 12 ZVG

zicht des Gläubigers[1] auf den Restbetrag entsteht sodann eine Eigentümergrundschuld, da dieser Verzicht auf das restliche Kapital der Grundschuld erfolgt ist. Es kommt dann für die nachrangigen Gläubiger, soweit ihnen ein Löschungsanspruch zusteht und sie ihn geltend gemacht haben, zu Problemen, da die Behandlung des Löschungsanspruchs unterschiedlich erfolgt[2].

Soweit die Bank die Minderanmeldung dergestalt vornimmt, dass sie das Kapital in voller Höhe und lediglich einen Teilbetrag der Zinsen geltend macht, entsteht kein Eigentümerrecht, da dem Eigentümer keine Zinsen zustehen[3].

Im Übrigen wird insoweit auch auf A. 8.8 verwiesen.

Die Frage, ob nicht auch bei Grundschulden ein Valutierungsnachweis geführt werden muss, wurde bisher in der Literatur noch nicht thematisiert. Wie bereits unter A. 5.4 dargestellt, gilt die von Grundschuldgläubigern üblicherweise benutzte Verrechnungsklausel, wonach Zahlungen nicht auf die Grundschuld, sondern auf die persönliche Forderung erfolgen, bei der Geltendmachung der Grundschuld nicht mehr[4]. In diesem Fall muss sich die Bank Zahlungen durch den Eigentümer auf den betreibenden Anspruch der Grundschuld anrechnen lassen. Dies gilt für alle Zahlungen des Schuldners, die nach der Androhung der Zwangsvollstreckung aus der Grundschuldbestellungsurkunde erfolgen. Bereits hiermit gibt die Bank zu erkennen, dass die Klausel, wonach alle Zahlungen ausschließlich auf die gesicherten Ansprüche anzurechnen sind, nicht gelten soll.

Soweit also dem Gericht bekannt ist oder es vermuten kann, dass Zahlungen während des laufenden Verfahrens erfolgt sind, müsste es vom Gläubiger einen Nachweis verlangen, ob und welche Zahlungen er erhalten hat und wie diese verrechnet wurden. Soweit der Gläubiger auch aus den gesamten dinglichen Zinsen in der Rangklasse 4 vollstreckt, dürfte ihm dies keinen Nachteil bringen, da die Zahlungen üblicherweise nicht ausreichen, um die dinglichen Zinsen abzudecken.

Die Frage, ob der Gläubiger einer Grundschuld die volle dingliche Forderung geltend machen darf oder sogar muss, ist in der Literatur streitig. Der Bundesgerichtshof hat jedoch im Gegensatz zum Oberlandesgericht München entschieden, dass der Grundschuldgläubiger berechtigt ist, die

---

1 § 1168 BGB
2 siehe A. 8.7
3 § 1197 Abs. 2 ZVG
4 BGH WM 1987, 1213

volle Grundschuld geltend zu machen und den Rückgewähranspruch anschließend erfüllen kann[1].

Nach den üblicherweise verwendeten Bedingungen in der Grundschuldbestellungsurkunde oder der Verwendungszweckerklärung ist der Gläubiger nicht verpflichtet, aus der Grundschuld einen höheren Betrag als die persönliche Forderung geltend zu machen. Der Autor hält trotz der vorstehend zitierten gegenteiligen Auffassung daran fest, dass diese gegenüber dem Eigentümer wirksame Klausel auch für andere Berechtigte gilt, und der Grundschuldgläubiger daher zum Verteilungstermin verzichten darf.

Hypotheken

Eine Hypothek kann wegen der bestehenden Akzessorietät nur in Höhe der tatsächlich bestehenden persönlichen Forderung geltend gemacht und angemeldet werden. Soweit der Gläubiger jedoch keine Anmeldung vornimmt, muss das Gericht die Hypothek in voller Höhe berücksichtigen, bei den Zinsen mangels Anmeldung jedoch nur die laufenden. Bei einer vom Eigentümer vorgenommenen Tilgung des Kapitals entsteht in dieser Höhe eine Eigentümergrundschuld, die ggf. bei Geltendmachung von Löschungsansprüchen durch nachrangige Gläubiger diesen gebührt[2].

Bei Hypotheken, die als gesicherte Forderung nicht ein Darlehen, sondern ein abstraktes Schuldanerkenntnis sichern, valutiert die Hypothek immer in voller Höhe, da Zahlungen des Eigentümers hier nach den Bedingungen des Gläubigers nicht auf das Schuldanerkenntnis sondern auf das gesicherte Darlehen erfolgen. Im Prinzip wird durch diesen Umweg aus einer Hypothek eine Grundschuld gemacht, da auch eine so bestellte Hypothek grundsätzlich immer voll valutiert. Solche Konstruktionen werden z. B. bei der Wohnungsbauförderungsanstalt in Nordrhein-Westfalen gewählt.

Wichtig ist dies im Zusammenhang mit der Abtretung der Rückgewähransprüche zugunsten eines nachrangigen Gläubigers. Mit der üblichen Abtretung der Rückgewähransprüche kann sich ein nachrangiger Gläubiger nämlich nicht die frei werdenden Hypothekenteile sichern, da sich die Abtretung der Rückgewähransprüche nur auf vorrangige Grundschulden bezieht. Um sich den möglicherweise nicht oder nicht mehr valutierenden Teil der Hypothek zu sichern, müsste der nachrangige Gläubiger sich den besonderen Rückgewähranspruch abtreten lassen,

---

[1] BGH NJW 1981, 1505; OLG München ZIP 1980, 974
[2] siehe A. 8.7

der bei einer Nichtvalutierung des abstrakten Schuldanerkenntnisses besteht oder später entsteht. Gleichzeitig sollte dann auch der Anspruch auf einen möglicherweise aus dem Recht entstehenden Übererlös in einem Zwangsversteigerungsverfahren abgetreten werden.

Eine Höchstbetragshypothek wird mit ihrem Höchstbetrag in den Teilungsplan aufgenommen. Die Zahlung an den Gläubiger kann jedoch nur mit Valutierungsnachweis (Schuldanerkenntnis oder Urteil) erfolgen. Vormerkungen und Widersprüche für Kapitalrechte sind aufschiebend bedingte Ansprüche.

Rechte in Abteilung II

Bei nicht auf Kapitalzahlung gerichteten Rechten, also einem Nießbrauch, einer beschränkt persönlichen Dienstbarkeit oder einer Reallast von unbestimmter Dauer[1] wird ein Deckungskapital gebildet[2]. Hierfür muss der Berechtigte einen Jahreswert für sein Recht anmelden, ansonsten erfolgt die Feststellung des Jahreswertes durch das Gericht. Dabei wird sich dieses ggf. an der Bestellungsurkunde für das Recht orientieren. Soweit ein nachrangiger Berechtigter mit der Höhe des angemeldeten oder festgesetzten Wertersatzes nicht einverstanden ist, kann er sich nur mit einem Widerspruch gegen die Zuteilung wehren.

Der angemeldete oder festgestellte Jahreswert wird grundsätzlich mit der durchschnittlichen Lebenserwartung, begrenzt durch den 25fachen Jahreswert, multipliziert[3]. Nach einer Entscheidung des Oberlandesgerichts Hamburg[4] ist in solchen Fällen nicht die durchschnittliche Lebenserwartung als Multiplikator anzuwenden, sondern immer der 25fache Jahreswert des Rechts anzusetzen. Hierbei handelt es sich um den Höchstbetrag, der bei solchen Rechten berücksichtigt werden kann[5]. Die Geldrente ist nicht auf 25 Jahre beschränkt. Vielmehr wird diese so lange gezahlt, wie der Berechtigte lebt und Deckungskapital vorhanden ist. Die Beschränkung auf den 25fachen Jahreswert gilt nur für die Bildung des Deckungskapitals. Die meisten Rechtspfleger gehen nach der Tabelle der durchschnittlichen Lebenserwartung[6] vor.

Der Autor hält die Entscheidung des Oberlandesgerichts Hamburg für richtig und vertretbar. Ein nachrangiger Gläubiger, der ein an die Lebensdauer des Berechtigten geknüpftes Recht im Vorrang akzeptiert,

---

[1] § 92 Abs. 2 ZVG
[2] § 121 Abs. 1 ZVG
[3] § 121 Abs. 1 ZVG
[4] MDR 1961, 696
[5] § 121 Abs. 1 ZVG
[6] siehe Anhang 3

muss damit rechnen, dass dieses Recht den höchstmöglichen Rahmen voll ausschöpft. Warum sollte der vorrangige Berechtigte Gefahr laufen, bei einer höheren als nach der Sterbetafel zu erwartenden Lebensdauer mit seinem Anspruch auszufallen, während der nachrangige Berechtigte vorab eine Zuteilung erhält?

Das so errechnete Deckungskapital wird hinterlegt. Die Auszahlung an den Berechtigten erfolgt jeweils für drei Monate im Voraus gegen Vorlage einer Lebensbescheinigung. Für den Fall des vorzeitigen Wegfalls des Berechtigten muss bereits vom Versteigerungsgericht eine Hilfszuteilung an den oder die nachrangigen Berechtigten erfolgen. Aus dem Deckungskapital werden zunächst die Zinsen entnommen, anschließend das Kapital. Der 25fache Jahreswert wurde als Höchstbetrag angesetzt, da dieses Deckungskapital bei einer gesetzlichen Verzinsung i. H. v. 4 Prozent ausreicht, um alleine aus den laufenden Zinsen die Zuteilung vorzunehmen und sich das Deckungskapital somit nicht verbraucht, wodurch der Berechtigte seine Leistung auf Dauer erhält. Sollte das Deckungskapital verbraucht sein und der Berechtigte dies noch erleben, fällt er mit seinem restlichen Anspruch aus.

Die Art der Anlegung des zu hinterlegenden Betrages bestimmt der zuerst Berechtigte[1]. Der nachrangig Berechtigte kann daher nur darauf hoffen, dass der Inhaber des vorrangigen Rechts möglichst schnell verstirbt, damit ein hohes Deckungskapital verbleibt. Dieses würde nach dem Wegfall des Erstberechtigten sofort in voller Höhe entsprechend der erfolgten Hilfszuteilung an den nachrangigen Gläubiger ausgezahlt.

Bei den übrigen nicht auf Kapitalzahlung gerichteten Rechten, also z. B. einer Reallast von bestimmter Dauer, einem Erbbauzins, einer Grunddienstbarkeit, einem Vorkaufsrecht, einer Vormerkung für nicht auf Kapitalzahlung gerichtete Rechte, z. B. Auflassungsvormerkung[2], wird ein Ersatzanspruch nach der Restnutzungsdauer gebildet. Hier besteht keine Beschränkung auf den 25fachen Jahreswert, jedoch erfolgt eine Abzinsung des in einer Summe gezahlten Betrages[3]. Die Einzelleistungen für die Restdauer des Rechts sind nach finanzmathematischen Grundsätzen zu kapitalisieren[4].

Das Gericht ist hier grundsätzlich zunächst an die Anmeldung des Kapitalersatzwertes durch den Berechtigten gebunden. Diese Anmeldung des Ersatzwertes muss erst zum Verteilungstermin erfolgen[5]. Soweit der

1 § 121 Abs. 2 ZVG
2 § 92 Abs. 1 ZVG
3 § 111 ZVG
4 Zeller/Stöber, a.a.O., § 92 Anm. 6.4
5 § 114 Abs. 1 ZVG

Berechtigte keine Anmeldung vornimmt, erfolgt keine Berücksichtigung eines Betrages von Amts wegen[1], da nicht der Betrag, sondern nur das Recht grundbuchersichtlich ist. Ein angemeldeter Betrag muss jedoch vom Gericht nicht in jedem Fall akzeptiert werden. Soweit der Betrag offensichtlich überhöht ist, kann das Gericht ihn beanstanden und einen nach seiner Auffassung geringeren Betrag festsetzen[2]. Ein nachrangiger Berechtigter kann sich auch hier gegen die Höhe des angemeldeten Wertersatzes nur mit Widerspruch gegen die Zuteilung wehren[3].

Nachstehend ist aufgeführt, wie der Ersatzwert für einige am häufigsten vorkommende Rechte in Abteilung II ermittelt wird. Grundsätzlich wird der Ersatzwert durch den Wert bestimmt, den das erloschene Recht für seinen Berechtigten besitzt.

Beschränkt persönliche Dienstbarkeiten, Nießbrauch, Reallast von unbestimmter Dauer

Bei einer beschränkt persönlichen Dienstbarkeit ist der Betrag maßgeblich, den das erloschene Recht für den Berechtigten hatte, bei einem Wohnrecht z. B. der für eine entsprechende Wohnung zu zahlende Mietzins. Für einen Nießbrauch ist der Wert der aus dem versteigerten Grundbesitz durchschnittlich zu erzielenden Nutzungen anzusetzen. Dies wäre bei Wohngrundstücken die ortsübliche Miete, bei landwirtschaftlichen Grundstücken der ortsübliche Pachtzins. Bei einer Reallast ist der Geldwert der geschuldeten Leistungen maßgebend.

Auflassungsvormerkung

Die erloschene Auflassungsvormerkung erhält einmaligen Wertersatz, das gesicherte Recht ist der Anspruch auf das Eigentum am versteigerten Grundstück. Sollte der Eigentumserwerb beim Zuschlag bereits eingetreten sein, hat der Berechtigte einen Anspruch auf die Differenz zwischen dem Erlös und den vorrangigen Ansprüchen. Die Vormerkung alleine begründet den gleichen Anspruch, der aufschiebend bedingt ist. Der Berechtigte als Käufer muss sämtliche Verpflichtungen aus dem Kaufvertrag erfüllt haben. Insbesondere dann, wenn der Käufer selbst noch Verpflichtungen aus dem Kaufvertrag zu erfüllen hat, kann der Wert hierdurch gemindert sein. Auch hier soll der Berechtigte der Auflassungsvormerkung einen Betrag erhalten, der dem Wert des Rechts für ihn entspricht, also den wirtschaftlichen Wert. Eine generelle Aussage kann hier nicht getroffen werden, da der jeweilige Wertersatz von den Umständen des Einzelfalls abhängig ist.

---

[1] Zeller/Stöber, a.a.O., § 92 Anm. 3.4
[2] Zeller/Stöber, a.a.O., § 92 Anm. 3.5; Steiner/Eickmann, a.a.O. § 92 Rn 28
[3] § 115 Abs. 1 ZVG

Erbbauzins

Eine eventuell erlöschende Erbbauzins-Reallast erhält einmaligen Wertersatz, da es sich im Regelfall um ein Recht mit bestimmter Dauer handelt. Die Einzelleistungen sind nach der neueren Auffassung von Zeller/Stöber[1] nach finanzmathematischen Grundsätzen zu kapitalisieren. Andere Kommentatoren[2] vertreten die Auffassung, dass eine Kapitalisierung unter Berücksichtigung der Restnutzungsdauer und von Zwischenzinsen erfolgen muss. Soweit die Reallast wertgesichert war, ist der aktuelle Wert zugrunde zu legen. Künftig mögliche Änderungen können nicht berücksichtigt werden. Soweit eine Vormerkung zur Sicherung künftiger Anpassungen eingetragen war und erloschen ist, kann hierfür ein Wertersatz nur erfolgen, wenn die Erbbauzins-Reallast erloschen ist. Die Vormerkung erhält dann Wertersatz nach § 92 Abs. 1 ZVG, jedoch nur als aufschiebend bedingter Anspruch[3].

Reallast von bestimmter Dauer

Die Berechnung erfolgt wie vorstehend bei der Erbbauzins-Reallast.

Grunddienstbarkeit

Hier ist der Wert maßgebend, den das Recht für das herrschende Grundstück hatte. Ein möglicherweise eingetragener Höchstbetrag darf nicht überschritten werden. Die Festsetzung hängt stark von den Umständen des Einzelfalls ab.

Vorkaufsrecht

Das nur für einen Verkaufsfall bestellte Vorkaufsrecht erlischt oder wird gegenstandslos und erhält keinen Wertersatz. Das für mehrere oder alle Verkaufsfälle eingetragene Vorkaufsrecht erhält einen einmaligen Wertersatz. Dieser Betrag ist schwer zu bestimmen, denn er soll den Berechtigten für sein Interesse entschädigen und den Schaden ausgleichen, der ihm dadurch entsteht, dass er sein Vorkaufsrecht nicht mehr ausüben kann. Entschieden ist ein Betrag von 2 Prozent des festgesetzten Verkehrswertes[4]. Sollte der Vorkaufsberechtigte das Grundstück selbst ansteigern, erhält er keinen Betrag, da das Recht mit dem Zuschlag gegenstandslos geworden ist.

---

[1] Zeller/Stöber, a.a.O., § 92 Anm. 6.4.c

[2] Jaeckel/Güthe, ZVG § 92 Anm. 7; Korintenberg/Wenz, ZVG § 92 Anm. 2 d; Münch-Komm-BGB/v Oefele, ErbbauVO § 9 Rn 19

[3] §§ 119, 120 ZVG

[4] LG Hildesheim ZIP 1990, 200

Altenteil

Der Ersatzwert für ein erlöschendes Altenteil setzt sich aus der Summe der Beträge zusammen, die für die einzelnen Rechte, aus denen das Altenteil besteht, ermittelt werden, also z. B. einer Reallast und einem Wohnrecht.

Über den vom Gericht aufgestellten Teilungsplan wird im Verteilungstermin mit den anwesenden Beteiligten sofort verhandelt. Der Teilungsplan kann entweder durch die sofortige Rechtspflegererinnerung[1] oder aber den Widerspruch angefochten werden. Mit der Rechtspflegererinnerung kann nur geltend gemacht werden, dass eine prozessuale Vorschrift über die Aufstellung des Teilungsplans verletzt ist.

Wird von einem Beteiligten eine Änderung des Teilungsplans aus materiellrechtlichen Gründen verlangt, muss Widerspruch eingelegt werden. Eine Anmeldung gilt automatisch als Widerspruch, wenn der vor dem Termin angemeldete Anspruch nicht nach dem Antrag des Berechtigten in den Plan aufgenommen ist[2].

Berechtigt zur Einlegung des Widerspruchs ist ein Beteiligter, der eine Planänderung zu seinen Gunsten verlangt. Dies kann unter Umständen auch der Schuldner sein. Gegen die Zuteilung auf einen vollstreckbaren Anspruch kann der Schuldner jedoch keinen Widerspruch einlegen, hier müsste er vorher Vollstreckungsgegenklage erheben und eine Einstellung durch das Prozessgericht herbeiführen[3]. Der Widerspruch kann sich gegen eine zu hohe Berücksichtigung des Anspruch eines anderen Beteiligten zulasten des Widersprechenden richten oder aber gegen die Berücksichtigung des Anspruchs eines anderen Beteiligten an falscher Rangstelle. Gegen die Nichtberücksichtigung des Anspruchs des Widersprechenden oder aber gegen die Person des Berechtigten kann ebenfalls Widerspruch eingelegt werden. Der Widerspruch muss nicht begründet werden, muss genau aber angeben, gegen wen er sich richtet und welche andere Planausführung durch den Widerspruch herbeigeführt werden soll.

Das Versteigerungsgericht prüft nur, ob der Widerspruch zulässig ist. Über die Begründetheit des Widerspruchs entscheidet es nicht. Es wird jedoch im Regelfall versuchen, eine Einigung herbeizuführen.

Soweit eine Zuzahlung streitig bleibt, ist eine Hilfsverteilung anzuordnen und zwar für den Fall, dass der Widerspruch für begründet erklärt wird.

[1] § 11 RPflG
[2] § 115 Abs. 2 ZVG
[3] § 115 Abs. 3 ZVG

Der streitige Betrag wird hinterlegt, wobei der Betrag, was oft nicht bekannt ist, nach den Bestimmungen des Erstberechtigten auch anderweitig als bei der Hinterlegungsstelle angelegt werden kann[1]. Da die Hinterlegungszinsen der im anschließenden Rechtsstreit obsiegenden Partei zustehen, liegt es an sich im Interesse beider Parteien, eine möglichst hoch verzinsliche Anlage zu erreichen.

Der Widerspruch ist nach dem Verteilungstermin mit einer Widerspruchsklage weiter zu verfolgen[2]. Der widersprechende Gläubiger muss dem Vollstreckungsgericht binnen einer Frist von einem Monat die Klageerhebung nachweisen. Geschieht dies nicht, wird der Betrag an den Erstberechtigten ausgezahlt.

8.3 Ablauf eines Verteilungsverfahrens anhand des Beispielsfalls

Der Verteilungstermin selbst läuft in vier Abschnitten ab:

1. Aufstellung des Teilungsplanes;
2. Verhandlung über den Teilungsplan;
3. Entgegennahme der Zahlung des Erstehers oder zahlungspflichtigen Dritten;
4. Planausführung.

Zunächst stellt das Gericht den Teilungsplan anhand der Anmeldung der Beteiligten auf. Diese werden nach § 106 ZVG aufgefordert, binnen zwei Wochen eine Berechnung ihrer Ansprüche einzureichen. Das Gericht stellt sodann einen vorläufigen Teilungsplan auf und legt diesen drei Tage vor dem Termin in der Geschäftsstelle zur Einsichtnahme aller Beteiligten aus. Eine vorherige Anmeldung durch die Beteiligten muss nicht erfolgen. Die Anmeldung kann grundsätzlich (mit Ausnahme der zwingend anzumeldenden Ansprüche, z. B. rückständige Zinsen) auch noch im Verteilungstermin erfolgen.

Soweit zum Verteilungstermin mit Problemen zu rechnen oder nicht bekannt ist, in welchem Umfang vorrangige Gläubiger Anmeldungen vorgenommen haben, sollte vor dem Verteilungstermin mit dem Rechtspfleger telefonisch Kontakt aufgenommen werden.

Auf Seite 198 ff., Muster 24, ist ein Beispiel für den Ablauf eines Verteilungstermins dargestellt.

[1] § 124 Abs. 2, § 120 ZVG
[2] § 878 ZPO

Muster 24 **Protokoll über den Verteilungstermin im Zwangsversteigerungsverfahren**

– 6 K 100/97 –

Protokoll über den Verteilungstermin

Gegenwärtig: Wirtz als Rechtspfleger und als Urkundsbeamter der Geschäftsstelle

In dem Verfahren zur Zwangsversteigerung der im Grundbuch von Speicher Blatt 1422 eingetragenen Grundstücke

1. fd. Nr. 1 Flur 27 Nr. 17/1 Gebäude- und Freifläche, Bahnhofstraße, 4,83 ar;
2. lfd. Nr. 2 Flur 27 Nr. 17/2 Gebäude- und Freifläche, daselbst, 4,80 ar;
   lfd. Nr. 3 zu 2 Geh- und Fahrrecht an dem Grundstück Flur 27 Nr. 17/3 Gebäude- und Freifläche, Bahnhofstraße;
3. lfd. Nr. 4 Flur 27 Nr. 17/4 Gebäude- und Freifläche, daselbst 5,27 ar;
4. lfd. Nr. 5 Flur 27 Nr. 17/5 Freifläche, Bahnhofstraße 1,35 ar;
5. lfd. Nr. 6 Flur 27 Nr. 18 Freifläche, Bahnhofstraße 1,35 ar;

Eigentümer: Hermann Meyer, Roonstraße 7, 54662 Speicher

erschienen im heutigen Termin zur Verteilung des Versteigerungserlöses nach Aufruf der Sache:

1. der Ersteher Herr Theodor Meyer;
2. für die A-Bank eG: Herr Steffen, Vollmacht liegt bereits vor;
3. für die B-Bank: Herr Müller, Vollmacht liegt bereits vor;
4. für die C-Bank eG: Herr Maxer, Vollmacht liegt bereits vor.

Der am 30. Juni 1999 verkündete Zuschlagsbeschluss wurde verlesen und festgestellt, dass dieser rechtskräftig ist. Die erste Beschlagnahme des Grundbesitzes war am 20. Dezember 1997 erfolgt. Sodann wurde der wesentliche Inhalt des Grundbuchblattes und die folgenden Anmeldungen bekannt gemacht.

Nach Anhörung der anwesenden Beteiligten wurde hierauf der

T e i l u n g s p l a n

aufgestellt. Der Teilungsplan ist dieser Niederschrift als Anlage 1 beigefügt. Die Anlage wurde zum wesentlichen Inhalt der Niederschrift erklärt. Über den Teilungsplan wurde sofort verhandelt. Ein Widerspruch gegen den Teilungsplan wurde nicht erhoben. Festgestellt wurde, dass auch keine Anmeldung vorliegt, die als Widerspruch zu behandeln wäre.

Der Ersteher hat auf das bare Meistgebot zzgl. der Zinsen in Höhe von insgesamt 358.500,00 DM am 28. September 1999 einen Teilbetrag i. H. v. 198.997,33 DM auf das Konto der Gerichtszahlstelle überwiesen.

Herr Steffen als Vertreter der A-Bank eG und Herr Theodor Meyer als Ersteher erklären sodann:

Wir vereinbaren hiermit gemäß § 91 Abs. 2 ZVG das Bestehenbleiben der im Grundbuch von Koblenz Blatt 1422 auf den Grundstücken lfd. Nr. 1, 2, 4, 5 und 6 eingetragenen Grundschuld III/1 in Höhe von 100.000,00 DM nebst 15 Prozent Zinsen seit dem 30. Juni 1999 zu den im Grundbuch eingetragenen Bedingungen. Gleichzeitig übernimmt Herr Theodor Meyer die persönliche Haftung für den Grundschuldbetrag i. H. v. 100.000,00 DM nebst 15 Prozent Zinsen seit dem 30. Juni 1999 und unterwirft sich insoweit der sofortigen Zwangsvollstreckung in sein gesamtes Vermögen.

Herr Steffen als Vertreter der A-Bank eG erklärt sich wegen der im Teilungsplan bei der Zuteilung aufgeführten Beträge von

a) Gerichtskostenvorschuss	3.000,00 DM
b) Gerichtskosten für den Beitritt zum Verfahren	111,00 DM
c) Kosten der Terminwahrnehmung	100,00 DM
d) 15 Prozent Zinsen aus 100.000,00 DM vom 1. Januar 1994 bis 29. Juni 1999 restlich:	52.458,33 DM
Summe:	55.669,33 DM

für befriedigt.

Aufgrund der Vereinbarung über das Bestehenbleiben der Grundschuld III/1 ist ein Betrag i. H. v.

a) Grundschuldkapital III/1	100.000,00 DM
b) 15 Prozent Zinsen aus 100.000,00 DM vom 30. Juni 1999 bis 30. September 1999	3.791,67 DM
Summe:	103.791,67 DM

vom Ersteher nicht mehr zu zahlen.

Damit ist der gesamte Versteigerungserlös vorhanden.

Die Auszahlung erfolgt mit der dieser Niederschrift als Anlage 2 beigefügten Auszahlungsanordnung. Damit ist die gesamte Teilungsmasse abgewickelt. Das Grundbuchersuchen ist dieser Niederschrift als Anlage 3 beigefügt.

Bitburg, den 1. Oktober 1999

Das Amtsgericht

Wirtz, Rechtspfleger

Anlage 1 zum Protokoll über den Verteilungstermin vom 1. Oktober 1999

I. Teilungsmasse		
1. Bares Meistgebot:	355.000,00 DM	
2. Zinsen:	3.550,00 DM	
Summe:	358.550,00 DM	
II. Bestehen bleibende Rechte:		
1. II/1: Geh- und Fahrrecht		
2. II/2: Wohn- und Mitbenutzungsrecht (außerhalb des geringsten Gebots)		
III. Schuldenmasse		
1. Gerichtskosten		5.172,75 DM
a) Landesjustizkasse Mainz	2.172,75 DM	
b) A-Bank eG mit dem Vorschuss i. H. v.	3.000,00 DM	
2. Öffentliche Lasten im Range des § 10 Abs. 1 Rangklasse 3 ZVG		
a) Gemeinde Speicher		
aa) Grundsteuer		2.000,00 DM
bb) Erschließungskostenbeitrag		5.000,00 DM
b) Kreisverwaltung Bitburg-Prüm		240,00 DM
c) Bezirksschornsteinfegermeister Lau		137,25 DM
3. Forderungen der Rangklasse 4 und 5 des § 10 Abs. 1 ZVG		
3.1 A-Bank eG: Grundschuld III/1		
a) Kosten der Rechtsverfolgung		211,00 DM
aa) Gerichtskosten für die Anordnung	111,00 DM	
bb) Kosten der Terminwahrnehmung	100,00 DM	
b) Zinsen		56.250,00 DM
c) Kapital		100.000,00 DM
Summe des Anspruchs:		156.461,00 DM

3.2 B-Bank: Grundschuld III/2

a) Kosten der Rechtsverfolgung 3.550,40 DM

aa) Gerichtskosten für die Anordnung 111,00 DM

bb) Gebühren des Rechtsanwalts Lacher Wert: 250.000,00 DM

aaa)	3/10 Gebühr gem. § 68 Z. 1 BRAGO	887,50 DM
bbb)	4/10 Gebühr gem. § 68 Z. 2 BRAGO	1.170,00 DM
ccc)	3/10 Gebühr gem. § 68 Z. 3 BRAGO	887,50 DM
ddd)	Auslagenpauschale § 26 BRAGO	40,00 DM
eee)	16 Prozent MwSt	474,40 DM

Summe zu bb: 3.439,40 DM

Summe zu a: 3.550,40 DM

b) 15 Prozent Zinsen aus 200.000,00 DM vom 1. Juli 1995 bis 30. September 1999 (Rangklasse 4) 127.500,00 DM

c) 15 Prozent Zinsen aus 200.000,00 DM vom 1. April 1992 bis 30. Juni 1995 (Rangklasse 5) 97.500,00 DM

d) Kapital 200.000,00 DM

Summe des Anspruchs: 428.550,40 DM

3.3 C-Bank eG: Grundschuld III/3

a) Kosten der Rechtsverfolgung Gerichtskosten für die Anordnung 111,00 DM

b) 15 Prozent Zinsen aus 200.000,00 DM vom 2. Mai 1995 bis 30. September 1999 (Rangklasse 4) 132.416,67 DM

c) 15 Prozent Zinsen aus 200.000,00 DM vom 1. Januar 1994 bis 1. Mai 1999 (Rangklasse 5) 40.083,33 DM

d) Kapital 200.000,00 DM

Summe des Anspruchs: 372.611,00 DM

4. Forderungen der Rangklasse 7 des § 10 Abs. 1 ZVG
Gemeinde Speicher
Kanalbaubeitrag 3.500,00 DM

IV. Zuteilung

1. Aus der Teilungsmasse i. H. v. 358.550,00 DM sind gemäß § 109 ZVG vorweg die Kosten des Verfahrens zu entnehmen und zu zahlen an:
   a) Landesjustizkasse Mainz — 2.172,75 DM
   b) A-Bank eG mit dem Vorschuss i. H. v. — 3.000,00 DM
2. Gemeindekasse Speicher
   Zuteilung auf öffentliche Lasten festgestellt wie Abschnitt III Nr. 2 a in Höhe von — 7.000,00 DM
3. Kreisverwaltung Bitburg-Prüm
   Zuteilung auf öffentliche Lasten festgestellt wie Abschnitt III Nr. 2 b in Höhe von — 240,00 DM
4. Bezirksschornsteinfeger Lau
   Zuteilung auf öffentliche Lasten festgestellt wie Abschnitt III Nr. 2 c in Höhe von — 137,25 DM

Restliche Teilungsmasse: 346.000,00 DM

Eine Aufteilung auf die einzelnen Grundstücke im Verhältnis der Verkehrswerte ist bei dem Gläubiger III/1 nicht erforderlich, da es sich um ein Gesamtrecht handelt.

5. A-Bank eG

Zuteilung auf die Grundschuld III/1:

a) Kosten der Rechtsverfolgung
   aa) Gerichtskosten für die Anordnung — 111,00 DM
   bb) Kosten der Terminwahrnehmung — 100,00 DM
b) Zinsen — 56.250,00 DM
c) Kapital — 100.000,00 DM

Summe der Zuteilung auf die Forderung aus der Grundschuld III/1: — 156.461,00 DM

Aufgrund der Vereinbarung über das Bestehenbleiben der Grundschuld III/1 ändert sich die Zuteilung wie folgt:

a) Kosten der Rechtsverfolgung
   aa) Gerichtskosten für die Anordnung — 111,00 DM
   bb) Kosten der Terminwahrnehmung — 100,00 DM
b) Zinsen — 52.458,33 DM

Aufgrund der Vereinbarung über das Bestehenbleiben der Grundschuld III/1 ist ein Betrag i. H. v.

a) Grundschuldkapital III/1 100.000,00 DM

b) 15 Prozent Zinsen aus 100.000,00 DM vom 30. Juni 1999 bis 30. September 1999 3.791,67 DM

Summe: 103.791,67 DM

an den Gläubiger nicht mehr zu zahlen, dieser gilt insoweit als befriedigt.

Restliche Teilungsmasse: 189.539,00 DM

Nunmehr ist, da die Grundstücke unterschiedlich belastet sind, eine Aufteilung der Resterlöse auf die einzelnen Grundstücke erforderlich. Diese erfolgt nach § 112 ZVG, um die Zuteilung auf die erloschenen Rechte III/2 und III/3 zu ermitteln.

Zu der verbleibenden Teilungsmasse werden nach § 112 Abs. 2 S. 2 ZVG die bestehen bleibenden Rechte hinzugerechnet.

1.	II/1: Geh- und Fahrrecht	Ersatzwert	100,00 DM
2.	II/2: Wohn- und Mitbenutzungsrecht	Ersatzwert	120.340,00 DM
Summe:			120.440,00 DM

Dies ergibt eine berichtigte Teilungsmasse von 309.979,00 DM. Diese ist nach § 112 Abs. 2 S. 1 ZVG auf die einzelnen Grundstücke im Verhältnis der Verkehrswerte zu verteilen.

Grundstücke	**Lfd. Nr. 1**	**Lfd. Nr. 2**	**Lfd. Nr. 4**	**Lfd. Nr. 5**	**Lfd. Nr. 6**
	61.995,80	61.995,80	123.991,60	30.997,90	30.997,90
Davon sind die bestehen bleibenden Rechte abzuziehen[1]					
II/1: 100,00	0,00	100,00	0,00	0,00	0,00
II/2: 120.240,00	0,00	0,00	96.272,00	24.068,00	0
Danach verbleiben folgende Erlösanteile	61.995,80	61.895,80	27.719,60	6.929,90	30.997,90
Zuteilung auf III/2	61.995,80	61.895,80	0,00	0,00	30.997,90
Zuteilung auf III/3	0,00	0,00	27.719,60	6.929,90	0,00

[1] § 112 Abs. 2 S. 3 ZVG

Demnach entfallen auf das Recht III/2 154.889,50 DM und auf das Recht III/3 34.649,50 DM.

6. B-Bank 154.889,50 DM

a) Kosten der Rechtsverfolgung	
aa) Gerichtskosten für den Beitritt	111,00 DM
bb) Gebühren des RA Lacher	3.439,40 DM
b) 15 Prozent Zinsen vom 1. Juli 1995 bis 30. September 1999	127.500,00 DM
c) Kapital (Teilbetrag)	23.839,10 DM
Summe der Zuteilung auf die Forderung aus der Grundschuld III/2:	154.889,50 DM

7. C-Bank eG 34.649,50 DM

a) Kosten der Rechtsverfolgung Gerichtskosten für den Beitritt	111,00 DM
b) Zinsen (Teilbetrag)	34.538,50 DM
Summe der Zuteilung auf die Forderung aus der Grundschuld III/3:	34.649,50 DM

Damit ist die Teilungsmasse erschöpft. Die B-Bank und die C-Bank eG fallen jeweils mit ihren restlichen Ansprüchen aus. Die Gemeinde Speicher fällt mit ihrem Anspruch in Rangklasse 7 ganz aus.

Auf den Grundschuldbriefen werden folgende Vermerke angebracht:

1. Grundschuld III/1: Die vorverbriefte Grundschuld ist im Rahmen des Zwangsversteigerungsverfahrens 6 K 100/97 gemäß einer Vereinbarung nach § 91 Abs. 2 ZVG in Höhe des Kapitalbetrages von 100.000,00 DM nebst 15 Prozent Zinsen seit dem 30. Juni 1999 bestehen geblieben.

2. Grundschuld III/2: Die vorverbriefte Grundschuld ist durch rechtskräftigen Zuschlagsbeschluss des Amtsgerichts Bitburg vom 30. Juni 1999 im Zwangsversteigerungsverfahren 6 K 100/97 erloschen.

3. Grundschuld III/3: Die vorverbriefte Grundschuld ist durch rechtskräftigen Zuschlagsbeschluss des Amtsgerichts Bitburg vom 30. Juni 1999 im Zwangsversteigerungsverfahren 6 K 100/97 erloschen.

Auf den Vollstreckungstiteln werden folgende Vermerke angebracht:

1. Urkunde des Notars Schulz, Bitburg vom 27. Februar 1992 – Ur. Nr. 211/92 –:

   In dem Zwangsversteigerungsverfahren 6 K 100/97 gegen Hermann Meyer wurden folgende Beträge auf den Anspruch zugeteilt:

a) Kosten der Rechtsverfolgung
   aa) Gerichtskosten für die Anordnung 111,00 DM
   bb) Kosten der Terminwahrnehmung 100,00 DM
b) 15 Prozent Zinsen vom
   1. Januar 1994 bis 30. September 1999 56.250,00 DM
c) Kapital 100.000,00 DM

Summe der Zuteilung auf die Forderung
aus der Grundschuld III/1: 156.461,00 DM

In Höhe des Kapitalbetrages von 100.000,00 DM sowie 15 Prozent Zinsen vom 30. Juni 1999 bis 30. September 1999 i. H. v. 3.791,67 DM wurde das Bestehenbleiben nach § 91 Abs. 2 ZVG vereinbart.

Der Restbetrag i. H. v. 52.669,33 DM ist durch Zahlung gedeckt worden.

2. Urkunde des Notars Birken, Bitburg vom 6. März 1992 – Ur. Nr. 388/92 – In dem Zwangsversteigerungsverfahren 6 K 100/97 gegen Hermann Meyer wurden folgende Beträge auf den Anspruch zugeteilt:
   a) Kosten der Rechtsverfolgung
      aa) Gerichtskosten für die Anordnung 111,00 DM
      bb) Rechtsanwaltsgebühren 3.439,40 DM
   b) 15 Prozent Zinsen vom
      1. Juli 1995 bis 30. September 1999 127.500,00 DM
   c) Kapital (Teilbetrag) 23.839,10 DM

Summe der Zuteilung auf die Forderung
aus der Grundschuld III/2: 154.889,50 DM

Der Betrag ist durch Zahlung gedeckt worden.

3. Urkunde des Notars Birken, Bitburg vom 2. April 1992 – Ur. Nr. 521/92 – In dem Zwangsversteigerungsverfahren 6 K 100/97 gegen Hermann Meyer wurden folgende Beträge auf den Anspruch zugeteilt:
   a) Kosten der Rechtsverfolgung
      Gerichtskosten für den Beitritt 111,00 DM
   b) Zinsen (Teilbetrag) 34.538,50 DM

Summe der Zuteilung auf die Forderung
aus der Grundschuld III/3: 34.649,50 DM

Der Betrag ist durch Zahlung gedeckt worden.

Bitburg, den 1. Oktober 1999

Das Amtsgericht

Wirtz, Rechtspfleger

Die Auszahlungsanordnung sowie das Grundbuchersuchen wurden nicht als Muster beigefügt, da es sich hier lediglich um gerichtsinterne Anweisungen handelt.

Mit dem Grundbuchersuchen wird das Grundbuchamt um Löschung des Versteigerungsvermerks ersucht[1].

Zum Verteilungstermin, der im Gegensatz zum Versteigerungstermin nicht öffentlich ist, können zwar alle Beteiligten erscheinen, in der Praxis sind aber meist noch nicht einmal die Gläubiger anwesend. Hier kann im Vorfeld mit dem Rechtspfleger telefonisch abgeklärt werden, ob eine Teilnahme sinnvoll und/oder erforderlich ist. Soweit die Grundbuchlage eindeutig ist, kann aus Zeitgründen auf eine Teilnahme verzichtet werden. Nur wenn mit Problemen zu rechnen ist oder die Bank die Finanzierung des Erstehers vornimmt, sollte der Verteilungstermin in jedem Fall wahrgenommen werden.

Den Teilungsplan hat der Rechtspfleger zum Verteilungstermin aufgrund der ihm vorliegenden Anmeldungen bereits vorbereitet, den vorläufigen Teilungsplan ggf. sogar bereits drei Tage vorher auf der Geschäftsstelle ausgelegt[2]. Sollten im Verteilungstermin noch neue Anmeldungen vorgenommen oder bereits vorliegende Anmeldungen geändert werden, muss der Rechtspfleger im Termin den Teilungsplan entsprechend korrigieren.

Praxistipp

Soweit die Bank ihre Anmeldung korrigieren will oder muss, sollte sie den Rechtspfleger hiervon vorab zumindest telefonisch in Kenntnis setzen, da dieser auf vermeidbare Verzögerungen im Verteilungstermin manchmal ungehalten reagiert. Dies gilt insbesondere für Minderanmeldungen bei Grundschulden oder für Vereinbarungen über das Bestehenbleiben von Grundpfandrechten.

Aus dem Versteigerungserlös sind die Gerichtskosten des Verfahrens vorweg zu entnehmen. Dies gilt nicht für die Kosten der Gläubiger, die durch die Anordnung des oder den Beitritt zum Verfahren, durch den Zuschlag oder durch nachträgliche Verteilungsverhandlungen entstehen. Der Überschuss wird auf die Rechte, welche durch Zahlung zu decken sind, verteilt[3].

---

[1] § 34 ZVG
[2] § 106 S. 2 ZVG
[3] § 109 ZVG

Im Beispielsfall erfolgte keine Minderanmeldung, jedoch übernimmt die A-Bank eG für den Ersteher die Finanzierung des Steigpreises. In einem solchen Fall ist es möglich, mit dem Ersteher das Bestehenbleiben der für die Bank bereits eingetragenen Grundschuld zu vereinbaren[1], also eine sog. Liegenbelassungsvereinbarung zu treffen. Hierdurch werden die Gerichts- und Notarkosten für eine Neueintragung erspart. Es ist dann für die Bank lediglich erforderlich, eine neue Verwendungszweckerklärung vom Ersteher einzuholen. Die Vereinbarung über das Bestehenbleiben sollte grundsätzlich im Verteilungstermin getroffen werden, kann aber theoretisch auch noch bis zur Versendung des Grundbuchersuchens erfolgen. Letzteres kommt aber nur in Ausnahmefällen vor, da die Vereinbarung über das Bestehenbleiben wie eine Befriedigung aus dem Grundstück wirkt[2].

Die Rechtsfolge einer Liegenbelassungsvereinbarung ist, dass das betroffene Recht mit seinem bisherigen Inhalt unverändert bestehen bleibt. Dies gilt insbesondere für die Höhe der Zinsen, die Zinsfälligkeit und sonstige, im Rahmen der Grundschuldbestellung erfolgten Vereinbarungen. Die Vereinbarung wirkt „ex tunc", d. h., das nach den Versteigerungsbedingungen an sich erloschene Grundpfandrecht bleibt an seiner bisherigen Rangstelle bestehen. Eine mögliche Finanzierungsgrundschuld hätte Rang nach dem bestehen gebliebenen Recht. Ab dem Zuschlag übernimmt der Ersteher auch die dinglichen Zinsen. Auf Zinsen vor der Erteilung des Zuschlags kann das Bestehenbleiben nicht vereinbart werden.

Aufgrund der Liegenbelassungsvereinbarung vermindert sich der vom Ersteher zu zahlende Betrag des Meistgebots um denjenigen Betrag, der ansonsten auf das Recht zugeteilt worden wäre. Die Berechnung war in der Vergangenheit streitig, inzwischen gehen alle führenden Kommentatoren[3] davon aus, dass sich der vom Ersteher normalerweise zu zahlende Betrag genau um den Betrag mindert, der dem Gläubiger ohne die Liegenbelassung des Rechts im Verteilungstermin zugestanden hätte. Nur hierdurch ist sichergestellt, dass die Liegenbelassungsvereinbarung nur das Verhältnis zwischen dem Ersteher und dem Gläubiger berührt. Alle übrigen Beteiligten bleiben mit ihren Rechten von dieser Vereinbarung unberührt.

Die Berechnung erfolgt dergestalt, dass der Ersteher zunächst das Bargebot vom Zuschlag an bis zum Tag vor dem Verteilungstermin mit 4 Prozent verzinsen muss. Von diesem Betrag wird sodann der durch den Versteigerungserlös gedeckte Kapitalbetrag des liegenbelassenen

[1] § 91 Abs. 2 ZVG
[2] § 91 Abs. 3 S. 2 ZVG
[3] Zeller/Stöber, a.a.O., § 91 Anm. 4.3; Dassler/Schiffhauer, a.a.O., § 91 Rn 22; Steiner/Eickmann a.a.O., § 91 Rn 47 ff.; Böttcher ZVG, § 91 Anm. III 3 b

Rechts sowie dessen Zinsen vom Zuschlag bis zum Verteilungstermin abgezogen. Soweit auch das Bestehenbleiben einer evtl. eingetragenen Nebenleistung des Grundpfandrechts vereinbart wird, muss diese ebenfalls von dem bar zu erbringenden Betrag abgezogen werden.

Die Liegenbelassungsvereinbarung wirkt wie die Befriedigung des Gläubigers aus dem Grundstück[1], wobei diese Befriedigungswirkung nicht zum Erlöschen des Grundpfandrechts führt.

Aufgrund dieser Befriedigungswirkung darf die Bank daher auf keinen Fall eine Liegenbelassungsvereinbarung treffen, soweit die zu ihren Gunsten eingetragene Grundschuld keine volle Zuteilung erhält. Dies wäre zwar grundsätzlich möglich, berührt jedoch dann den schuldrechtlichen Rückgewähranspruch des früheren Eigentümers und Schuldners. Die Vereinbarung darf nur in Höhe des tatsächlich valutierenden und nach dem Teilungsplan auch zugeteilten Betrag vereinbart werden. Ansonsten führt eine solche Vereinbarung dazu, dass der Gläubiger an den früheren Eigentümer und Vollstreckungsschuldner einen Betrag in Höhe des nicht valutierten Teils der Grundschuld auszahlen muss. Daher kann nur dringend davon abgeraten werden, eine nicht oder nicht voll valutierte Grundschuld liegenzubelassen, um diese für neue Darlehen des Erstehers zu verwenden. Im Ergebnis würde dies ansonsten dazu führen, dass der Gläubiger doppelt belastet wäre, zum einen durch die Auszahlung des Darlehens an den Ersteher und zum anderen durch den Anspruch des Vollstreckungsschuldners auf den nicht mehr valutierten Teil der Grundschuld[2].

Praxistipp	***Wegen dieser Befriedigungswirkung kann das Bestehenbleiben nur für solche Grundschulden oder Grundschuldteile vereinbart werden, auf die nach dem vom Gericht erstellten vorläufigen Teilungsplan eine Zuteilung entfällt.***

Es muss daher vorher genau überprüft werden, in welcher Höhe voraussichtlich eine Zuteilung aus dem Versteigerungserlös auf die eigenen Ansprüche entfällt.

Insbesondere dann, wenn aufgrund der geltend gemachten vollen dinglichen Forderung in der Rangklasse 4 des § 10 Abs. 1 ZVG und der gesetzlichen Zuteilungsreihenfolge[3] eine Zuteilung zunächst auf die Zinsen

[1] § 91 Abs. 3 S. 2 ZVG
[2] BGH Rpfleger 1985, 74f
[3] § 12 ZVG

und nur eine Teilzuteilung auf das Kapital erfolgt, muss die zum Versteigerungstermin erfolgte Anmeldung ggf. korrigiert werden. In einem solchen Fall sollte die Anmeldung bezüglich der Zinsen durch eine Minderanmeldung insoweit zurückgenommen werden, dass auf das Kapital genau der Betrag entfällt, für den auch das Bestehenbleiben vereinbart werden soll. Es darf vom Gläubiger selbstverständlich nicht weniger angemeldet werden, als er aus der Teilungsmasse für sich beanspruchen will. Auf die Zinsen ab dem Zuschlag kann nicht verzichtet werden, da aufgrund der Vereinbarung über das Bestehenbleiben der Grundschuld das Kapital und die Zinsen ab dem Zuschlag als befriedigt gelten.

Die Erklärung über das Bestehenbleiben kann entweder im Verteilungstermin zu Protokoll oder aber in öffentlich beglaubigter Form abgegeben werden, wobei für die Bank ein Mitarbeiter mit entsprechender Vollmacht[1] oder aber der Vorstand in vertretungsberechtigter Anzahl anwesend sein muss.

Soweit seitens der anwesenden Beteiligten kein Widerspruch gegen den vorläufigen Teilungsplan erhoben wird, wird dieser zum endgültigen Teilungsplan erklärt. Anschließend nimmt das Gericht die Zahlung des Erstehers entgegen bzw. prüft, ob dieser den Betrag vorher überwiesen hat und der Nachweis des Zahlungseingangs vorliegt.

Eine Barzahlung erfolgt nur noch ausnahmsweise bei geringen Steigpreisen, üblich ist die vorherige Überweisung. Durch die seit dem 1. August 1998 geltende Änderung[2] ist diese bereits vorher übliche Praxis nunmehr auch durch das Gesetz legalisiert worden. Eine vom Meistbietenden eventuell geleistete Sicherheit wird auf die Zahlung angerechnet[3]. Die Auszahlung an die Berechtigten soll nunmehr ebenfalls unbar erfolgen[4].

Falls die Bank dem Ersteher das Meistgebot finanziert, besteht die Möglichkeit, dass sie hinsichtlich der auf ihre eigenen Ansprüche erfolgenden Zuteilung eine Befriedigungserklärung abgibt. Die Bank muss sich dann lediglich vorher vom Ersteher einen entsprechenden Auftrag erteilen lassen und kann den im Verteilungstermin zugeteilten Betrag sofort umbuchen. Sie muss in diesem Fall nicht auf die Zahlung des Gerichts warten, allerdings erfolgen die Zahlungen durch das Gericht inzwischen auch zeitnah.

Der festgestellte Teilungsplan wird sodann ausgeführt und die Gerichtszahlstelle um die entsprechenden Auszahlungen an die Berechtigten ersucht.

---

[1] siehe Muster unter A. 7.9.8
[2] § 107 Abs. 2 i. V. m. § 49 Abs. 3 ZVG
[3] § 107 Abs. 3 ZVG
[4] § 117 Abs. 1 S. 2 ZVG

Soweit das Meistgebot im Verteilungstermin nicht gezahlt wird und auch kein Zahlungseingang bei der Gerichtszahlstelle vorliegt, wird der Teilungsplan festgestellt. Anstelle einer Auszahlung erfolgt dann eine Forderungsübertragung. Insoweit wird auf A. 9 verwiesen.

Gleichzeitig mit der Auszahlungsanweisung erstellt das Versteigerungsgericht das Grundbuchersuchen[1]. Hiermit wird das Grundbuchamt angewiesen, den Ersteher als neuen Eigentümer entsprechend dem Zuschlagsbeschluss in das Grundbuch einzutragen und alle nach den Versteigerungsbedingungen erloschenen Rechte sowie den Zwangsversteigerungsvermerk im Grundbuch zu löschen. Voraussetzung für die Versendung des Grundbuchersuchens ist die Vorlage der steuerlichen Unbedenklichkeitsbescheinigung des Finanzamtes. Diese wird grundsätzlich erst nach Zahlung der Grunderwerbsteuer erteilt, es sei denn, dass ein Befreiungstatbestand vorliegt.

Auf dem Grundschuldbrief wird das Erlöschen auf dem versteigerten Grundstück vermerkt, bzw. der Brief wird unbrauchbar gemacht[2]. Im Falle der Vorlegung eines vollstreckbaren Titels über einen Anspruch, auf welchen ein Betrag zugeteilt wird, hat das Gericht auf dem Titel zu vermerken, in welchem Umfang der Betrag durch Zahlung, Hinterlegung oder Übertragung gedeckt worden ist[3]. Der Wortlaut der Vermerke ist durch das Protokoll festzustellen.

Hat der Ersteher bereits vorher die Eintragung eines Rechts an dem versteigerten Grundstück bewilligt (z. B. die Grundschuld für die Finanzierung des Meistgebots[4]), so darf diese Eintragung nicht vor der Erledigung des Grundbuchersuchens des Versteigerungsgerichts erfolgen[5].

Das Zwangsversteigerungsverfahren ist nach der Versendung des Grundbuchersuchens erledigt. Sobald die Eintragungsnachricht vom Grundbuchamt vorliegt, werden die Versteigerungsakten weggelegt.

8.4 Außergerichtliche Verteilung

Für die Beteiligten besteht die Möglichkeit, eine außergerichtliche Verteilung zu beantragen. Diese hat den Vorteil, dass die Gerichtskosten für die Erlösverteilung nur in Höhe der Hälfte der normalen Gebühr anfallen, also nur eine viertel Gebühr anstelle einer halben Gebühr[6].

---

[1] § 130 Abs. 1 ZVG
[2] § 127 Abs. 1 ZVG
[3] § 127 Abs. 2 ZVG
[4] siehe insoweit A. 12
[5] § 130 Abs. 3 ZVG
[6] Kostenverzeichnis Nr. 5141 zu § 11 Abs. 1 GKG

Wenn die Bank als Gläubigerin das Grundstück selbst zur Rettung der Forderung angesteigert hat und nur wenige Beteiligte eine Zuteilung erhalten, sollte deshalb eine außergerichtliche Verteilung des Versteigerungserlöses überlegt werden.

Praxistipp

Der Antrag auf Durchführung der außergerichtlichen Verteilung kann formlos gegenüber dem Gericht gestellt werden. Dies sollte jedoch vor der Bestimmung des Verteilungstermins erfolgen, um den Rechtspfleger nicht zu verärgern.

Grundsätzlich gibt es zwei Möglichkeiten der außergerichtlichen Verteilung:

Außergerichtliche Einigung über Erlösverteilung[1]: Diese Möglichkeit kommt in der Praxis sehr selten vor. Danach findet die Verteilung des Versteigerungserlöses durch das Gericht nicht statt, wenn diesem durch öffentliche oder öffentlich beglaubigte Urkunden nachgewiesen wird, dass sich die Beteiligten über die Verteilung des Erlöses geeinigt haben. Hier müssten sich also alle am Zwangsversteigerungsverfahren Beteiligten außerhalb des gerichtlichen Verteilungsverfahrens über die Aufteilung des Erlöses einig sein. Da auch der Schuldner zu diesen Beteiligten gehört, ist diese Art der Erlösverteilung äußerst selten.

Außergerichtliche Befriedigung der Berechtigten[2]: Diese zweite Möglichkeit kommt in der Praxis meist dann vor, wenn die Bank das Objekt selbst zur Rettung ihrer Forderung angesteigert hat und außer ihrer Forderung und den Gerichtskosten nur noch Gläubiger öffentlicher Lasten eine Zuteilung erhalten.

Das Gericht erstellt nach dem Antrag der Bank einen fiktiven Teilungsplan, bezogen auf einen bestimmten Stichtag und stellt diesen Kontrollteilungsplan allen am Verfahren Beteiligten formell zu.

Anhand des Kontrollteilungsplans kann die Bank nunmehr die dort festgestellten Zahlungen an die jeweiligen Gläubiger leisten. Die Berechtigten der öffentlichen Grundstückslasten sind gleichzeitig darum zu bitten, dem Versteigerungsgericht gegenüber in öffentlich beglaubigter Form (mit Dienstsiegel) zu erklären, dass der entsprechende Betrag an sie ge-

---

[1] § 143 ZVG
[2] § 144 ZVG

zahlt wurde. In Höhe der Zuteilung auf die eigenen Ansprüche muss die Bank selbst auch eine Befriedigungserklärung abgeben, wobei auch hier grundsätzlich eine öffentliche Beglaubigung erforderlich ist. Manche Rechtspfleger geben sich auch mit einer privatschriftlichen Befriedigungserklärung zufrieden. Dies sollte vorher abgeklärt werden.

Sobald dem Gericht die entsprechenden Urkunden der Berechtigten vorliegen, werden die Urkunden auf der Geschäftsstelle zur Einsicht aller Beteiligten niedergelegt. Über diese Tatsache werden alle Beteiligten vom Gericht benachrichtigt und gleichzeitig aufgefordert, eventuelle Erinnerungen innerhalb von zwei Wochen geltend zu machen. Soweit dies nicht erfolgt, ist das Verteilungsverfahren anschließend erledigt, es sei denn, dass Gegenstände nach § 65 ZVG besonders versteigert oder anderweitig verwertet worden sind[1].

Soweit ein Beteiligter Erinnerung einlegt, ist die außergerichtliche Verteilung gescheitert. Dies gilt selbst dann, wenn die Erinnerung offensichtlich unbegründet oder sogar ohne Begründung erfolgt. In diesem Fall leitet das Gericht das normale gerichtliche Verteilungsverfahren ein.

8.5 Wahlrecht des Gesamtgläubigers nach § 1132 BGB

Soweit für einen Gläubiger ein Grundpfandrecht als Gesamtrecht eingetragen ist, hat er die für ihn vorteilhafte Möglichkeit, seinen Anspruch nach seiner Wahl bei jedem der belasteten Grundstücke in vollem Umfange, insgesamt jedoch nur einmal, geltend zu machen. Jedes der belasteten Grundstücke haftet ihm für die ganze Forderung[2]. Er kann Befriedigung nach seinem Belieben aus jedem der Grundstücke ganz oder teilweise verlangen[3]. Der Gläubiger kann sein Recht jederzeit durch Eintragung im Grundbuch verteilen[4]. Es handelt sich hierbei um eine einseitige Erklärung, für die eine Zustimmung des Grundstückseigentümers nicht erforderlich ist[5].

Im Rahmen eines Zwangsversteigerungsverfahrens kann der Gläubiger sein Wahlrecht auch noch nach dem Zuschlag durch einfache Anmeldung zum Verteilungstermin ausüben. Dies stellt für nachrangige Gläubiger, die kein entsprechendes Gesamtrecht auf denselben Grund-

[1] § 144 Abs. 2 S. 2 ZVG
[2] § 1132 Abs. 1 S. 1 BGB
[3] § 1132 Abs. 1 S. 2 BGB
[4] § 1132 Abs. 2 BGB
[5] Palandt, BGB, § 1132 Anm. 11

stücken hinter dem erstrangigen Gläubiger besitzen, eine Gefahr dar. Soweit der erstrangige Gläubiger sein Wahlrecht erst mit der Anmeldung zum Verteilungstermin oder aber im Verteilungstermin selbst ausübt, hat der nachrangige Gläubiger keine Möglichkeit mehr, dies zu verhindern. Eine Ablösung des vorrangigen Gläubigers ist nur bis zur Erteilung des Zuschlags möglich. Eine Verteilung ist nicht nur möglich, wenn mehrere Grundstücke belastet sind, sondern bereits dann, wenn Miteigentum zu je einem halben Anteil besteht. Der halbe Miteigentumsanteil ist rechtlich ein selbstständiges Grundstück und deshalb auch getrennt belastbar.

Zur Erläuterung werden nachstehend zwei Beispiele anhand des Teilungsplans unter A. 8.3 dargestellt.

Die restliche Teilungsmasse vor der Zuteilung auf die Grundschuld III/1 betrug 346.000,00 DM.

Die Anmeldung des Gläubigers III/1 sähe für den Fall der Verteilung seiner Ansprüche wie auf Seite 214, Muster 25, dargestellt aus.

Der Teilungsplan des Amtsgerichts würde sich danach ab dem Punkt fünf ohne Berücksichtigung der Rechte in Abteilung II wie folgt ändern:

Eine Aufteilung auf die einzelnen Grundstücke im Verhältnis der Verkehrswerte ist jetzt schon vor der Zuteilung an den Gläubiger III/1 erforderlich. Die Aufteilung des Betrages von 346.000,00 DM auf die fünf Grundstücke ergibt sodann folgende Einzelbeträge:

Grundstücke	**Lfd. Nr. 1**	**Lfd. Nr. 2**	**Lfd. Nr. 4**	**Lfd. Nr. 5**	**Lfd. Nr. 6**
Anteiliger Erlös	69.200,00	69.200,00	138.400,00	34.600,00	34.600,00
Davon ist auf den Anspruch III/1 gemäß der Verteilung zuzuteilen:	69.200,00	69.200,00	0,00	0,00	18.066,00
Danach verbleiben folgende Erlösanteile	0,00	0,00	138.400,00	34.600,00	16.534,00
Zuteilung auf III/2	0,00	0,00	0,00	0,00	16.534,00
Zuteilung auf III/3	0,00	0,00	138.400,00	34.600,00	0,00

Muster 25 **Anmeldung der dinglichen Forderung zum Verteilungstermin mit Verteilung**

A-Bank eG
Postfach 1234, 54634 Bitburg

Bitburg, den 10. September 1999

An das
Amtsgericht Bitburg
Gerichtsstraße 2
54634 Bitburg

In der Zwangsversteigerungssache
Hermann Meyer
– 6 K 100/97 –

melden wir folgende Forderung zum Verteilungstermin am 1. Oktober 1999 an:

1. Aus der Grundschuld III/1
   a) Gerichtskosten für die Anordnung des Verfahrens — 111,00 DM
   b) Kosten für die Wahrnehmung des Versteigerungs- und des Verteilungstermins — 100,00 DM
   c) 15 Prozent Zinsen vom
      1. Januar 1994 bis 30. September 1999 — 86.250,00 DM
      abzüglich aus dem Zwangsverwaltungsverfahren 6 L 2/96 erhaltene Zahlungen auf die Zinsen 1997 und 1998 — 30.000,00 DM
      daher restlich noch geltend zu machen: — 56.250,00 DM
   d) Kapital — 100.000,00 DM

3. Den gesetzlichen Löschungsanspruch gem. § 1179 a BGB

Sodann verteilen wir unsere Grundschuld gemäß § 1132 BGB dahingehend, dass wir Zuteilung zunächst aus dem Erlös des Grundstücks lfd. Nr. 1, dann aus dem Erlös des Grundstücks lfd. Nr. 2, dann aus dem Erlös des Grundstück lfd. Nr. 6 und die restliche Zuteilung auf unsere Ansprüche aus dem Erlös des Grundstücks lfd. Nr. 4 beanspruchen.

Den Grundschuldbrief III/1 fügen wir anliegend bei.

Die an uns erfolgende Zuteilung erbitten wir auf das in unserem Hause geführte Konto Nr. 9000200022 (BLZ 300 600 86).

Nach dem Verteilungstermin bitten wir um Übersendung einer Abschrift des Protokolls nebst Teilungsplan.

Mit freundlichen Grüßen

A-Bank eG

Der Gläubiger III/2 erhält somit nur noch eine Zuteilung i. H. v. 16.534,00 DM, während der Gläubiger III/3 eine Zuteilung i. H. v. insgesamt 173.000,00 DM erhält. Gegenüber der normalen gesetzlichen Verteilung macht dies beim Gläubiger III/2 einen zusätzlichen Verlust i. H. v. 134.403,00 DM aus, was beim Gläubiger III/3 zu einem entsprechend geringeren Ausfall führt.

An diesem Beispiel ist erkennbar, wie gefährlich es für die spätere Zwangsversteigerung sein kann, wenn das eigene nachrangige Grundpfandrecht kein Gesamtrecht ist, ihm jedoch Gesamtrechte vorgehen. Im schlimmsten Fall kann dies dazu führen, dass ein Totalausfall droht. Bei der Ausübung des Wahlrechts nach § 1132 BGB handelt es sich um eine legale gesetzliche Möglichkeit. Der Gläubiger III/2 könnte sich nur dadurch schützen, indem er den Gläubiger III/1 vor dem Versteigerungstermin ablöst. Gegebenenfalls könnte er dann die Grundschuld III/1 dahingehend verteilen, dass die Zuteilung zunächst aus dem Erlös der Grundstücke 4 und 5 erfolgen soll. Dies würde dann folgende Zuteilung bedeuten:

Grundstücke	**Lfd. Nr. 1**	**Lfd. Nr. 2**	**Lfd. Nr. 4**	**Lfd. Nr. 5**	**Lfd. Nr. 6**
Anteiliger Erlös	69.200,00	69.200,00	138.400,00	34.600,00	34.600,00
Davon ist auf den Anspruch III/1 gemäß der Verteilung zuzuteilen:	0,00	0,00	138.400,00	18.066,00	0,00
Danach verbleiben folgende Erlösanteile	69.200,00	69.200,00	0,00	16.534,00	34.600,00
Zuteilung auf III/2	69.200,00	69.200,00	0,00	0,00	34.600,00
Zuteilung auf III/3	0,00	0,00	0,00	16.534,00	0,00

Der Gläubiger III/2 erhält somit auf sein eigenes Recht eine Zuteilung i. H. v. insgesamt 173.000,00 DM, während der Gläubiger III/3 nur eine Zuteilung i. H. v. 16.534,00 DM erhält. Die abgelöste Forderung aus dem Recht III/1 wird wieder voll zugeteilt.

Der nachrangige Gläubiger kann sich vor einer Verteilung zunächst einmal dadurch schützen, dass er in jedem Fall einer nachrangigen Belastung auch alle vorrangig belasteten Grundstücke in die Haftung für sein Grundpfandrecht nimmt. Soweit dann der vorrangige Gläubiger verteilt, wird der nachrangige Gläubiger durch den Erlös bei den restlichen Grundstücken entsprechend befriedigt.

Eine andere Möglichkeit besteht darin, den vorrangigen Gläubiger rechtzeitig vor Erteilung des Zuschlags oder aber bereits vor dem Versteigerungstermin abzulösen.

In der Praxis könnte das Wahlrecht, bezogen auf den Beispielsfall, dann zum Zuge kommen, wenn die Gläubiger III/1 und III/3 identisch sind oder aber der Gläubiger III/1 lieber dem Gläubiger III/3 den höheren Erlös zukommen lassen möchte.

8.6 Rückgewähranspruch bei Grundschulden

Als Sicherheit für Bankkredite werden heute nur noch ausnahmsweise Hypotheken im Grundbuch eingetragen. Vielmehr dient Gläubigern heute fast ausschließlich eine abstrakte Grundschuld als Sicherheit.

Nach dem Gesetz ist die Grundschuld zwar vollkommen abstrakt, doch hat die Bank immer eine zugrundeliegende persönliche Forderung, sodass man von einer sog. Sicherungsgrundschuld spricht. Auch diese Grundschuld ist nach außen hin abstrakt, der Gläubiger darf jedoch aufgrund des Sicherungsvertrages die Grundschuld nur bis zur Höhe seiner tatsächlichen persönlichen Forderung geltend machen. Soweit der Grundschuld keine Forderung zugrunde liegt, steht dem Grundstückseigentümer jedoch im Gegensatz zur Hypothek kein direkter sachenrechtlicher Anspruch (eine Hypothek wird durch Zahlung zur Eigentümergrundschuld) sondern lediglich ein schuldrechtlicher Rückgewähranspruch zu. Nach Wegfall des Sicherungszweckes ist der Grundschuldgläubiger verpflichtet, die Grundschuld an den Eigentümer zurückzugewähren, wobei es hierfür drei Möglichkeiten gibt:

1. Aufhebung (= Löschung) oder
2. Übertragung (= Abtretung) oder
3. Verzicht.

Das Wahlrecht hinsichtlich der drei möglichen Rückgewährarten liegt grundsätzlich beim Eigentümer. In der Praxis gehen manche Kreditinstitute dazu über, den Rückgewähranspruch bereits bei der Grundschuldbestellung oder in der Verwendungszweckerklärung in zulässiger Weise dahingehend zu beschränken, dass dem Eigentümer kein Übertragungs- sondern lediglich ein Löschungs- und/oder ein Verzichtsanspruch zusteht.

Oft wird auch die Abtretung des Rückgewähranspruches von der Zustimmung des Grundschuldgläubigers abhängig gemacht, so z. B. seit 1991 in den engen Verwendungszweckerklärungen des DG-Verlags (siehe Anhang 6, Vordrucke Nr. 220 020, 220 030 und 220 040).

Hier sollte ein Gläubiger, dem eine nachrangige Grundschuld bestellt wird, dem vorrangigen Gläubiger sofort die übliche Abtretung der Rückgewähransprüche zu seinen Gunsten anzeigen.

Praxistipp

Unabhängig davon, dass man nur durch die Abtretungsanzeige von einem möglichen Zustimmungserfordernis des vorrangigen Gläubigers erfährt, schließt der nachrangige Grundschuldgläubiger aus, dass eine ihm gegenüber an sich nachrangige Abtretung vorher angezeigt wird und durch die Zustimmung des Grundschuldgläubigers auch ihm gegenüber vorrangig wirksam wird.

Der Bundesgerichtshof[1] hat bereits 1989 festgestellt, dass die vereinbarungsgemäß zur Wirksamkeit einer Abtretung erforderliche Zustimmung des Schuldners keine Rückwirkung hat. („Schuldner" der Rückübertragungsansprüche ist der jeweilige Grundschuldgläubiger). Die Abtretung ist erst ab dem Zeitpunkt der Zustimmung wirksam. Auch ein an sich nachrangiger Abtretungsgläubiger kann hier also durch eine frühere Anzeige den Vorrang erhalten.

Durch die Abtretungsanzeige wird im Übrigen auch ausgeschlossen, dass sich ein nachrangiger Abtretungsgläubiger den nicht mehr valutierenden Teil einer vorrangigen Grundschuld abtreten lässt und diesen anschließend neu valutiert. In diesem Fall besteht kein Bereicherungsanspruch des vorrangigen Abtretungsgläubigers.

Der Sicherungsvertrag zwischen Eigentümer und Grundschuldgläubiger bestimmt, für welche Forderungen der Gläubiger die Grundschuld als Sicherheit und Pfandrecht heranziehen kann. In der Kreditpraxis stellt die sog. Verwendungszweckerklärung den Sicherungsvertrag dar, wobei diese bereits in der Grundschuldbestellungsurkunde enthalten sein kann oder aber – wie seit 1991 in den Vordrucken des DG-Verlags vorgesehen – in einer gesonderten Erklärung abgegeben wird (siehe Anhang 6, Vordrucke Nr. 220 050, 220 060 und 220 070).

[1] ZIP 1989, 1137

Üblich ist die Formulierung, wonach die Grundschuld zur Absicherung aller gegenwärtigen und zukünftigen Forderungen des Gläubigers aus der bankmäßigen Geschäftsverbindung gegen den Eigentümer dient.

Sind Eigentümer und persönlicher Schuldner nicht identisch, wird die Grundschuld üblicherweise mit einer engen Verwendungszweckerklärung unterlegt sein. Danach haftet die Grundschuld nur für ganz bestimmte und genau bezeichnete Forderungen des Gläubigers.

Unabhängig vom Sicherungsvertrag steht die Grundschuld dem Gläubiger jedoch in vollem Umfang zu. Auch durch Zahlung entsteht im Regelfall kein Eigentümerrecht, da die Zahlungen gem. den üblichen Bankbedingungen nur auf die persönliche Forderung und nicht auf die Grundschuld geleistet werden.

Wenn der Gläubiger aus der Grundschuld jedoch in einem die gesicherte persönliche Forderung übersteigenden Maß vollstreckt, steht dem Eigentümer die Einrede gem. § 1157 BGB zu, die er im Wege der Vollstreckungsgegenklage geltend machen muss. Die bloße Anmeldung der Grundschuld zum Versteigerungstermin genügt für diese Einrede nicht. Auch im Verteilungsverfahren könnte der Eigentümer oder der Inhaber der Rückgewähransprüche die Einrede nach § 1157 BGB erheben und Widerspruch gegen eine zu hohe Zuteilung auf die Grundschuld einlegen.

Dies ist jedoch streitig, da der Bundesgerichtshof im Gegensatz zum Oberlandesgericht München entschieden hat, dass der Grundschuldgläubiger berechtigt ist, die volle Grundschuld geltend zu machen und den Rückgewähranspruch anschließend erfüllen kann[1].

Der Rückgewähranspruch ist lediglich ein schuldrechtlicher Anspruch. Erst durch seine Geltendmachung und Erfüllung tritt die dingliche Rechtsänderung ein, wobei sich je nach Art der Erfüllung unterschiedliche Ergebnisse für die nachrangigen Gläubiger ergeben (siehe Beispielsberechnung unter A. 8.8). Soll der Rückgewähranspruch vor Zuschlag erfüllt werden, müssen die Grundbucheintragungen vollzogen werden. Erlischt die Grundschuld durch den Zuschlag, sind die gleichen Erklärungen erforderlich, nicht aber Bestimmungen, die zur Wirksamkeit eine Grundbucheintragung und Briefübergabe erfordern.

Der Grundschuldgläubiger muss seinen Willen ausdrücklich bezeichnen, da ihm bei unklarer Erklärung der volle Grundschuldbetrag zugeteilt wird. Ein reiner Hebungsverzicht bedeutet keinen Verzicht auf die Grundschuld.

---

[1] BGH NJW 1981, 1505; OLG München ZIP 1980, 974

Streitig ist, ob der Gläubiger verpflichtet ist, im Interesse des Sicherungsgebers die Grundschuld voll geltend zu machen, um den Übererlös anschließend auszukehren. In der Praxis spielt dies jedoch keine große Rolle, da der Gläubiger nach den Bankbedingungen in der Regel nicht verpflichtet ist, eine Forderung aus der Grundschuld geltend zu machen, die seine tatsächliche persönliche Forderung übersteigt.

8.7 Löschungsanspruch

Ist durch die Erfüllung des Rückgewähranspruchs in der Form des Verzichts ein Eigentümerrecht entstanden, stellt sich die Frage, wie diese Ansprüche im Verteilungsverfahren bei Geltendmachung des Löschungsanspruchs zu handhaben sind. Ebenso, wenn eine Hypothek vorrangig eingetragen ist, die bereits zum Teil eine Eigentümergrundschuld geworden ist.

Es bestehen drei Möglichkeiten des Löschungsanspruchs:

- Der vereinbarte Löschungsanspruch vor dem 1. Januar 1978, der durch eine Löschungsvormerkung abgesichert war.
- Der vereinbarte Löschungsanspruch seit 1. Januar 1978 gem. § 1179 BGB neue Fassung. Dieser Anspruch kann eingetragen werden für Berechtigte von dinglichen Rechten, Vormerkungen und Widersprüchen in Abteilung II des Grundbuchs oder aber für Berechtigte, denen ein schuldrechtlicher Anspruch auf Einräumung eines Rechts in Abteilung II oder auf Übertragung am Grundstück zusteht.
- Der gesetzliche Löschungsanspruch nach § 1179 a BGB seit 1. Januar 1978. Dieser Löschungsanspruch besagt, dass der Gläubiger eines nachrangigen Grundpfandrechts von jedem Eigentümer die Löschung von Grundpfandrechten verlangen kann, die seinem Grundpfandrecht im Range vorgehen oder gleichstehen, soweit sie sich mit dem Eigentum bereits vereinigt haben oder künftig vereinigen werden. Dies gilt für Grundpfandrechte, die dem Grundpfandrecht des Gläubigers zum Zeitpunkt der Eintragung eines eigenen Grundpfandrechts oder später zum Zeitpunkt der Eintragung eines Rangrücktritts seines Grundpfandrechts vorgehen.

Gem. § 1179 b BGB gilt entsprechendes für das eigene Recht des Grundpfandgläubigers. Der gesetzliche Löschungsanspruch besteht auch für Gläubiger von Sicherungshypotheken, Inhabergrundschulden und Inhaber von Sicherungshypotheken für übertragene Forderungen gegen den Ersteher. Er besteht auch gegenüber der Eigentümergrundschuld, die bei

Fehlen der Forderung von vornherein dem Eigentümer zusteht[1], kann jedoch erst geltend gemacht werden, wenn die zu sichernde Forderung nicht mehr entstehen wird[2].

Kein Löschungsanspruch besteht:

- wenn er ausgeschlossen ist[3];
- gegenüber einer ursprünglichen offenen Eigentümergrundschuld, die einem anderen als dem Eigentümer noch nicht zugestanden hat;
- gegenüber einer Eigentümergrundschuld aus einem Briefrecht vor Briefübergabe[4];
- für den Gläubiger einer Arrestsicherungshypothek[5];
- für Grundpfandrechte, die bis zum 31. Dezember 1977 im Grundbuch eingetragen worden sind und zu deren Gunsten nicht die Eintragung einer Löschungsvormerkung bewilligt wurde.

Der Löschungsanspruch, sei er gesetzlich oder durch Vormerkung gesichert, gibt lediglich einen schuldrechtlichen Anspruch auf Löschung desjenigen Rechts, welches sich mit dem Eigentum am Grundstück in einer Person vereinigt hat. Im Zwangsversteigerungsverfahren wird der Löschungsanspruch nur beachtet, wenn er spätestens im Verteilungstermin angemeldet wird. Mehrere Löschungsansprüche haben grundsätzlich keinen Rang untereinander. Für deren Berücksichtigung entscheidet der Rang des Grundpfandrechts, welches begünstigt ist. Das Eigentümerrecht entsteht kraft Gesetzes, der Löschungsberechtigte hat lediglich den Anspruch auf Löschung.

Das Entstehen des Eigentümerrechts muss nachgewiesen sein. Zinsen können aus einem Eigentümerrecht nicht geltend gemacht werden[6], sodass sich der Löschungsanspruch grundsätzlich nur auf das zur Eigentümergrundschuld gewordene Kapital beziehen kann. Der Nachweis, dass ein Eigentümerrecht entstanden ist, muss dem Gericht gegenüber geführt werden, wobei eine besondere Form bei einem durch Zuschlag erloschenen Recht nicht vorgesehen ist.

Für die Behandlung des Löschungsanspruchs sind drei verschiedene Konstellationen denkbar:

[1] § 1163 Abs. 1 Satz 1 BGB
[2] § 1179 a Abs. 2 BGB
[3] § 1179 a Abs. 5 BGB
[4] § 1179 a Abs. 2 Satz 2 BGB
[5] § 932 Abs. 1 Satz 2 ZPO
[6] § 1197 BGB

Belastetes und begünstigtes Recht bleiben bestehen

Der Löschungsanspruch muss außerhalb des Zwangsversteigerungsverfahrens geltend gemacht werden. Er spielt im Rahmen des Zwangsversteigerungsverfahrens keine Rolle, das Gericht hat nichts zu veranlassen.

Das belastete Recht bleibt bestehen, das begünstigte Recht ist durch den Zuschlag erloschen

Der Löschungsanspruch muss in diesem Fall spätestens im Verteilungstermin geltend gemacht werden, und der Löschungsberechtigte muss mit seinem eigenen Recht ganz oder teilweise ausgefallen sein. Darüber hinaus muss es sich um einen Eigentümeranspruch aus der Zeit vor dem Zuschlag handeln. Sollte nach dem Zuschlag ein Eigentümerrecht entstanden sein, kommt dies nur dem Ersteher zugute. Der Berechtigte des erloschenen Rechts muss daher, um weiterhin abgesichert zu sein, die Eintragung einer Löschungsvormerkung beantragen[1].

Mit dem Grundbuchersuchen lässt das Versteigerungsgericht sodann eine entsprechende Löschungsvormerkung eintragen. Sie sichert jedoch nur die Löschungsverpflichtung des bisherigen Eigentümers hinsichtlich solcher Eigentümergrundschulden, die bereits vor dem Zuschlag entstanden waren. Wenn streitig ist, ob ein Löschungsanspruch bestand, hat hierüber nicht das Versteigerungsgericht sondern das Prozessgericht außerhalb des Zwangsversteigerungsverfahrens zu entscheiden. Unter Umständen muss in diesem Fall auch eine Zuzahlungsverpflichtung nach § 125 ZVG vorgenommen werden.

Belastetes und begünstigtes Recht sind durch den Zuschlag erloschen

Der Löschungsanspruch muss spätestens im Verteilungstermin geltend gemacht werden, und der Löschungsberechtigte muss mit seinem eigenen Recht ganz oder teilweise ausgefallen sein. Darüber hinaus muss das Eigentümerrecht vor dem Zuschlag entstanden sein. Wichtig ist, dass Zwischenrechte weder begünstigt noch benachteiligt werden dürfen. Da das belastete Recht durch den Zuschlag erloschen ist, kann die Löschung grundbuchmäßig nicht mehr vollzogen werden. Hier tritt das Surrogat an die Stelle des Rechts, und der Löschungsanspruch richtet sich darauf, den auf das Eigentümerrecht entfallenden Erlösanteil an Stelle des Eigentümers in Empfang zu nehmen. Wenn feststeht, dass

[1] § 130 a Abs. 2 Satz 1 ZVG

dem Begünstigten bei vorheriger Löschung ein höherer Erlösanteil zugeflossen wäre, gibt es hinsichtlich der technischen Abwicklung zwei Meinungen:

- Viele Rechtspfleger teilen den zur Eigentümergrundschuld gewordenen Betrag direkt dem Löschungsberechtigten zu, indem sie den Löschungsanspruch als Vormerkung einer Auflassungsvormerkung gleichstellen und den Schuldner auf einen Widerspruch nach § 115 ZVG verweisen. Dies hat für den Gläubiger des Löschungsanspruchs den Vorteil, dass er die Zuteilung sofort erhält. Sollte der Schuldner hiermit nicht einverstanden sein, muss dieser Widerspruch einlegen und Widerspruchsklage erheben.
- Nach der von Zeller/Stöber[1] seit der 11. Auflage und auch von einigen Gerichten vertretenen Auffassung handelt es sich bei dem Löschungsanspruch, gleich ob durch Vormerkung gesichert oder als gesetzlicher Anspruch, lediglich um einen schuldrechtlichen Anspruch, sodass für die Zuteilung an den berechtigten Gläubiger entweder die ausdrückliche Zustimmung des Schuldners oder aber eine gerichtliche Entscheidung erforderlich ist.

Wenn diese Unterlagen, was regelmäßig der Fall sein dürfte, nicht vorliegen, wird der auf das Eigentümerrecht entfallende Betrag dem Eigentümer zugeteilt. Die Geltendmachung des Löschungsanspruchs wird als Widerspruch nach § 115 ZVG gewertet, sodass der Gläubiger des begünstigten Rechts oft gezwungen ist, einen weiteren Prozess gegen den Eigentümer zu führen, da dieser meist nicht bereit sein dürfte, den Löschungsanspruch freiwillig anzuerkennen. Unter Umständen bestünde hier auch die Möglichkeit, durch eine Pfändung des Anspruchs des Schuldners gegen die Hinterlegungsstelle und eine Überweisung an Zahlung statt zum Nennwert die Zustimmung des Schuldners zu ersetzen.

8.8 Wahlmöglichkeit Löschungsanspruch/ Rückgewähranspruch

Ein Grundschuldgläubiger hat die Möglichkeit, zum Verteilungstermin zu wählen, ob er seine volle dingliche Forderung anmeldet oder aber nur die Grundschuld in Höhe der gesicherten persönlichen Forderung.

Nach den üblichen Bedingungen in der Grundschuldbestellungsurkunde oder der Verwendungszweckerklärung ist die Bank nicht verpflichtet, in einem Zwangsversteigerungsverfahren aus der Grundschuld Beträge geltend zu machen, die über den gesicherten persönlichen Anspruch

[1] Zeller/Stöber, a.a.O., § 114 Anm. 9.14 ff.

hinaus gehen. Sie kann auf den übersteigenden Betrag jederzeit verzichten und den Verzicht im Grundbuch eintragen lassen.

Daher ist die häufige Praxis der Minderanmeldung zum Versteigerungs- oder erst zum Verteilungstermin rechtlich abgesichert[1].

Auf Seite 224 wird anhand eines Beispiels dargestellt, wie der Gläubiger der nicht voll valutierten Grundschuld unter Umständen steuern kann, welcher nachrangige Gläubiger den Übererlös erhält.

9 Forderungsübertragung und Wiederversteigerung

Leider kommt es hin und wieder vor, dass der Ersteher zum Verteilungstermin das Meistgebot nicht zahlt. Für die Gläubiger ist dies misslich, denn sie hatten bereits mit einem entsprechenden Erlös bzw. einer Zuteilung auf ihre Ansprüche gerechnet. Die Gründe für eine Nichtzahlung können darin liegen, dass z. B. eine Finanzierung nicht zustande gekommen ist oder dass bewusst nicht gezahlt wurde, weil der Ersteher nur ein Strohmann war. Für das Meistgebot haftet der Ersteher persönlich.

Soweit die Zahlung des Bargebots im Verteilungstermin nicht erfolgt, wird der Teilungsplan dadurch ausgeführt, dass die Forderung gegen den Ersteher auf die Berechtigten übertragen wird[2]. Soweit die Sicherheitsleistung im Versteigerungstermin durch eine Bürgschaft erbracht wurde, wird der Bürge in Höhe der Bürgschaftsverpflichtung für mithaftend erklärt. Diese Forderungsübertragung bzw. Mitübertragung erfolgt durch Anordnung des Gerichts. Eine bar hinterlegte Sicherheitsleistung wird entsprechend dem Teilungsplan verteilt.

Die übertragene Forderung verzinst sich ab dem Verteilungstermin mit 4 Prozent und zwar auch dann, wenn es sich bei dem zugrunde liegenden Anspruch selbst um Zinsen handelte oder dieser nicht verzinslich war[3].

Die Forderungsübertragung wirkt wie die Befriedigung aus dem Grundstück[4], d. h. der alte Eigentümer wird zunächst von seiner Verpflichtung befreit. Diese Befriedigungswirkung tritt jedoch nicht ein, wenn vor dem Ablauf von drei Monaten der Berechtigte aus der Forderungsübertragung dem Gericht gegenüber den Verzicht auf die Rechte aus der Über-

[1] siehe insoweit A. 8.2
[2] § 118 Abs. 1 ZVG
[3] Zeller/Stöber, a.a.O., § 118 Anm. 3.8
[4] § 118 Abs. 2 S. 1 ZVG

Beispiel für Wahlmöglichkeit zwischen Löschungsanspruch und Rückgewähranspruch

Versteigert werden die Grundstücke 1, 2 und 6 mit einem Verkehrswert von 250.000,00 DM. Die zu verteilende Masse im Verteilungstermin betrug 200.000,00 DM.

Der Gläubiger III/1 hatte zum Versteigerungstermin aus der Grundschuld III/1 die Zinsen seit 1. Januar 1995 angemeldet. Die persönliche Forderung des Gläubigers III/1 beträgt 120.000,00 DM.

I. Zuteilung, wenn Gläubiger III/1 die Grundschuld voll dinglich geltend macht:

1.	Gerichtskosten	5.000,00 DM
2.	öffentliche Lasten	5.000,00 DM
3.	Grundschuld III/1	182.500,00 DM
4.	Grundschuld III/2	7.500,00 DM

Der Gläubiger III/1 zahlt 62.500,00 DM aufgrund der Rückgewähransprüche an den Rückgewährberechtigten, dies könnte z. B. der Gläubiger III/3 sein oder sogar ein nicht im Grundbuch eingetragener Gläubiger.

II. Zuteilung bei Verzicht von III/1 auf den seine persönliche Forderung übersteigenden Teil der Grundschuld:

1.	Gerichtskosten	5.000,00 DM
2.	öffentliche Lasten	5.000,00 DM
3.	Grundschuld III/1	120.000,00 DM
4.	Grundschuld III/2	70.000,00 DM

Ein Rückgewähranspruch hinsichtlich der Grundschuld III/1 ist nicht entstanden.

tragung erklärt oder erneut die Zwangsversteigerung (Wiederversteigerung) beantragt. Dies hat für den Gläubiger den Vorteil, dass er seinen alten Schuldner behält und zusätzlich der Ersteher als neuer Schuldner auch persönlich haftet.

Wird der Antrag auf Wiederversteigerung zurückgenommen oder das Verfahren später wieder aufgehoben, so gilt er als nicht gestellt und die Befriedigungswirkung ist eingetreten[1].

Die Ansprüche aus der Forderungsübertragung sind sofort vollstreckbar, ebenso der Anspruch aus der Sicherungshypothek und zwar sowohl gegen den Ersteher als auch gegen jeden späteren Eigentümer[2].

Dem Inhaber der übertragenen Forderung wird auf Antrag eine vollstreckbare Ausfertigung des Zuschlagsbeschlusses erteilt. Hierin wird in der Vollstreckungsklausel der Betrag angegeben, für den der Ersteher haftet. Der Zustellung einer Urkunde über die Übertragung der Forderung bedarf es nicht[3].

Sollte der Gläubiger – wider Erwarten – auf die Ansprüche aus der Forderungsübertragung verzichten, muss das Gericht diese Forderung auf den nächstberechtigten Gläubiger, der bei der Verteilung ausgefallen ist, übertragen. Diese Übertragung ist dem Ersteher als Schuldner sowie dem neuen Berechtigten mitzuteilen[4].

Soweit eine Forderungsübertragung erfolgt, wird im Rahmen des Grundbuchersuchens des Versteigerungsgerichts für diese Forderung eine Sicherungshypothek an dem Grundstück mit dem Range des Anspruchs eingetragen[5]. Diese Hypothek entsteht mit ihrer Eintragung[6]. Soweit der Ersteher als neuer Eigentümer später zahlt und dadurch eine Eigentümergrundschuld entsteht, kann sie nicht zum Nachteil eines Rechts, das bestehen geblieben ist, oder einer weiteren aufgrund der Forderungsübertragung eingetragenen Sicherungshypothek geltend gemacht werden[7].

Falls der Gläubiger aus der übertragenen Forderung vollstrecken will, kann er die Wiederversteigerung sofort nach Erhalt der vollstreckbaren Ausfertigung beantragen, eine vorherige Zustellung des Titels und der

[1] § 118 Abs. 2 S. 2 ZVG
[2] § 132 Abs. 1 ZVG
[3] § 132 Abs. 2 ZVG
[4] § 118 Abs. 2 S. 4 ZVG
[5] § 128 Abs. 1 S. 1 ZVG
[6] § 128 Abs. 3 S. 1 ZVG
[7] § 128 Abs. 3 S. 2 ZVG

Vollstreckungsklausel sind nicht erforderlich[1]. Ebenso ist eine vorherige Eintragung des Erstehers als neuer Eigentümer im Grundbuch nicht notwendig.

Praxistipp

Für den Fall einer Forderungsübertragung ist dem Gläubiger anzuraten, sofort die Erteilung einer vollstreckbaren Ausfertigung des Zuschlagsbeschlusses zu beantragen und dann damit die Wiederversteigerung zu beantragen.

Nach Anordnung der Wiederversteigerung fordert das Versteigerungsgericht vom zuständigen Finanzamt die Unbedenklichkeitsbescheinigung an. Diese wird in aller Regel auch ohne Zahlung der Grunderwerbsteuer erteilt.

Anschließend wird das Grundbuchersuchen des Versteigerungsgerichts ausgeführt. Der Ersteher als Eigentümer und die Sicherungshypothek für die übertragene Forderung werden im Grundbuch eingetragen. Nach Eintragung des Erstehers als Eigentümer wird das Zwangsversteigerungsverfahren gegen diesen wie ein normales Verfahren fortgeführt.

Der Ersteher hat jedoch bereits nach der Zustellung des Anordnungsbeschlusses die Möglichkeit, einen Antrag auf einstweilige Einstellung nach § 30 a ZVG zu stellen. Auch in einer Zwangsversteigerung zur Wiederversteigerung erhält der Ersteher eine entsprechende Belehrung. Begründet könnte ein solcher Antrag nur dann sein, wenn nachgewiesen werden könnte, dass die Finanzierung des Meistgebots unmittelbar bevorsteht.

Praxistipp

Sobald die Sicherungshypothek eingetragen ist, sollte der Gläubiger einen Beitritt zur Wiederversteigerung aus dem Rang der Sicherungshypothek beantragen, damit er insoweit bestrangig betreibender Gläubiger ist und das Recht nicht in das geringste Gebot fällt.

Auch in der Wiederversteigerung erfolgt eine Wertfestsetzung, wobei hier von der Bank sofort der Antrag gestellt werden sollte, das im vorherigen Verfahren erstellte Gutachten heranzuziehen, falls dieses nicht be-

[1] § 133 ZVG

reits mehrere Jahre alt ist. Selbst wenn dies der Fall sein sollte, sollte bei Gericht beantragt werden, den alten Sachverständigen zu beauftragen, da dieser sein Gutachten lediglich überarbeiten müsste.

Falls der Gläubiger diesen Beitritt nicht vornimmt, fällt die Sicherungshypothek ins geringste Gebot, wobei diese dann entgegen den normalen Vorschriften nicht bestehen bleibt, sondern ins Bargebot aufzunehmen ist[1].

Im Falle einer Wiederversteigerung sollte zusätzlich die Zwangsverwaltung aus der übertragenen Forderung beantragt werden.

Praxistipp

Dies ist anzuraten, da der Ersteher, obwohl er das Meistgebot nicht gezahlt hat, bereits mit dem Zuschlag Eigentümer geworden ist und daher z. B. auch Mietverträge mit Mietvorauszahlungen abschließen könnte.

Die Sicherungshypotheken für die übertragenen Forderungen der Rangklassen 1 bis 3 des § 10 ZVG, für die wiederkehrenden Leistungen in der Rangklasse 4 sowie für die im § 10 Abs. 2 ZVG bezeichneten Kosten können nicht zum Nachteil der Rechte, welche bestehen geblieben sind, und der übrigen nach § 128 Abs. 1, 2 ZVG eingetragenen Sicherungshypotheken geltend gemacht werden, es sei denn, dass vor Ablauf von sechs Monaten nach der Eintragung der Gläubiger dieser Sicherungshypothek die Wiederversteigerung beantragt[2]. Wird der Antrag auf Wiederversteigerung zurückgenommen oder das Verfahren nach § 31 Abs. 2 ZVG aufgehoben, so gilt er als nicht gestellt[3].

Soweit die Bank Gebote eines Strohmanns und eine Zuschlagserteilung an diesen nicht verhindern kann, besteht die Möglichkeit, das Grundstück für Rechnung des Erstehers in gerichtliche Verwaltung zu nehmen[4]. Dies ist möglich, solange nicht die Zahlung oder Hinterlegung des Meistgebots erfolgt ist. Der Antrag kann schon im Versteigerungstermin gestellt werden und zwar von jedem Gläubiger, der eine Befriedigung aus dem Bargebot zu erwarten hat. Auf die Bestellung des Verwalters sowie auf dessen Rechte und Pflichten finden die Vorschriften über die Zwangsverwaltung entsprechende Anwendung[5].

[1] § 128 Abs. 4 ZVG
[2] § 129 S. 1 ZVG
[3] § 129 S. 2 ZVG
[4] § 94 ZVG
[5] § 94 Abs. 2 ZVG

Falls der Ersteher das Meistgebot nicht zahlt und eine Wiederversteigerung erforderlich wird, sollte die Bank prüfen, ob sie gegen den Ersteher nicht Strafanzeige wegen des Verdachts des Betruges stellt. Wer in einem Versteigerungstermin ein Gebot abgibt, muss sich vorher Gedanken über die Finanzierung machen bzw. sogar sicher sein, dass die Finanzierung auch zustande kommt. Sollte dies nicht der Fall sein, liegt zumindest der Verdacht des Betruges nahe.

Einen Schaden wird die Bank als Gläubigerin der übertragenen Forderung mit Sicherungshypothek alleine dadurch erleiden, dass sich die übertragene Forderung ab Zuschlag nur mit dem gesetzlichen Zinssatz von 4 Prozent verzinst, während bei Zahlung des Meistgebots die durchschnittliche Aktivverzinsung hätte erzielt werden können.

Sollte der Ersteher später die übertragene Forderung ablösen, kann die Bank hieraus nur die 4 Prozent Zinsen geltend machen. Es bleibt ihr jedoch unbenommen, vom Ersteher als Schadensersatz den ihr tatsächlich entstandenen Schaden zu verlangen, also die Differenz zwischen 4 Prozent und ihrer durchschnittlichen Aktivverzinsung. Dies kann jedoch nur außerhalb der Wiederversteigerung erfolgen, und die Bank müsste diesen Zinsanspruch ggf. auch als Schaden titulieren lassen. Solange jedoch bereits die übertragene Forderung nicht gezahlt wird, bleibt aus Kostengründen zu überlegen, ob sich die Titulierung dieses Anspruchs lohnt.

Zu beachten ist aber, dass der Zuschlagsbeschluss über die übertragene Forderung ein Vollstreckungstitel ist, mit dem auch in sonstige Vermögensgegenstände des Erstehers vollstreckt werden kann. Soweit solche also bekannt sind, kann bzw. sollte dies parallel zur laufenden Wiederversteigerung versucht werden.

10 Abweichende Versteigerungsbedingungen

Nach § 59 ZVG kann jeder Beteiligte abweichende Versteigerungsbedingungen beantragen. Durch Abweichungen können gesetzliche Versteigerungsbedingungen und das geringste Gebot geändert werden. Grundvoraussetzung ist jedoch, dass durch die Abweichung die Interessen anderer Beteiligter nicht beeinträchtigt werden. Liegt eine solche Beeinträchtigung vor, kann die abgeänderte Versteigerungsbedingung nur mit Zustimmung des Beeinträchtigten erfolgen.

Steht nicht fest, ob eine Beeinträchtigung vorliegt, erfolgt ein sog. Doppelausgebot mit und ohne die abweichenden Versteigerungsbedingungen. Ein Doppelausgebot ist insbesondere immer dann erforderlich, wenn die Frage der Beeinträchtigung von der Höhe des Erlöses abhängt.

Der Antrag auf abweichende Versteigerungsbedingungen konnte bis zum 31. Juli 1998 bis zum Ende der Bietestunde gestellt werden. Es war sodann ein neues geringstes Gebot aufzustellen, und eine neue Bietestunde begann. Die bereits abgegebenen Gebote auf die anderen Versteigerungsbedingungen erloschen nicht. Die Bietestunde für die anderen Ausgebotsarten lief weiter, es musste lediglich sichergestellt sein, dass auch für die abweichenden Versteigerungsbedingungen die Bietestunde eingehalten wurde.

Wichtig für die Beteiligten sind die seit 1. August 1998 geltenden gesetzlichen Änderungen im Hinblick auf mögliche abgeänderte Versteigerungsbedingungen. § 59 Abs. 1 ZVG wurde wie folgt geändert:

Jeder Beteiligte kann spätestens im Versteigerungstermin vor der Aufforderung zur Abgabe von Geboten eine von den gesetzlichen Vorschriften abweichende Feststellung des geringsten Gebots und der Versteigerungsbedingungen verlangen. Der Antrag kann spätestens zu dem in Satz 1 genannten Zeitpunkt zurückgenommen werden. Wird durch die Abweichung das Recht eines anderen Beteiligten beeinträchtigt, so ist dessen Zustimmung erforderlich.

Diese Änderung ist sinnvoll, weil durch die zeitliche Begrenzung des Antrags auf Feststellung des von den gesetzlichen Vorschriften abweichenden geringsten Gebots und der Versteigerungsbedingungen auf den Beginn der Bietezeit dazu führt, dass eine Reihe von Problemen aus dem Weg geräumt sind. Gerade der alte § 59 ZVG diente unseriösen Schuldnerberatern dazu, Missbrauch zu treiben. So wurden nur zum Zwecke der Verwirrung von Gläubigern und Interessenten immer wieder abgeänderte Versteigerungsbedingungen beantragt. Missbrauchs- und Verwirrungsmöglichkeiten ergaben sich insbesondere dadurch, dass ein Antrag auf abgeänderte Versteigerungsbedingungen bisher nicht nur vor Beginn des Termins, sondern auch bis zum Schluss der Versteigerung gestellt werden konnte.

Dies hatte zur Folge, dass die bereits begonnene Bietestunde zwar nicht abgebrochen wurde, aber für die neuen abgeänderten Versteigerungsbedingungen eine neue Bietestunde beginnen musste. Bisher bereits abgegebene Anmeldungen behielten ihre Gültigkeit. Neue Anmeldungen in der neuen Bietestunde waren jedoch ohne Rangverlust noch möglich.

Durch immer neue Abweichungsanträge konnte ein Beteiligter mehrere Doppelausgebote erreichen, die das Verfahren sehr schnell unübersichtlich werden ließen. Stand nicht fest, ob ein Recht durch die Abweichung beeinträchtigt wurde oder nicht, war das Grundstück gemäß § 59 Abs. 2 ZVG mit und ohne die verlangen Abweichung auszubieten. Erst wenn erkennbar war, dass diese Anträge nur zur Verfahrensverzögerung oder Verwirrung der Beteiligten gestellt wurden, konnten diese evtl. wegen Missbrauchs zurückgewiesen werden[1].

Nunmehr wird klargestellt, dass die Beteiligten die Abweichungsanträge vor Beginn der Bietezeit stellen und evtl. auch wieder zurücknehmen müssen. Eine Rücknahme des Antrages auf abweichende Versteigerungsbedingungen während der Bietezeit ist nicht mehr möglich. Mit dem Beginn der Bietezeit steht daher für alle Beteiligten am Verfahren fest, auf welcher Grundlage das Grundstück versteigert wird.

Die Bietezeit wird für alle Ausgebotsarten gemeinsam geschlossen. Für die Zuschlagserteilung ist maßgeblich, ob eine Beeinträchtigung vorliegt.

Vorrangig sind zunächst die abweichenden Versteigerungsbedingungen. Liegt jedoch die Beeinträchtigung eines Beteiligten vor und stimmt dieser nicht zu, kann keine Zuschlagserteilung auf das Ausgebot mit den abweichenden Versteigerungsbedingungen erfolgen. Ebenso muss eine Zuschlagsversagung erfolgen, wenn nicht festgestellt werden kann, welches Ausgebot höher ist. Wenn Gebote nur auf die abweichenden Versteigerungsbedingungen abgegeben wurden, kann der Zuschlag nur erteilt werden, wenn alle Beeinträchtigten zugestimmt haben.

Die Beeinträchtigung muss nicht materieller Art sein, es genügt eine rein formelle Beeinträchtigung. Eine Beeinträchtigung liegt daher bereits vor, wenn ein an sich bestehen bleibendes Recht erlöschen soll oder umgekehrt. Steht die Beeinträchtigung fest und die Zustimmung wird nicht sofort vorgelegt, muss der Antrag auf abgeänderte Versteigerungsbedingungen zurückgewiesen werden. In diesem Fall kann kein Doppelausgebot erfolgen.

Nicht abgeändert werden können die grundlegenden zwingenden Verfahrensbestimmungen, insbesondere z. B. die Vorschriften über die Zuschlagserteilung an den Meistbietenden, den Eigentumsübergang durch Zuschlag, die Vollstreckbarkeit des Zuschlagsbeschlusses, die Rangfolge der aus dem Meistgebot zu befriedigenden Gläubiger, die Bindung an ein Gebot oder z. B. die Herausnahme eines wesentlichen Bestandteiles aus der Versteigerung.

---

[1] BGH NJW 1979, 162; OLG Koblenz Rpfleger 1985, 499

Beispiele für zulässige Abänderungen:

- Altenteil: Hier sind abgeänderte Versteigerungsbedingungen nach § 9 Abs. 2 EGZVG möglich, wonach das an sich außerhalb des geringsten Gebots bestehen bleibende Altenteil erlöschen soll. § 59 ZVG kann jedoch nur Anwendung finden, wenn keiner der Berechtigten nach § 9 EGZVG den Abweichungsantrag stellt.

- Der Rahmen der Bieter kann eingeschränkt werden (insbesondere bei einer Teilungsversteigerung).

- Beim Erbbaurecht kann das Zustimmungserfordernis des Grundstückseigentümers ersetzt werden oder aber das Bestehenbleiben des Erbbauzinses vereinbart werden.

- Die Vorschriften nach § 57 a ZVG über ein Ausnahmekündigungsrecht können abgeändert werden.

- Die Höhe von Übergeboten kann festgelegt werden (streitig).

- Die Verzinsung des Bargebots kann abgeändert werden (die Zustimmung aller Gläubiger, die außerhalb des geringsten Gebots stehen und des Schuldners ist erforderlich, ansonsten findet ein Doppelausgebot statt). Für die Zuschlagserteilung ist das Gebot zum Zuschlagstag maßgebend, der fiktive Verteilungstermin kann nicht herangezogen werden.

- Ob die Zinsen bei der Forderungsübertragung geändert werden können, ist umstritten. Heute wird der Antrag regelmäßig abgelehnt, da für die Frage der Zuschlagserteilung kein Vergleich zwischen beiden Ausgeboten erfolgen kann. Darüber hinaus dürfte auf die abweichenden Versteigerungsbedingungen kaum ein Gebot abgegeben werden. Eine Lösung wäre nur möglich über eine Abänderung der Bargebotsverzinsung nach § 49 Abs. 2 ZVG.

- An sich erlöschende Rechte können nach § 59 ZVG bestehen bleiben; dies kommt in der Praxis insbesondere vor bei Dienstbarkeiten, die nur eine sehr geringe Beeinträchtigung des Erstehers darstellen, jedoch unter Umständen einen sehr hohen Ersatzwert haben. Nach § 59 Abs. 3 ZVG ist die Zustimmung der nachrangigen Beteiligten nicht erforderlich, wenn ein an sich erlöschendes vorgehendes Recht bestehen bleiben soll.

In der Praxis kommen abgeänderte Versteigerungsbedingungen relativ selten vor. Die Rechtspfleger tendieren jedoch grundsätzlich dazu, ein Doppelausgebot durchzuführen, auch wenn eine Beeinträchtigung feststeht und dieser Beteiligte nicht von Anfang an zustimmt.

11 Besonderheiten bei der Versteigerung eines Erbbaurechts

Die Zwangsversteigerung eines Erbbaurechts wird nach den gleichen Regeln betrieben wie die eines Grundstücks. Im Hinblick auf die besondere Rechtsnatur eines Erbbaurechts ergeben sich jedoch einige Besonderheiten, die nachstehend kurz dargestellt und erläutert werden.

Der Ausgeber eines Erbbaurechts lässt sich bei Bestellung des Erbbaurechts als Belastung auf seinem Grundstück im Regelfall auf dem Erbbaurecht eine Reallast[1] zur Sicherung des Anspruchs auf den Erbbauzins sowie ein Vorkaufsrecht eintragen. Bis zum 30. September 1998 wurde im Regelfall zusätzlich eine Vormerkung zur Sicherung des Anspruchs auf Erhöhung der Reallast eingetragen.

Die Erbbauzinsreallast bleibt nach den üblichen Vorschriften bestehen, wenn sie dem bestrangig betreibenden Gläubiger vorgeht. Sie geht unter, wenn dieser Anspruch vorrangig ist. Soweit also der Grundstückseigentümer als Berechtigter des Erbbauzinses einem Grundpfandrecht den Vorrang einräumt, läuft er Gefahr, bei einer Versteigerung seinen Anspruch zu verlieren und lediglich einen Anspruch auf Wertersatz zu erhalten, falls ein entsprechender Erlös erzielt wird. Auch dann, wenn der Berechtigte der Reallast aus seinem Anspruch die Zwangsversteigerung betreibt, geht sein Recht unter. Der Ersteher erwirbt in diesem Fall ein Erbbaurecht ohne Erbbauzins. Rückständige Leistungen aus der Erbbauzinsreallast werden als wiederkehrende Leistungen wie Zinsen aus einem Grundpfandrecht behandelt. Soweit die Erbbauzinsreallast bestehen bleibt, werden die laufenden Leistungen und auf Anmeldung auch zwei Jahre rückständige Leistungen in das geringste Bargebot aufgenommen.

Aufgrund der Änderungen der gesetzlichen Vorschriften sind für die Behandlung der Erbbauzinsreallast drei Zeiträume zu unterscheiden:

Bestellung des Erbbaurechts bis zum 30. September 1994

Der Erbbauzins musste nach Zeit und Höhe für die gesamte Laufzeit des Erbbaurechts bereits im Voraus bestimmt sein.

Soweit zusätzlich eine Vormerkung zur Sicherung des Anspruchs des Erbbauzinsreallastberechtigten auf Erhöhung des Erbbauzinses eingetragen ist, hat diese Rang nach ihrer Grundbucheintragung. Wenn aus ei-

[1] § 9 Abs. 1 ErbbauVO

nem vorrangigen Anspruch die Zwangsversteigerung betrieben wird, geht diese Vormerkung unter. Eine Zuteilung aus dem Versteigerungserlös konnte die Vormerkung nur insoweit erhalten, als hierdurch Ansprüche aus der Vergangenheit auf Anpassung gesichert waren, für darüber hinaus gesicherte zukünftige Anpassungen wird der Wert mit Null angenommen, und es erfolgt daher auch kein Wertersatz[1].

Bestellung des Erbbaurechts in der Zeit vom 1. Oktober 1994 bis 15. Juni 1998

Der Erbbauzins konnte nach Zeit und Höhe für die gesamte Laufzeit der Erbbaurechts bereits im Voraus bestimmt sein. Gleichzeitig konnte aber auch eine Regelung dahingehend getroffen werden, dass als Inhalt des Erbbaurechts eine Verpflichtung zur Anpassung besteht, wobei diese Anpassung nach Zeit und Wertmaßstab bestimmbar sein musste[2]. Diese Wertsicherung erfolgte mit dinglicher Wirkung. Soweit der Ersteher die Erbbauzinsreallast als bestehen bleibendes Recht übernommen hatte, war er verpflichtet, bei Vorliegen der vereinbarten Voraussetzungen eine Anpassung vorzunehmen.

Zusätzlich kann ab dem 1. Oktober 1994 als Inhalt des Erbbauzinses vereinbart werden, dass

- die Reallast abweichend von § 52 Abs. 1 ZVG mit ihrem Hauptanspruch bestehen bleibt, wenn der Grundstückseigentümer aus der Reallast oder der Inhaber eines im Range vorgehenden oder gleichstehenden dinglichen Rechts die Zwangsversteigerung des Erbbaurechts betreibt[3], und
- der jeweilige Erbbauberechtigte dem jeweiligen Inhaber der Reallast gegenüber berechtigt ist, das Erbbaurecht in einem bestimmten Umfang mit einer der Reallast im Rang vorgehenden Grundschuld, Hypothek oder Rentenschuld im Erbbaugrundbuch zu belasten[4].

Ist das Erbbaurecht bereits vorher mit dinglichen Rechten belastet, ist für die Wirksamkeit der Vereinbarung die Zustimmung der Inhaber der der Erbbauzinsreallast im Rang vorgehenden oder gleichstehenden dinglichen Rechte erforderlich[5].

---

[1] Zeller/Stöber, a.a.O., § 52 Anm. 5.5
[2] § 9 Abs. 2 S. 1 ErbbauVO i. d. F. bis 30. September 1998
[3] § 9 Abs. 3 Ziff. 1 ErbbauVO i. d. F. ab 1. Oktober 1994
[4] § 9 Abs. 3 Ziff. 2 ErbbauVO i. d. F. ab 1. Oktober 1994
[5] § 9 Abs. 3 ErbbauVO i. d. F. ab 1. Oktober 1994

Die Vereinbarung über das Bestehenbleiben der Erbbauzinsreallast wird seitdem bei der Bestellung neuer Erbbaurechte regelmäßig aufgenommen, da sie dem Schutz des Grundstückseigentümers als Ausgeber des Erbbaurechts dient. Durch Bezugnahme auf die Eintragungsbewilligung wird diese Vereinbarung zum Grundbuchinhalt des Rechts und muss nicht ausdrücklich bei der Grundbucheintragung berücksichtigt werden.

Praxistipp

Bei der Beleihung eines Erbbaurechts ist die Bestellungsurkunde des Erbbaurechts daher immer dahingehend zu überprüfen, ob es sich um eine sog. versteigerungsfeste Erbbauzinsreallast handelt.

Selbst wenn also der Grundstückseigentümer der Finanzierungsgrundschuld den grundbuchmäßigen Vorrang einräumt, bleibt in diesen Fällen die Erbbauzinsreallast entgegen den normalen Versteigerungsbedingungen im geringsten Gebot bestehen. Dies gilt für den gesamten vereinbarten Inhalt der Erbbauzinsreallast, also auch für eine mögliche Anpassungsklausel bei einer wertgesicherten Reallast sowie die Befugnis des Eigentümers des Erbbaurechts zur vorrangigen Belastung mit Grundpfandrechten.

Soweit die Zwangsversteigerung aus einem Anspruch der Rangklasse 2 oder 3 des § 10 Abs. 1 ZVG, also insbesondere aus öffentlichen Grundstückslasten betrieben wird, gilt diese Privilegierung nicht, da sie nach dem Gesetzeswortlaut nur für das Betreiben aus dinglichen Rechten gilt. In diesen Fällen würde also trotz der in der Erbbaurechtsbestellungsurkunde vereinbarten Klausel die Erbbauzinsreallast untergehen. Der Berechtigte hätte hier nur die Möglichkeit, durch eine Ablösung dieses betreibenden Anspruchs das Bestehenbleiben seines Rechts herbeizuführen.

Mögliche rückständige Leistungen aus der Erbbauzinsreallast, also insbesondere rückständiger Erbbauzins, fallen nicht unter die Vorschrift über das Bestehenbleiben. Diese Leistungen haben in der Versteigerung Rang nach ihrer Grundbucheintragung. Nach der gesetzlichen Bestimmung ist nur der Hauptanspruch privilegiert und damit keine Nebenleistungen. Rückständiger Erbbauzins wird daher in einem solchen Fall nicht in das geringste Bargebot aufgenommen, obwohl die Erbbauzinsreallast bestehen bleibt. Eine Aufnahme dieser Leistungen in das geringste Bargebot erfolgt nur dann, wenn das Recht auch nach der Grundbuchlage dem bestrangig betreibenden Gläubiger vorgeht.

Bestellung des Erbbaurechts seit dem 16. Juni 1998

Nunmehr finden auf die Erbbauzinsreallast die Vorschriften über die Reallast entsprechende Anwendung[1]. Als Inhalt der Erbbauzinsreallast kann außerdem vereinbart werden, dass sich die zu entrichtenden Leistungen ohne weiteres an veränderte Verhältnisse anpassen, wenn anhand der in der Vereinbarung festgelegten Voraussetzungen Art und Umfang der Belastung des Grundstücks bestimmt werden können[2]. Nach diesem Zeitpunkt bestellte Erbbaurechte enthalten üblicherweise diese Klausel, sodass diese automatische Anpassung bei einer bestehen bleibenden Erbbauzinsreallast auch vom Ersteher zu übernehmen ist.

Das für den Grundstückseigentümer bestellte Vorkaufsrecht wird nach den üblichen Regeln bewertet[3].

Um den Schwierigkeiten, die mit der Bewertung der bestehen bleibenden vorrangigen Erbbauzinsreallast verbunden sind (hoher Ersatzwert und damit u.U. kein Antragsrecht des nachrangigen Grundpfandgläubigers nach § 74 a ZVG wegen Nichterreichens der $\frac{7}{10}$-Grenze) zu umgehen, werden bei der Beleihung von Erbbaurechten, die vor dem 1. Oktober 1998 bestellt wurden, oft sog. Stillhalteerklärungen eingeholt.

Darin verpflichtet sich der Grundstückseigentümer, dem Grundpfandrecht der finanzierenden Bank Vorrang vor der Erbbauzinsreallast, der Vormerkung zur Sicherung einer Erhöhung sowie dem Vorkaufsrecht einzuräumen. Im Gegenzug verpflichtet sich die Bank, im Falle einer notwendig werdenden Zwangsversteigerung den Grundstückseigentümer vorher zu unterrichten, damit er ggf. seinen Heimfallanspruch geltend machen oder andere Maßnahmen einleiten kann.

Dieses Erfordernis sollte ausdrücklich in der Kreditakte vermerkt werden, damit es im Falle einer Zwangsversteigerung auch beachtet wird.	**Praxistipp**

Zusätzlich wird häufig vereinbart, dass sich die Bank verpflichtet, im Versteigerungstermin abweichenden Versteigerungsbedingungen gemäß § 59 ZVG dahingehend zuzustimmen, dass die Rechte des Grundstückseigentümers bestehen bleiben. Zum Teil wird auch die Regelung auf-

[1] § 9 Abs. 1 S. 1 ErbbauVO i. d. F. ab 16. Juni 1998
[2] § 1105 Abs. 1 S. 2 BGB
[3] siehe A. 8.2

genommen, dass der Grundstückseigentümer in diesem Fall nur einen symbolischen Ersatzwert[1] i. H. v. wenigen tausend DM für die Berechnung des Wertes der bestehen bleibenden Rechte anmeldet.

Gerade bei Kirchengemeinden als Ausgeber von Erbbaurechten wird zusätzlich vereinbart, dass die Bank vor einem Verkauf des Objektes nach einem Rettungserwerb in der Zwangsversteigerung oder einer Abtretung der Rechte aus dem Meistgebot Einvernehmen mit der Kirchengemeinde herbeiführt. Zum Teil wurde in diesen Vereinbarungen auch bestimmt, dass die Bank einen neuen Eigentümer des Erbbaurechts als Kreditnehmer annimmt, falls gegen seine Kreditwürdigkeit keine Bedenken bestehen und die dingliche Sicherheit nach den geltenden Beleihungsgrundsätzen gewährleistet ist.

Des Weiteren vereinbaren Kirchengemeinden und auch Gemeinden und Städte als Ausgeber von Erbbaurechten, dass für einen Eigentumswechsel ihre Zustimmung erforderlich ist. Dieses Zustimmungserfordernis gilt grundsätzlich auch für den Zuschlag im Rahmen eines Zwangsversteigerungsverfahrens.

Praxistipp

Der Bank ist daher anzuraten, diese Zustimmung rechtzeitig vor dem Versteigerungstermin bei dem Ausgeber des Erbbaurechts zu beantragen, damit diese im Versteigerungstermin vor der Zuschlagsentscheidung vorliegt. Soweit auch eine Benachrichtigung über die beabsichtigte Einleitung der Zwangsversteigerung erforderlich ist, sollte gleichzeitig die Zustimmung für die Zuschlagserteilung beantragt werden.

Bei Kirchengemeinden erfolgt die Zustimmung durch das zuständige Bistum. Erfahrungsgemäß dauert es ca. zwei bis drei Monate, bis diese erteilt wird.

Soweit die Bank sowohl das Grundstück als auch das Erbbaurecht zur Absicherung derselben Forderungen beliehen hat (z. B. bei einer Betriebsaufspaltung), besteht die Möglichkeit, beide in einem gemeinsamen Verfahren zu versteigern, falls die Voraussetzungen für eine Verbindung[2] vorliegen. In diesem Fall sollte auch eine Zwangsverwaltung des Grundstücks betrieben werden, da der vom Eigentümer des Erbbaurechts zu zahlende Erbbauzins dem Zwangsverwalter des Grundstücks zusteht.

[1] § 52 Abs. 1 ZVG
[2] § 18 ZVG

Die Zwangsverwaltung eines Erbbaurechts läuft grundsätzlich nach den gleichen Regeln ab wie die eines Grundstücks. Insoweit wird auf Abschnitt B verwiesen.

12 Finanzierung des Erstehers

Probleme tauchen immer wieder dadurch auf, dass der Ersteher zwar bereits mit der Erteilung des Zuschlags Eigentümer des Grundstücks wird[1], jedoch erst nach dem Verteilungstermin als neuer Eigentümer im Grundbuch eingetragen werden kann. Da im Regelfall die Finanzierung des Meistgebots durch eine Darlehensaufnahme erfolgt, verlangt die finanzierende Bank die Absicherung des Darlehens durch ein Grundpfandrecht – im Regelfall eine Grundschuld – auf dem ersteigerten Grundstück. Der Ersteher kann zwar bereits vor dem Verteilungstermin die Eintragung der Grundschuld in das Grundbuch bewilligen und beantragen, die Eintragung im Grundbuch kann jedoch noch nicht erfolgen, da es an der hierfür erforderlichen Voreintragung des Erstehers im Grundbuch fehlt[2].

Der die Grundschuldbestellung beurkundende Notar kann jedoch bereits vor dem Verteilungstermin beim Grundbuchamt den Antrag auf Eintragung der Grundschuld stellen. Das Grundbuchamt ist nach herrschender Meinung[3] nicht berechtigt, diesen Antrag gem. § 18 GBO zurückzuweisen oder eine Zwischenverfügung zu erlassen. Es ist verpflichtet, den Antrag auf Eintragung dieser Finanzierungsgrundschuld rangwahrend bei den Grundakten zu verwahren und ihn im unmittelbaren Anschluss und im Rang nach den Eintragungen, die aufgrund des Grundbuchersuchens des Versteigerungsgerichts[4] erfolgen, zu vollziehen.

Der Notar kann daher ohne weiteres nach erfolgtem Zuschlag die Bestellung der Finanzierungsgrundschuld beurkunden und bereits vor dem Verteilungstermin den Eintragungsantrag beim Grundbuchamt stellen. Es sollte lediglich die Rechtskraft des Zuschlagsbeschlusses abgewartet werden. Der Antrag auf Eintragung dieser Grundschuld erfolgt mit rangwahrender Wirkung, ohne dass die Gefahr besteht, dass der Antrag we-

---

[1] § 90 Abs. 1 ZVG
[2] § 39 GBO
[3] RGZ 62, 140; LG Lahn-Gießen Rpfleger 1979, 352 mit Anm. Schiffhauer; LG Heilbronn MittBay Not 1982, 134; LG Darmstadt WM 1987, 636; Zeller/Stöber, a.a.O., § 130, Anm. 6.1; Böttcher, a.a.O., § 130, Anm. IV; Dassler/Schiffhauer a.a.O., § 130, Rn. 32; Steiner/Eickmann, a.a.O., § 130, Rn. 49; Korintenberg/Wenz a.a.O., § 130, Anm. 6; Jaeckel/Güthe a.a.O., § 130, Rn. 15; Haegele/Schöner/Stöber, Grundbuchrecht, 10. Aufl. 1993, Rn. 1002; Horber/Demharter, GBO, 21. Aufl. 1995, § 38, Rn. 41; Meikel/Sieveking, GBO, Bd. 2, 7. Aufl. 1988, § 38, Rn. 87;
[4] § 130 Abs. 1 ZVG

gen der noch fehlenden Voreintragung des Erstehers zurückgewiesen wird. Die Grundschuld selbst wird erst nach dem Verteilungstermin im Grundbuch eingetragen, da erst dann der Ersteher aufgrund des Ersuchens des Versteigerungsgerichts als Eigentümer im Grundbuch eingetragen wird und die erforderliche Voreintragung vorliegt.

Praxistipp

Damit der Eigentümer den Eintragungsantrag nicht ohne die Bank zurückziehen kann, muss sie darauf achten, dass dieser vom Notar auch im Namen der Bank gestellt wird.

Die finanzierende Bank verlangt vom Notar vor der Auszahlung der Darlehensvaluta die Abgabe einer entsprechenden Rangbestätigung, wonach der Eintragung der Finanzierungsgrundschuld keine weiteren Anträge des Erstehers vorgehen. Erst nach Vorlage dieser Rangbestätigung zahlt die Bank die Darlehensvaluta an das Versteigerungsgericht zur Erfüllung der Zahlungsverpflichtung des Erstehers im Verteilungstermin.

Ein mögliches Hindernis für die rangrichtige Eintragung der Grundschuld kann nunmehr noch darin bestehen, dass der Ersteher die Grunderwerbsteuer nicht zahlt. In diesem Fall wird der Ersteher nicht als Eigentümer eingetragen. Im Rahmen der Finanzierung wird die Grunderwerbsteuer jedoch immer mit berücksichtigt, notfalls müsste die Bank diese übernehmen, um die Eintragung des Erstehers als Eigentümer im Grundbuch sicher zu stellen. Auch die Zahlung der Gerichtskosten für die Eintragung des Erstehers als Eigentümer und der Grundschuld müssen sicher gestellt sein.

Eine weitere Gefahr für die finanzierende Bank könnte theoretisch darin bestehen, dass der Ersteher ohne Mitwirkung der Bank mit einem der Altgläubiger das Bestehenbleiben von dessen Grundschuld vereinbaren kann. In einem solchen Fall hätte die nach dieser Vereinbarung bestehen bleibende Grundschuld, die „ex tunc" bestehen bleibt, Rang vor der Finanzierungsgrundschuld. Ein solches Vorgehen wäre jedoch für den Ersteher strafrechtlich relevant, da die das Meistgebot finanzierende Bank mit dem Ersteher eine erstrangige Absicherung vereinbart hat und er vorsätzlich hiergegen verstoßen würde.

Selbst wenn jedoch das Bestehenbleiben vereinbart würde, könnte der finanzierenden Bank kein großer Schaden entstehen. Durch die Vereinbarung über das Bestehenbleiben gilt der Gläubiger der Grundschuld nämlich insoweit als befriedigt. Er hat keinen Anspruch mehr aus dem

Versteigerungserlös. Ein vom Ersteher zusätzlich gezahlter Betrag würde nicht verteilt sondern an den Ersteher zurückerstattet.

Soweit der Ersteher auch Kunde der die Zwangsversteigerung betreibenden Bank ist, kann diese mit ihm das Bestehenbleiben der Grundschuld vereinbaren. Hierdurch werden zum einen die Kosten für die Neueintragung erspart, zum anderen ist sichergestellt, dass die Grundschuld in jedem Fall Rang vor Neueintragung auf Grund von Eintragungsbewilligungen des Erstehers hat[1]. Eine entsprechende Erklärung über das Bestehenbleiben der Grundschuld kann vom Ersteher auch bereits vor dem Verteilungstermin in öffentlich beglaubigter Form abgegeben werden. Die Bank kann ihre Erklärung ebenfalls vorher in öffentlich beglaubigter Form oder aber im Verteilungstermin zu Protokoll des Gerichts abgeben.

Nachteil dieser Vereinbarung ist, dass der Ersteher nur die dingliche Haftung übernimmt und die im Rahmen von Grundschuldbestellungen üblicherweise vereinbarte persönliche Haftungsübernahme fehlt. Insoweit besteht jedoch die Möglichkeit, durch den Ersteher im Verteilungstermin zu Protokoll des Gerichts die persönliche Haftungsübernahme erklären zu lassen[2]. Mit einer beglaubigten Abschrift des Protokolls könnte die Bank den Vollstreckungstitel auch hinsichtlich des persönlichen Anspruchs gegen den Ersteher umschreiben lassen.

13 Abrechnung des Versteigerungserlöses mit dem Eigentümer

Sobald die Bank den Versteigerungserlös erhalten hat, muss sie diesen mit ihrer persönlichen Forderung verrechnen und ist selbstverständlich verpflichtet, dem Eigentümer gegenüber dahingehend Rechnung zu legen, welchen Betrag sie mit welcher Forderung verrechnet hat.

Der Erlös sollte, um möglichen Anrechnungsproblemen zu entgehen, nicht auf ein Konto des Schuldners angefordert werden. In der Anmeldung zum Verteilungstermin sollte vielmehr ein internes Verrechnungskonto (Sachkonto) der Bank als Gutschriftskonto angegeben werden, um den Erlös anschließend von diesem Konto aus entsprechend verteilen zu können.

Praxistipp

[1] Insoweit wird auf die entsprechenden Ausführungen unter A. 8.3 verwiesen
[2] Zeller/Stöber, a.a.O., § 91 Anm. 3.12

Sie muss daher zunächst den nach dem Teilungsplan zugeteilten Betrag in Empfang nehmen und dann mit den gesicherten Forderungen entsprechend der ihr vorliegenden Verwendungszweckerklärung verrechnen.

Soweit der Bank – ausnahmsweise – eine Hypothek als Sicherheit zustehen sollte, darf sie ihre Forderung ohnehin nur in Höhe der tatsächlichen Forderung anmelden und erhält auch nur diesen Betrag als Zuteilung. Ein Übererlös kann dann nicht entstehen. Dies gilt auch bei einer Zwangssicherungshypothek.

Auch im Hinblick auf mögliche Rückgewähransprüche empfiehlt es sich, den Zuteilungsbetrag zunächst nicht auf ein Konto des Schuldners sondern auf ein Sachkonto eingehen zu lassen. Soweit die Bank den Erlös einem Konto des Schuldners gutschreibt, handelt es sich bei einem möglicherweise entstehenden Guthaben nicht mehr um einen Anspruch auf den Übererlös, der von der Abtretung des Rückgewähranspruchs umfasst ist, sondern um einen Anspruch auf Auszahlung eines Kontoguthabens. Dieser Anspruch würde dann z. B. von einer möglicherweise vorliegenden Kontopfändung erfasst und stünde nicht mehr dem Berechtigten der Rückgewähransprüche zu.

Der Bank steht das Wahlrecht zu, auf welche der gesicherten Forderung sie zunächst verrechnen will. Sie sollte daher zunächst mit den Forderungen verrechnen, für die keine anderen Sicherheiten bestehen.

Der Grundstückseigentümer hat kein Recht, eine Tilgungsbestimmung für den der Bank zufließenden Erlös aus der Zwangsversteigerung zu treffen. Dies wurde vom Bundesgerichtshof[1] mit seiner Entscheidung vom 23. Februar 1999 nochmals bestätigt. Der Meinung von Escher-Weingart[2], wonach dem Eigentümer unter bestimmten Umständen doch ein solches Zweckbestimmungsrecht zustehen soll, kann nicht gefolgt werden. Sie ist nach Auffassung des Autors auch nicht von der Entscheidung des Bundesgerichtshofs gedeckt.

Nach Verrechnung sollte die Bank dem Grundstückseigentümer sodann schriftlich mitteilen, wie und auf welche Forderungen gutgeschrieben wurde. Dabei kann dann ggf. gleichzeitig auf eine evtl. noch bestehende Restforderung hingewiesen werden.

---

1 WM 1999, 684
2 WuB IV A. § 366 BGB 1.99

14 Zwangsversteigerung und Umsatzsteuer

Bei der Versteigerung von gewerblich genutzten Grundstücken hat der Eigentümer im Regelfall das Grundstück zur Umsatzsteuer optiert, d. h. er hat von denjenigen Umsätzen, für die er einen Vorsteuerabzug vornehmen kann[1], dies auch getan. Durch den Zuschlag im Zwangsversteigerungsverfahren erfolgt ein Eigentumswechsel und damit eine Lieferung von Seiten des Eigentümers an den Ersteher[2]. In dem im Jahr 1993 geänderten Umsatzsteuergesetz wurde dies auch gesetzlich verankert[3].

Daher ist der Ersteher eines Grundstücks in der Zwangsversteigerung, sofern er Unternehmer ist, verpflichtet, als Leistungsempfänger bei Option des Vollstreckungsschuldners zur Umsatzsteuerpflicht die Steuer von seiner Gegenleistung, nämlich dem Gebot, einzubehalten und an das für ihn zuständige Finanzamt abzuführen[4]. Insofern besteht hier ein krasser Widerspruch zwischen der Verpflichtung des Erstehers zur Zahlung des Meistgebots als Bruttopreis aufgrund des Zuschlags an das Gericht und der gesetzlichen Vorgabe nach dem Umsatzsteuerrecht.

Die Option kann nicht mehr ausgeübt werden, wenn der für Grundstücke geltende Berichtigungszeitraum von zehn Jahren verstrichen ist, d. h. wenn seit dem umsatzsteuerpflichtigen Erwerb durch den Vollstreckungsschuldner mehr als zehn Jahre vergangen sind.

Die Frage der Umsatzsteuer muss bei der Versteigerung einer gewerblichen Immobilie bereits im Vorfeld beachtet werden, um keine wirtschaftlichen Nachteile zu erleiden.

Auch die Übertragung des Eigentums an einem Grundstück durch den Zuschlag auf den Ersteher in der Zwangsversteigerung stellt eine umsatzsteuerliche Lieferung zum Bruttopreis des Meistgebots dar[5]. Dem steht nicht entgegen, dass die Lieferung durch staatlichen Hoheitsakt und nicht freiwillig im Rahmen eines Kaufvertrages erfolgt.

Auf die mögliche Befreiung von der Umsatzsteuer[6] kann der Grundstückseigentümer auch in der Zwangsversteigerung seines Grundstücks

---

[1] § 15 UStG
[2] BFH BStBl II 1986, 500 = ZIP 1986, 991
[3] § 18 Abs. 8 UStG 1993
[4] § 51 Abs. 1 S. 1 Nr. 3 UStDV 1993
[5] § 3 Abs. 1 UStG
[6] § 4 Nr. 9 a UStG

verzichten[1]. Soweit über das Vermögen des Grundstückseigentümers das Konkurs- oder Insolvenzverfahren eröffnet worden ist, kann der Konkurs- oder Insolvenzverwalter die Option für die Umsatzsteuer ausüben[2].

Diese Befreiung von der Umsatzsteuer erfolgt dadurch, dass der frühere Grundstückseigentümer bzw. der Konkurs- oder Insolvenzverwalter nach Erteilung des Zuschlags und damit nach dem Eigentumsübergang dem Ersteher als Leistungsempfänger den Umsatz unter besonderem Ausweis der Umsatzsteuer in Rechnung stellt[3]. Die Option kann auch erst nach dem Verteilungstermin ausgeübt werden, also zu einem Zeitpunkt, in dem der Ersteher sein Meistgebot bereits in voller Höhe an das Gericht gezahlt hat. Unter Berufung auf die damals geltende Umsatzsteuerrichtlinie hat der Bundesfinanzhof[4] als spätesten Zeitpunkt für die Ausübung der Option die bestandskräftige Festsetzung der Umsatzsteuer für den Veranlagungszeitraum des Leistungsbezuges, d. h. also den Zeitpunkt des Eigentumsübergangs per Zuschlag, gesehen.

Aus welchen Gründen der frühere Grundstückseigentümer die Option ausübt, spielt keine Rolle, auch wenn er dadurch nur der die Zwangsversteigerung betreibenden Bank einen Schaden zufügen will. Soweit ein Insolvenzverfahren eröffnet ist, hat der Insolvenzverwalter zu berücksichtigen, dass der Anspruch auf Vorsteuerkorrektur im Rahmen der sonstigen Masseverbindlichkeiten[5] zu befriedigen ist. Daher wird er zur Vermeidung dieser Masseverbindlichkeiten im Zweifel zum Mittel der Option greifen. Dass hierdurch der Grundpfandrechtsgläubiger belastet wird, dürfte für ihn ohne Belang sein. Die Möglichkeit zur Option für die Umsatzsteuer liegt insbesondere dann nahe, wenn eine Vorsteuerberichtigung in einer Höhe droht, die über der Umsatzsteuer für die Grundstückslieferung liegt oder wenn die Umsatzsteuer für die Grundstückslieferung die Insolvenzmasse nicht belastet.

Zu denken wäre hier auch an die Konstellation, dass der Schuldner durch die Option dem Bieter bewusst die Möglichkeit einräumt, unter Minderung des tatsächlichen Einsatzes aus dem Meistgebot die Vorsteuer abzuziehen und damit zunächst 16 Prozent zu sparen. Diese Möglichkeit ist nicht rechtsmissbräuchlich, der Verzicht auf die Steuerbefreiung soll dem Erwerber den Vorsteuerabzug ja gerade ermöglichen[6].

---

[1] § 9 UStG; BFH BStBl II 1993, S. 736 (737) = DB 1993, 1656; BFH ZIP 1986, 991 (992) = BStBl II 1986, 500 ff.
[2] BGH WM 1987, 853 (856)
[3] BFH BB 1997, 2093 (2094)
[4] BFH ZIP 1986, 991 (992) = BStBl II 1986, 500 ff.
[5] § 55 Abs. 1 Nr. 1 InsO
[6] BFH ZIP 1995, 1606

Die Option zur Umsatzsteuer ist bei Gebäuden, die Wohnzwecken dienen, nicht möglich, sondern nur dann, wenn der Umsatz an einen anderen Unternehmer für dessen Unternehmen erfolgt. Bei gewerblich genutzten Grundstücken gilt dies jedoch immer, selbst wenn der Ersteher eine Privatperson ist.

Soweit eine Option zur Umsatzsteuer erfolgt, muss der Ersteher aus seinem Gebot als der maßgeblichen Gegenleistung die Umsatzsteuer einbehalten[1] und an das Finanzamt abführen[2]. Das ZVG kennt eine solche Regelung nicht, denn danach ist der Ersteher verpflichtet, das bare Meistgebot an das Gericht zu zahlen. Dieses verteilt den Erlös nach dem Verteilungstermin entsprechend dem dort aufgestellten Teilungsplan an die Gläubiger. Da der Erlös im Zweifel auch nicht ausreicht, um alle Gläubiger zu befriedigen, trifft der Vorsteuerabzug den letztrangigen Gläubiger, da der Versteigerungserlös um z. Z. 16 Prozent gemindert ist.

In diesem Punkt widersprechen sich die gesetzlichen Vorschriften[3], denn zum einen muss der Ersteher den vollen Steigpreis an das Gericht zahlen, zum anderen ist er bei Ausübung der Option durch den früheren Eigentümer verpflichtet, die Umsatzsteuer an das Finanzamt abzuführen. Soweit der Ersteher die Umsatzsteuer nicht abführt, haftet er dem Finanzamt gegenüber für die Steuer. Der Ersteher hat zwar nach Zahlung der Umsatzsteuer gegen den Vollstreckungsschuldner einen Ausgleichsanspruch, doch dürfte dieser Anspruch wertlos sein. Fraglich ist, ob der Ersteher seiner Zahlungspflicht nachgekommen ist, wenn er nur den Nettobetrag an das Versteigerungsgericht zahlt und diesem gleichzeitig nachweist, dass er die Umsatzsteuer an das Finanzamt abgeführt hat. Die vom Autor befragten Rechtspfleger halten sich in dieser Frage zurück, wobei die Fälle in der Praxis auch selten vorkommen.

Praxistipp

Es ist der Bank anzuraten, bei entsprechenden Objekten die Frage der Umsatzsteuer vor dem Versteigerungstermin zu klären, um unter anderem entsprechende Fragen der Interessenten beantworten zu können. Unliebsame Überraschungen nach der Versteigerung können so vermieden werden.

Die Herbeiführung einer eindeutigen gesetzliche Regelung dieser Frage wäre wünschenswert.

---

[1] § 51 Abs. 1 S. 1 Nr. 3 UStDV
[2] so Onusseit, Rpfleger 1995, 1; Widmann, Bl/GF 12/94, 41
[3] § 107 Abs. 2 ZVG und § 51 Abs. 1 S. 1 Nr. 3 UStDV

15 Verwertung der Grundschuld und der Forderung im Wege eines Forderungsverkaufs

Die Bank als betreibende Gläubigerin hat auch die Möglichkeit, ihre Grundschuld nebst gesicherter Forderung im Wege eines Forderungsverkaufes zu verwerten. Manchmal wenden sich Bietinteressenten an die Bank, um deren Grundschuld zu erwerben und dadurch die Stellung eines Beteiligten im Zwangsversteigerungsverfahren zu erlangen. Grundsätzlich ist die Bank berechtigt, die ihr zustehenden Sicherheiten auch im Rahmen eines freihändigen Verkaufs zu verwerten. Sie ist nicht verpflichtet, Grundschulden immer im Wege der Zwangsversteigerung zu verwerten.

Im Gegensatz zur Ablösung der Grundschuld, die durch einen nachrangigen Gläubiger oder sonstigen Ablösungsberechtigten erfolgt, handelt beim Forderungsverkauf ein bisher nicht beteiligter Dritter. Der Forderungsverkauf erfolgt freiwillig, der Käufer hat – im Gegensatz zur Ablösung – hierauf keinen Anspruch. Die Bank sollte daher stets prüfen, ob sie ein ihr unterbreitetes Angebot annimmt oder ablehnt. Dies wird im Einzelfall entscheidend von der Person des Käufers und der eigenen Rangposition abhängen.

Soweit die Bank vollständig abgesichert ist, hat sie lediglich den Vorteil, dass sie sich den weiteren Aufwand für die Abwicklung des Zwangsversteigerungsverfahrens erspart, und ihre Forderung sofort befriedigt wird. Ist die Bank hingegen nicht vollständig abgesichert, hat sie über den Forderungskauf die Möglichkeit, die Forderung sofort und ohne das Verwertungsrisiko zu realisieren.

Bei nicht vollständiger Absicherung der Bank oder hohem Verwertungsrisiko verlangen die Käufer im Regelfall auch einen Rabatt, d. h. sie möchten die volle Forderung erwerben, dafür jedoch nicht den Nominalbetrag, sondern einen niedrigeren Kaufpreis zahlen. In solchen Fällen kann z. B. eine persönliche Forderung im Nominalbetrag von 100.000,00 DM zu einem Kaufpreis von 80.000,00 DM veräußert werden. Der Käufer erwirbt in diesem Fall eine Forderung i. H. v. 100.000,00 DM, und die Bank muss ihrem Kunden auch 100.000,00 DM gutschreiben und zwar 80.000,00 DM aus dem Kaufpreis und weitere 20.000,00 DM zulasten ihres Aufwands (Direktabschreibung). Bei einem unterstellten Verkehrswert des belasteten Grundbesitzes von 100.000,00 DM könnte eine solche Konstellation denkbar sein. Soweit der Käufer in der Zwangsversteigerung einen Erlös von 90.000,00 DM auf die Grundschuld erhält, hätte er – ohne Berücksichtigung von Zinsen und Kosten – 10.000,00 DM Gewinn erzielt.

Zu beachten ist, dass bei Grundschulden grundsätzlich der Rückgewähranspruch des Eigentümers zu beachten ist, d. h. an den Käufer sollte keine höhere dingliche als persönliche Forderung abgetreten werden, allenfalls mit einem kleinen Zuschlag bis maximal 10 Prozent. Wenn der Käufer der Forderung ansonsten später die Grundschuld in vollem dinglichem Umfang geltend macht und den Rückgewähranspruch nicht beachtet, könnten von Seiten des Eigentümers ggf. Schadenersatzansprüche gegen die Bank geltend gemacht werden.

Dies gilt auch, wenn die Rückgewähransprüche bereits an einen anderen Gläubiger abgetreten sind und die Abtretung angezeigt war. In diesen Fällen sollte der Käufer im Rahmen des Kaufvertrages hierauf hingewiesen werden. Zusätzlich sollte aufgenommen werden, dass der Käufer nur berechtigt ist, aus der abgetretenen Grundschuld die gleichzeitig abgetretenen persönlichen Forderungen zzgl. der weiter anfallenden Zinsen und Kosten auf diese Forderung geltend zu machen.

Abgetreten werden sollte in diesen Fällen das Kapital – soweit die Grundschuld in dieser Höhe valutiert – in voller Höhe, und außerdem nur ein Teil der dinglichen Zinsen. Dabei sollte es sich um die zuletzt fälligen Zinsen handeln. Auf die älteren Zinsen sollte die Bank ausdrücklich verzichten, da ihr diese Zinsen ansonsten weiter zustehen und sie diese, soweit es sich um solche aus der Rangklasse 4 handelt, auch geltend machen kann.

Für den Käufer ist es nicht möglich, seine eigene, ggf. ungesicherte Forderung auf dem Wege eines Forderungskaufes im Rahmen der gleichzeitig erworbenen Grundschuld geltend zu machen, da es insoweit an einer entsprechenden Verwendungszweckerklärung fehlt.

Der Kunde sollte nach vollzogenem Kaufvertrag hierüber unterrichtet werden, ebenso ein nachrangiger Gläubiger, der die Abtretung der Rückgewähransprüche angezeigt hatte.

Auf den folgenden Seiten ist jeweils ein Muster für einen Kaufvertrag (Muster 26, S. 246 ff.), die Abtretung der persönlichen Forderung (Muster 27, S. 250) sowie der Grundschuld (Muster 28, S. 251) auf der Basis des Mustergrundbuchs dargestellt.

Muster 26 **Kaufvertrag**

Zwischen
der
A-Bank eG, 54634 Bitburg

– nachstehend Verkäufer genannt –

und

Herrn Theodor Meyer, wohnhaft in 54662 Speicher

– nachstehend Käufer genannt –

wird der folgende Kaufvertrag geschlossen:

§ 1

Der Verkäufer betreibt beim Amtsgericht Bitburg unter dem Aktenzeichen – 6 K 100/97 – die Zwangsversteigerung bezüglich der im Grundbuch von Speicher Blatt 1422 eingetragenen Grundstücke:

lfd. Nr. 1 Flur 27 Nr. 17/1 Gebäude- und Freifläche, Bahnhofstraße 4,83 ar;

lfd. Nr. 2 Flur 27 Nr. 17/2 Gebäude- und Freifläche, daselbst 4,80 ar;

lfd. Nr. 3 zu 2 Geh- und Fahrrecht an dem Grundstück Flur 27 Nr. 17/3 Gebäude- und Freifläche, Bahnhofstraße;

lfd. Nr. 4 Flur 27 Nr. 17/4 Gebäude- und Freifläche, daselbst 5,27 ar;

lfd. Nr. 5 Flur 27 Nr. 17/5 Freifläche, Bahnhofstraße 1,35 ar;

lfd. Nr. 6 Flur 27 Nr. 18 Freifläche, Bahnhofstraße 1,35 ar;

Als Eigentümer war am 20. Dezember 1997 Herr Hermann Meyer, Speicher, eingetragen.

Im Rahmen des vom Verkäufer betriebenen Zwangsversteigerungsverfahrens ist der Versteigerungstermin auf den 30. Juni 1999, 11.00 Uhr festgelegt.

Der Verkehrswert der Grundstücke wurde auf insgesamt 500.000,00 DM festgesetzt.

Unter dem Aktenzeichen 6 L 2/98 betreibt der Verkäufer die Zwangsverwaltung des vorbezeichneten Grundbesitzes.

Der Stand des Zwangsversteigerungs- und des Zwangsverwaltungsverfahrens ist dem Käufer bekannt.

§ 2

Zugunsten des Verkäufers ist im Grundbuch von Speicher Blatt 1422 in Abteilung III unter lfd. Nr. 1 eine Grundschuld i. H. v. 100.000,00 DM nebst 15 Prozent Zinsen seit dem 1. April 1992 eingetragen.

Diese Grundschuld dient zur Absicherung der Forderungen des Verkäufers gegen Herrn Hermann Meyer. Die Sicherungszweckerklärung vom 21. April 1992 ist dem Käufer bekannt und wird diesem Vertrag in Kopie beigefügt.

Der Verkäufer besitzt per 30. Juni 1999 gegen Herrn Hermann Meyer folgende Forderungen:

1. Darlehensforderung aus Darlehen Nr. 1 234 567 210	95.672,31 DM
2. Kontokorrentforderung aus Kontokorrentkonto Nr. 1 234 567 010	23.675,69 DM
Summe:	119.348,00 DM

§ 3

Zur Verwertung ihrer Grundschulden verkauft der Verkäufer seine Forderungen gegen Herrn Hermann Meyer i. H. v. 119.348,00 DM per 30. Juni 1999 zum Kaufpreis von 119.348,00 DM.

Im Einzelnen werden folgende Forderungen (Stand 30. Juni 1999) gegen Herrn Hermann Meyer an den Käufer übertragen:

1. Darlehensforderung aus Darlehen Nr. 1 234 567 010	95.672,31 DM
2. Kontokorrentforderung aus Kontokorrentkonto Nr. 1 234 567 210	23.675,69 DM
Summe:	119.348,00 DM

Der Umfang der übertragenen Forderung bestimmt sich nach den Buchungsunterlagen des Verkäufers. Der Verkauf erfolgt unter Ausschluss jeglicher Haftung für die Einbringlichkeit der Forderung oder die Werthaltigkeit der Grundschuld.

§ 4

Der Verkäufer wird in gesonderter Urkunde seine persönlichen Forderungen gegen Herrn Hermann Meyer in Höhe von 119.348,00 DM an den Käufer abtreten und gleichzeitig in gesonderter Erklärung in öffentlich beglaubigter Form die im vorbezeichneten Grundbuch zu seinen Gunsten eingetragene Grundschuld nebst allen weiteren Rechten aus der Grundschuldbestellungsurkunde an den Käufer abtreten.

Dem Käufer ist bekannt, dass auf die Grundschuld bereits Zahlungen i. H. v. 30.000,00 DM aus dem Zwangsverwaltungsverfahren 6 L 2/98 geflossen sind, die auf die dingliche Forderung anzurechnen sind, es handelt sich hierbei um die dinglichen Zinsen aus der Grundschuld für die Kalenderjahre 1997 und 1998.

§ 5

Der Käufer verpflichtet sich, den vereinbarten Kaufpreis i. H. v. 119.348,00 DM unverzüglich nach Unterzeichnung dieses Kaufvertrages an den Verkäufer zu zahlen.

Sollte die Zahlung nach dem 30. Juni 1999 erfolgen, sind für jeden weiteren Tag Zinsen i. H. v. 23,04 DM zu zahlen.

Der Verkäufer kann über den Kaufpreis verfügen, sobald er dem Käufer die Urkunden über die Forderungsabtretung und die Abtretungserklärung bezüglich der Grundschulden und die Grundschuldbriefe ausgehändigt hat. Zur Aushändigung dieser Unterlagen ist der Verkäufer erst nach Eingang des Kaufpreises verpflichtet.

Mit der Zahlung des Kaufpreises gehen alle Ansprüche aus den abgetretenen Grundschulden und die damit zusammenhängenden Ansprüche im Rahmen des Zwangsversteigerungs- und Zwangsverwaltungsverfahrens einschließlich der Ansprüche auf Rückerstattung von geleisteten Vorschüssen auf den Käufer über.

§ 6

Der Käufer verpflichtet sich, aus den abgetretenen Grundschulden keine höhere als die abgetretene persönliche Forderung zzgl. der ab dem 1. Juli 1999 anfallenden Zinsen und Kosten geltend zu machen und einen etwaigen Übererlös an den Rückgewährberechtigten auszukehren. Dem Verkäufer wurden bereits Abtretungen der Rückgewähransprüche zugunsten der B-Bank und der C-Bank eG angezeigt. Kopien dieser Abtretungsanzeigen und -erklärungen werden dem Käufer gleichzeitig übergeben. Dieser verpflichtet sich, mögliche Rückgewähransprüche des Eigentümers zu beachten.

§ 7

Die vollstreckbare Ausfertigung der Grundschuldbestellungsurkunde befindet sich beim Amtsgericht Bitburg. Dem Käufer ist bekannt, dass er formale Rechte aus der Grundschuld im Rahmen des Zwangsversteigerungs- und Zwangsverwaltungsverfahrens erst nach erfolgter Klauselumschreibung und erneuter Zustellung an den Eigentümer herleiten kann. Dies wird der Käufer nach Erhalt der vollstreckbaren Ausfertigung unverzüglich veranlassen und anschließend den Rechtsübergang beim Amtsgericht Bitburg anmelden.

Soweit vorher bereits Erklärungen in diesen Verfahren abzugeben sind, verpflichtet sich der Verkäufer, solche nach erfolgter Kaufpreiszahlung auf Anweisung des Käufers unverzüglich abzugeben. Eventuell noch an den Verkäufer erfolgende Benachrichtigungen wird dieser bis zum Nachweis des Rechtsübergangs gegenüber dem Versteigerungsgericht unverzüglich an den Käufer weiterleiten.

§ 8

Mündliche Nebenabreden sind nicht getroffen, Änderungen oder Ergänzungen dieses Kaufvertrages bedürfen der Schriftform, hierauf kann nur schriftlich verzichtet werden.

§ 9

Sämtliche eventuell mit Abwicklung und Durchführung dieses Kaufvertrages entstehenden Kosten trägt der Käufer. Gerichtsstand und Erfüllungsort ist Bitburg.

§ 10

Sollte eine Bestimmung dieses Kaufvertrages nicht rechtswirksam sein oder sich als nicht durchführbar erweisen, so wird die Wirksamkeit des übrigen Vertragsinhaltes hiervon nicht berührt. Die Vertragsparteien werden die unwirksame oder undurchführbare Bestimmung durch eine Vereinbarung ersetzen, die dem wirtschaftlich Gewollten und rechtlich Zulässigen entspricht und dem Inhalt der zu ersetzenden Bestimmung möglichst nahe kommt.

Bitburg, den

A-Bank eG

Theodor Meyer

Muster 27 **Abtretungserklärung persönliche Forderung**

Im Grundbuch von Speicher Blatt 1422 ist in Abteilung III folgende Grundschuld für die A-Bank eG in Bitburg eingetragen:

Grundschuld III/1 i. H. v. 100.000,00 DM nebst 15 Prozent Zinsen ab dem 1. April 1992

Die A-Bank eG in Bitburg wird in gesonderter Erklärung die Grundschuld III/1 i. H. v. 100.000,00 DM nebst 15 Prozent Zinsen ab dem 1. Januar 1996 an Herrn Theodor Meyer abtreten. Herrn Theodor Meyer ist bekannt, dass auf diese Forderung aus dem Zwangsverwaltungsverfahren 6 L 2/98 bereits 30.000,00 DM geflossen sind.

Diese Grundschulden dienen zur Absicherung der Forderungen des Verkäufers gegen Herrn Hermann Meyer.

Die A-Bank eG in Bitburg tritt hiermit ihre persönlichen Forderungen gegen Herrn Hermann Meyer in Höhe von 119.348,00 DM per 30. Juni 1999 an Herrn Theodor Meyer, wohnhaft in Speicher, ab.

Die abgetretene Forderung setzt sich wie folgt zusammen:

1.	Darlehensforderung aus Darlehen Nr. 1 234 567 210	95.672,31 DM
2.	Kontokorrentforderung aus Kontokorrentkonto Nr. 1 234 567 010	23.675,69 DM
	Summe:	119.348,00 DM

Herr Theodor Meyer nimmt die Abtretung an.

Bitburg, den

A-Bank eG

Bitburg, den

Theodor Meyer

Abtretungserklärung Grundschuld **Muster 28**

Im Grundbuch von Speicher Blatt 1422 ist in Abteilung III folgende Grundschuld für die A-Bank eG in Bitburg eingetragen:

Grundschuld III/1 i. H. v. 100.000,00 DM nebst 15 Prozent Zinsen seit dem 1. April 1992

Die A-Bank eG in Bitburg tritt hiermit diese Grundschuld III/1 i. H. v. 100.000,00 DM nebst 15 Prozent Zinsen seit dem 1. Januar 1996 an Herrn Theodor Meyer in 54662 Speicher ab.

Aus dem Zwangsverwaltungsverfahren 6 L 2/98 des Amtsgerichts Bitburg sind auf die Grundschuld Zahlungen i. H. v. 30.000,00 DM geleistet worden. Hierbei handelt es sich um die dinglichen Zinsen für die Kalenderjahre 1997 und 1998.

Zugleich werden an den neuen Gläubiger abgetreten:

- die sich aus der Bestellungsurkunde ergebenden Rechte aus einer Übernahme der persönlichen Haftung nebst allen damit zusammenhängenden Erklärungen über die Unterwerfung unter die sofortige Zwangsvollstreckung, auch soweit sie nachträglich abgegeben wurden;
- eventuelle Rückgewähransprüche, welche der bisherigen Gläubigerin gegenüber Grundschuldgläubigern zustehen, für die Grundschulden eingetragen sind, die dem vorgenannten Grundpfandrecht im Rang vorgehen oder gleichstehen.

Der Grundschuldbrief wird gleichzeitig übergeben.

Die Eintragung der Abtretung in das Grundbuch sowie die Aushändigung des Grundschuldbriefs an den neuen Gläubiger wird hiermit bewilligt.

Gleichzeitig verzichtet die Gläubigerin hiermit auf die Zinsen aus der Grundschuld für den Zeitraum vom 1. April 1992 bis zum 31. Dezember 1995 und beantragt auch insoweit die Eintragung in das Grundbuch.

Bitburg, den

A-Bank eG

16 Rechtsmittel

Da ein Zwangsversteigerungsverfahren nach den Regeln der ZPO[1] abgewickelt wird, stehen grundsätzlich auch die dort vorgesehenen Rechtsmittel zur Verfügung, um ggf. gegen Entscheidungen des Versteigerungsgerichts vorzugehen.

Im Einzelnen sind dies:

Befristete Erinnerung nach § 11 RPflG

Das Zwangsversteigerungsverfahren wird bei Gericht vom Rechtspfleger abgewickelt[2]. Gegen die Entscheidungen eines Rechtspflegers ist das Rechtsmittel gegeben, das nach den allgemeinen verfahrensrechtlichen Vorschriften zulässig ist[3]. Ist nach diesen Vorschriften gegen die Entscheidung ein Rechtsmittel nicht gegeben, so findet binnen der für die sofortige Beschwerde geltenden Frist die Erinnerung statt[4].

Die Rechtspflegererinnerung kann daher gegen jede Entscheidung des Rechtspflegers eingelegt werden, also auch gegen solche Entscheidungen, gegen die nach dem ZVG ein Rechtsmittel grundsätzlich nicht vorgesehen ist, wie z. B. einen Verbindungsbeschluss nach § 18 ZVG. Die Erinnerung ist binnen einer Notfrist von zwei Wochen einzulegen, diese beginnt mit der Zustellung der Entscheidung[5].

Der Rechtspfleger kann der Erinnerung abhelfen und seine Entscheidung somit selbst korrigieren. Erinnerungen, denen er nicht abhilft, legt er dem Richter zur Entscheidung vor. Auf die Erinnerung sind im Übrigen die Vorschriften über die Beschwerde sinngemäß anzuwenden. Soweit der Richter der Erinnerung gegen die Entscheidung des Rechtspflegers nicht abhilft, ist gegen diese Entscheidung des Richters ein weiterer Rechtsbehelf nicht gegeben[6].

Beschwerde nach § 793 Abs. 1 ZPO

Eine sofortige Beschwerde kann im Rahmen eines Zwangsversteigerungsverfahrens gegen folgende Entscheidungen eingelegt werden:

- Anordnungsbeschluss,
- Beitrittsbeschluss,

[1] § 869 ZPO
[2] § 3 Ziff. 1 i RPflG
[3] § 11 Abs. 1 RPflG, § 95 ZVG
[4] § 11 Abs. 2 RPflG
[5] § 577 Abs. 2 S. 1 ZPO
[6] Zeller/Stöber, a.a.O., § 95 Anm. 2.4

- Fortsetzungsbeschluss,
- Aufhebungsbeschluss sowie
- Zuschlagsentscheidung[1].

Auf die Beschwerde sind grundsätzlich die Vorschriften der ZPO[2] anwendbar, soweit nicht im Rahmen des ZVG[3] Besonderheiten gelten. Insoweit wird ausdrücklich darauf hingewiesen, dass die Frist für die Beschwerde gegen einen Zuschlagsbeschluss für diejenigen Beteiligten, die im Versteigerungstermin oder im Verkündungstermin anwesend waren, bereits mit der Verkündung des Beschlusses und nicht erst mit der Zustellung beginnt[4]. Bei einem Zuschlagsversagungsbeschluss beginnt die Frist für alle Beteiligten, also auch für die nicht anwesenden, bereits mit der Verkündung, da dieser Beschluss nicht zugestellt wird[5].

Über die Beschwerde entscheidet das Landgericht[6] als das im Rechtszug nächst höhere Gericht.

Gegen den Zuschlagsbeschluss kann nur mit der Begründung Beschwerde eingelegt werden, dass eine der Vorschriften der §§ 81, 83 bis 85 a ZVG verletzt oder dass der Zuschlag unter anderen als den der Versteigerung zugrunde gelegten Bedingungen erteilt worden ist[7]. Auf einen Grund, der nur das Recht eines anderen betrifft, kann weder die Beschwerde noch ein Antrag auf deren Zurückweisung gestützt werden. Die in § 83 Nr. 6, 7 ZVG bezeichneten Versagungsgründe hat das Beschwerdegericht von Amts wegen zu berücksichtigen[8].

Weitere Beschwerde nach § 793 Abs. 2 ZPO

Eine weitere Beschwerde gegen die Entscheidung des Landgerichts ist nur zulässig, wenn ein neuer selbstständiger Beschwerdegrund vorliegt[9]. Dies ist der Fall, wenn die Entscheidung des Amtsgerichts und die des Landgerichts voneinander abweichen. Gegen den Wertfestsetzungsbeschluss sowie den Beschluss über einen Einstellungsantrag nach § 30 a ZVG ist eine weitere Beschwerde ausdrücklich ausgeschlossen[10].

---

[1] § 95 ZVG
[2] § 793 ZPO
[3] §§ 95 – 104 ZVG
[4] § 98 S. 2 ZVG
[5] § 87 Abs. 1 ZVG
[6] § 568 Abs. 1 ZPO
[7] § 100 Abs. 1 ZVG
[8] § 100 Abs. 2, 3 ZVG
[9] § 568 Abs. 2 ZPO
[10] § 74 a Abs. 5 S. 3, § 30 b Abs. 3 S. 2 ZVG

Erinnerung nach § 766 ZPO

Dieses Rechtsmittel kann grundsätzlich gegen alle Beschlüsse des Versteigerungsgerichts eingelegt werden, die ohne Anhörung des Schuldners ergehen, also insbesondere gegen einen Anordnungs- oder Beitrittsbeschluss. Sie kann vom Gläubiger auch dann eingelegt werden, wenn das Versteigerungsgericht nicht oder nur verzögert tätig wird. Der Rechtspfleger kann dieser Erinnerung abhelfen. Gegen eine Entscheidung des Richters findet die sofortige Beschwerde statt[1]. Soweit eine Erinnerung im Versteigerungstermin eingelegt wird, hat sie keine aufschiebende Wirkung. Der Termin findet ungeachtet dessen weiter statt und wird durchgeführt. Über die Erinnerung wird vielmehr anschließend im Rahmen der Zuschlagsentscheidung entschieden[2].

Vollstreckungsschutz nach § 765 a ZPO

Nach dieser allgemeinen Vollstreckungsschutzvorschrift kann während des gesamten Zwangsversteigerungsverfahrens eine Einstellung oder Aufhebung erfolgen. Erforderlich hierzu ist stets ein Antrag des Schuldners. Von Amts wegen werden solche Gründe nicht beachtet. Die angegriffene Vollstreckungsmaßnahme muss jedoch unter voller Würdigung des Schutzbedürfnisses des Gläubigers wegen ganz besonderer Umstände für den Schuldner eine Härte bedeuten, die mit den guten Sitten nicht vereinbar ist. Es handelt sich hierbei um eine eng auszulegende Ausnahmevorschrift, die zwar von Schuldnern immer wieder vorgetragen wird, in der Praxis jedoch äußerst selten zum Erfolg führt. Es müssen schon ganz besondere Umstände vorliegen, damit eine Maßnahme des Versteigerungsgerichts als sittenwidrig anzusehen ist. Dies insbesondere auch deshalb, weil das Schutzbedürfnis des Gläubigers ausdrücklich zu berücksichtigen ist. Denkbar wäre eine Anwendung dieser Vorschrift, wenn der Zuschlag bei einem krassen Missverhältnis zwischen Verkehrswert und Meistgebot erteilt werden soll. Hier müssen aber zusätzlich konkrete Anhaltspunkte dafür vorliegen, dass das Ergebnis später günstiger sein wird[3].

Vollstreckungsabwehrklage nach § 767 ZPO

Mit der Vollstreckungsabwehrklage kann der Schuldner Einwendungen gegen den Titel des Gläubigers im Rahmen eines Prozessverfahrens, nicht aber im Rahmen des Zwangsversteigerungsverfahrens geltend

---

[1] § 793 Abs. 1 ZPO
[2] Zeller/Stöber, a.a.O., § 95 Anm. 2.2
[3] Zeller/Stöber, a.a.O., Einleitung Anm. 55.3

machen. Solche Einwendungen sind nur insoweit zulässig, als die Gründe, auf denen sie beruhen, erst nach dem Schluss der mündlichen Verhandlung, in der Einwendungen nach den Vorschriften dieses Gesetzes spätestens hätten geltend gemacht werden müssen, entstanden sind und durch Einspruch nicht mehr geltend gemacht werden können[1].

Drittwiderspruchsklage nach § 771 ZPO

Hiermit können materielle Einwendungen durch den Schuldner oder einen Dritten geltend gemacht werden. Diese können jedoch nicht im Rahmen des Vollstreckungsverfahrens, sondern nur vom Prozessgericht entschieden und auch nur dort geltend gemacht werden. Das Versteigerungsgericht kann eine Einstellung nur dann vornehmen, wenn eine solche vorher durch das Prozessgericht angeordnet worden ist. Lediglich im Ausnahmefall kann das Versteigerungsgericht selbst im Rahmen einer einstweiligen Anordnung eine Einstellung vornehmen[2].

[1] § 767 Abs. 2 ZPO
[2] § 769 Abs. 2 ZPO i.V.m. § 771 Abs. 3 ZPO

B. Zwangsverwaltung

1 Allgemeines

Die Zwangsverwaltung ist neben der Zwangsversteigerung und der Zwangssicherungshypothek die dritte gesetzlich zulässige Art der Zwangsvollstreckung in das unbewegliche Vermögen. Sie kann neben den anderen beiden Vollstreckungsmaßnahmen oder auch alleine betrieben werden.

Im Gegensatz zur Zwangsversteigerung bleibt dem Schuldner bei der Zwangsverwaltung das Eigentum erhalten, die Befriedigung des Gläubigers soll aus den Nutzungen des Grundstücks vorgenommen werden. Während der Dauer der Zwangsverwaltung erfolgt eine zwangsweise Bewirtschaftung und Verwaltung des Grundstücks. Zu diesem Zweck wird mit der Verfahrensanordnung ein Zwangsverwalter bestellt.

Soweit das Grundstück vermietet oder verpachtet ist, erstreckt sich die Hypothekenhaftung auf die Miet- oder Pachtzinsforderung[1] und unterliegt der Beschlagnahme durch die Zwangsverwaltung.

Vorausverfügungen über den Miet- oder Pachtzins sind dem Hypothekengläubiger und auch dem Zwangsverwalter gegenüber unwirksam, soweit sie sich auf den Miet- oder Pachtzins für eine spätere Zeit als den zur Zeit der Beschlagnahme laufenden Kalendermonat beziehen; erfolgt die Beschlagnahme nach dem fünfzehnten Tage des Monats, so ist die Verfügung jedoch insoweit wirksam, als sie sich auf den Miet- oder Pachtzins für den folgenden Kalendermonat bezieht[2].

---

[1] § 1123 Abs. 1 BGB
[2] § 1124 Abs. 2 BGB

2 Zwangsverwaltungsantrag und Ablauf des Verfahrens

2.1 Anordnung und Beitritt zum Verfahren

Die allgemeinen Vollstreckungsvoraussetzungen – Titel, Klausel, Zustellung sowie fällige Forderung – müssen auch für einen Zwangsverwaltungsantrag vorliegen. Die Einleitung eines Zwangsverwaltungsverfahrens neben dem Zwangsversteigerungsverfahren empfiehlt sich nicht nur immer dann, wenn das Grundstück vermietet ist, sondern auch, wenn es z. B. gewerblich genutzt wird oder eine Beaufsichtigung erforderlich ist. Dies kann z. B. bei einem leer stehenden Objekt der Fall sein. Hier muss die Bank als Grundpfandgläubiger ein Interesse daran haben, dass z. B. keine Frostschäden usw. auftreten.

Ob ein Gläubiger die Zwangsverwaltung beantragen sollte, hängt zusätzlich von seiner Rangposition ab. Ehe danach ein Gläubiger, dem kein Grundpfandrecht zusteht, aus seinem persönlichen Anspruch die Zwangsverwaltung beantragt, muss er die Grundbuchlage berücksichtigen, da aufgrund der hohen dinglichen Zinsen in der Rangklasse 4 ggf. keine Überschüsse mehr für ihn übrig bleiben.

Eine Zwangsverwaltung kann jedoch trotzdem sinnvoll sein, weil hierdurch erreicht wird, dass die Überschüsse auf die dingliche Forderung aus möglicherweise vorrangigen Grundschulden gezahlt werden und diese Zinsen später im Rahmen eines Zwangsversteigerungsverfahrens nicht noch einmal geltend gemacht werden können.

Für einen persönlichen Gläubiger empfiehlt es sich hier eher, nur die Miete zu pfänden, da es erfahrungsgemäß zwei bis drei Monate dauert, bis die dinglichen Gläubiger ihrerseits mit der Beantragung der Zwangsverwaltung reagieren. Im Rahmen der Zwangsverwaltung erhält der persönliche Gläubiger ohnehin im Zweifel keine Zahlung auf seine Forderung.

Vor der Beantragung der Zwangsverwaltung muss die Bank als Gläubiger entscheiden, ob es im Einzelfall sinnvoll sein kann, einen entsprechend qualifizierten Bankmitarbeiter als sog. Institutsverwalter vorzuschlagen oder ob hierauf verzichtet wird. Die Auswahl des Zwangsverwalters kann dann in das Ermessen des Gerichts gestellt werden, es ist auch möglich, eine bestimmte dritte Person als Zwangsverwalter vorzuschlagen. An diesen Vorschlag ist das Gericht jedoch nicht gebunden. Ein externer Zwangsverwalter erhält für seine Tätigkeit eine Vergütung aus der Masse. Auf die Einzelheiten wird später eingegangen. Aber auch ein Institutsverwalter kostet die Bank Geld, da er während der Dauer der Zwangsverwaltung eine zusätzliche Aufgabe hat und für seine normalen Aufgaben in der Bank nur noch eingeschränkt zur Verfügung steht.

Unabhängig davon muss auch ein entsprechend qualifizierter Mitarbeiter vorhanden sein, der für die Dauer seiner Tätigkeit als Zwangsverwalter von seiner übrigen Arbeit in der Bank freigestellt werden kann.

Zusätzlich muss die Bank für den Institutsverwalter eine Haftungsübernahmeerklärung abgeben[1], worin sie für den von ihr vorgeschlagenen Institutsverwalter die Haftung für die ihm obliegenden Verpflichtungen übernimmt. Sollte der Zwangsverwalter daher seinen Verpflichtungen nicht nachkommen und hierdurch anderen Beteiligten ein Schaden entstehen, haftet die Bank. Ggf. sollte zur Absicherung dieses Risikos eine gesonderte Versicherung abgeschlossen werden.

Eine Haftungsübernahmeerklärung könnte etwa wie auf Seite 260, Muster 29, dargestellt lauten:

Der Institutsverwalter erhält für seine Tätigkeit keine Vergütung[2].

Grundsätzlich wäre bei jeder Zwangsverwaltung, bei der eine Bank beteiligt ist, diese vom Versteigerungsgericht aufzufordern, innerhalb einer zu bestimmenden Frist einen Mitarbeiter als Institutsverwalter vorzuschlagen[3]. Dies erfolgt jedoch in der Praxis nicht. Soweit die antragstellende Bank keinen Institutsverwalter vorschlägt, bestimmt das Gericht von sich aus einen Zwangsverwalter, wobei bei jedem Gericht ein oder mehrere Rechtsanwälte oder andere Fachleute bekannt sind, auf die es zurückgreifen kann.

Die Bank sollte sich vor Beantragung der Zwangsverwaltung die Frage stellen, was im Ergebnis für sie wahrscheinlich günstiger ist. Durch eine Institutsverwaltung erspart sie einerseits die Gebühren für den Zwangsverwalter, andererseits muss sie jedoch einen entsprechend qualifizierten Mitarbeiter vorschlagen, der für die Tätigkeit als Zwangsverwalter freigestellt werden muss und in dieser Zeit nicht anderweitig eingesetzt werden kann. Da eine Zwangsverwaltung sehr zeitaufwendig sein kann, muss dies vorher mit berücksichtigt werden.

So wäre z. B. dieser Zeitaufwand bei einer Bauträgermaßnahme, die noch fertiggestellt werden soll, sehr hoch. Andererseits hat die Bank bei

[1] § 150 a Abs. 2 S. 1 i. V. m. § 154 ZVG
[2] § 150 a Abs. 2 S. 2 ZVG
[3] § 150 a Abs. 1 ZVG

Muster 29 Muster einer Haftungsübernahmeerklärung

C-Bank eG
Postfach 5678
54634 Bitburg

Bitburg, den 4. Januar 1998

An das
Amtsgericht Bitburg
Gerichtsstraße 2
54634 Bitburg

In der Zwangsverwaltungssache

C-Bank eG, Postfach 5678, 54634 Bitburg

– vertreten durch den Vorstand –

Gläubigerin

gegen Herrn Hermann Meyer, Roonstraße 7, 54662 Speicher

Schuldner

übernehmen wir die Haftung nach § 154 ZVG für den von uns vorgeschlagenen Institutsverwalter, Herrn Achim Müller.

C-Bank eG

einer Institutsverwaltung die direkte Einflussmöglichkeit auf die Tätigkeit des Zwangsverwalters. Ein externer Zwangsverwalter ist nicht an mögliche Vorgaben oder Wünsche der betreibenden Bank gebunden[1], selbst wenn er im Regelfall hierauf Rücksicht nehmen wird. Gerade bei Amtsgerichten mit sog. „Erbhöfen" für bestimmte Zwangsverwalter kann es sinnvoll sein, einen Institutsverwalter vorzuschlagen, um schnelle und kurzfristige Entscheidungen im eigenen Sinne herbeiführen zu können.

Der Institutsverwalter kann seinerseits einen Dritten, z. B. einen Rechtsanwalt, oder bei einer Bauträgermaßnahme auch einen Architekten mit der Erledigung von Einzelaufgaben beauftragen. Hier muss jedoch in jedem Fall die Frage der Vergütung vorher abgestimmt werden.

Diese Faktoren müssen von der Bank vor der Beantragung der Zwangsverwaltung entsprechend den Bedingungen des Einzelfalls abgewogen werden.

Auf den Seiten 262 und 263 f. sind Muster eines Zwangsverwaltungsantrages (Muster 30) durch den Gläubiger III/3 sowie eines entsprechenden Anordnungsbeschlusses (Muster 31) durch das Amtsgericht dargestellt.

Nach der Anordnung des Verfahrens wird der Anordnungsbeschluss dem Schuldner zugestellt, und der Zwangsverwalter nimmt das Grundstück in Besitz. Die wesentlichen Aufgaben eines Zwangsverwalters sind nachstehend unter B. 2.2 dargestellt.

Das Grundbuchamt wird vom Versteigerungsgericht um Eintragung des Zwangsverwaltungsvermerks in das Grundbuch ersucht.

Die Beschlagnahme des Grundbesitzes wird wirksam durch Zustellung des Anordnungsbeschlusses an den Schuldner, Eingang des Ersuchens um Eintragung des Zwangsverwaltungsvermerks in das Grundbuch oder aber auch durch Inbesitznahme des Grundbesitzes durch den Zwangsverwalter[2]. Soweit ein Gläubiger einen Beitritt zum laufenden Verfahren erklärt, soll der Beitrittsbeschluss dem Verwalter zugestellt werden; die Beschlagnahme wird zugunsten des Gläubigers auch mit dieser Zustellung wirksam, wenn der Verwalter sich bereits im Besitz des Grundstücks befindet[3].

Im Beispielsfall beantragt zunächst der nachrangige Gläubiger III/3 die Einleitung des Zwangsverwaltungsverfahrens. Sobald der vorrangige Gläubiger hiervon erfährt, sollte er prüfen, ob er nicht dem Zwangsver-

[1] Haarmeyer/Wutzke/Förster/Hintzen, Zwangsverwaltung § 1 ZwVerwVO Anm. 13
[2] § 151 Abs. 1 ZVG
[3] § 151 Abs. 2 ZVG

Muster 30 **Antrag auf Zwangsverwaltung**

C-Bank eG
Postfach 5678
54634 Bitburg

Bitburg, den 4. Januar 1998

An das
Amtsgericht Bitburg
Gerichtsstraße 2
54634 Bitburg

Antrag auf Zwangsverwaltung

In Sachen C-Bank eG, Postfach 5678, 54634 Bitburg

– vertreten durch den Vorstand –

Gläubigerin

gegen Herrn Hermann Meyer, Roonstraße 7, 54662 Speicher

Schuldner

Aufgrund der anliegenden vollstreckbaren Ausfertigung der Urkunde des Notars Birken, Bitburg, vom 2. April 1992 – Ur. Nr. 521/92 – hat die Gläubigerin vom Schuldner aus dinglichem Anspruch zu fordern:

1. Aus der Grundschuld III/3:
   a) 15 Prozent Zinsen ab dem 1. Januar 1994
   b) Kapital 200.000,00 DM
2. Die Kosten der gegenwärtigen Rechtsverfolgung.

Wir beantragen hiermit die Zwangsverwaltung der im Grundbuch von Speicher Blatt 1422 auf den Namen des Schuldners eingetragenen Grundstücke lfd. Nr. 1 Flur 27 Nr. 17/1, lfd. Nr. 2 Flur 27 Nr. 17/2, lfd. Nr. 4 Flur 27 Nr. 17/4, lfd. Nr. 5 Flur 27 Nr. 17/5 und lfd. Nr. 6 Flur 27 Nr. 18.

Wegen der Eigentumsverhältnisse nehmen wir auf das Grundbuch Bezug.

Auf die Benennung eines Institutsverwalters wird verzichtet, die Auswahl des Zwangsverwalters stellen wir in das Ermessen des Gerichts.

C-Bank eG

Anordnungsbeschluss Zwangsverwaltung **Muster 31**

– 6 L 2/98 –

Beschluss

In der Zwangsverwaltungssache

C-Bank eG, Postfach 5678, 54634 Bitburg
– vertreten durch den Vorstand –

Gläubigerin

gegen Herrn Hermann Meyer, Roonstraße 7, 54662 Speicher

Schuldner

Der Schuldner ist Eigentümer der im Grundbuch von Speicher Blatt 1422 eingetragenen Grundstücke:

lfd. Nr. 1 Flur 27 Nr. 17/1 Gebäude- und Freifläche, Bahnhofstraße	4,83 ar;
lfd. Nr. 2 Flur 27 Nr. 17/2 Gebäude- und Freifläche, daselbst	4,80 ar;
lfd. Nr. 3 zu 2 Geh- und Fahrrecht an dem Grundstück Flur 27 Nr. 17/3 Gebäude- und Freifläche, Bahnhofstraße;	
lfd. Nr. 4 Flur 27 Nr. 17/4 Gebäude- und Freifläche, daselbst	5,27 ar;
lfd. Nr. 5 Flur 27 Nr. 17/5 Freifläche, Bahnhofstraße	1,35 ar;
lfd. Nr. 6 Flur 27 Nr. 18 Freifläche, Bahnhofstraße	1,35 ar.

Aufgrund der vollstreckbaren Urkunde des Notars Birken, Bitburg, vom 2. April 1992 – Ur. Nr. 521/92 – steht der Gläubigerin gegen den Schuldner ein dinglicher Anspruch aus dem im vorgenannten Grundbuch in Abteilung III unter lfd. Nr. 3 eingetragenen Recht zu, und zwar:

1. Hauptforderung 200.000,00 DM,
2. 15 Prozent Zinsen aus 200.000,00 DM seit dem 1. Januar 1994,
3. die Kosten der gegenwärtigen Rechtsverfolgung.

Auf Antrag der Gläubigerin wird die

Zwangsverwaltung

des genannten Grundbesitzes a n g e o r d n e t.

Dieser Beschluss gilt zugunsten der Gläubigerin als Beschlagnahme des Grundbesitzes. Durch diese Beschlagnahme werden dem Schuldner die Verwaltung und die Benutzung des Grundbesitzes entzogen. Als Verwalter wird Herr Rechtsbeistand Hans-Dieter Ehlenz, Westpark 13, 54634 Bitburg bestellt. Der Verwalter wird ermächtigt, sich selbst den Besitz des Grundbesitzes zu verschaffen.

Bitburg, den 13. Januar 1998

Das Amtsgericht

gez. Wirtz, Rechtspfleger

waltungsverfahren beitreten sollte, wobei natürlich die Vollstreckungsvoraussetzungen vorliegen müssen.

Findige nachrangige Gläubiger sind auf die Idee gekommen, die Zwangsverwaltung zu beantragen, ihren Zwangsverwaltungsantrag kurz vor dem Verteilungstermin zurückzunehmen und vorher den Anspruch des Schuldners gegen den Zwangsverwalter auf Auszahlung der von ihm aus dem Grundstück eingenommenen Beträge zu pfänden. Der Zwangsverwalter darf Zahlungen an die Gläubiger erst nach dem Verteilungstermin auf der Basis des Teilungsplans vornehmen, lediglich die laufenden öffentlichen Grundstückslasten darf er bereits vorher ausgleichen[1].

Der erstrangige Gläubiger, der sich ggf. darauf verlassen hat, dass er aufgrund seiner Rangposition im Grundbuch die Zahlungen auf die Zinsen seiner Grundschuld erhält, geht in einem solchen Fall leer aus. Er muss die Zwangsverwaltung selbst neu beantragen und würde dann lediglich künftig die Einnahmen als Zuteilung auf die dinglichen Zinsen seines Grundpfandrechts erhalten.

Es empfiehlt sich daher in einem solchen Fall auch für einen vorrangigen Gläubiger, nach Vorliegen der Vollstreckungsvoraussetzungen dem Zwangsverwaltungsverfahren beizutreten.

Soweit dem nachrangigen Gläubiger bekannt ist, dass dem vorrangigen Gläubiger eine Mietabtretung vorliegt, muss er die Zwangsverwaltung einleiten, da durch die Zwangsverwaltung auch eine zugunsten des vorrangigen Gläubigers erfolgte Mietabtretung unwirksam wird. Zahlungen dürfen nach Einleitung der Zwangsverwaltung nur noch an den Zwangsverwalter geleistet werden. Mit der Beschlagnahme im Rahmen der Zwangsverwaltung zieht dieser ab dem kommenden Ersten des Folgemonats die Miete ein. Nur soweit die Beschlagnahme nach dem 15. eines Monats erfolgt, ist lediglich noch die Miete des nächsten Monats nicht von der Beschlagnahme umfasst[2].

Umgekehrt kann natürlich auch der vorrangige Gläubiger eine Mietabtretung an einen nachrangigen oder an einen grundpfandrechtlich überhaupt nicht abgesicherten Gläubiger durch die Einleitung eines Zwangsverwaltungsverfahrens zu Fall bringen. Dies gilt auch für den Fall, dass ein anderer Gläubiger die Miete aufgrund eines persönlichen Titels pfändet. Diese Pfändung kann der Grundpfandgläubiger zum einen durch die Einleitung eines Zwangsverwaltungsverfahrens hinfällig machen, er

[1] § 11 Abs. 1 ZwVerwVO
[2] § 1123 Abs. 2 S. 2 BGB

kann jedoch auch aus seinem dinglichen Anspruch heraus die Miete per Pfändungs- und Überweisungsbeschluss beschlagnahmen. Durch diese Pfändung aus seinem dinglichen Anspruch[1] heraus erreicht der Grundpfandgläubiger, dass seine Pfändung, auch wenn sie zeitlich nachrangig ist, doch vorrangig vor dem Anspruch der Gläubigers, der nur aus einem persönlichen Anspruch gepfändet hat, zu berücksichtigen ist.

Sollten mehrere dinglich gesicherte Gläubiger aus ihrem dinglichen Anspruch die Mietansprüche pfänden, zählt für die Reihenfolge der Befriedigung die Rangfolge ihrer dinglichen Ansprüche im Grundbuch.

Ein Mieter, dem mehrere Pfändungen zugestellt werden, wird nicht entscheiden wollen, ob und wem der Mietzins letztlich zusteht und im Zweifel zur eigenen Sicherheit die Miete zugunsten der Gläubiger hinterlegen. In solchen Fällen ist es dann meist sinnvoll, doch die Zwangsverwaltung einzuleiten, um eine Zahlung in der Grundbuchrangfolge zu erreichen.

Praxistipp

Der betreibende Gläubiger sollte im Übrigen sofort nach Erhalt des Anordnungsbeschlusses beim Gericht eine Abschrift des Berichts des Zwangsverwalters über die Inbesitznahme des Grundbesitzes anfordern, um sich einen aktuellen Überblick über die derzeitige Situation zu verschaffen.

Dies könnte auch im Hinblick auf die Bewertung des Grundbesitzes im Rahmen einer möglichen Risikovorsorge wichtig sein.

Auch ein die Zwangsverwaltung nicht betreibender Gläubiger sollte nach Kenntnis vom laufenden Zwangsverwaltungsverfahren eine Abschrift des Berichts über die Inbesitznahme durch den Zwangsverwalter anfordern.

Auf den Seiten 268 und 269 sind Muster für einen Beitritt zum Zwangsverwaltungsverfahren (Muster 32) durch den Gläubiger III/2 sowie eines entsprechenden Beitrittsbeschlusses (Muster 33) durch das Amtsgericht dargestellt.

Ein Problem taucht dann auf, wenn der Eigentümer das Grundstück veräußert und der Erwerber das Grundstück nach den Bestimmungen des Kaufvertrages bereits in Besitz genommen hat. In diesem Fall hat der Er-

[1] siehe B. 5

werber ein Recht zum Besitz, sodass der Zwangsverwalter sein Recht zum Besitz nicht gegen den Erwerber durchsetzen kann.

In einem solchen Fall kann die Zwangsverwaltung auch gegen diesen Erwerber betrieben werden, jedoch muss der Vollstreckungstitel mit einer Ausfertigung des Kaufvertrages gegen den Erwerber als Eigenbesitzer umgeschrieben und an diesen zugestellt werden. Die Zwangsverwaltung wird dann gegen den Erwerber als sog. Eigenbesitzer betrieben.

2.2 Aufgaben des Zwangsverwalters

Die Auswahl des Zwangsverwalters obliegt zunächst dem Gericht, es sei denn, die antragstellende Bank hat einen Institutsverwalter vorgeschlagen.

Der Zwangsverwalter muss sich den Besitz des Grundstücks selbst verschaffen, wobei er hierzu notfalls die Hilfe eines Gerichtsvollziehers in Anspruch nehmen kann.

Wohnt der Schuldner selbst im Objekt, hat er ein Wohnrecht an seinen Räumen, wobei ihm hier nur die für seinen Hausstand unentbehrlichen Räume zu belassen sind[1]. In der Praxis dürfte eine Aufteilung jedoch nur schwer möglich sein.

Wenn der Schuldner durch sein Verhalten die Zwangsverwaltung gefährdet, kann das Gericht dem Schuldner auf Antrag des Zwangsverwalters sogar die Räumung aufgeben. Dieser Räumungsbeschluss ist sodann Vollstreckungstitel nach § 794 Abs. 1 Nr. 3 ZPO.

Bei der Zwangsverwaltung eines landwirtschaftlichen, forstwirtschaftlichen oder gärtnerischen Grundstücks ist der Schuldner selbst zum Zwangsverwalter zu bestellen[2]. Doch muss ihm hier eine Aufsichtsperson zugeordnet werden. Von der Bestellung des Schuldners ist nur dann abzusehen, wenn dieser nicht dazu bereit ist oder wenn nach Lage der Verhältnisse eine ordnungsmäßige Führung der Verwaltung durch ihn nicht zu erwarten ist. Vor der Bestellung sollen der betreibende Gläubiger und etwaige Beteiligte der in § 150 a ZVG bezeichneten Art sowie die untere Verwaltungsbehörde gehört werden. Der Schuldner als Zwangsverwalter hat nur ein eingeschränktes Verfügungsrecht und muss bei Geschäften, die über den Rahmen der laufenden Wirtschaftsführung

[1] § 149 ZVG
[2] § 150 b Abs. 1 ZVG

Muster 32 **Antrag auf Beitritt zum Zwangsverwaltungsverfahren**

B-Bank
Postfach 4321
54634 Bitburg

Bitburg, den 4. März 1998

An das
Amtsgericht Bitburg
Gerichtsstraße 2
54634 Bitburg

Antrag auf Beitritt zum Zwangsverwaltungsverfahren – 6 L 2/98 –

In Sachen
B-Bank, Postfach 4321, 54634 Bitburg
– vertreten durch den Vorstand –

Gläubigerin

gegen Herrn Hermann Meyer, Roonstraße 7, 54662 Speicher

Schuldner

Aufgrund der anliegenden vollstreckbaren Ausfertigung der Urkunde des Notars Birken, Bitburg, vom 6. März 1992 – Ur. Nr. 388/92 – hat die Gläubigerin vom Schuldner aus dinglichem Anspruch zu fordern:

1. Aus der Grundschuld III/2:
   a) 15 Prozent Zinsen seit dem 1. Oktober 1994
   b) Kapital 200.000,00 DM
2. Die Kosten der gegenwärtigen Rechtsverfolgung

Wir beantragen hiermit die Zulassung des Beitritts zum bereits anhängigen Zwangsverwaltungsverfahren bezüglich der im Grundbuch von Speicher Blatt 1422 auf den Namen des Schuldners eingetragenen Grundstücke lfd. Nr. 1 Flur 27 Nr. 17/1, lfd. Nr. 2 Flur 27 Nr. 17/2, und lfd. Nr. 6 Flur 27 Nr. 18.

Wegen der Eigentumsverhältnisse nehmen wir auf das Grundbuch Bezug.

B-Bank

Beitrittsbeschluss Zwangsverwaltung **Muster 33**

– 6 L 2/98 –

Beschluss

In der Zwangsverwaltungssache

B-Bank, Postfach 4321, 54634 Bitburg

– vertreten durch den Vorstand –

Gläubigerin

gegen Herrn Hermann Meyer, Roonstraße 7, 54662 Speicher

Schuldner

Der Schuldner ist Eigentümer der im Grundbuch von Speicher Blatt 1422 eingetragenen Grundstücke:

lfd. Nr. 1 Flur 27 Nr. 17/1 Gebäude- und Freifläche, Bahnhofstraße 4,83 ar;

lfd. Nr. 2 Flur 27 Nr. 17/2 Gebäude- und Freifläche, daselbst 4,80 ar;

lfd. Nr. 3 zu 2 Geh- und Fahrrecht an dem Grundstück Flur 27
Nr. 17/3 Gebäude- und Freifläche, Bahnhofstraße;

lfd. Nr. 6 Flur 27 Nr. 18 Freifläche, Bahnhofstraße 1,35 ar.

Aufgrund der vollstreckbaren Urkunde des Notars Birken, Bitburg, vom 6. März 1992 – Ur. Nr. 388/92 – steht der Gläubigerin gegen den Schuldner ein dinglicher Anspruch aus dem im vorgenannten Grundbuch in Abteilung III unter lfd. Nr. 2 eingetragenen Recht zu, und zwar:

1. Hauptforderung 200.000,00 DM,
2. 15 Prozent Zinsen aus 200.000,00 DM seit dem 1. Januar 1994,
3. die Kosten der gegenwärtigen Rechtsverfolgung.

Auf Antrag der Gläubigerin wird der Beitritt zum bereits angeordneten Zwangsverwaltungsverfahren 6 L 2/98 bezüglich des genannten Grundbesitzes

z u g e l a s s e n .

Dieser Beschluss gilt zugunsten der Gläubigerin als Beschlagnahme des Grundbesitzes.

Bitburg, den 13. März 1998

Das Amtsgericht

gez. Wirtz, Rechtspfleger

hinausgehen, rechtzeitig die Entscheidung der Aufsichtsperson einholen[1]. In diesen Fällen darf der Schuldner als Verwalter über die Nutzungen des Grundstücks und deren Erlös, unbeschadet der Vorschriften der §§ 155 bis 158 ZVG, nur mit Zustimmung der Aufsichtsperson verfügen[2]. Zur Einziehung von Ansprüchen, auf die sich die Beschlagnahme erstreckt, ist er ohne diese Zustimmung befugt.

Der Schuldner erhält als Verwalter keine Vergütung[3]. Erforderlichenfalls bestimmt das Gericht nach Anhörung der Aufsichtsperson, in welchem Umfang der Schuldner Erträgnisse des Grundstücks oder deren Erlös zur Befriedigung seiner und seiner Familie notwendigen Bedürfnisse verwenden darf.

Jeder Zwangsverwalter ist verpflichtet, zu Beginn des Verfahrens und der Übernahme des Amtes einige Maßnahmen vorzunehmen, wobei die nachstehende Checkliste die Wesentlichen kurz aufzeigt:

Checkliste für die Maßnahmen des Zwangsverwalters zu Beginn des Verfahrens

- ▷ Inbesitznahme des Grundbesitzes;
- ▷ Mängel am Objekt feststellen und dokumentieren;
- ▷ prüfen, ob unmittelbarer Handlungsbedarf besteht, ansonsten Mängelbeseitigung mit dem betreibender Gläubiger abklären;
- ▷ Zwangsverwalterkonto eröffnen;
- ▷ Mieter ermitteln und mit dem Hinweis benachrichtigen, dass Mietzahlungen nur noch auf das Zwangsverwalterkonto zu leisten sind;
- ▷ Kopie des Mietvertrages vom Mieter erbitten;
- ▷ Gebäudeversicherungsschutz überprüfen und Versicherer unterrichten;
- ▷ prüfen, ob weitere Versicherungen (z. B. Haftpflicht) erforderlich sind;
- ▷ Gemeindeverwaltung unterrichten und Bescheid über die laufenden öffentlichen Lasten (Grundsteuer, ggf. Wassergeld und Abwasserabgaben) anfordern;

[1] § 150 c Abs. 4 S. 3 ZVG
[2] § 150 d ZVG
[3] § 150 e ZVG

- ▷ Müllentsorger unterrichten; prüfen, ob es sich um eine öffentliche Last handelt;
- ▷ Schornsteinfeger unterrichten;
- ▷ Versorgungsträger für Strom, ggf. auch für Gas unterrichten;
- ▷ bei Wohnungseigentum den WEG-Verwalter ermitteln und unterrichten;
- ▷ bei gewerblich genutzten Objekten und Miete mit Mehrwertsteuer das zuständige Finanzamt unterrichten;
- ▷ Bericht über die Inbesitznahme für das Amtsgericht fertigen und Kopie an betreibenden Gläubiger senden;
- ▷ wenn keine Einnahmen zu erwarten oder die Ausgaben erkennbar höher als die Einnahmen sind, eine Vorschussanforderung durch das Amtsgericht beantragen;
- ▷ bei einem leerstehenden Objekt die Frage der Neuvermietung mit dem betreibenden Gläubiger klären, Objekt aber ggf. winterfest machen;
- ▷ Termin ein Jahr nach Anordnung wegen der Abrechnung gegenüber dem Amtsgericht notieren;
- ▷ soweit Einnahmen zu erwarten sind, die über den Kosten liegen, beim Amtsgericht die Bestimmung eines Verteilungstermins zur Aufstellung des Teilungsplans anregen;
- ▷ außerdem sollte der Zwangsverwalter eine Haftpflichtversicherung zu seiner eigenen Absicherung abschließen.

Reichen die Einnahmen zur Bestreitung der Ausgaben der Verwaltung nicht aus, insbesondere weil z. B. Versicherungen zu zahlen oder dringende Reparaturen vorzunehmen sind, muss der Verwalter über das Vollstreckungsgericht einen Vorschuss vom betreibenden Gläubiger anfordern. Die Nichtzahlung dieser Vorschüsse kann ansonsten zu einer Verfahrensaufhebung führen[1].

Während des laufenden Zwangsverwaltungsverfahrens sind im Wesentlichen die in der Checkliste auf Seite 272 enthaltenen Tätigkeiten zu erbringen:

[1] § 161 Abs. 3 ZVG

Checkliste für die Aktivitäten des Zwangsverwalters während des Verfahrens

- ▷ Zahlung der laufenden Grundsteuer jeweils zur Quartalsmitte (15. Februar; 15. Mai; 15. August und 15. November);
- ▷ Zahlung der sonstigen öffentlichen Lasten jeweils zur Fälligkeit;
- ▷ Zahlung an die Versorgungsträger;
- ▷ Zahlung der laufenden Versicherungsprämien;
- ▷ bei Eigentumswohnungen eventuell Zahlung eines Wohngeldes;
- ▷ Überwachung der Mieteingänge;
- ▷ bei Nichtzahlung: Mahnung; ggf. Zahlungsklage und bei weiterem Verzug Kündigung des Mietverhältnisses und Räumungsklage;
- ▷ nach Erstellung des Teilungsplans Zahlung der laufenden Leistungen an den/die Gläubiger gemäß Teilungsplan;
- ▷ Jahresabrechnung ein Jahr nach Anordnung fertigen und bei Gericht einreichen;
- ▷ bei Unterdeckung Vorschussanforderung beim Amtsgericht beantragen.

Soweit der Zwangsverwalter selbst einen Mietvertrag abschließen will, wird er grundsätzlich mit dem Gläubiger Rücksprache nehmen, da eine Vermietung im Hinblick auf ein möglicherweise parallel laufendes Zwangsversteigerungsverfahren untunlich sein kann. Ein vermietetes Objekt ist, je nach Art des Objektes, in der Zwangsversteigerung nur eingeschränkt verwertbar. Dies gilt insbesondere bei Objekten, die überwiegend für einen Eigennutzer infrage kommen. Ohne Zustimmung des Schuldners darf der Zwangsverwalter keinen Mietvertrag über ein Jahr hinaus abschließen[1].

Im Rahmen eines von ihm neu abzuschließenden Mietvertrages ist der Zwangsverwalter verpflichtet, die folgenden drei Bestimmungen in den Mietvertrag mit aufzunehmen[2]:

---

[1] § 6 Abs. 2 ZwVerwVO
[2] § 6 Abs. 3 ZwVerwVO

- Der Mieter ist nicht berechtigt, Ansprüche aus dem Mietvertrag zu erheben, wenn das Grundstück vor der Überlassung an den Mieter im Wege der Zwangsversteigerung veräußert wird;
- die gesetzliche Haftung des Vermieters für den von dem Ersteher zu ersetzenden Schaden ist ausgeschlossen, wenn das Grundstück nach der Überlassung an den Mieter im Wege der Zwangsversteigerung veräußert wird und der an die Stelle des Vermieters tretende Ersteher die sich aus dem Miet- oder Pachtverhältnis ergebenden Verpflichtungen nicht erfüllt;
- der Vermieter ist auch von einem sich im Falle einer Kündigung (§ 57 a Satz 1 ZVG) möglicherweise ergebenden Schadensersatzanspruch freigestellt.

Ansonsten kann der Zwangsverwalter einen handelsüblichen Mietvertrag verwenden.

Betreibt der Schuldner von seinem eigenen Grundstück einen Gewerbebetrieb, kann der Zwangsverwalter insoweit vom Schuldner eine Nutzungsentschädigung für die weitere Nutzung dieser Räume verlangen, ansonsten von ihm die Räumung fordern.

Im Übrigen ist streitig, inwieweit der Zwangsverwalter berechtigt ist, den Betrieb ggf. selbst fortzuführen. Das Oberlandesgericht Celle[1] hat entschieden, dass der Zwangsverwalter einen Gewerbebetrieb entweder mit Zustimmung des Schuldners oder dann fortführen darf, wenn das Grundstück für gewerbliche Zwecke ausgebaut ist.

Nach einer Entscheidung des Landgerichts Trier[2] ist die Fortführung eines auf dem Beschlagnahmegrundstück befindlichen Gewerbebetriebs (hier: Hotelbetrieb) durch den Zwangsverwalter oder eine von ihm beauftragte Hotelbetriebsgesellschaft zulässig, wenn im Einzelfall eine sinnvolle wirtschaftliche Nutzung des Grundstücks nur auf diesem Wege zu erreichen ist.

Das Oberlandesgericht Hamm[3] hält die Fortführung eines auf einem der Zwangsverwaltung unterliegenden Grundstück vom Schuldner unterhaltenen Gewerbebetriebes durch den Zwangsverwalter oder einen von ihm beauftragten Dritten (Pächter) für unzulässig. Das soll auch dann gelten, wenn das Grundstück für den Betrieb dieses Gewerbes in besonderer Weise ausgebaut ist und eine Lösung des Betriebsgrundstücks

---

[1] NJW-RR 1989, 1200
[2] Rpfleger 1989, 76
[3] Rpfleger 1994, 515

vom Gewerbebetrieb des Schuldners sich als nicht sachgerecht oder nur schwer durchführbar erweist (hier: Freizeitpark mit Läden und Gaststätten). Die Verpachtung des der Beschlagnahme nicht unterliegenden Gewerbebetriebes durch den Zwangsverwalter kann einen wichtigen Grund zu dessen Entlassung i. S. des §153 Abs. 2 ZVG darstellen.

Wegen weiterer Einzelheiten wird insoweit auf die ausführliche Kommentierung in Haarmeyer[1] verwiesen, der sich grundsätzlich gegen eine Betriebsfortführung ausspricht, dem Schuldner aber die weitere gewerbliche Nutzung des Objektes gegen Entgelt gestatten will.

2.3 Vergütung des Zwangsverwalters und Behandlung der Vorschüsse

Der Zwangsverwalter erhält für seine Tätigkeit eine Vergütung, die grundsätzlich von der Höhe der von ihm erzielten Mieteinnahmen abhängig ist. Die Höhe der Vergütung ist in der Verordnung über die Geschäftsführung und Vergütung des Zwangsverwalters vom 16. Februar 1970 (Zwangsverwalterverordnung, nachfolgend ZwVerwVO) geregelt. Die Vergütung geht von den Einnahmen eines Kalenderjahres aus und wird vom Gericht festgesetzt.

> Die Vergütung richtet sich nach der Höhe der Mieteinnahmen für das Kalenderjahr und ist wie folgt gestaffelt[2]:
>
> | | |
> |---|---|
> | für die ersten 1.000,00 DM | 9 Prozent |
> | für die weiteren 1.000,00 DM | 8 Prozent |
> | für die weiteren 1.000,00 DM | 7 Prozent |
> | Für alle weiteren Beträge | 6 Prozent |

Die Gebühr berechnet sich bei höheren Einnahmen nicht aus dem Gesamtbetrag nach dem niedrigsten Prozentsatz, sondern wird jeweils entsprechend der Staffel berechnet.

Soweit in einem Objekt mehrere Einheiten an getrennte Mieter vermietet sind, berechnet sich die Vergütung nicht nach den Gesamteinnahmen, sondern wird für jeden Mieter gesondert festgesetzt[3]. Hat jedoch ein Mieter mehrere Einheiten gemietet, wird die Vergütung nach der Gesamtmiete berechnet[4].

---

[1] Haarmeyer/Wutzke/Förster/Hintzen, a.a.O., § 5 ZwVerwVO, Anm. 4 ff.
[2] § 24 ZwVerwVO
[3] § 24 Abs. 2 ZwVerwVO
[4] Zeller/Stöber, a.a.O., § 152 a, Anm. 4.4

Grundsätzlich soll mit der Vergütung der Aufwand des Zwangsverwalters abgegolten werden, sodass er die Vergütung nicht nur für die tatsächlich eingezogenen Beträge erhält, sondern z. B. auch für Beträge, die er vergeblich beim Mieter einzuziehen versucht[1]. Dies gilt auch dann, wenn eine Einheit wegen des kurz bevorstehenden Zwangsversteigerungstermins nicht mehr vermietet wird, um das Objekt auch für Eigennutzer interessant zu machen. Auch wenn aus dem Objekt Mieteinnahmen nicht oder noch nicht zu erzielen sind, wie z. B. bei einem noch nicht fertiggestellten Objekt in einer Bauträgermaßnahme, steht dem Zwangsverwalter eine angemessene Vergütung zu.

Hier wird dann die fiktiv zu erzielen gewesene Miete zugrunde gelegt. Diese Frage ist jedoch nicht einheitlich geregelt und streitig. Nach anderen Auffassungen sind jeweils nur die tatsächlich vom Zwangsverwalter eingezogenen Beträge Grundlage für die Berechnung der Vergütung[2].

Die Mindestvergütung beträgt pro Kalenderjahr 60,00 DM. Da die Sätze in der Zwangsverwalterverordnung in den letzten Jahrzehnten nicht angepasst worden sind, gehen die Gerichte teilweise dazu über, dem Zwangsverwalter das Doppelte oder sogar ein Mehrfaches der in der Verordnung festgelegten Sätze zuzubilligen. Dies auch unter dem Gesichtspunkt, dass es im Interesse aller Beteiligten liegt, entsprechend qualifizierte Zwangsverwalter zu behalten. Eine solche Erhöhung der Vergütung wird damit begründet, dass es ausdrücklich zulässig ist, bei einem Missverhältnis zwischen der Vergütung des Zwangsverwalters und seiner Tätigkeit die Vergütung entsprechend anders festzusetzen[3]. Die Rechtsprechung hierzu geht jedoch weit auseinander[4]. Haarmeyer[5] spricht sich dafür aus, den doppelten Regelsatz als Grundvergütung anzusetzen.

Neben seiner Vergütung erhält der Zwangsverwalter auch angemessene Auslagen sowie die anfallende Mehrwertsteuer[6]. Zu den Auslagen zählen z. B. Reisekosten und Aufwendungen, die entstehen, weil der Zwangsverwalter Hilfspersonen für bestimmte Aufgaben einstellen oder Dritte mit der Erledigung beauftragen musste.

Die Vergütung wird auf Antrag des Zwangsverwalters vom Gericht nach Anhörung aller Beteiligten festgesetzt. Grundsätzlich wird die Vergütung

[1] Zeller/Stöber, a.a.O., § 152 a, Anm. 4.5
[2] Steiner/Hagemann § 153 Rn 61; Dassler/Muth § 153 Rn 19; Haarmeyer/Wutzke/Förster/Hintzen, a.a.O., § 24 ZwVerwVO, Anm. 31
[3] § 25 ZwVerwVO
[4] Zeller/Stöber, a.a.O., § 152 a, Anm. 4.7. m.w. Nachw.
[5] Haarmeyer/Wutzke/Förster/Hintzen, a.a.O., § 24 ZwVerwVO, Anm. 19 ff.
[6] § 23 ZwVerwVO

nach Ablauf des Kalenderjahres festgesetzt, da dann erst die zugrunde zu legenden Einnahmen feststehen. Es ist jedoch möglich, dem Zwangsverwalter, gerade auch bei größeren Verfahren, die Entnahme eines Vorschusses auf seine zu erwartende Vergütung aus der Masse zu gestatten[1]. Soweit keine ausreichenden Einnahmen vorhanden waren, um die festgesetzte Vergütung hieraus zu zahlen, haftet der die Zwangsverwaltung betreibende Gläubiger für die Vergütung[2].

Soweit die Vergütung des Zwangsverwalters mangels Einnahmen nur über Vorschüsse gedeckt werden kann, ist auch die Vergütung über diesen Umweg bevorrechtigte Forderung in der Zwangsversteigerung in der Rangklasse 1 des § 10 Abs. 1 ZVG.

Der Institutsverwalter erhält keine Vergütung für seine Tätigkeit[3] und auch keinen Auslagenersatz. Dies muss die betreibende Bank tragen.

Die vom Zwangsverwalter eventuell benötigten Vorschüsse für die Durchführung der Zwangsverwaltung muss dieser zunächst beim Versteigerungsgericht beantragen. Dieses erlässt anschließend einen entsprechenden Beschluss, mit welchem dem betreibenden Gläubiger die Vorschusszahlung an den Zwangsverwalter aufgegeben wird und für den Fall der Nichtzahlung die Aufhebung des Zwangsverwaltungsverfahrens angedroht wird[4].

Diese Vorschüsse sind in der späteren Zwangsversteigerung privilegiert und werden zusammen mit den Gerichtskosten in der Rangklasse 1 des § 10 Abs. 1 ZVG berücksichtigt. Damit dies der Fall ist, muss es sich jedoch um Maßnahmen für die Grundstückserhaltung oder -verbesserung handeln. Neben Instandsetzungskosten (insbesondere bei einer Gebäudereparatur), fallen auch die Kosten für die Vollendung eines Neubaus hierunter[5]. Die Kosten für die Errichtung eines Neubaus auf einem vorher unbebauten Grundstück würden jedoch nicht hierunter fallen[6].

Die Ausgaben müssen objektiv zur Erhaltung und notwendigen Verbesserung des Grundstücks verwendet worden sein. Aufwendungen, die zwar zu einer Verbesserung des Grundstücks führen, aber nicht notwendig waren, begründen keinen Befriedigungsanspruch in Rangklasse 1. Selbst wenn der Gläubiger freiwillig zweckbestimmte Ausgaben leistet, können diese in Rangklasse 1 geltend gemacht werden. Ein Beschluss

---

[1] § 28 Abs. 2 ZwVerwVO
[2] Zeller/Stöber, a.a.O., § 153, Anm. 7.4
[3] § 150 a Abs. 2 S. 2 ZVG
[4] § 161 Abs. 3 ZVG
[5] Zeller/Stöber, a.a.O., § 10, Anm. 2.1
[6] KG Berlin OLG 15, 25

des Gerichts nach § 161 Abs. 3 ZVG ist hierfür nicht erforderlich[1]. Auch die Anforderung eines entsprechenden Vorschusses durch das Versteigerungsgericht gewährleistet alleine noch nicht die erforderliche Zweckbestimmung[2]. Nur aufgrund der Anordnung des Gerichts kann also möglichen Streitigkeiten mit anderen Beteiligten nicht aus dem Wege gegangen werden.

Einen Anspruch auf Rückerstattung in der Rangklasse 1 hat nur ein die Zwangsverwaltung betreibender Gläubiger.

Im Rahmen einer steckengebliebenen Bauträgermaßnahme dürfte es sich bei den Kosten für die Fertigstellung nach Auffassung des Autors immer um notwendige Aufwendungen handeln, da ohne die Fertigstellung das Objekt auch objektiv nicht zu nutzen ist.

Zu den in Rangklasse 1 zu berücksichtigenden Vorschüssen rechnet auch ein Vorschuss für die Vergütung des Zwangsverwalters, wenn die Zwangsverwaltung zur Erhaltung der Substanz oder des Wertes des Grundstücks nötig ist[3].

2.4 Kosten des Zwangsverwaltungsverfahrens

In einem Zwangsverwaltungsverfahren erhält der Rechtsanwalt für den Antrag auf Zwangsverwaltung oder einen Beitrittsantrag eine $\frac{3}{10}$-Gebühr, für die Vertretung im weiteren Verfahren einschließlich des Verteilungsverfahrens und für die Vertretung eines sonstigen Beteiligten im ganzen Verfahren einschließlich des Verteilungsverfahrens eine weitere $\frac{3}{10}$-Gebühr, mindestens jedoch 75,00 DM[4].

Der Gegenstandswert für die Gebühren bestimmt sich bei der Vertretung des Antragstellers nach dem Anspruch, wegen dessen das Verfahren beantragt ist; Nebenforderungen sind mitzurechnen. Bei Ansprüchen auf wiederkehrende Leistungen ist der Wert der Leistungen eines Jahres maßgebend[5].

---

[1] Zeller/Stöber, a.a.O., § 10 Anm. 2.1
[2] Zeller/Stöber, a.a.O., § 10 Anm. 2.2
[3] RG 25, 227
[4] § 69 Abs. 1 Ziffer 1 – 2 BRAGO
[5] § 69 Abs. 2 BRAGO

Beispiele für eine 3/10-Gebühr nach BRAGO:

Wert der Leistungen	**Gebühr**
50.000,00 DM	196,50 DM
100.000,00 DM	637,50 DM
300.000,00 DM	973,50 DM
500.000,00 DM	1.267,50 DM
1.000.000,00 DM	1.867,50 DM

Hinzu kommen die Auslagen und die gesetzliche Umsatzsteuer[1].

Im Rahmen eines Zwangsverwaltungsverfahrens fallen als Gerichtsgebühr[2] für den Erlass des Anordnungs- oder eines Beitrittsbeschlusses pro Anordnungs- bzw. Beitrittsbeschluss 100,00 DM zzgl. der Zustellungskosten an. Für die Durchführung des Zwangsverwaltungsverfahrens fällt für jedes angefangene Jahr, beginnend mit dem Tag der Beschlagnahme, eine halbe Gebühr an[3]. Die Gebühr richtet sich nach dem Gesamtwert der Einkünfte[4].

3 Verteilungstermin und die Rangfolge der Ansprüche

Der Zwangsverwalter hat nach der Beschlagnahme insbesondere die Nutzungen zu ziehen und diese, soweit sie nicht in Geld bestehen, in Geld umzusetzen. Nach Abzug der Ausgaben der Verwaltung und der Verfahrenskosten[5] findet eine Verteilung der Überschüsse statt[6]. Die Verteilung wird vom Zwangsverwalter nach Maßgabe des durch das Vollstreckungsgericht festgestellten Teilungsplanes ausgeführt.

Aus dem Wesen der Zwangsverwaltung, die – im Gegensatz zur Zwangsversteigerung – die Substanz unberührt lässt, und auch den Bestand der gegnerischen Rechte nicht antastet, ergeben sich besondere Regelungen hinsichtlich der Berücksichtigung von Ansprüchen. Die grundsätzlich auch in der Zwangsverwaltung geltende Rangordnung des § 10 ZVG erfährt durch den § 155 ZVG einige Änderungen und Ergänzungen.

[1] §§ 25, 26 BRAGO
[2] Kostenverzeichnis Nr. 5200 zu § 11 Abs. 1 GKG
[3] Kostenverzeichnis Nr. 5210 zu § 11 Abs. 1 GKG
[4] § 30 GKG
[5] § 155 Abs. 1 ZVG
[6] § 155 Abs. 2 ZVG

Soweit sich dies aus dem Bericht des Zwangsverwalters über die Inbesitznahme des Grundbesitzes ergibt, oder aber wenn der Zwangsverwalter dem Gericht mitteilt, dass Überschüsse erzielt werden, wird der Termin zur Aufstellung des Teilungsplans bestimmt.

Spätestens mit der Zustellung dieser Terminsbestimmung erfahren alle Beteiligten[1] vom laufenden Zwangsverwaltungsverfahren. Jetzt sollten auch Gläubiger, die das Verfahren bisher nicht betrieben haben, über einen möglichen Beitritt zum Verfahren entscheiden.

Das Muster einer solchen Terminsbestimmung ist auf Seite 280, Muster 34, dargestellt.

Im Rahmen des Zwangsverwaltungsverfahrens ist eine Anmeldung der laufenden dinglichen Leistungen nicht erforderlich, da diese von Amts wegen berücksichtigt werden. Es empfiehlt sich jedoch trotzdem, die laufenden Zinsen zum Verteilungstermin anzumelden.

Soweit der Zwangsverwalter in der Lage ist, aus den Einkünften Zahlungen an die aus dem Grundstück zur Befriedigung Berechtigten zu leisten, muss er beim Gericht die Aufstellung eines Teilungsplanes beantragen. Die Terminsbestimmung wird allen Beteiligten und dem Zwangsverwalter zugestellt, Zweck des Verteilungstermins ist es, für die ganze Dauer des Verfahrens einen Teilungsplan aufzustellen, nach dem der Zwangsverwalter aufgrund der Anordnung des Vollstreckungsgerichts Zahlungen leisten kann, sobald er die dazu notwendigen Überschüsse zur Verfügung hat.

Da § 37 Nr. 4 ZVG und § 110 ZVG keine Anwendung finden, kann eine versäumte Anmeldung noch im Wege der Klage nach § 159 Abs. 1 ZVG berichtigt werden. Angemeldet werden müssen die Ansprüche der Rangklassen 1 und 2, soweit es sich nicht um Ausgaben der Zwangsverwaltung handelt, sowie in der Rangklasse 4 Ansprüche aus nicht eingetragenen Rechten, Ansprüche aus nach dem Zwangsverwaltungsvermerk eingetragenen Rechten und die Kosten der dinglichen Rechtsverfolgung. In der Rangklasse 5 müssen die Kosten der Rechtsverfolgung angemeldet werden, soweit sie sich nicht bereits aus dem Antrag ergeben.

Nicht anmeldepflichtig sind die Ausgaben der Verwaltung und die Verfahrenskosten, die laufenden Beträge der öffentlichen Grundstückslasten (diese muss der Zwangsverwalter erfragen), die laufenden Beträge wiederkehrender Leistungen, die nach dem Grundbuchinhalt zu

[1] § 9 ZVG

Muster 34 **Terminsbestimmung Verteilungstermin im Zwangsverwaltungsverfahren**

– 6 L 2/98 –

Terminsbestimmung

In der Zwangsverwaltungssache
betreffend die im Grundbuch von Speicher Blatt 1422 eingetragenen Grundstücke:

lfd. Nr. 1 Flur 27 Nr. 17/1 Gebäude- und Freifläche, Bahnhofstraße 4,83 ar,
lfd. Nr. 2 Flur 27 Nr. 17/2 Gebäude- und Freifläche, daselbst 4,80 ar,
lfd. Nr. 3 zu 2 Geh- und Fahrrecht an dem Grundstück Flur 27
Nr. 17/3 Gebäude- und Freifläche, Bahnhofstraße,
lfd. Nr. 4 Flur 27 Nr. 17/4 Gebäude- und Freifläche, daselbst 5,27 ar,
lfd. Nr. 5 Flur 27 Nr. 17/5 Freifläche, Bahnhofstraße 1,35 ar,
lfd. Nr. 6 Flur 27 Nr. 18 Freifläche, Bahnhofstraße 1,35 ar,

Eigentümer: Herr Hermann Meyer, Roonstraße 7, 54662 Speicher,

wird gemäß § 156 Abs. 2 ZVG

Verteilungstermin

zur Aufstellung eines Teilungsplans für die Dauer des Verfahrens bestimmt auf:

15. Juni 1998, 10.00 Uhr

an der Gerichtsstelle Bitburg, Gerichtsstraße 2, Zimmer 405.

Die Beteiligten werden gebeten, alsbald eine genaue Berechnung ihrer Ansprüche mit Angabe des beanspruchten Rangs schriftlich einzureichen. Es ist zu beachten, dass in der Zwangsverwaltung in der II., III. und IV. Rangklasse des § 10 Abs. 1 ZVG nur Ansprüche auf laufende wiederkehrende Leistungen, einschließlich Rentenleistungen, sowie diejenigen Beträge berücksichtigt werden, die zur allmählichen Tilgung einer Schuld als Zuschlag zu den Zinsen zu entrichten sind. Abzahlungsbeträge auf eine unverzinsliche Schuld werden wie laufende wiederkehrende Leistungen berücksichtigt, soweit sie 5 Prozent des ursprünglichen Schuldbetrages nicht übersteigen (§ 156 Abs. 2 ZVG).

Das Verfahren wird betrieben auf Antrag der B-Bank aus dem Recht III/2 und der C-Bank eG aus dem Recht III/3.

Die erste Beschlagnahme ist am 20. Januar 1998 erfolgt.

Zum Zwangsverwalter ist Herr Hans Dieter Ehlenz, Westpark 13, 54634 Bitburg bestellt.

Bitburg, den 20. März 1998

Das Amtsgericht

gez. Wirtz, Rechtspfleger

entrichten sind, soweit sie zum Zeitpunkt der Eintragung des Zwangsverwaltungsvermerks aus dem Grundbuch ersichtlich waren und die Ansprüche der die Zwangsverwaltung betreibenden Gläubiger.

Eine Wahrnehmung des Verteilungstermins ist in aller Regel nicht erforderlich, es ist ausreichend, eine Abschrift des Protokolls anzufordern. Auch soweit ein Institutsverwalter bestellt worden ist, muss dieser den Verteilungstermin nicht wahrnehmen.

Falls ein Grundpfandrecht nicht in DM sondern bereits in Euro oder einer anderen zugelassenen ausländischen Währung[1] eingetragen ist, gelten im Rahmen eines Zwangsverwaltungsverfahrens folgende Sonderbestimmungen[2]:

- Die Beträge, die auf ein in der Fremdwährung eingetragenes Recht entfallen, sind im Teilungsplan in der eingetragenen Währung festzustellen.
- Die Auszahlung erfolgt in DM.
- Der Verwalter zahlt wiederkehrende Leistungen nach dem Kurswert des Fälligkeitstages aus. Zahlungen auf das Kapital setzt das Gericht in dem zur Leistung bestimmten Termin nach dem amtlich ermittelten letzten Kurswert fest.

Auch im Rahmen eines Zwangsverwaltungsverfahrens ist eine außergerichtliche Verteilung möglich. Die Vorschriften der §§ 143 bis 145 ZVG über die außergerichtliche Verteilung im Rahmen eines Zwangsversteigerungsverfahrens finden entsprechende Anwendung[3]. Wegen der Voraussetzungen wird daher auf A. 8.4 verwiesen. In der Praxis findet eine solche Verteilung in einem Zwangsverwaltungsverfahren jedoch sehr selten statt.

Ein Muster für eine Anmeldung zum Verteilungstermin (Muster 35) durch den Gläubiger III/3 sowie des Terminsprotokolls über den Verteilungstermin (Muster 36) sind auf den Seiten 282 und 283 ff. dargestellt.

Bezüglich des Teilungsplanes in der Zwangsverwaltung ergeben sich erhebliche inhaltliche Abweichungen gegenüber dem Teilungsplan in der Zwangsversteigerung, weil es sich bei der Zwangsverwaltung um ein Dauerverfahren handelt, das nicht nur ein einmaliges Verteilen eines durch die Verwertung des Objekts erzielten Erlöses kennt. Vielmehr hat

1 § 28 S. 2 GBO
2 § 158 a ZVG
3 § 160 ZVG

Muster 35 **Anmeldung zum Verteilungstermin in der Zwangsverwaltung**

C-Bank eG
Postfach 5678
54634 Bitburg

Bitburg, den 15. April 1998

An das
Amtsgericht Bitburg
Gerichtsstraße 2
54634 Bitburg

In der Zwangsverwaltungssache

gegen Herrn Hermann Meyer, Roonstraße 7, 54662 Speicher

– 6 L 2/98 –

melden wir folgende Forderung zum Verteilungstermin am 15. Juni 1998 an:

1. Aus der Grundschuld III/3:
   15 Prozent Zinsen aus 200.000,00 DM = 30.000,00 DM jährlich, fällig jährlich nachträglich seit Eintragung der Grundschuld, geltend zu machen seit dem 2. Mai 1996
2. Betreibender Anspruch:
   a) 15 Prozent Zinsen aus 200.000,00 DM vom 1. Januar 1994 bis 1. Mai 1996 = 70.083,33 DM
   b) Kapital 200.000,00 DM
3. Gerichtskosten für den Anordnungsbeschluss 111,00 DM

Da wir den Verteilungstermin nicht wahrnehmen werden, bitten wir anschließend um Übersendung einer Abschrift des Protokolls über den Verteilungstermin nebst Teilungsplan.

Mit freundlichen Grüßen

C-Bank eG

Protokoll über den Verteilungstermin in der Zwangsverwaltung

Muster 36

– 6 L 2/98 –

Protokoll über den Verteilungstermin

Gegenwärtig: Wirtz als Rechtspfleger und als Urkundsbeamter der Geschäftsstelle

In dem Verfahren zur Zwangsverwaltung der im Grundbuch von Speicher Blatt 1422 eingetragenen Grundstücke

1. lfd. Nr. 1 Flur 27 Nr. 17/1 Gebäude- und Freifläche, Bahnhofstraße, 4,83 ar;
2. lfd. Nr. 2 Flur 27 Nr. 17/2 Gebäude- und Freifläche, daselbst, 4,80 ar; lfd. Nr. 3 zu 2 Geh- und Fahrrecht an dem Grundstück Flur 27 Nr. 17/3 Gebäude- und Freifläche, Bahnhofstraße;
3. lfd. Nr. 4 Flur 27 Nr. 17/4 Gebäude- und Freifläche, daselbst 5,27 ar;
4. lfd. Nr. 5 Flur 27 Nr. 17/5 Freifläche, Bahnhofstraße 1,35 ar;
5. lfd. Nr. 6 Flur 27 Nr. 18 Freifläche, Bahnhofstraße 1,35 ar;

Eigentümer: Hermann Meyer, Roonstraße 7, 54662 Speicher

erschienen am heutigen Termin zur Aufstellung des Teilungsplans nach Aufruf der Sache:

1. der Zwangsverwalter Herr Hans-Dieter Ehlenz,
2. Herr Steffen für die A-Bank eG.

Der Teilungsplan lag zur Einsicht aus und wurde eingesehen. Auf Verlesung wurde verzichtet. Über den Teilungsplan wurde sofort verhandelt. Ein Widerspruch gegen den Teilungsplan wurde nicht erhoben und ist auch aus den Akten nicht ersichtlich. Vom Teilungsplan abweichende Anmeldungen liegen nicht vor.

Der Teilungsplan ist dieser Niederschrift als Anlage 1 beigefügt. Die Anlage wurde zum wesentlichen Inhalt der Niederschrift erklärt. Der Teilungsplan gilt somit als festgestellt. Der Zwangsverwalter wird angewiesen, den Teilungsplan auszuführen.

Bitburg, den 15. Juni 1998

Das Amtsgericht

Wirtz, Rechtspfleger

Anlage 1

Teilungsplan

In der Zwangsverwaltungssache Hermann Meyer, Roonstraße 7, 54662 Speicher

I. Vorbemerkungen

Auf Antrag der C-Bank eG ist durch Beschluss des Amtsgerichts Bitburg vom 13. Januar 1998 die Zwangsverwaltung der im Grundbuch von Speicher Blatt 1422 eingetragenen Grundstücke

1. lfd. Nr. 1 Flur 27 Nr. 17/1 Gebäude- und Freifläche, Bahnhofstraße, 4,83 ar;
2. lfd. Nr. 2 Flur 27 Nr. 17/2 Gebäude- und Freifläche, daselbst, 4,80 ar; lfd. Nr. 3 zu 2 Geh- und Fahrrecht an dem Grundstück Flur 27 Nr. 17/3 Gebäude- und Freifläche, Bahnhofstraße;
3. lfd. Nr. 4 Flur 27 Nr. 17/4 Gebäude- und Freifläche, daselbst 5,27 ar;
4. lfd. Nr. 5 Flur 27 Nr. 17/5 Freifläche, Bahnhofstraße 1,35 ar;
5. lfd. Nr. 6 Flur 27 Nr. 18 Freifläche, Bahnhofstraße 1,35 ar

angeordnet worden.

Die Beschlagnahme ist wirksam geworden am 20. Januar 1998 durch Zustellung des Anordnungsbeschlusses an den Schuldner.

Laufende Beträge wiederkehrender Leistungen im Sinne des § 13 ZVG sind der letzte vor der Beschlagnahme (20. Januar 1998) fällig gewordene Betrag sowie die später fällig werdenden Beträge. Fehlt es innerhalb der letzten zwei Jahre an einem Fälligkeitstermin, so entscheidet der Zeitpunkt der Beschlagnahme.

Über den Zustand und die Rentabilität der Grundstücke gibt der Bericht des Zwangsverwalters vom 15. Februar 1998 Blatt 8–14 der Akten Auskunft.

Die jährlichen Mieteinnahmen betragen 20.000,00 DM und zwar nur aus den Grundstücken lfd. Nr. 1, 2 und 6. Aus den Grundstücken lfd. Nr. 4 und 5 werden keine Mieteinnahmen erzielt, da diese aufgrund des in Abteilung II lfd. Nr. 2 eingetragenen Rechts vom Berechtigten unentgeltlich genutzt werden und die betreibenden Gläubiger mit ihren Ansprüchen diesem Recht gegenüber nachrangig sind.

II. Teilungsplan

Aus den Einkünften des Grundstücks sind:

A. gemäß § 155 Abs. 1 ZVG vorweg zu berichtigen:

1. die Gerichtskosten dieses Verfahrens einschließlich des vom Gläubiger eventuell gezahlten Gerichtskostenvorschusses mit Ausnahme derjenigen Kosten, die durch die Anordnung des Zwangsverwaltungsverfahrens oder den Beitritt eines Gläubigers zum Verfahren entstehen;
2. die Ausgaben der Zwangsverwaltung. Hierzu gehören alle Verwaltungskosten die der Zwangsverwalter aufwenden muss, um seine Verpflichtungen nach § 152 ZVG zu erfüllen. Dazu gehören z. B. Gebäudeinstandhaltungskosten, Löhne, Versicherungsprämien, Kanalgebühren, Wassergeld, Vergütung des Zwangsverwalters und die zur Begleichung dieser Ausgaben vom Gläubiger gezahlten Vorschüsse;

B. gemäß § 155 Abs. 2 ZVG zu zahlen und zwar in nachstehender Reihenfolge:

1. die Ausgaben, die der betreibende Gläubiger selbst während der Dauer der Verwaltung zur Erhaltung oder notwendigen Verbesserung des Grundstücks aufgewendet hat;
2. die öffentlichen Lasten des Grundstücks, gleichviel ob sie auf Bundes- oder Landesrecht beruhen wegen der laufenden Beträge der wiederkehrenden Leistungen, insbesondere Grundsteuern, Zinsen, Zuschläge oder Rentenleistungen sowie wegen der laufenden Beträge, die zur allmählichen Tilgung einer Schuld als Zuschlag zu den Zinsen zu entrichten sind;
3. die laufenden Beträge der wiederkehrenden Leistungen, insbesondere Zinsen, Zuschläge oder Rentenleistungen sowie wegen der laufenden Beträge, die zur allmählichen Tilgung einer Schuld als Zuschlag zu den Zinsen zu entrichten sind und die laufenden Abzahlungsbeträge auf eine unverzinsliche Schuld, soweit sie fünf vom Hundert des ursprünglichen Schuldbetrages nicht übersteigen, aus den in Abteilung II und III des Grundbuchs eingetragenen Rechten, und zwar:

   ▷ A-Bank eG aus der Grundschuld III/1: 15 Prozent Zinsen aus 100.000,00 DM = 15.000,00 DM jährlich, fällig kalenderjährlich nachträglich, seit dem 1. Januar 1997;

   ▷ B-Bank aus der Grundschuld III/ 2: 15 Prozent Zinsen aus 200.000,00 DM = 30.000,00 DM jährlich, fällig kalendervierteljährlich nachträglich, seit dem 1. Oktober 1997;

   ▷ C-Bank eG aus der Grundschuld III/3:

   a) Gerichtskosten für die Anordnung des Verfahrens 111,00 DM

b) 15 Prozent Zinsen aus 200.000,00 DM = 30.000,00 DM jährlich, fällig jährlich nachträglich ab Eintragung der Grundschuld, seit dem 2. Mai 1996

▷ C-Bank eG betreibender Anspruch:

a) 15 Prozent Zinsen aus 200.000,00 DM vom 1. Januar 1994 bis 1. Mai 1996 = 70.083,33 DM

b) Kapital 200.000,00 DM

▷ B-Bank betreibender Anspruch:

a) 15 Prozent Zinsen aus 200.000,00 DM vom 1. Januar 1994 bis 30. September 1997 = 112.500,00 DM

b) Kapital 200.000,00 DM

Bitburg, den 15. Juni 1998

Das Amtsgericht

Wirtz, Rechtspfleger

der Zwangsverwalter laufend Einkünfte einzuziehen und laufend Zahlungen zu leisten. Hieraus ergeben sich Besonderheiten, die bereits vor Beantragung der Zwangsverwaltung berücksichtigt werden müssen.

Der Zwangsverwalter hat zunächst aus den Einnahmen die laufenden Verwaltungsausgaben ohne besonderes Verfahren zu bestreiten.

Die laufenden Beträge der öffentlichen Lasten hat der Zwangsverwalter ebenfalls ohne Teilungsplan zu zahlen[1]. Aus den Vorschüssen darf er die öffentlichen Lasten nicht zahlen, hierzu muss er genügend eigene Einnahmen besitzen. Da den öffentlichen Lasten noch die Ansprüche der Rangklassen 1 und 2 vorgehen, darf der Verwalter die öffentlichen Lasten nur zahlen, wenn er auch für die Klassen 1 und 2 genügend Masse zur Verfügung hat[2]. Kosten für eine Altlastenbeseitigung sind im Hinblick auf das Bundesbodenschutzgesetz öffentliche Grundstückslast[3] und daher vom Zwangsverwalter aus der Masse zu befriedigen. Gegenüber der öffentlichen Hand ist der Zwangsverwalter als sog. Zustandsstörer anzusehen[4].

Für die Aufstellung des Teilungsplanes gilt grundsätzlich die Rangordnung des § 10 ZVG, berücksichtigt werden jedoch nur die Ansprüche aus den Rangklassen 1 – 5, nicht aus den Rangklassen 6 – 8. Darüber hinaus werden in den Rangklassen 2, 3 und 4 lediglich die laufenden wiederkehrenden Leistungen befriedigt. Rückstände wiederkehrender Leistungen und Hauptsachebeträge können nur in der Rangklasse 5 Berücksichtigung finden.

Die Kosten der Rechtsverfolgung werden gemeinsam mit dem Hauptanspruch geltend gemacht, wobei dies unter Umständen zu einer Aufsplittung der Kosten in Rangklasse 4 oder 5 führen kann.

Die Definition der laufenden wiederkehrenden Leistungen ergibt sich aus § 13 Abs. 1 ZVG, es sind dies die letzten vor der Beschlagnahme fällig gewordenen Beträge, sowie die später fällig werdenden Beträge.

Nach dem ausdrücklichen Wortlaut des § 155 Abs. 2 Satz 1 ZVG gehören zu den wiederkehrenden Leistungen in den Rangklassen 3 und 4 die Rentenleistungen sowie diejenigen Beträge, die zur allmählichen Tilgung einer Schuld als Zuschlag zu den Zinsen zu entrichten sind. Abzahlungsbeträge auf eine unverzinsliche Schuld werden wie laufende wiederkeh-

[1] § 11 Abs. 1 ZwVerwVO
[2] Haarmeyer/Wutzke/Förster/Hintzen, a.a.O., § 11 ZwVerwVO, Anm. 2
[3] siehe A. 5.5.2
[4] Haarmeyer/Wutzke/Förster/Hintzen, a.a.O., § 155 ZVG, Anm. 4

rende Leistungen berücksichtigt soweit sie 5 Prozent des ursprünglichen Schuldbetrages nicht übersteigen[1].

Obwohl es sich eigentlich um Zahlungen auf das Kapital handelt, werden diese Teilrückzahlungen in den Rangklassen 3 bzw. 4 geleistet, weil auch diese Leistungen normalerweise aus den laufenden Einkünften des Grundstücks beglichen werden.

Abweichend von der Zwangsversteigerung werden die laufenden Beträge wiederkehrender Leistungen auch bezüglich der Rechte berücksichtigt, die dem Anspruch des betreibenden Gläubigers im Range nachgehen.

Vorrangig zu befriedigen sind nur die laufend wiederkehrenden Leistungen des vorrangigen Rechts.

Rangklasse 1: In dieser Rangklasse sind die Ansprüche der betreibenden Gläubiger auf Ersatz ihrer Ausgaben zur Erhaltung oder notwendigen Verbesserung des Grundstücks zu erstatten. Dieses Recht gilt insbesondere hinsichtlich der Vorschüsse, die von Gläubigern für Instandsetzungsarbeiten gewährt worden sind. Bei landwirtschaftlichen Grundstücken wird hier auch der Anspruch von Düngemittel- und Saatgutlieferanten aufgenommen[2].

Rangklasse 2: In dieser Rangklasse werden die Lohnansprüche der land- und forstwirtschaftlichen Bediensteten (sog. Litlohnansprüche) wegen ihrer laufenden Beträge berücksichtigt. Die ab Beschlagnahme zu zahlenden Löhne sind vom Zwangsverwalter als Ausgaben der Zwangsverwaltung vorweg zu befriedigen. Es können demnach nur Ansprüche berücksichtigt werden, die vor der Beschlagnahme fällig geworden sind, jedoch noch als laufend im Sinne von § 13 ZVG angesehen werden. Untereinander haben die Ansprüche Gleichrang.

[1] § 155 Abs. 2 Satz 2 ZVG
[2] § 155 Abs. 4 ZVG

Rangklasse 3: In dieser Rangklasse werden die öffentlichen Grundstückslasten berücksichtigt, jedoch nur die laufenden Beträge wiederkehrender Leistungen. Einmalige Beträge von öffentlichen Lasten fallen nicht in die Rangklasse 3. Untereinander haben die Ansprüche Gleichrang.

Rangklasse 4: In der Rangklasse 4 werden die Ansprüche aus den dinglichen Rechten wegen der laufenden Beträge wiederkehrender Leistungen berücksichtigt. Hierzu gehören insbesondere die Zinsen sowie Tilgungsbeträge nach § 155 Abs. 2 Satz 1 ZVG. Untereinander haben die Ansprüche Rang gemäß dem Grundbuch.

Rückständige wiederkehrende Leistungen, einmalige Nebenleistungen und Kapitalbeträge können nicht in der Rangklasse 4 berücksichtigt werden; will der Gläubiger hier Befriedigung erreichen, muss er dem Zwangsverwaltungsverfahren beitreten, um damit in die Rangklasse 5 zu gelangen.

Hier ist zu beachten, dass Zahlungen, die der Gläubiger auf die laufenden dinglichen Zinsen erhält, in einem parallel oder später laufenden Zwangsversteigerungsverfahren nicht mehr geltend gemacht werden dürfen.

Sollte das Zwangsverwaltungsverfahren nur von einem nachrangigen Gläubiger betrieben werden und der vorrangige Gläubiger nicht beitreten, erhält dieser aufgrund der Tatsache, dass die Zuteilung im Teilungsplan und die Zahlungen des Zwangsverwalters auf die dinglichen Zinsen erfolgt, möglicherweise einen höheren Betrag, als er nach dem Kreditvertrag beanspruchen kann. In einem solchen Fall muss der vorrangige Gläubiger die gesamte Zahlung vereinnahmen und den nicht für die vertraglich vereinbarten Leistungen erforderlichen Betrag als Sondertilgung verbuchen. Sollte es sich um ein Darlehen mit Festzins handeln, dürfte er bei Vorliegen der entsprechenden Voraussetzungen sogar ein Vorfälligkeitsentgelt berechnen.

Rangklasse 5: In der Rangklasse 5 werden alle das Verfahren betreibenden Gläubiger berücksichtigt. Streitig ist, ob alle Ansprüche, aus denen das Verfahren betrieben wird, in der Rangklasse 5 nach der Reihenfolge der Beschlagnahme berücksichtigt werden oder ob die in der Rangklasse 5 hineingedrängten dinglichen Ansprüche einen Vorrang vor den persönlichen Ansprüchen haben. Hierzu werden unterschiedliche Auffassungen vertreten[1]. Eine ausführliche Darstellung erübrigt sich jedoch, da im Normalfall ohnehin auf die Ansprüche in der Rangklasse 5 eine Zahlung durch den Zwangsverwalter nicht mehr erfolgt.

Ein Problem taucht in der Praxis dann auf, wenn das unter Zwangsverwaltung stehende Objekt freihändig veräußert werden soll und der Kaufpreis nicht ausreicht, die Forderungen des oder der Gläubiger in vollem Umfang zu befriedigen. Mit dem Eingang des Rücknahmeantrages des Gläubigers beim Amtsgericht ist das Zwangsverwaltungsverfahren beendet[2]. Soweit der Zwangsverwalter jedoch zu diesem Zeitpunkt noch Guthaben auf seinem Konto unterhält, steht dieses Guthaben nach Abrechnung dem früheren Eigentümer zu[3]. Falls die Forderung des Gläubigers aus dem Kaufpreis nicht voll befriedigt wird, will er sich auch diesen Überschuss sichern. Erforderlich ist in solchen Fällen, dass der Eigentümer seinen Anspruch auf Auszahlung des Übererlöses gegen den Zwangsverwalter an den Gläubiger abtritt.

Eine weitere Möglichkeit besteht in solchen Fällen darin, den Zwangsverwalter darum zu bitten, das komplette Guthaben auf seinem Anderkonto kurz vor der Rücknahme aufgrund des Teilungsplans an den Gläubiger auszuzahlen. Im Gegenzug muss dem Zwangsverwalter die Zusage gegeben werden, die von ihm noch zu leistenden Zahlungen zu erstatten. Der Autor hält die Ausführung solcher Zahlungen zulasten desjenigen Kontos des Schuldners, dem vorher die Beträge gutgeschrieben worden sind, für zulässig. Hierbei handelt es sich im weitesten Sinne um Kosten der Rechtsverfolgung, die nach Ziffer 12 Abs. 5 AGB weiter belastet werden dürfen.

---

[1] Haarmeyer/Wutzke/Förster/Hintzen, a.a.O., § 155 ZVG Anm. 15
[2] Haarmeyer/Wutzke/Förster/Hintzen, a.a.O., § 161 ZVG, Anm. 10
[3] Haarmeyer/Wutzke/Förster/Hintzen, a.a.O., § 12 ZwVerwVO, Anm. 5

Die Aufhebung des Zwangsverwaltungsverfahrens erfolgt durch ausdrücklichen Beschluss des Gerichts[1]. Als Hauptgründe für eine Aufhebung kommen in Betracht:

- Befriedigung des Gläubigeranspruchs aus den Zahlungen des Zwangsverwalters;
- Erteilung des Zuschlags im parallel laufenden Zwangsversteigerungsverfahren;
- Nichtzahlung eines angeforderten Vorschusses;
- Rücknahme des Zwangsverwaltungsantrages.

Bei einer Rücknahme des Zwangsverwaltungsverfahrens treten die Wirkungen bereits mit dem Eingang des Rücknahmeantrages beim Gericht ein[2], nicht erst mit dem Aufhebungsbeschluss. Ansonsten ist nicht genau geregelt, wann die Befugnisse des Zwangsverwalters enden und welche Folgen die Verfahrensaufhebung für die Beteiligten hat[3]. Eine Aufhebung nach Zuschlagserteilung erfolgt jedoch im Normalfall erst nach der Rechtskraft des Zuschlagsbeschlusses, auch wenn der Eigentumswechsel bereits mit der Erteilung des Zuschlags erfolgt[4].

Ein Muster eines Aufhebungsbeschlusses nach Erteilung des Zuschlags im Zwangsversteigerungsverfahren ist auf Seite 292, Muster 37, dargestellt.

Nach Beendigung des Zwangsverwaltungsverfahrens sind vom Zwangsverwalter im Wesentlichen folgende Tätigkeiten zu erbringen:

- restliche Zahlungspflichten überprüfen und erledigen;
- Abrechnung mit eventuellem Ersteher oder Eigentümer;
- Aufhebungsbeschluss an alle Beteiligten senden, die von der Anordnung unterrichtet wurden;
- Verteilung der restlichen Masse an Berechtigten;
- Abschlussbericht mit Schlussrechnung erstellen und bei Gericht einreichen.

Im Musterfall hat der Zwangsverwalter während des laufenden Verfahrens insgesamt 30.000,00 DM auf die Zinsen des Gläubigers III/1 gezahlt. Nach Aufhebung des Zwangsverwaltungsverfahrens muss er seine Ge-

[1] § 161 Abs. 1 ZVG
[2] Haarmeyer/Wutzke/Förster/Hintzen, a.a.O., § 161 ZVG, Anm. 10
[3] Haarmeyer/Wutzke/Förster/Hintzen, a.a.O., § 161 ZVG, Anm. 1
[4] § 90 Abs. 1 ZVG

Muster 37 **Aufhebungsbeschluss Zwangsverwaltung**

– 6 L 2/98 –

Beschluss

In der Zwangsverwaltungssache

1. B-Bank, Postfach 4321, 54634 Bitburg
2. C-Bank eG, Postfach 5678, 54634 Bitburg

Gläubiger

gegen Herrn Hermann Meyer, Roonstraße 7, 54662 Speicher

Schuldner

Betreffend die im Grundbuch von Speicher Blatt 1422 eingetragenen Grundstücke

1. lfd. Nr. 1 Flur 27 Nr. 17/1 Gebäude- und Freifläche, Bahnhofstraße, 4,83 ar;
2. lfd. Nr. 2 Flur 27 Nr. 17/2 Gebäude- und Freifläche, daselbst, 4,80 ar; lfd. Nr. 3 zu 2 Geh- und Fahrrecht an dem Grundstück Flur 27 Nr. 17/3 Gebäude- und Freifläche, Bahnhofstraße;
3. lfd. Nr. 4 Flur 27 Nr. 17/4 Gebäude- und Freifläche, daselbst 5,27 ar;
4. lfd. Nr. 5 Flur 27 Nr. 17/5 Freifläche, Bahnhofstraße 1,35 ar;
5. lfd. Nr. 6 Flur 27 Nr. 18 Freifläche, Bahnhofstraße 1,35 ar

wird das Zwangsverwaltungsverfahren nach Rechtskraft des Zuschlagsbeschlusses im Zwangsversteigerungsverfahren – 6 K 100/97 – aufgehoben.

Bitburg, den 30. August 1999

Das Amtsgericht

gez. Wirtz, Rechtspfleger

bühren beantragen und festsetzen lassen und den Überschuss an den Gläubiger auskehren.

Damit die restlichen Einnahmen noch vor dem Verteilungstermin im Zwangsversteigerungsverfahren an den Gläubiger ausgezahlt werden können, sollte der Zwangsverwalter nach dem Zuschlag gebeten werden, die Abrechnung so schnell als möglich vorzunehmen.

Praxistipp

Falls dies nicht geschieht, könnte es passieren, dass der Gläubiger aus der Zwangsversteigerung die Zuteilung auf die laufenden Zinsen erhält und mit einem Teil seines Kapitals ausfällt, während der nachrangige Gläubiger aus der Zwangsverwaltung noch eine Teilzuteilung auf die laufenden Zinsen erhält. Je nach Sachverhalt könnte es für den erstrangigen Gläubiger sinnvoll sein, auf die Geltendmachung eines Teils der laufenden Zinsen im Zwangsversteigerungsverfahren zu verzichten, um den Restbetrag aus dem Überschuss in der Zwangsverwaltung zu erhalten. Diese Möglichkeit wäre dann anzuwenden, wenn aufgrund des Versteigerungsergebnisses ein Ausfall droht oder keine volle Zuteilung auf die Grundschuld erfolgt.

Das Gericht prüft die Abrechnung des Zwangsverwalters und übersendet diese allen Beteiligten zur Kenntnis- und eventuell Stellungnahme. Das Grundbuchamt wird um die Löschung des Zwangsverwaltungsvermerks ersucht.

4 Zwangsverwaltung und Insolvenzverfahren

Durch die seit dem 1. Januar 1999 geltende Insolvenzordnung haben sich auch für die Zwangsverwaltung Änderungen ergeben.

Soweit ein sog. starker vorläufiger Insolvenzverwalter bestellt wurde und das Insolvenzgericht ein allgemeines Verfügungsverbot erlassen hat, ist eine Vollstreckung nur dann möglich, wenn der Titel gegen den vorläufigen Insolvenzverwalter umgeschrieben und an ihn zugestellt wird[1]. Im Umkehrschluss folgt aus dieser Entscheidung, dass bei einem

[1] LG Cottbus, ZInsO 2000, 107; Haarmeyer/Wutzke/Förster/Hintzen, a.a.O., § 146 ZVG, Anm. 19

sog. schwachen vorläufigen Insolvenzverwalter keine Klauselumschreibung erforderlich ist und gegen den Schuldner vollstreckt werden kann.

Im Rahmen eines Zwangsverwaltungsverfahrens wird dem Insolvenzverwalter durch den neuen § 153 b ZVG die Möglichkeit gegeben, dieses Verfahren vollständig oder teilweise aufheben zu lassen.

Allerdings sind dem betreibenden Gläubiger die durch die Einstellung entstehenden Nachteile durch Zahlungen aus der Insolvenzmasse auszugleichen[1]. Zum Ausgleich der dem Gläubiger entstehenden Nachteile muss der Insolvenzverwalter in jedem Fall die bevorrechtigten öffentlichen Grundstückslasten in der Rangklasse 3 des § 10 Abs. 1 ZVG sowie die notwendigen Versicherungsprämien bezahlen und darüber hinaus die Ansprüche vorrangiger Grundpfandrechtsgläubiger befriedigen. Dies gilt selbst dann, wenn vorrangige Grundpfandrechtsgläubiger die Zwangsverwaltung nicht betreiben.

Bei vermieteten Objekten könnte, soweit die Zwangsverwaltung zum Zeitpunkt der Beantragung des Insolvenzverfahrens noch nicht betrieben wird, mit dem (vorläufigen) Insolvenzverwalter eine einvernehmliche Regelung versucht werden. Ihm könnte vorgeschlagen werden, zur Vermeidung der Einleitung des Zwangsverwaltungsverfahrens durch den Grundpfandrechtsgläubiger die Einnahmen aus dem Objekt zunächst zur Insolvenzmasse zu ziehen und anschließend mit der Bank und möglichen anderen Grundpfandrechtsgläubigern wie ein Zwangsverwalter abzurechnen. Selbstverständlich muss ihm dann auch die einem Zwangsverwalter zustehende Vergütung zugesagt werden. Sollte der Insolvenzverwalter zu einer solchen Regelung bereit sein, würde sich die Einleitung des Zwangsverwaltungsverfahrens erübrigen.

Im Rahmen von Zwangsverwaltungsverfahren tauchte nunmehr ein neues Problem für die Bank als Grundpfandgläubigerin bei gewerblich genutzten Grundstücken auf.

Nach einer Entscheidung des Oberlandesgerichts Karlsruhe[2] konnte der Zwangsverwalter im Rahmen eines Zwangsverwaltungsverfahrens keine Nutzungsentschädigung vom Konkursverwalter verlangen, wenn die Nutzungsüberlassung des Grundstücks vom Grundstückseigentümer an den nunmehr insolventen Gemeinschuldner kapitalersetzend war. Das Oberlandesgericht Köln vertrat ebenfalls die Auffassung, dass, solange das Miet-/Pachtverhältnis nicht beendet ist, der Zwangsverwalter ebensowenig wie der Gesellschafter Miet-/Pachtzins oder Nutzungsent-

---

[1] § 153 b Abs. 2 ZVG

[2] OLG Karlsruhe, ZIP 1997, 1758

schädigung für eine kapitalersetzende Gebrauchsüberlassung verlangen kann[1].

Das Oberlandesgericht München[2] hatte vorher entschieden, dass dies nicht für die vom Zwangsverwalter verlangte Nutzungsentschädigung gilt.

Alle drei Entscheidungen wurden nicht rechtskräftig, lösten jedoch eine rege Diskussion über diese Rechtsfrage aus.

Das Oberlandesgericht Köln hält in einem solchen Fall eine Kündigung durch den auf Antrag des Grundpfandrechtsgläubigers nach Eröffnung des Konkursverfahrens bestellten Zwangsverwalters aus wichtigem Grund für zulässig. In diesem Fall darf der Konkursverwalter die Herausgabe nicht unter Berufung auf die kapitalersetzende Nutzungsüberlassung verweigern.

Heublein[3] vertritt entgegen dem Oberlandesgericht Köln die Auffassung, dass kein Anlass besteht, dem Zwangsverwalter ein Sonderkündigungsrecht gemäß § 242 BGB einzuräumen. Auch Gehrlein[4] ist der Ansicht, dass Mietzinsforderungen beim Vorliegen einer eigenkapitalersetzenden Nutzungsüberlassung auch im Rahmen eines Zwangsverwaltungsverfahrens nicht durchgesetzt werden[5] können und auch nach Versteigerung des Grundstücks der Ersteher keinen Mietzinsanspruch geltend machen kann. Dem Ersteher soll allerdings das Sonderkündigungsrecht nach § 57 a ZVG zustehen[6].

Diese Auffassung hätte zu einer erheblichen Entwertung des Hypothekenhaftungsverbandes geführt, da in vielen Fällen der Beleihung von gewerblich genutzten Grundstücken solche „Betriebsaufspaltungen" vorhanden sind.

Aufgrund der vor dem Bundesgerichtshof anhängigen Revisionsverfahren hat dieser am 7. Dezember 1998 auf die Revision gegen die Entscheidung des Oberlandesgerichts München entschieden, dass die Zwangsverwaltung Vorrang vor kapitalersetzender Nutzungsüberlassung im Konkurs hat.

---

[1] OLG Köln, GmbHR 1997, 831
[2] OLG München, GmbHR 1997, 356
[3] ZIP 1998, 1903
[4] NZG 1998, 845
[5] a.A. Wenzel WiB 1997, 119 ff.
[6] Gehrlein a.a.O.

Mit der Beschlagnahme nach den §§ 1123, 1124 BGB stehen dem Zwangsverwalter Miet- und Pachtzinsansprüche auch dann zu, wenn eine eigenkapitalersetzende Nutzungsüberlassung im Konkurs oder der Insolvenz vorliegt. Der Bundesgerichtshof hat sich gegen das Abstellen auf die vom Zwangsverwalter ausgesprochene Kündigung ausgesprochen, wie es noch das Oberlandesgericht Köln getan hatte. In dem Revisionsverfahren gegen die Entscheidung des Oberlandesgerichts Köln hat der Bundesgerichtshof ebenfalls am 7. Dezember 1998 dem Konkursverwalter die beantragte Prozesskostenhilfe versagt.

Aufgrund der Entscheidung des Bundesgerichtshofs ist diese für die Kreditwirtschaft wichtige Frage entschieden. Die Beleihung kann weiterhin wie bisher erfolgen, da eine Bank als Grundpfandgläubigerin über die Einleitung eines Zwangsverwaltungsverfahrens auch bei eigenkapitalersetzender Nutzungsüberlassung die Nutzungen für die Zeit nach Anordnung der Zwangsverwaltung ziehen kann. Von der Beschlagnahme[1] wird bei einer kapitalersetzenden Nutzungsüberlassung nicht der rückständige Mietzins im Sinne von § 1124 BGB erfasst.

Gravierend wäre eine für den Zwangsverwalter negative Entscheidung gewesen, da dies auch für Darlehen und damit Beleihungen gegolten hätte, die zum Zeitpunkt der Gewährung unstreitig noch nicht kapitalersetzend waren.

Praxistipp

Grundpfandrechtsgläubiger sollten daher für eine schnellstmögliche und rechtzeitige Einleitung eines Zwangsverwaltungsverfahrens Sorge tragen.

In einer weiteren Entscheidung vom 31. Januar 2000 hat der Bundesgerichtshof[2] entschieden, dass die Wirkung der eigenkapitalersetzenden Gebrauchsüberlassung endet, sobald der im Wege der Zwangsverwaltung erlassene Beschlagnahmebeschluss wirksam geworden ist. Die eigenkapitalersetzende Gebrauchsüberlassung ist daher wie eine Vorausverfügung über die Miete bei einer Beschlagnahme nach dem 15. des Monats nur noch für den der Beschlagnahme folgenden Monat wirksam[3].

[1] § 21 ZVG
[2] ZIP 2000, 455
[3] § 1124 Abs. 2 BGB

5 Mietpfändung aus dem dinglichen Anspruch

Ein Grundpfandgläubiger kann außer über ein Zwangsverwaltungsverfahren auch durch eine Pfändung mittels eines Pfändungs- und Überweisungsbeschlusses aus dem dinglichen Anspruch seines Grundpfandrechts Mietansprüche des belasteten Objektes beschlagnahmen. Die allgemeinen Vollstreckungsvoraussetzungen – Titel, Klausel, Zustellung, fällige Forderung – müssen auch hier vorliegen. Eine solche Pfändung anstelle eines Zwangsverwaltungsverfahrens empfiehlt sich jedoch nur dann, wenn damit zu rechnen ist, dass der Mieter auch ohne Probleme die Pfändung anerkennt und zur Zahlung an den Gläubiger bereit ist. Ansonsten und gerade auch bei mehreren Mietern sollte trotz der höheren Kosten die Einleitung eines Zwangsverwaltungsverfahrens vorgezogen werden.

Eine Pfändung aus dem dinglichen Anspruch kann dann sinnvoll sein, wenn zuvor ein Gläubiger lediglich aus einem persönlichen Anspruch die Miete gepfändet hat. Die Pfändung aus dem dinglichen Anspruch hat Rang vor dem Gläubiger mit lediglich persönlichem Anspruch[1], selbst wenn dessen Pfändung vorher zugestellt worden war. Sollten mehrere dingliche Gläubiger pfänden, richtet sich der Rang der Pfändungen nach dem unter den Grundpfandrechten bestehenden Rangverhältnis[2]. Sämtliche Pfändungen, sei es aus persönlichem oder aus dinglichem Anspruch, haben Rang nach einer Beschlagnahme im Rahmen eines Zwangsverwaltungsverfahrens[3]. Dies gilt selbst dann, wenn die Zwangsverwaltung von einem persönlichen Gläubiger beantragt worden ist[4]. Dem Pfändungsgläubiger stehen dann lediglich noch die Mieten für den laufenden Monat zu, falls die Beschlagnahme in der Zwangsverwaltung erst nach dem 15. des Monats erfolgt ist, auch noch für den nächsten Monat[5].

Die Pfändung der Mietansprüche wird durch die Beschlagname im Rahmen eines Zwangsverwaltungsverfahrens nicht unwirksam, sie ruht lediglich für die Dauer dieses Verfahrens. Sollte die Beschlagnahme später aufgehoben werden, tritt die Pfändung wieder in Kraft[6].

[1] § 804 Abs. 3 ZPO
[2] § 879 ff. ZPO
[3] Stöber, Forderungspfändung, Rn 232
[4] RG JW 1933, 1658
[5] § 1124 Abs. 2 BGB
[6] RG 64, 415

Eine Besonderheit gibt es hinsichtlich öffentlicher Grundstückslasten. In einem Zwangsversteigerungs- und Zwangsverwaltungsverfahren genießen diese Vorrang[1]. Einen gewissen Vorrang genießen diese durch das „Gesetz über die Pfändung von Miet- und Pachtzinsforderungen wegen Ansprüchen aus öffentlichen Lasten" vom 9. März 1934 auch bezüglich der Mieten eines Grundstücks. In diesem Gesetz ist festgelegt, dass sich öffentliche Lasten auch auf die Mieten eines Grundstücks erstrecken. Soweit ein anderer Gläubiger die Mietansprüche pfändet, hat dessen Pfändung gegenüber laufenden öffentlichen Lasten Vorrang nur bezüglich der Miete des laufenden Kalendermonats. Soweit die Pfändung nach dem 15. des Monats wirksam wurde, gilt dies auch noch für den nächsten Monat. Diese Einschränkung gilt sowohl für Gläubiger, die aus persönlichem Anspruch, als auch für Grundpfandrechtsgläubiger, die aus ihrem dinglichen Anspruch in die Miete pfänden. Der Vorrang bezieht sich jedoch nur auf die zuletzt fällig gewordenen wiederkehrenden öffentlichen Lasten, nicht jedoch auf einmalige Beiträge.

Der Träger der öffentlichen Lasten kann unter Berufung auf dieses Gesetz vom Pfändungsgläubiger die Herausgabe bereits eingezogener Beträge verlangen.

Ein weiterer Nachteil einer Pfändung gegenüber einer Zwangsverwaltung besteht darin, dass der Schuldner Vollstreckungsschutz nach § 851 b ZPO beantragen kann. Soweit die Mieten für den Schuldner zur laufenden Unterhaltung des Grundstücks, zur Vornahme notwendiger Instandsetzungsarbeiten und zur Befriedigung von Ansprüchen unentbehrlich sind, die bei einer Zwangsvollstreckung in das Grundstück dem Anspruch des Gläubigers nach § 10 ZVG vorgehen würden, hebt das Vollstreckungsgericht die Pfändung insoweit auf. Gleiches gilt von der Pfändung von Barmitteln und Guthaben, die aus Miet- oder Pachtzinszahlungen herrühren und dem gleichen Zweck dienen sollen. Ob die Mieten tatsächlich unentbehrlich sind, soll das Vollstreckungsgericht nach strengen Maßstäben entscheiden[2].

Im Rahmen einer Zwangsverwaltung kann der Schuldner diesen Vollstreckungsschutzantrag nicht stellen, da es ja auch Aufgabe des Zwangsverwalters ist, die nach § 851 b ZPO geschützten Ansprüche aus den Mieten zu befriedigen.

---

[1] § 10 Abs. 1 Ziff. 3 ZVG
[2] Stöber, Forderungspfändung Rn 250

C. Zwangsversteigerung zum Zwecke der Auseinandersetzung (Teilungsversteigerung)

1 Einführung

In den letzten Jahren sind Banken als Grundpfandgläubiger immer häufiger in Zwangsversteigerungsverfahren zum Zwecke der Auseinandersetzung nach §§ 180 ff. ZVG (künftig Teilungsversteigerung) involviert.

Sei es, dass sich Eheleute scheiden lassen und sich nicht über einen Verkauf oder die Übernahme des Grundbesitzes durch einen Ehegatten einigen können, oder aber dass es nach einem Erbfall zu Streit unter den Miterben kommt. Soweit in beiden Fällen Grundpfandrechte für die Bank eingetragen sind, ist sie damit automatisch Beteiligte in einer Teilungsversteigerung. Diese stellt für einen der Miteigentümer dann die einzige Möglichkeit dar, eine Aufhebung der Gemeinschaft auch zwangsweise gegen den Willen des oder der anderen Miteigentümer durchzusetzen.

Das Hauptproblem, nämlich die Aufteilung des Erlöses und die Auseinandersetzung innerhalb der Eigentümergemeinschaft, wird hierdurch jedoch nicht gelöst oder beseitigt. Das Versteigerungsgericht ersetzt lediglich das unteilbare Grundstück durch teilbaren Erlös (Geld), über die Aufteilung müssen sich die früheren Miteigentümer im Verteilungstermin jedoch trotzdem noch einigen. Ansonsten wird der Übererlös hinterlegt und es bedarf dann ggf. einer gerichtlichen Auseinandersetzung im Rahmen eines Zivilprozesses. Ein möglicher Streit innerhalb der Eigentümergemeinschaft wird durch die Teilungsversteigerung nicht beseitigt. Auch bei einer Gemeinschaft nach Bruchteilen erfolgt daher keine Auszahlung des Erlöses analog der früheren Bruchteile, vielmehr setzt sich der Streit über die Auseinandersetzung am Erlös fort.

Ausnahmsweise ist die Bank auch als Pfändungsgläubigerin beteiligt, wenn Sie z. B. den Miterbenanteil nebst Auseinandersetzungsanspruch gepfändet hat und ihrerseits die Teilungsversteigerung betreibt. Als Verpfändungsgläubigerin ist sie beteiligt, wenn ihr ein Miterbenanteil verpfändet ist.

Die Teilungsversteigerung erfolgt grundsätzlich nach den Vorschriften der Vollstreckungsversteigerung, jedoch mit einigen Besonderheiten.

Die Teilungsversteigerung kann sich auf folgende Gemeinschaften beziehen:

- Gemeinschaft nach Bruchteilen[1],
- Erbengemeinschaft[2],
- BGB-Gesellschaft nach ihrer Auflösung[3],
- die eheliche Gütergemeinschaft[4] nach Beendigung dieses Güterstandes[5], soweit nichts anderes vereinbart oder gesetzlich geregelt[6] ist,
- die fortgesetzte Gütergemeinschaft[7] nach Beendigung.

Objekte der Teilungsversteigerung können sein:

- Grundstücke[8],
- selbstständig gebuchte Miteigentumsanteile[9],
- Erbbaurechte[10],
- Wohnungs- und Teileigentum[11],
- Schiffe und Schiffsbauwerke[12],
- Stockwerkseigentum nach landesrechtlichen Vorschriften[13],
- Luftfahrzeuge.

Vollstreckungsorgan ist grundsätzlich das Amtsgericht als Vollstreckungsgericht, in dessen Bezirk das zu versteigernde Grundstück belegen ist. Es besteht jedoch die Möglichkeit, dass die Zwangsversteigerungsverfahren auch bestimmten Amtsgerichten zugeordnet werden. Liegen die zu versteigernden Grundstücke in verschiedenen Amtsgerichtsbezirken und liegen die Voraussetzungen für eine Verbindung der Verfahren gem. § 18 ZVG vor, muss beim nächsthöheren gemeinsamen

[1] §§ 741 – 758 BGB
[2] §§ 2032 – 2063 BGB
[3] §§ 705 – 740, 730 Abs. 1, 731 BGB
[4] §§ 1415 – 1482 BGB
[5] § 1471 Abs. 1 BGB
[6] §§ 1475 – 1481 BGB
[7] §§ 1483 – 1518 BGB
[8] § 864 Abs. 1 ZPO
[9] § 864 Abs. 2 ZPO
[10] § 864 Abs. 1 ZPO, § 11 ErbbauVO
[11] § 864 Abs. 2 ZPO
[12] § 864 Abs. 1 ZPO
[13] Artikel 131, 182 EGBGB

Gericht (dies kann z. B. auch der Bundesgerichtshof sein) die Bestimmung des zuständigen Gerichts beantragt werden.

Beim Amtsgericht ist auch für dieses Verfahren der Rechtspfleger funktionell zuständig.

Auch in der Teilungsversteigerung ist nach § 9 ZVG Beteiligter jeder, zu dessen Gunsten zum Zeitpunkt der Eintragung des Zwangsversteigerungsvermerks im Grundbuch ein Recht eingetragen ist.

Die neben dem antragstellenden Miteigentümer und den anderen Miteigentümern sonstigen Beteiligten werden üblicherweise vom laufenden Teilungsversteigerungsverfahren erst informiert, wenn die Anhörung über die Wertfestsetzung erfolgt.

Wird ein Recht oder eine Veränderung erst nach dem Zwangsversteigerungsvermerk im Grundbuch eingetragen, wird der Berechtigte erst mit der Anmeldung seines Anspruchs zum Teilungsversteigerungsverfahren Beteiligter und erhält vorher auch keine Mitteilungen vom laufenden Verfahren. Dies wäre z. B. bei der Eintragung einer Sicherungshypothek nach dem Zwangsversteigerungsvermerk der Fall.

Eine Vollstreckungsversteigerung und eine Teilungsversteigerung über denselben Grundbesitz können parallel durchgeführt werden, da es sich um zwei unterschiedliche Verfahren mit unterschiedlichen Zielen handelt. Eine Reihenfolge ist vom Gesetz her nicht vorgeschrieben[1]. Die meisten Rechtspfleger werden jedoch grundsätzlich die Vollstreckungsversteigerung vorziehen, da hier die Vorschriften über das geringste Gebot eine Versteigerung grundsätzlich erleichtern.

Eine Bank kann auch dann in eine Teilungsversteigerung verwickelt werden, wenn sie sich als Sicherheit eine Grundschuld auf einen Miteigentumsanteil eintragen lässt. Soweit der Kredit notleidend wird, kann sie die Zwangsversteigerung des Miteigentumsanteils beantragen. Die Aussichten für ein vernünftiges wirtschaftliches Ergebnis einer solchen Versteigerung sind jedoch meist schwer vorherzusagen. Im Regelfall ist bei der Versteigerung eines Miteigentumsanteils der Interessentenkreis sehr klein, und nur der oder die anderen Miteigentümer haben ein echtes Interesse. Sonstige Dritte werden nicht daran interessiert sein, sich in eine bestehende Eigentümergemeinschaft „einzusteigern". In solchen Fällen muss die Bank den Miteigentumsanteil oft selbst ansteigern und anschließend aus ihrer Eigentümerstellung heraus in einem zweiten Verfahren die Teilungsversteigerung betreiben.

[1] Zeller/Stöber, a.a.O. § 180 Anm. 14

Es besteht auch die Möglichkeit, den Auseinandersetzungsanspruch des eigenen Schuldners und Miteigentümers gegen die anderen Eigentümer mittels Pfändungs- und Überweisungsbeschluss zu beschlagnahmen und als Pfändungsgläubiger sofort die Teilungsversteigerung zu betreiben. Die Entscheidung, welche der beiden Verfahren eingeleitet werden soll, hängt vom Verkehrswert und der Rangposition des Gläubigers sowie den sonstigen Belastungen des Grundbesitzes ab.

Die Bank als Grundpfandgläubiger wird auch dann in eine Teilungsversteigerung einbezogen, wenn ihr lediglich noch eine Grundschuld zusteht, jedoch keine persönliche Forderung mehr besteht. Die Eigentümer machen den ihnen zustehenden Rückgewähranspruch in vielen Fällen nicht sofort geltend, sondern lassen die Grundschuld trotz Rückzahlung der Verbindlichkeiten weiter bei der Bank stehen. Soweit es dann zu einer Teilungsversteigerung kommt, ist die Bank automatisch Beteiligte und wird wahrscheinlich, da es sich im Regelfall um Gesamtrechte handelt, auch eine Zuteilung auf ihre Grundschuld erhalten oder muss diese gegenüber dem Ersteher als bestehen gebliebenes Recht geltend machen.

Soweit im Rahmen der Grundschuldbestellung und/oder der Verwendungszweckerklärung die üblichen Vordrucke verwandt wurden, ist die Bank als Gläubigerin berechtigt, auf die Grundschuld zu verzichten. Um von der Teilungsversteigerung nicht weiter tangiert zu werden, besteht dann die Möglichkeit, eine öffentlich beglaubigte Verzichtserklärung abzugeben und den Verzicht im Grundbuch eintragen zu lassen. Eine Zustimmung der Eigentümer ist hierfür nicht erforderlich. Durch die Verzichtserklärung wird die Grundschuld zu einer Eigentümergrundschuld[1], und die Bank ist nach Anmeldung der Grundbucheintragung nicht mehr Beteiligte in der Teilungsversteigerung.

2 Voraussetzungen für eine Teilungsversteigerung

Voraussetzung für die Teilungsversteigerung ist ein Antrag eines Miteigentümers, der schriftlich oder zu Protokoll der Geschäftsstelle des Gerichts erfolgen kann. Es muss der Eigentumsnachweis geführt werden, entweder durch ein Zeugnis gem. § 17 ZVG oder einen beglaubigten Grundbuchauszug oder durch Bezugnahme auf das zum selben Amtsgericht gehörende Grundbuch. Daneben muss der Antrag die genaue Bezeichnung des Antragstellers, der anderen Miteigentümer, die dadurch Antragsgegner werden, sowie des Grundbesitzes, in den voll-

---

[1] §§ 1192, 1163 BGB

streckt werden soll, enthalten. Soll nur in einzelne Grundstücke und nicht in den gesamten Grundbesitz vollstreckt werden, muss dies ebenfalls angegeben werden.

Eine nach § 752 BGB mögliche Teilung in Natur würde eine Teilungsversteigerung ausschließen. Eine solche Teilung in Natur ist jedoch nur dann möglich, wenn sich das Grundstück ohne Verminderung des Wertes in gleichartige, den Anteilen der Miteigentümer entsprechende Teile zerlegen lässt. Bei Miteigentum zum halben Anteil müsste sich das Grundstück daher in zwei gleich große und auch gleichwertige Flächen zerlegen lassen. An eine solche Aufteilung in Natur sind hohe Anforderungen zu stellen[1], sodass dies in der Praxis nur äußerst selten vorkommen dürfte.

Soweit an einem Grundstück mehrere Gemeinschaften (z. B. der häufige Fall = Bruchteilseigentum zu je einem halben Anteil und Erbengemeinschaft an einem dieser beiden Anteile) bestehen, kann sowohl die Aufhebung einer der beiden Gemeinschaften, als auch beider Gemeinschaften beantragt werden. Als kleines Antragsrecht wird hierbei die Aufhebung der Erbengemeinschaft und als großes Antragsrecht die Aufhebung auch der Bruchteilsgemeinschaft bezeichnet[2].

Bei Eheleuten als Miteigentümer bedarf ein Ehegatte nach nunmehr herrschender Meinung bereits zum Antrag auf Teilungsversteigerung der Zustimmung des anderen Ehegatten, wenn der Grundbesitz das ganze Vermögen im Sinne von § 1365 Abs. 1 BGB darstellt[3]. Erst nach rechtskräftiger Scheidung oder falls der Grundbesitz nicht das gesamte Vermögen darstellt, bedarf es der Zustimmung des anderen Ehegatten nicht. Eine Ersetzung der Zustimmung ist nur durch das Vormundschaftsgericht möglich.

Ob auch ein Pfändungsgläubiger eines Ehegatten der Zustimmung des anderen Ehegatten bedarf, ist streitig. Zeller/Stöber[4] vertreten die Auffassung, dass auch der Pfändungsgläubiger diese Zustimmung nach § 1365 Abs. 1 BGB benötigt. Mehrere Gerichte haben jedoch entschieden, dass diese Vorschrift hier nicht anwendbar ist[5]. Diese Auffassung kann inzwischen als herrschend bezeichnet werden.

Streitig ist, ob das Versteigerungsgericht die Voraussetzungen des § 1365 Abs. 1 BGB von Amts wegen oder aber nur auf Antrag des ande-

---

[1] OLG Stuttgart BWNotZ 1984, 172
[2] Zeller/Stöber, a.a.O., § 180, Anm. 3.7.
[3] Zeller/Stöber, a.a.O., § 180, Anm. 3.13 e
[4] Zeller/Stöber, a.a.O., § 180, Anm. 3.14 p
[5] Eickmann, Die Teilungsversteigerung 4. Auflage Rn 107 m. w. Nachw.

ren Ehegatten prüfen muss. Die herrschende Meinung geht davon aus, dass das Gericht nicht von Amts wegen prüfen muss, es sei denn, dass ihm die Voraussetzungen des § 1365 Abs. 1 BGB aufgrund konkreter Anhaltspunkte bekannt sind. Der andere Ehegatte ist verpflichtet, seinen Widerspruch im Rahmen einer Widerspruchsklage[1] geltend zu machen[2]. Der Antragsteller muss nicht nachweisen, dass kein Fall von § 1365 Abs. 1 BGB vorliegt, sondern der Antragsgegner ist verpflichtet, seinerseits Widerspruchsklage zu erheben[3]. Für diese Klage ist das Familiengericht zuständig[4]. Dies hat zuletzt das Oberlandesgericht Köln mit Beschluss vom 7. Januar 2000 bestätigt[5].

Auf den Seiten 305 bzw. 306 sind Muster eines Versteigerungsantrags (Muster 38) durch den Miteigentümer Theodor Meyer sowie des Anordnungsbeschlusses (Muster 39) dargestellt.

3 Bewertung und Berücksichtigung eingetragener Rechte

3.1 Besonderheiten in der Teilungsversteigerung

Auch in der Teilungsversteigerung wird vom Gericht im Versteigerungstermin ein geringstes Gebot aufgestellt. Das geringste Gebot geht vom sog. Deckungsgrundsatz[6] aus, wonach alle dem bestrangig betreibenden Gläubiger vorgehenden Ansprüche gedeckt sein müssen. In der Teilungsversteigerung gibt es jedoch keinen bestrangig betreibenden Gläubiger, sondern es zählt jeder der Miteigentümer, der die Teilungsversteigerung betreibt, als Antragsteller.

Die Rangklassen des § 10 Abs. 1 ZVG gelten auch hier, es sind jedoch einige Besonderheiten zu berücksichtigen. Wegen der allgemeinen Erläuterungen wird auf A. 5.1 verwiesen. Bezüglich der Rangklassen 1, 2, 3, 4, 7 und 8 gibt es keine Besonderheiten. Auch hier kann auf einen nachrangigen Anspruch erst dann eine Zuteilung erfolgen, wenn die vorrangigen Ansprüche gedeckt sind.

Die Rangklassen 5 und 6 kommen jedoch in der Teilungsversteigerung nicht vor, da es hier keinen betreibenden Gläubiger gibt.

[1] § 771 ZPO
[2] Eickmann, a.a.O., Rn 96 m. w. Nachw.
[3] Eickmann, a.a.O., Rn 99 m. w. Nachw.
[4] § 621 Abs. 1 Ziffer 8 ZPO
[5] InVo 2000, 145
[6] § 44 ZVG

Antrag auf Anordnung der Teilungsversteigerung **Muster 38**

Theodor Meyer
Bahnhofstraße 9
54662 Speicher

Speicher, den 1. März 1999

An das
Amtsgericht Bitburg
Gerichtsstraße 2
54634 Bitburg

Antrag auf Zwangsversteigerung zum Zwecke der Auseinandersetzung

In Sachen Theodor Meyer, Bahnhofstraße 9, 54662 Speicher

Antragsteller

gegen Herrn Hermann Meyer, Roonstraße 7, 54662 Speicher

Antragsgegner

Im Grundbuch von Speicher Blatt 2488 ist auf den Namen

1. des Herrn Hermann Meyer, Roonstraße 7, 54662 Speicher,
2. des Herrn Theodor Meyer, Bahnhofstraße 9, 54662 Speicher

als Eigentümer zu je einem halben Anteil das Grundstück

lfd. Nr. 1 Flur 27 Nr. 17/3 Gebäude- und Freifläche, Bahnhofstraße, 2,83 ar, eingetragen.

Als Miteigentümer beantrage ich hiermit die Zwangsversteigerung zum Zwecke der Auseinandersetzung der Gemeinschaft.

Wegen der Eigentumsverhältnisse nehme ich auf das Grundbuch Bezug.

Theodor Meyer

Muster 39 **Anordnungsbeschluss in der Teilungsversteigerung**

– 6 K 11/99 –

Beschluss

In Sachen des Herrn Theodor Meyer, Bahnhofstraße 9, 54662 Speicher

Antragsteller

gegen Herrn Hermann Meyer, Roonstraße 7, 54662 Speicher

Antragsgegner

Im Grundbuch von Speicher Blatt 2488 ist auf den Namen

1. des Herrn Hermann Meyer, Roonstraße 7, 54662 Speicher,
2. des Herrn Theodor Meyer, Bahnhofstraße 9, 54662 Speicher

als Eigentümer zu je einem halben Anteil folgendes Grundstück eingetragen:

lfd. Nr. 1 Flur 27 Nr. 17/3 Gebäude- und Freifläche, Bahnhofstraße, 2,83 ar, und

lfd. Nr. 2 zu 1 Geh- und Fahrrecht an dem Grundstück Flur 27 Nr. 17/2 Gebäude- und Freifläche, Bahnhofstraße.

Auf Antrag des Miteigentümers Theodor Meyer wird zur Aufhebung der Gemeinschaft die

Zwangsversteigerung

des genannten Grundbesitzes angeordnet.

Dieser Beschluss gilt zugunsten des Antragstellers als Beschlagnahme des Grundbesitzes.

Bitburg, den 13. März 1999

Das Amtsgericht

gez. Wirtz, Rechtspfleger

3.2 Umfang und Wirkung der Beschlagnahme

Die Beschlagnahme erfolgt wie in der Vollstreckungsversteigerung entweder durch Eingang des Grundbuchersuchens um Eintragung des Zwangsversteigerungsvermerks beim Grundbuchamt oder aber durch Zustellung des Anordnungsbeschlusses an den oder die anderen Miteigentümer.

Die Beschlagnahme bewirkt jedoch keine Verfügungsbeschränkung im Sinne von § 23 ZVG und somit auch keine Beschränkung hinsichtlich der Verfügung über Zubehörgegenstände. Die Frage der Enthaftung nach den §§ 1121, 1122 BGB spielt daher in der Teilungsversteigerung keine Rolle. Die Miteigentümer können weiterhin gemeinsam über Zubehörgegenstände verfügen. Dies gilt selbst dann, wenn ein Pfändungsgläubiger das Verfahren betreibt, da dieser ja nur den Auseinandersetzungsanspruch gepfändet hat[1].

3.3 Einstellungsmöglichkeiten

Auch in der Teilungsversteigerung bestehen verschiedene Möglichkeiten, eine Aufhebung oder Einstellung des Zwangsversteigerungsverfahrens herbeizuführen.

Gleichzeitig mit dem Anordnungsbeschluss wird dem oder den Miteigentümern eine Belehrung über die Einstellungsmöglichkeit nach § 180 Abs. 2 ZVG zugestellt. Der Text dieser Belehrung ist auf Seite 308, Muster 40, dargestellt.

Für den oder die Antragsgegner besteht die Möglichkeit, diesen Einstellungsantrag zu stellen[2]. Eine Einstellung kann erfolgen, wenn dies bei Abwägung der widerstreitenden Interessen der mehreren Miteigentümer angemessen erscheint. Dies ist nur bei Vorliegen von besonderen Umständen der Fall, z. B. wenn die Teilungsversteigerung zur Unzeit betrieben wird. Im Gegensatz zur Einstellung in der Vollstreckungsversteigerung, wo durch die beantragte Einstellung die Durchführung der Versteigerung vermieden werden soll, kann in der Teilungsversteigerung nur ein Aufschub der Versteigerung erreicht werden. Die Einstellung kann einmal wiederholt werden, sodass die Teilungsversteigerung nach § 180 Abs. 2 ZVG längstens für die Dauer eines Jahres aufgeschoben werden kann.

---

[1] Eickmann, a.a.O., Rn 115
[2] § 180 Abs. 2 ZVG

Muster 40 Belehrung über die einstweilige Einstellung nach § 180 Abs. 2 ZVG

Amtsgericht Bitburg
– 6 K 11/99 –

Belehrung über das Recht zur Stellung eines Einstellungsantrages (§ 180 Abs. 2 Zwangsversteigerungsgesetz)

Das in dem anliegenden Beschluss näher bezeichnete Zwangsversteigerungsverfahren kann auf Ihren Antrag als Miteigentümer gemäß § 180 Abs. 2 Zwangsversteigerungsgesetz auf höchstens sechs Monate einstweilen eingestellt werden, wenn dies bei Abwägung der widerstreitenden Interessen der mehreren Eigentümer angemessen erscheint.

Die einmalige Wiederholung der Einstellung ist zulässig.

§ 30 b Zwangsversteigerungsgesetz gilt entsprechend.

Der Antrag auf einstweilige Einstellung muss innerhalb einer Notfrist von zwei Wochen seit der Zustellung dieser Mitteilung schriftlich oder zu Protokoll der Geschäftsstelle bei Gericht eingegangen sein. Ein später eingehender Antrag muss als unzulässig verworfen werden. Fällt das Ende der Frist auf einen Sonntag, einen allgemeinen Feiertag oder einen Sonnabend, so endet die Frist mit Ablauf des nächsten Werktages.

Hochachtungsvoll

Auf Anordnung

Justizangestellte

Wenn die Einstellung zur Abwendung einer ernsthaften Gefährdung des Wohles eines gemeinschaftlichen Kindes erforderlich ist, besteht seit 1985 eine neue Möglichkeit der Einstellung eines Teilungsversteigerungsverfahrens[1]. Voraussetzung ist, dass nur die beiden Ehegatten Eigentümer des Grundbesitzes sind und dass das Kindeswohl durch die Teilungsversteigerung ernsthaft gefährdet ist. Eine solche Gefährdung kann nur gegeben sein, wenn besondere Umstände eine begründete gegenwärtige Besorgnis der Gefährdung des körperlichen, geistigen oder seelischen Kindeswohles nahelegen. Auch dieser Einstellungsantrag muss binnen einer Notfrist von zwei Wochen ab Zustellung des Anordnungsbeschlusses beantragt werden. Die einstweilige Einstellung kann hier auf die Dauer von bis zu fünf Jahren angeordnet werden, wobei dies die Höchstdauer für beide Einstellungsmöglichkeiten gemeinsam ist[2]. Beide Einstellungsmöglichkeiten nach § 180 Abs. 2 und Abs. 3 ZVG laufen parallel nebeneinander, ein betroffener Miteigentümer muss sich also ggf. auf beide Vorschriften berufen.

Ob die allgemeine Vollstreckungsschutzvorschrift des § 765 a ZPO in der Teilungsversteigerung Anwendung findet, ist umstritten. Zeller/Stöber[3] und Eickmann[4] sprechen sich dafür, Dassler/Schiffhauer[5] und einige Gerichte dagegen aus.

Anwendung finden könnte § 765 a ZPO z. B. im Rahmen der Prüfung, ob bei einem Gebot nach Wegfall der Versagungsgründe der §§ 74 a und 85 a ZVG eine Zuschlagsversagung wegen möglicher Verschleuderung erfolgen muss.

Als entgegenstehendes Recht im Sinne von § 28 ZVG wäre eine Vereinbarung nach § 1010 BGB anzusehen, wonach die Auseinandersetzung der Gemeinschaft zeitweise oder auf Dauer ausgeschlossen werden kann. Soweit dieser Vermerk im Grundbuch eingetragen ist, muss das Versteigerungsgericht dies von Amts wegen beachten und darf die Teilungsversteigerung nicht anordnen.

Die Einstellungsmöglichkeiten nach § 30 a ZVG (Einstellungsantrag des Schuldners in der Vollstreckungsversteigerung) und § 30 d ZVG (Einstellungsantrag des Insolvenzverwalters) sind in der Teilungsversteigerung nicht anwendbar.

---

[1] § 180 Abs. 3 ZVG
[2] § 180 Abs. 4 ZVG
[3] Zeller/Stöber, a.a.O., Einleitung, Anm. 52.6
[4] Eickmann, a.a.O., Rn 152
[5] Dassler/Schiffhauer, a.a.O., § 180 Rn 72

Zusätzlich besteht für den Antragsteller die Möglichkeit, das Zwangsversteigerungsverfahren nach § 30 ZVG auf die Dauer von sechs Monaten einstweilen einzustellen. Diese Einstellung kann zweimal erfolgen, die dritte Einstellungsbewilligung hätte die Wirkung einer Rücknahme[1].

4 Geringstes Gebot

4.1 Grundsätze für die Aufstellung

Wegen der im Rahmen einer Teilungsversteigerung bestehenden Besonderheiten soll zunächst nochmals kurz auf die generellen Vorschriften für die Aufstellung des geringsten Gebots eingegangen werden.

Bei der Aufstellung des geringsten Gebots werden die vor dem Zwangsversteigerungsvermerk im Grundbuch eingetragenen Rechte von Amts wegen beachtet, später eingetragene Rechte müssen angemeldet werden. Laufende wiederkehrende Leistungen werden gemäß ihrer Grundbucheintragung beachtet, eventuelle Rückstände müssen angemeldet werden.

Bei mehreren Antragstellern ist die erste Beschlagnahme in diesem Verfahren maßgebend, auch wenn dieser Antragsteller ggf. das Verfahren nicht mehr betreibt.

Grundsätzlich ist auch in der Teilungsversteigerung vom sog. Deckungsgrundsatz auszugehen. Da es jedoch keinen betreibenden Gläubiger gibt, sondern in der Teilungsversteigerung ein oder mehrere Miteigentümer ihren Aufhebungsanspruch geltend machen, kann der Deckungsgrundsatz keine unmittelbare Anwendung finden. Die im Grundbuch eingetragenen Belastungen stehen zum Aufhebungsanspruch nicht in einem Rangverhältnis im Sinne von § 879 BGB. Die auf dem Grundstück eingetragenen Rechte und Belastungen haben jedoch Rang vor dem Aufhebungsanspruch des Miteigentümers und müssen daher nach dem Deckungsgrundsatz ins geringste Gebot aufgenommen werden und bestehen bleiben.

Ohne Probleme erfolgt dies im Rahmen einer Teilungsversteigerung, wenn die Anteile einer Bruchteilsgemeinschaft nur mit Gesamtrechten belastet sind oder aber bei einer Gesamthandsgemeinschaft, da dort eine unterschiedliche Belastung nicht möglich ist.

Das geringste Gebot gliedert sich auf in das Bargebot und die bestehen bleibenden Rechte.

[1] § 30 Abs. 1 S. 2 ZVG

Aufgenommen werden beim Bargebot:

- die Kosten des Verfahrens,
- Ansprüche der Rangklassen 1 bis 3,
- Kosten und wiederkehrende Leistungen der Rangklasse 4,
- eventuell auch Kosten und wiederkehrende Leistungen der Rangklassen 7 und 8.

In die bestehen bleibenden Rechte werden alle das Grundstück belastenden Rechte (in Abteilung III mit ihrem Kapitalbetrag) aufgenommen.

4.2 Rechte in Abteilung II und III

Die Eintragungen in Abteilung II spielen in der Teilungsversteigerung meistens keine große Rolle, da es sich hier im Regelfall um Gesamtrechte handelt, die im geringsten Gebot bestehen bleiben. Es wird daher darauf verzichtet, auf diese Rechte näher einzugehen. Insoweit wird auf A. 5.3 verwiesen.

Bei eingetragenen Grundschulden wird vom Vollstreckungsgericht immer der volle Nennbetrag angesetzt. Die laufenden Zinsen (die letzten vor der Beschlagnahme fälligen und die später fällig werdenden Beträge[1]) werden von Amts wegen, die rückständigen Zinsen nur auf gesonderte Anmeldung des Gläubigers berücksichtigt.

Hypotheken können vom Gläubiger nur in Höhe der tatsächlichen Forderung geltend gemacht werden, bei Zahlungen des Schuldners auf das Kapital entsteht insoweit eine Eigentümergrundschuld. Um hierauf als nachrangiger Gläubiger Zugriff nehmen zu können, muss nachrangig ein Grundpfandrecht (wegen des gesetzlichen Löschungsanspruchs gem. § 1179 a BGB) eingetragen sein. Auch eine möglicherweise entstandene Eigentümergrundschuld wird jedoch zunächst berücksichtigt.

Bestehen lediglich Gesamtbelastungen, ist die Aufstellung des geringsten Gebots im Gegensatz zu einer Bruchteilsgemeinschaft, wo eine unterschiedliche Belastung der Anteile vorliegt, unproblematisch.

Wegen der Behandlung der einzelnen in Abteilung II und Abteilung III eingetragenen Rechte wird im Übrigen auf A. 5.3 und A. 5.4 verwiesen.

[1] § 13 Abs. 1 ZVG

4.3 Unterschiedliche Belastung der Anteile

Bei einer unterschiedlichen Belastung der Anteile einer Bruchteilsgemeinschaft bestehen unterschiedliche Auffassungen über die Aufstellung und Zusammensetzung des geringsten Gebots. Hier hängt es von der Rechtsauffassung des jeweils zuständigen Rechtspflegers ab, wie das geringste Gebot aufgestellt wird. Es empfiehlt sich deshalb, vor dem Zwangsversteigerungstermin beim Rechtspfleger nachzufragen, welche der nachstehend aufgeführten Auffassungen er vertritt. Bei den nachstehenden Beispielen findet der Versteigerungstermin jeweils am 16. Juni 2000 statt. Es werden folgende Beträge angemeldet:

- A-Bank: Die Ansprüche aus der Grundschuld III/1 in Höhe von 20.000,00 DM Kapital nebst 15 Prozent Zinsen ab dem 1. Januar 1996 sowie die Ansprüche aus der Grundschuld III/4 i.H.v. 15.000,00 DM Kapital nebst 15 Prozent Zinsen ab dem 1. Januar 2000;
- B-Bank: Die Ansprüche aus der Grundschuld III/2 in Höhe von 10.000,00 DM Kapital nebst 15 Prozent Zinsen ab dem 1. Januar 1996;
- Herr Walter Meyer: Ein monatlicher Ersatzwert für das Recht II/2 in Höhe von 500,00 DM sowie die Sicherungshypothek in vollem dinglichen Umfange;
- Gemeindekasse Speicher:
  a) Grundsteuer in Höhe von vierteljährlich 250,00 DM seit 1. Juli 1999
  b) Erschließungskostenbeitrag in Höhe von 1.000,00 DM, fällig am 20. März 1998;
- Kreisverwaltung Bitburg-Prüm: Abfallbeseitigungsgebühr in Höhe von 120,00 DM jährlich seit dem 1. Juli 1999.

Auffassung 1: Alle den Anteil eines Antragstellers belastenden oder mitbelastenden Rechte bleiben bestehen.

Im Beispielsfall ergibt sich dann das nachstehend als 1. Beispiel errechnete geringste Gebot.

Sollte hier nur der Miteigentümer Theodor Meyer das Verfahren betreiben, wären in Abteilung III nur die Rechte III/1 und III/4 bestehen geblieben, die Rechte III/2 und III/3 wären nicht bestehen geblieben, hätten jedoch später trotzdem einen Anspruch auf Zuteilung aus einem eventuellen Erlös. Da im Beispielsfall jedoch beide Eigentümer die Teilungsversteigerung betreiben, bleiben alle eingetragenen Rechte bestehen.

Nach dieser Auffassung besteht die Möglichkeit, dass ein Miteigentümer die Teilungsversteigerung durch eine sehr hohe und über den tatsächlichen Verkehrswert hinausgehende Belastung seines Anteils mit Grundschulden unter wirtschaftlichen Gesichtspunkten blockieren kann. Er muss anschließend lediglich dem von einem der anderen Miteigentümer betriebenen Teilungsversteigerungsverfahren beitreten, um damit eine Verwertung zumindest unter wirtschaftlichen Gesichtspunkten unmöglich zu machen.

Die Belastung eines Anteils mit einer Grundschuld erfolgt manchmal jedoch auch aus dem Grund, einen Teil des Erlöses aus dem Streit mit den anderen Miteigentümern herauszulösen, da die Zuteilung im Verteilungsverfahren auf das dingliche Recht erfolgt und sich damit der den früheren Eigentümern gemeinschaftlich zustehende Erlös entsprechend verringert.

1. Beispiel für ein geringstes Gebot

A. Bestehen bleibende Rechte:		
1. II/1: Geh- und Fahrrecht,	Ersatzwert	100,00 DM
2. II/2: Wohn- und Mitbenutzungsrecht,	Ersatzwert	56.880,00 DM
3. Grundschuld III/1:		20.000,00 DM
4. Grundschuld III/2:		10.000,00 DM
5. Sicherungshypothek III/3:		20.000,00 DM
6. Grundschuld III/4:		15.000,00 DM
Summe bestehen bleibende Rechte:		**121.980,00 DM**
B. Bargebot:		
1. Gerichtskosten		4.000,00 DM
2. Öffentliche Lasten		
a) Gemeindekasse Speicher		2.000,00 DM
b) Kreisverwaltung Bitburg-Prüm		120,00 DM
3. Zinsen III/1: 15 Prozent aus 20.000,00 DM vom 1. Januar 1996 bis 30. Juni 2000		13.500,00 DM
4. Zinsen III/2: 15 Prozent aus 10.000,00 DM vom 1. Januar 1996 bis 30. Juni 2000		6.750,00 DM
5. Zinsen III/3: 7,5 Prozent aus 20.000,00 DM vom 1. Januar 1992 bis 30. Juni 2000		12.750,00 DM
6. Zinsen III/4: 15 Prozent aus 15.000,00 DM vom 1. Januar 2000 bis 30. Juni 2000		1.125,00 DM
7. Ausgleichsbetrag nach § 182 Abs. 2 ZVG		23.375,00 DM
Summe Bargebot:		**63.620,00 DM**

Geringstes Gebot insgesamt	
Summe bestehen bleibende Rechte:	121.980,00 DM
Summe Bargebot:	63.620,00 DM
Summe geringstes Gebot:	**185.600,00 DM**

Auffassung 2: Der am geringsten belastete Anteil wird dem geringsten Gebot zugrunde gelegt

Im Beispielsfall ergibt sich dann das als 2. Beispiel errechnete geringste Gebot.

2. Beispiel für ein geringstes Gebot

A. Bestehen bleibende Rechte:		
1. II/1: Geh- und Fahrrecht,	Ersatzwert	100,00 DM
2. II/2: Wohn- und Mitbenutzungsrecht,	Ersatzwert	56.880,00 DM
3. Grundschuld III/1:		20.000,00 DM
4. Grundschuld III/4:		15.000,00 DM
Summe:		**91.980,00 DM**
B. Bargebot:		
1. Gerichtskosten		4.000,00 DM
2. Öffentliche Lasten		
a) Gemeindekasse Speicher		2.000,00 DM
b) Kreisverwaltung Bitburg-Prüm		120,00 DM
3. Zinsen III/1: 15 Prozent aus 20.000,00 DM vom 1. Januar 1996 bis 30. Juni 2000		13.500,00 DM
4. Zinsen III/4: 15 Prozent aus 15.000,00 DM vom 1. Januar 2000 bis 30. Juni 2000		1.125,00 DM
5. Ausgleichsbetrag nach § 182 Abs. 2 ZVG		16.125,00 DM
Summe:		**36.870,00 DM**
Geringstes Gebot insgesamt		
Summe bestehen bleibende Rechte:		91.980,00 DM
Summe Bargebot:		36.870,00 DM
Summe geringstes Gebot:		**128.850,00 DM**

Auffassung 3: Es werden nur diejenigen Rechte berücksichtigt, die gleichzeitig die Anteile aller betreibenden Miteigentümer belasten

Im Beispielsfall ergibt sich dann das als 3. Beispiel errechnete geringste Gebot.

3. Beispiel für ein geringstes Gebot

A. Bestehen bleibende Rechte:		
1. II/1: Geh- und Fahrrecht,	Ersatzwert	100,00 DM
2. II/2: Wohn- und Mitbenutzungsrecht,	Ersatzwert	56.880,00 DM
3. Grundschuld III/1:		20.000,00 DM
Summe:		**76.980,00 DM**
B. Bargebot:		
1. Gerichtskosten		4.000,00 DM
2. Öffentliche Lasten		
a) Gemeindekasse Speicher		2.000,00 DM
b) Kreisverwaltung Bitburg-Prüm		120,00 DM
3. Zinsen III/1: 15 Prozent aus 20.000,00 DM vom 1. Januar 1996 bis 30. Juni 2000		13.500,00 DM
Summe:		**19.620,00 DM**
Geringstes Gebot insgesamt		
Summe bestehen bleibende Rechte:		76.980,00 DM
Summe Bargebot:		19.620,00 DM
Summe geringstes Gebot:		**96.600,00 DM**

Auffassung 4: Es werden alle Rechte wie bei Auffassung 1 berücksichtigt, doch kann bei übermäßiger Belastung eines Anteils auf Antrag eines anderen Betreibenden das geringste Gebot so aufgestellt werden, als würde der andere nicht betreiben

Hier würde sich unter Umständen (bei einem entsprechenden Antrag des Miteigentümers Theodor Meyer) das geringste Gebot wie im 2. Beispiel errechnen.

Auffassung 5: Das für jeden Antragsteller begründete Räumungsprinzip verdrängt den Deckungsgrundsatz der Gegenseite

Hier würde sich das geringste Gebot wie im 3. Beispiel errechnen.

Bei sehr unterschiedlicher Belastung und auch bei mehr als zwei Miteigentümern kann sich das geringste Gebot, anders als bei dem hier behandelten Beispielsfall und je nach Auffassung des zuständigen Rechtspflegers, sehr unterschiedlich gestalten.

Seit der zwölften Auflage vertreten Zeller/Stöber[1] in Übereinstimmung mit Eickmann[2] die Auffassung 2, wonach also bei mehreren betreibenden Miteigentümern der am geringsten belastete Anteil dem geringsten Gebot zugrunde zu legen ist. Auch Storz[3] vertritt in der zweiten Auflage diese Meinung. In der ersten Auflage hatte er noch die Möglichkeit erörtert, dass bei mehreren möglichen Varianten das Gericht nach § 59 ZVG im Rahmen von Doppelausgeboten mehrere Ausgebote nach den unterschiedlichen Auffassungen durchführen soll und dann den Bietern die Entscheidung überlassen bleibt, auf welche Ausgebote sie bieten wollen. Dies hätte jedoch zu Problemen bei der Zuschlagsentscheidung geführt, da das Gericht ein geringstes Gebot nach den gesetzlichen Bestimmungen aufstellen muss und sich daher auch vorher hätte entscheiden müssen.

Inzwischen haben sich nach der Erfahrung des Autors auch viele Rechtspfleger der Auffassung 2 angeschlossen. Sie wird sich möglicherweise ganz durchsetzen, da sie auch von den führenden Kommentatoren vertreten wird. In Teilungsversteigerungsverfahren führt sie dazu, dass zum einen eine Blockade durch eine Überbelastung eines einzelnen Anteils nicht mehr möglich ist und zum anderen auch Verfahren mit unterschiedlichen Belastungen, die ja auch aus anderen Gründen gegeben sein können (z. B. hohe Verschuldung eines Miteigentümers), unter wirtschaftlichen Aspekten durchgeführt und mit einem Zuschlag beendet werden können.

4.4 Ausgleichsbetrag nach § 182 Abs. 2 ZVG

Soweit die Anteile von mehreren Miteigentümern unterschiedlich belastet sind und unterschiedliche Beträge im geringsten Gebot berücksichtigt werden, verlangt das Gesetz die Aufnahme eines

[1] Zeller/Stöber, a.a.O., § 182 Anm. 3.6
[2] Eickmann, a.a.O., Rn 261
[3] Storz, Praxis der Teilungsversteigerung, 2. Auflage S.192

Ausgleichsbetrages in das geringste Bargebot, damit der geringer belastete Anteil rein rechnerisch gleich gestellt ist.

Ausgehend vom 1. Beispiel und auch vom 2. Beispiel für die Aufstellung des geringsten Gebots ist festzustellen, dass hier auf dem Anteil Theodor Meyer jeweils höhere Rechte bestehen bleiben als auf dem Anteil Hermann Meyer. Theodor Meyer hätte dadurch einen Vorteil, da er aufgrund der Übernahme durch den Ersteher entsprechend höher entlastet würde. Um dies zu verhindern, muss ein entsprechender Ausgleichsbetrag ins geringste Gebot aufgenommen werden[1].

Hierbei handelt es sich jedoch lediglich um eine rechnerische Zuordnung zu dem geringer belasteten Anteil. Im Verteilungsverfahren erfolgt keine automatische Zuteilung dieses Ausgleichsbetrages an den Miteigentümer Hermann Meyer[2]. Dem widerspricht zwar Drischler[3], da nach seiner Auffassung der Ausgleichsbetrag dem hierdurch begünstigten Miteigentümer zuzuteilen ist. Auch Eickmann[4] vertritt die Auffassung von Zeller/Stöber und veranschaulicht diese anhand eines Beispielsfalls.

5 Verhalten während des laufenden Verfahrens

5.1 Bedeutung Antragsteller bzw. Antragsgegner

Im Rahmen eines normalen Zwangsversteigerungsverfahrens genießt der bestrangig betreibende Gläubiger eine sehr herausgehobene Stellung, da sein Anspruch nicht nur für die Aufstellung des geringsten Gebots herangezogen wird, sondern weil eine Einstellung durch den bestrangig betreibenden Gläubiger nach Ende der Bietezeit zwingend zu einer Zuschlagsversagung führt[5]. Der bestrangig betreibende Gläubiger hat es daher in der Hand, unabhängig von möglicherweise sonst vorliegenden Zuschlagsversagungsgründen, eine solche herbeizuführen.

Dies gilt grundsätzlich auch im Rahmen einer Teilungsversteigerung, obwohl es hier keinen bestrangig betreibenden Gläubiger gibt. Soweit hier jedoch nur einer der Miteigentümer die Zwangsversteigerung betreibt, kann er durch eine einstweilige Einstellung oder eine Rücknahme des Versteigerungsantrags nach Ende der Bietezeit einen ihm nicht ge-

---

[1] § 182 Abs. 2 ZVG
[2] Zeller/Stöber, a.a.O., § 182, Anm. 4.10
[3] ZIP 1982, 921
[4] Eickmann, a.a.O., Rn 285 ff.
[5] § 33 ZVG

nehmen Zuschlag versagen lassen und einen Eigentumswechsel verhindern. Wenn mehrere Miteigentümer die Teilungsversteigerung betreiben, ist dies nicht möglich. In diesem Fall müssten alle betreibenden Eigentümer die einstweilige Einstellung bewilligen, um eine Zuschlagsversagung herbeizuführen.

Die Bezeichnung Antragsteller bzw. Antragsgegner in den Gerichtsbeschlüssen hat lediglich formale Auswirkungen beim Anordnungsbeschluss. Hier wird der erste Miteigentümer, der die Teilungsversteigerung betreibt, als Antragsteller bezeichnet, der oder die übrigen Miteigentümer werden als Antragsgegner bezeichnet. Soweit diese anderen Miteigentümer anschließend dem Teilungsversteigerungsverfahren beitreten, sind diese – wie auch der ursprüngliche Antragsteller – sowohl Antragsteller als auch Antragsgegner.

Um dem als ersten die Teilungsversteigerung betreibenden Eigentümer die Möglichkeit zu nehmen, durch eine einstweilige Einstellung die sog. Notbremse in der Hand zu haben und das Verfahren zumindest im ersten Termin bestimmen zu können, sollten die anderen Miteigentümer dem Verfahren in jedem Fall rechtzeitig beitreten.

Muster eines Beitrittsantrags (Muster 41) sowie eines Beitrittsbeschlusses (Muster 42) sind auf Seite 319 und 320 dargestellt.

Der Beitrittsbeschluss muss wie in der Vollstreckungsversteigerung den anderen Miteigentümern spätestens vier Wochen vor dem Versteigerungstermin zugestellt worden sein[1], da ansonsten der Beitritt für diesen Versteigerungstermin als nicht wirksam erklärt gilt.

5.2 Grundpfandgläubiger mit Gesamtrechten

Soweit die Bank mit Gesamtrechten am Teilungsversteigerungsverfahren beteiligt ist, bleiben ihre Grundpfandrechte im Normalfall im geringsten Gebot bestehen, da stets auch der Anteil eines der Miteigentümer als Antragsteller mit belastet ist. Hier bleibt das Recht mit dem Kapitalbetrag bestehen, die Zinsen kommen ins Bargebot.

Von Amts wegen werden die laufenden Zinsen aufgenommen, auf gesonderte Anmeldung auch die rückständigen Zinsen. Die Bank muss daher entscheiden, ob sie die Zinsen geltend machen will oder nicht. Soweit der Nominalbetrag des Grundpfandrechts ausreicht, um die persönliche

[1] § 43 Abs. 2 ZVG

Beitrittsantrag in der Teilungsversteigerung **Muster 41**

Hermann Meyer
Roonstraße 7
54662 Speicher

Speicher, den 3. Mai 1999

An das
Amtsgericht Bitburg
Gerichtsstraße 2
54634 Bitburg

Antrag auf Beitritt zur Zwangsversteigerung zum Zwecke der Auseinandersetzung – 6 K 11/99 –

In Sachen Hermann Meyer, Roonstraße 7, 54662 Speicher

Antragsteller

gegen Herrn Theodor Meyer, Bahnhofstraße 9, 54662 Speicher

Antragsgegner

Im Grundbuch von Speicher Blatt 2488 ist auf den Namen

1. des Herrn Hermann Meyer, Roonstraße 7, 54662 Speicher,
2. des Herrn Theodor Meyer, Bahnhofstraße 9, 54662 Speicher

als Eigentümer zu je einem halben Anteil das Grundstück lfd. Nr. 1 Flur 27 Nr. 17/3 Gebäude- und Freifläche, Bahnhofstraße, 2,83 ar, eingetragen.

Als Miteigentümer beantrage ich hiermit die Zulassung des Beitritts zum Zwangsversteigerungsverfahren 6 K 11/99 zum Zwecke der Auseinandersetzung der Gemeinschaft.

Wegen der Eigentumsverhältnisse nehme ich auf das Grundbuch Bezug.

Hermann Meyer

Muster 42 **Beitrittsbeschluss in der Teilungsversteigerung**

– 6 K 11/99 –

Beschluss

In Sachen des Herrn Hermann Meyer, Roonstraße 7,
54662 Speicher

Antragsteller

gegen Herrn Theodor Meyer, Bahnhofstraße 9, 54662 Speicher

Antragsgegner

Im Grundbuch von Speicher Blatt 2488 ist auf den Namen

1. des Herrn Hermann Meyer, Roonstraße 7, 54662 Speicher,
2. des Herrn Theodor Meyer, Bahnhofstraße 9, 54662 Speicher

als Eigentümer zu je einem halben Anteil folgendes Grundstück eingetragen:

lfd. Nr. 1 Flur 27 Nr. 17/3 Gebäude- und Freifläche, Bahnhofstraße 2,83 ar, und

lfd. Nr. 2 zu 1 Geh- und Fahrrecht an dem Grundstück Flur 27 Nr. 17/2 Gebäude- und Freifläche, Bahnhofstraße.

Auf Antrag des Miteigentümers Hermann Meyer wird der
Beitritt zu der angeordneten

Zwangsversteigerung

zum Zwangsversteigerungsverfahren 6 K 11/99 zum Zwecke der Aufhebung der Gemeinschaft zugelassen.

Dieser Beschluss gilt zugunsten des Antragstellers als Beschlagnahme des Grundbesitzes.

Bitburg, den 13. Mai 1999

Das Amtsgericht

gez. Wirtz, Rechtspfleger

Forderung abzudecken, könnte auf die Geltendmachung der laufenden Zinsen verzichtet werden, um nicht den Übererlös, den die Bank nach Abrechnung hat, zu vergrößern. Der Verzicht auf die Geltendmachung der laufenden Zinsen im geringsten Gebot muss bis zur Aufforderung zur Abgabe von Geboten im Versteigerungstermin erklärt werden.

Um auch für den theoretischen Fall einer Wiederversteigerung wegen Nichtzahlung des Meistgebots im Verteilungstermin abgesichert zu sein, kann auch die volle dingliche Forderung angemeldet werden, da die übertragene Forderung sich nur mit 4 Prozent verzinst. Da bei Gesamtrechten jedoch das Kapital meist bestehen bleibt und nur die Zinsen ins Bargebot aufgenommen werden, ist der Effekt nicht allzu hoch.

Sollte die Bank eine durch das Grundpfandrecht gesicherte Forderung besitzen, die höher als der Nominalbetrag der Grundschuld ist, muss sie die laufenden Zinsen nicht zum Versteigerungsverfahren anmelden sondern nur die rückständigen. Hier kann sie auch die Zinsen aus der Rangklasse 8, d. h. die mehr als zwei Jahre rückständigen Zinsen anmelden. Die über vier Jahre hinausgehenden Zinsen sind zwar nach der neuesten Rechtsprechung des Bundesgerichtshof verjährt[1], doch muss diese Einrede zunächst einmal erhoben werden.

Soweit mit Sicherheit feststeht, dass das Grundpfandrecht der Bank im geringsten Gebot bestehen bleibt, muss sie den Versteigerungstermin nicht wahrnehmen, es sei denn, dass sie am Ausgang interessiert ist oder weil sie ggf. von bekanntermaßen nicht solventen oder unbekannten Bietern Sicherheitsleistung verlangen will.

5.3 Grundpfandgläubiger mit Anteilsrechten

Soweit die Bank mit Anteilsrechten am Teilungsversteigerungsverfahren beteiligt ist, bleiben ihre Grundpfandrechte nicht immer im geringsten Gebot bestehen. Wie vorstehend unter C. 4.3 ausgeführt, hängt es zum einen von der Belastung des Grundbesitzes insgesamt und darüber hinaus davon ab, ob ihr Kunde die Teilungsversteigerung betreibt oder nicht.

Die Bank muss sich daher, sobald sie im Rahmen der Wertfestsetzung von der Teilungsversteigerung erfährt, über die Gesamtbelastung des Grundbesitzes einen Überblick verschaffen und einen aktuellen Grundbuchauszug anfordern.

Praxistipp

[1] siehe A. 2.4

Von der Eintragung nachrangiger Grundpfandrechte oder der Eintragung von Belastungen auf den Anteilen von Miteigentümern erhält sie nämlich keine Nachricht.

Sodann sollte die Bank beim zuständigen Rechtspfleger nachfragen, welche Rechtsauffassung er im Hinblick auf die Aufstellung des geringsten Gebots vertritt und welche Miteigentümer derzeit die Teilungsversteigerung betreiben.

Anschließend kann die Bank sich in etwa ausrechnen, wie das geringste Gebot dem Grunde nach aussehen wird. Wegen der laufenden und rückständigen Zinsen von anderen Grundpfandrechten muss sie jedoch den Versteigerungstermin abwarten, da erst hier feststeht, ob und inwieweit laufende und/oder rückständige Zinsen angemeldet und ins geringste Gebot aufgenommen werden. Auch könnte noch bis zum oder im Versteigerungstermin eine einstweilige Einstellung oder eine Rücknahme des Versteigerungsantrags durch einen oder mehrere Miteigentümer erfolgen. Ein Beitritt zum Verfahren für diesen Versteigerungstermin ist nach Erhalt der Mitteilung nach § 41 Abs. 2 ZVG nicht mehr möglich.

Da hier nicht mit Sicherheit feststeht, dass das Grundpfandrecht der Bank im geringsten Gebot bestehen bleibt, muss sie den Versteigerungstermin in jedem Fall wahrnehmen, es sei denn, dass sie am Ausgang nicht interessiert ist, weil z. B. das Grundpfandrecht nicht mehr valutiert.

Unter Umständen könnte die Bank sogar gezwungen sein, zur Rettung ihrer Forderung mitzubieten oder aber einen Antrag auf Zuschlagsversagung nach § 74 a ZVG wegen Nichterreichens der $\frac{7}{10}$-Grenze zu stellen. Insoweit wird auf die Ausführungen unter A. 7.9.9 verwiesen.

5.4 Pfändungs-/Verpfändungsgläubiger

Soweit die Bank gegen ihren Kunden, der zu einem Bruchteil Miteigentümer eines Grundstücks ist, einen persönlichen Titel erwirkt hat, kann sie eine Sicherungshypothek auf dem Bruchteil eintragen lassen und zusätzlich oder alternativ nur den Auseinandersetzungsanspruch sowie den Anspruch auf Zustimmung zur Teilung und Auszahlung des Erlöses gegenüber den anderen Miteigentümern pfänden. Aufgrund des Pfändungs- und Überweisungsbeschlusses kann die Bank dann die Zwangsversteigerung zum Zwecke der Auseinandersetzung betreiben.

Soweit der Schuldner Mitglied einer Erbengemeinschaft ist, kann die Bank den Miterbenanteil zusammen mit dem Auseinandersetzungsanspruch pfänden und anschließend die Teilungsversteigerung betreiben. Um weitere Verfügungen des Erben und einen gutgläubigen Vermerk durch einen Dritten zu verhindern, sollte eine Pfändung des Miterbenanteils unverzüglich im Grundbuch eingetragen werden.

Das Betreiben der Teilungsversteigerung stellt in diesen Fällen oft ein Druckmittel gegen die anderen Miteigentümer dar, falls diese eine zwangsweise Auseinandersetzung nicht wünschen. Diese könnten die Teilungsversteigerung durch eine Ablösung des die Auseinandersetzung betreibenden Gläubigers nach § 268 BGB oder § 75 ZVG verhindern. Ob dem Pfändungsschuldner noch ein eigenes Antragsrecht für die Teilungsversteigerung zusteht, ist streitig[1], ebenso die Frage, ob er einen Einstellungsantrag nach § 180 Abs. 2 ZVG stellen darf[2].

Hat der Schuldner der Bank seinen Miterbenanteil als Sicherheit verpfändet, kann diese erst nach erfolgter Pfandreife ohne Mitwirkung des Schuldners die Teilungsversteigerung beantragen. Hierzu muss die Bank als Verpfändungsgläubigerin vor Beantragung der Teilungsversteigerung zunächst beim zuständigen Vollstreckungsgericht am Wohnsitz des Schuldners den Erlass eines Überweisungsbeschlusses beantragen. Dies kann nach Zustellung der vollstreckbaren Ausfertigung der Verpfändungsurkunde erfolgen, da in dieser Urkunde auch ein abstraktes Schuldanerkenntnis enthalten ist. Drittschuldner sind die anderen Miterben. Nach Zustellung des Überweisungsbeschlusses ist die Bank dann berechtigt, anstelle des Schuldners die Zwangsversteigerung zum Zwecke der Auseinandersetzung zu beantragen.

Der Erlös wird jedoch im Verteilungstermin nicht automatisch der Bank zugeteilt. Wie in jeder Teilungsversteigerung müssen sich vielmehr alle früheren Miteigentümer über die Erlösverteilung einigen. Die Bank ist lediglich neben ihrem Schuldner Beteiligte. Sie benötigt außer der Zustimmung der anderen Miteigentümer auch diejenige ihres eigenen Schuldners, um den rechnerisch auf diesen entfallenden Erlösanteil zu erhalten. Notfalls muss sie ihren Schuldner bei Verweigerung der Zustimmung verklagen.

5.5 Anwendbare Vorschriften der Vollstreckungsversteigerung

Grundsätzlich gelten auch für die Teilungsversteigerung die Vorschriften über die Vollstreckungsversteigerung, jedoch mit einigen wesentlichen Ausnahmen.

---

[1] Eickmann, a.a.O., Rn 66 m. w. Nachw.
[2] Eickmann, a.a.O., Rn 168 m. w. Nachw.

Der Ersteher hat im Falle der Vermietung oder Verpachtung des Grundbesitzes kein Ausnahmekündigungsrecht nach § 57 a ZVG[1]. Auch die Besonderheiten nach §§ 57 c – d ZVG finden keine Anwendung, da diese nur für das Ausnahmekündigungsrecht des § 57 a ZVG gelten. Der Ersteher muss auch eine Vorausverfügung über den Mietzins nur in den Grenzen des § 573 Satz 1 BGB gegen sich gelten lassen.

Anwendbar sind die nachfolgend aufgeführten Vorschriften des ZVG: §§ 1–9; § 10 Abs. 1 Nr. 1–4, 7–8 und Abs. 2; §§ 12–15, §§ 16, 17 nur mit Einschränkungen; §§ 18, 19; §§ 20–22 nur mit Einschränkungen, § 24 nicht; §§ 27–30, 30 b, 31–43, 44 Abs. 2; §§ 45–57 (dabei §§ 28, 37 nur mit Einschränkungen); §§ 58–66, § 68 Abs. 1 und 2, nicht § 68 Abs. 3; nicht § 67 Abs. 2 S. 2, ersetzt durch § 184; §§ 69–74 b, 77 Abs. 1; § 77 Abs. 2 ohne die Überleitungsmöglichkeit in die Zwangsverwaltung; §§ 78–113, § 114 Abs. 1 S. 1 und Abs. 2, §§ 115–126, § 127 Abs. 1 und Abs. 3; §§ 128–145 a, 162–165, 167–170 a, 171 a–171 g.

Ein vertragliches oder dingliches Vorkaufsrecht erlischt bei der Teilungsversteigerung nicht, kann andererseits aber auch nicht im Rahmen der Teilungsversteigerung ausgeübt werden. Als Besonderheit gilt jedoch das für Gemeinden bestehende Vorkaufsrecht nach § 24 ff. Baugesetzbuch, welches in der Teilungsversteigerung ausgeübt werden kann. Vorkaufsfall ist das Vorliegen eines gültigen Meistgebots, soweit dieses nicht von einem bisherigen Miteigentümer mitabgegeben wurde. Kein Vorkaufsrecht besteht ebenso bei der Veräußerung von Wohnungseigentum und eines Erbbaurechts. Liegen die Voraussetzungen für die Ausübung des Vorkaufsrechts vor, muss das Vollstreckungsgericht den Zuschlag aussetzen und der Gemeinde das Meistgebot mitteilen. Diese kann das Vorkaufsrecht binnen zwei Monaten nach Erhalt der Mitteilung durch Erklärung gegenüber dem Vollstreckungsgericht ausüben.

Auch im Rahmen der Teilungsversteigerung besteht nunmehr – im Gegensatz zur früheren Regelung – keine Haftung des Erstehers mehr für Betriebssteuern nach § 75 Abgabenordnung.

Wie in der Vollstreckungsversteigerung wird ein Wertgutachten erstellt und der Verkehrswert nach Anhörung der Beteiligten festgesetzt.

Für den Antragsgegner bietet das Wertfestsetzungsverfahren zum einen die Möglichkeit, durch Einwendungen und Beschwerden das Verfahren weiter zu verzögern, darüber hinaus ist der festgesetzte Verkehrswert jedoch gerade im Hinblick auf die $^{5}/_{10}$- und $^{7}/_{10}$-Grenze auch für die Bank von

---

[1] § 183 ZVG

großer Bedeutung. Für die Miteigentümer hängt es von der jeweiligen Interessenlage ab, ob sie einen hohen oder einen niedrigen Verkehrswert erreichen wollen.

Für einen Miteigentümer, der nicht selbst ansteigern will, sondern lediglich einen möglichst hohen Erlös erzielen will, dürfte im Normalfall ein höherer Verkehrswert sinnvoll sein, da hierdurch die Chancen einer Zuschlagsversagung nach §§ 85 a oder 74 a ZVG vergrößert werden und darüber hinaus auch die Wahrscheinlichkeit eines höheren Erlöses steigt.

Für einen Miteigentümer, der selbst ansteigern will, dürfte im Normalfall ein niedrigerer Verkehrswert sinnvoll sein, da er hierdurch größere Chancen hat, das Grundstück günstig zu erwerben. Ein niedrigerer Verkehrswert könnte jedoch auch andere Interessenten dazu verleiten, zum Versteigerungstermin zu erscheinen, um selbst ein „Schnäppchen" zu machen. Erfahrungsgemäß steigt der Versteigerungserlös, wenn im Termin viele Bieter anwesend sind.

Für die Bank als Gläubigerin hängt es von der Rangstelle ab, ob die $\frac{5}{10}$- und $\frac{7}{10}$-Grenze in der Teilungsversteigerung für sie relevant sind, jedoch kann sie bei einem zu niedrigen Verkehrswert und bei Erlöschen des eigenen Grundpfandrechts vom Antragsrecht nach § 74 a ZVG wegen Nichterreichens der $\frac{7}{10}$-Grenze ausgeschlossen sein.

5.6 Darstellung des Mustergrundbuchs und des Verfahrensablaufs mit den Abweichungen zur Vollstreckungsversteigerung

Nach diesen notwendigen allgemeinen Ausführungen wird das fiktive Mustergrundbuch von Speicher Blatt 2488 vorgestellt, auf dessen Basis anschließend der weitere Ablauf einer Teilungsversteigerung dargestellt wird. Das Mustergrundbuch ist als Anlage 1 abgedruckt.

Es handelt sich um ein Grundbuch mit einem Grundstück und zwei Eigentümern in Bruchteilsgemeinschaft zu je einem halben Anteil. Es ist belastet mit insgesamt vier Grundpfandrechten in Abteilung III für 3 unterschiedliche Gläubiger und zusätzlich zwei Rechten in Abteilung II. Die Grundschuld III/1 ist ein Gesamtrecht, die Grundschuld III/2 und die Sicherungshypothek III/3 lasten nur auf dem Anteil Hermann Meyer, die Grundschuld III/4 nur auf dem Anteil Theodor Meyer. Diese Belastung wurde bewusst so gewählt, um die Auswirkungen darstellen zu können. Die Rechte in Abteilung II sind Gesamtrechte.

Die Zinsen für die Grundpfandrechte sind wie folgt fällig:

- III/1: kalenderjährlich nachträglich am ersten Werktag eines jeden Jahres für das vorangegangene Kalenderjahr;
- III/2: kalendervierteljährlich nachträglich am ersten Werktag eines jeden Jahres für das vorangegangene Kalenderjahr;
- III/3: täglich nachträglich ab Eintragung;
- III/4: kalenderjährlich nachträglich am ersten Werktag eines jeden Jahres für das vorangegangene Kalenderjahr.

Zusätzlich wird unterstellt, dass es sich bei dem Recht II/2 um ein Altenteil im Sinne von § 9 EGZVG handelt.

Wegen der entsprechenden Erläuterungen wird auf A. 6 verwiesen.

Auch in der Teilungsversteigerung wird ein Wertgutachten erstellt und nach Anhörung aller Beteiligten der Wertfestsetzungsbeschluss erlassen.

Ein Muster eines Wertfestsetzungsbeschlusses ist auf Seite 327, Muster 43, dargestellt.

Nach Rechtskraft des Wertfestsetzungsbeschlusses wird der Versteigerungstermin bestimmt. Das Muster einer Terminsbestimmung ist auf Seite 328, Muster 44, dargestellt.

Wie in der Vollstreckungsversteigerung soll auch in der Teilungsversteigerung eine Mitteilung nach § 41 Abs. 2 ZVG die Beteiligten darüber informieren, wer die Teilungsversteigerung betreibt. Das Muster einer solchen Mitteilung ist auf Seite 329, Muster 45, dargestellt.

Der Versteigerungstermin läuft nach denselben Regeln ab wie in der Vollstreckungsversteigerung. Die Besonderheiten bzgl. der Aufstellung des geringsten Gebots wurden bereits vorher dargestellt.

Bei der Versteigerung mehrerer Grundstücke muss nicht nur der Eigentümer, sondern auch der Gläubiger vor der Durchführung des Versteigerungstermins überlegen, ob im Rahmen des Termins nur ein Gesamtausgebot aller Einheiten stattfinden soll oder nur Einzelausgebote oder als dritte Möglichkeit Einzel- und Gesamtausgebot nebeneinander.

Hier muss vor der Durchführung des Versteigerungstermins das Vorgehen intern in der Bank besprochen und festgelegt werden. Wichtig ist es,

Wertfestsetzungsbeschluss in der Teilungsversteigerung **Muster 43**

– 6 K 11/99 –

Beschluss

In dem Verfahren zur Zwangsversteigerung zum Zwecke der Auseinandersetzung des im Grundbuch von Speicher Blatt 2488 eingetragenen Grundstücks

lfd. Nr. 1 Flur 27 Nr. 17/3 Gebäude- und Freifläche, Bahnhofstraße 2,83 ar und

lfd. Nr. 2 zu 1 Geh- und Fahrrecht an dem Grundstück Flur 27 Nr. 17/2 Gebäude- und Freifläche, Bahnhofstraße,

Eigentümer:

1. Herr Hermann Meyer, Roonstraße 7, 54662 Speicher,
2. Herr Theodor Meyer, Bahnhofstraße 9, 54662 Speicher

zu je einem halben Anteil, wird der Verkehrswert gem. § 74 a ZVG und § 85 a Abs. 1 ZVG auf 200.000,00 DM festgesetzt.

Gründe:

Der Wertfestsetzung liegt das Verkehrswertgutachten des Architekten und öffentlich bestellten und vereidigten Sachverständigen Laube in Bitburg vom 20. August 1999 zugrunde.

Alle Verfahrensbeteiligten wurden zur beabsichtigten Wertfestsetzung gehört. Einwendungen wurden nicht erhoben bzw. diese wurden zurückgenommen.

Es liegen dem Gericht keine Anhaltspunkte für eine nicht ordnungsgemäße Erstellung des Gutachtens vor. Die Berechnungen des Sachverständigen sind schlüssig und nachvollziehbar. Der Verkehrswert war daher auf der Grundlage des oben genannten Gutachtens festzusetzen.

Bitburg, den 10. November 1999

Das Amtsgericht

gez. Wirtz, Rechtspfleger

Muster 44 **Terminsbestimmung zum Versteigerungstermin in der Teilungsversteigerung**

– 6 K 11/99 –

Terminsbestimmung

Im Wege der Zwangsvollstreckung zum Zwecke der Auseinandersetzung soll das im Grundbuch von Speicher Blatt 2488 eingetragene, nachstehend bezeichnete Grundstück

am 16. Juni 2000, 10.00 Uhr

an der Gerichtsstelle Bitburg, Gerichtsstraße 2, Sitzungssaal 204, II. Stock versteigert werden.

Lfd. Nr. 1 Flur 27 Nr. 17/3 Gebäude- und Freifläche, Bahnhofstraße 2,83 ar und lfd. Nr. 2 zu 1 Geh- und Fahrrecht an dem Grundstück Flur 27 Nr. 17/2 Gebäude- und Freifläche, Bahnhofstraße

Verkehrswert gemäß § 74 a ZVG: 200.000,00 DM.

Der Versteigerungsvermerk ist am 20. März 1999 im Grundbuch eingetragen worden. Als Eigentümer waren damals

1. Herr Hermann Meyer, Roonstraße 7, 54662 Speicher,
2. Herr Theodor Meyer, Bahnhofstraße 9, 54662 Speicher,

zu je einem halben Anteil eingetragen.

Ist ein Recht im Grundbuch nicht vermerkt oder wird ein Recht später als der Versteigerungsvermerk eingetragen, so muss der Berechtigte spätestens im Versteigerungstermin vor der Aufforderung zur Abgabe von Geboten anmelden. Er muss das Recht glaubhaft machen, wenn der Gläubiger oder der Antragsteller widerspricht. Andernfalls wird das Recht im geringsten Gebot nicht berücksichtigt und bei der Verteilung des Versteigerungserlöses dem Anspruch des Gläubigers und den übrigen Rechten nachgesetzt.

Es ist zweckmäßig, schon zwei Wochen vor dem Termin eine genaue Berechnung der Ansprüche an Kapital, Zinsen und Kosten der Kündigung und der die Befriedigung aus dem Grundstück bezweckenden Rechtsverfolgung mit Angaben des beanspruchten Ranges schriftlich einzureichen oder zu Protokoll der Geschäftsstelle zu erklären.

Wer ein Recht hat, das der Versteigerung des Grundstücks, des Erbbaurechts oder des nach § 55 ZVG mithaftenden Zubehörs entgegensteht, wird aufgefordert, die Aufhebung oder einstweilige Einstellung des Verfahrens zu erwirken, bevor das Gericht den Zuschlag erteilt. Geschieht dies nicht, so tritt für das Recht der Versteigerungserlös an die Stelle des versteigerten Gegenstandes.

Bitburg, den 16. Februar 2000

Das Amtsgericht

gez. Wirtz, Rechtspfleger

Mitteilung nach § 41 Abs. 2 ZVG in der Teilungsversteigerung **Muster 45**

– 6 K 11/99 –

Mitteilung nach § 41 Abs. 2 ZVG

In dem Verfahren zur Zwangsversteigerung zum Zwecke der Auseinandersetzung des im Grundbuch von Speicher Blatt 2488 eingetragenen Grundstücks

lfd. Nr. 1 Flur 27 Nr. 17/3 Gebäude- und Freifläche, Bahnhofstraße 2,83 ar und lfd. Nr. 2 zu 1 Geh- und Fahrrecht an dem Grundstück Flur 27 Nr. 17/2 Gebäude- und Freifläche, Bahnhofstraße

Eigentümer:

1. Herr Hermann Meyer, Roonstraße 7, 54662 Speicher,
2. Herr Theodor Meyer, Bahnhofstraße 9, 54662 Speicher,

zu je einem halben Anteil.

An dem Versteigerungstermin am 16. Juni 2000 wird nach den bis zum 18. Mai 1999 einschließlich den Eigentümern zugestellten Beschlüssen über die Anordnung der Zwangsversteigerung und die Zulassung des Beitritts – sowie die Fortsetzung des Verfahrens – die Versteigerung vorgenommen auf Antrag:

1. des Miteigentümers Theodor Meyer, Speicher, gemäß Anordnungsbeschluss vom 13. März 1999,
2. des Miteigentümers Hermann Meyer, Speicher, gemäß Beitrittsbeschluss vom 13. Mai 1999.

Bitburg, den 20. Mai 2000

Das Amtsgericht

gez. Wirtz, Rechtspfleger

mit einer klaren und vorbereiteten Strategie in den Versteigerungstermin hineinzugehen, um auf mögliche Eventualitäten vorbereitet zu sein.

Selbst wenn die Bank bei mehreren Grundstücken ein Gesamtausgebot unter Verzicht auf Einzelausgebote beantragen will, muss sie sich trotzdem auf Einzelausgebote vorbereiten, da der Verzicht hierauf nur mit dem Einverständnis aller im Versteigerungstermin anwesenden Beteiligten, deren Rechte bei der Feststellung des geringsten Gebots nicht zu berücksichtigen sind, möglich ist[1]. Die Miteigentumsanteile werden in jedem Fall entgegen der normalen Regelung gemeinsam ausgeboten, da eine getrennte Ausbietung dem Ziel der Teilungsversteigerung widersprechen würde[2].

Für einen Miteigentümer kann es sinnvoll sein, im Versteigerungstermin nicht selbst als Bieter aufzutreten und statt dessen einen Strohmann für sich bieten zu lassen. Beim Bieten spielen oft emotionale Beweggründe eine entscheidende Rolle, und es werden Gebote abgegeben, die unter wirtschaftlichen Aspekten nicht zu vertreten sind. Dies dient dann nur dazu, dem anderen – ebenfalls mietbietenden Eigentümer – das Objekt auf keinen Fall überlassen zu wollen. Gegenüber Geboten eines Strohmanns spielen diese Überlegungen dagegen keine Rolle. Es kann daher im Einzelfall sinnvoller sein, die zusätzliche Grunderwerbsteuer und die Notarkosten für den Kaufvertrag zu übernehmen, als im Versteigerungstermin mitzubieten.

Die sonstigen Überlegungen, die eine Bank als Gläubigerin anstellen muss, sind bereits in A. 7.9.3 dargestellt. Hierauf wird verwiesen.

Das Protokoll über den Ablauf eines Versteigerungstermins ist auf Seite 331 ff., Muster 46, dargestellt.

Der Ablauf des Versteigerungstermins entspricht grundsätzlich dem in einer Vollstreckungsversteigerung. Es können also bei mehreren Grundstücken z. B. Anträge auf Verteilung von Gesamtrechten nach § 64 ZVG gestellt werden.

Nach § 59 ZVG kann auch in der Teilungsversteigerung jeder Beteiligte abweichende Versteigerungsbedingungen beantragen. Es können durch die Abweichungen gesetzliche Versteigerungsbedingungen und das geringste Gebot geändert werden. Grundvoraussetzung ist jedoch, dass durch die Abweichung die Interessen anderer Beteiligter nicht beeinträchtigt werden. Liegt eine solche Beeinträchtigung vor, kann die ab-

[1] § 63 Abs. 4 ZVG
[2] Zeller/Stöber, a.a.O. § 180 Anm. 7.11 c

Protokoll über den Versteigerungstermin in der Teilungsversteigerung **Muster 46**

Amtsgericht Bitburg Bitburg, den 16. Juni 2000

– 6 K 11/99 –

Gegenwärtig:
Wirtz als Rechtspfleger und Urkundsbeamter der Geschäftsstelle

Zwangsversteigerungssache zum Zwecke der Auseinandersetzung des im Grundbuch von Speicher Blatt 2488 eingetragenen Grundstücks

lfd. Nr. 1 Flur 27 Nr. 17/3 Gebäude- und Freifläche, Bahnhofstraße 2,83 ar
und lfd. Nr. 2 zu 1 Geh- und Fahrrecht an dem Grundstück Flur 27 Nr. 17/2 Gebäude- und Freifläche, Bahnhofstraße

Eigentümer:

1. Herr Hermann Meyer, Roonstraße 7, 54662 Speicher,
2. Herr Theodor Meyer, Bahnhofstraße 9, 54662 Speicher,

zu je einem halben Anteil.

Am heutigen Versteigerungstermin erschienen nach Aufruf der Sache folgende Beteiligte:

1. Der Miteigentümer Hermann Meyer,
2. der Miteigentümer Theodor Meyer,
3. für die A-Bank eG Herr Steffen,
4. für die B-Bank Herr Müller,
5. Herr Walter Meyer als Berechtigter der Rechte II/2 und III/3.

Den Erschienenen wurden die die Grundstücke betreffenden Nachweisungen bekanntgegeben. Ferner wurde Folgendes bekanntgemacht:

I. Die Zwangsversteigerung wird betrieben von den Miteigentümern, die in der als Anlage beigefügten Mitteilung des Gerichts nach § 41 Abs. 2 ZVG vom 20. Mai 2000 aufgeführt sind. Diese wurde verlesen.

II. Die erste Beschlagnahme ist bewirkt worden am 20. März 1999 durch Zustellung des Anordnungsbeschlusses an den Antragsgegner Hermann Meyer sowie durch Eingang des Ersuchens um Eintragung des Zwangsversteigerungsvermerks beim Grundbuchamt.

III. Der Verkehrswert gemäß § 74 a ZVG ist rechtskräftig festgesetzt worden auf 200.000,00 DM.

IV. An Anmeldungen, insbesondere von Rechten und Kündigungen, liegen vor:

   1. A-Bank: die Ansprüche aus der Grundschuld III/1 in Höhe von 20.000,00 DM Kapital nebst 15 Prozent Zinsen seit dem 1. Januar

1996 sowie die Ansprüche aus der Grundschuld III/4 i. H. v. 15.000,00 DM Kapital nebst 15 Prozent Zinsen seit dem 1. Januar 2000;

2. B-Bank: die Ansprüche aus der Grundschuld III/2 in Höhe von 10.000,00 DM Kapital nebst 15 Prozent Zinsen seit dem 1. Januar 1996;
3. Herr Walter Meyer: ein monatlicher Ersatzwert für das Recht II/2 in Höhe von 500,00 DM sowie die Sicherungshypothek in vollem dinglichen Umfange;
4. Gemeindekasse Speicher:
   a) Grundsteuer in Höhe von vierteljährlich 250,00 DM seit 1. Juli 1999,
   b) Erschließungskostenbeitrag in Höhe von 1.000,00 DM, fällig am 20. März 1998;
5. Kreisverwaltung Bitburg-Prüm:
   Abfallbeseitigungsgebühr in Höhe von 120,00 DM jährlich seit dem 1. Juli 1999.

Weiter meldete an: Niemand

Das Gericht wies nunmehr auf Folgendes hin:

Eine Gewähr für die Richtigkeit und Vollständigkeit wird nicht übernommen; das gilt auch für die von den Steuerbehörden erteilten Auskünfte.

Der Ersteher darf erst dann in das Grundbuch eingetragen werden, wenn er dem Gericht eine Bescheinigung der Grunderwerbsteuerstelle des zuständigen Finanzamts vorlegt, wonach steuerliche Bedenken gegen die Eintragung nicht erhoben werden.

Herr Theodor Meyer beantragte, die beiden Miteigentumsanteile nur gemeinsam und unter Verzicht auf Einzelausgebote auszubieten.

Nach Erörterung der Sach- und Rechtslage mit den Beteiligten erfolgte sodann nur ein Gesamtausgebot der beiden Miteigentumsanteile unter Verzicht auf Einzelausgebote. Alle anwesenden Beteiligten waren hiermit einverstanden.

Hierauf wurden das geringste Gebot und die Versteigerungsbedingungen nach Anhörung der anwesenden Beteiligten dahin festgestellt:

A) Geringstes Gebot

Die nachstehenden, bei der Feststellung des geringsten Gebots berücksichtigten Rechte II/1, II/2, III/1 und III/4 bleiben als Teil des geringsten Gebots bestehen.

Der Ersatzwert des Rechts II/1 wurde nach Anhörung und mit Einverständnis der anwesenden Beteiligten auf 100,00 DM festgesetzt.

Der Ersatzwert des Rechts II/2 wurde aufgrund der vorliegenden Anmeldung des Berechtigten sowie nach Anhörung und mit Einverständnis der anwesenden Beteiligten auf 56.880,00 DM festgesetzt.

Der Wert der bestehen bleibenden Rechte beträgt insgesamt:

II/1:	100,00 DM	
II/2:	56.880,00 DM	
III/1:	20.000,00 DM	Grundschuld für die A-Bank eG
III/4:	15.000,00 DM	Grundschuld für die A-Bank eG
Summe:	91.980,00 DM	

Das Gebot gibt nur den bar zu zahlenden Betrag an; daneben bleiben die vorgenannten Rechte im Werte von insgesamt 91.980,00 DM bestehen.

Das geringste Bargebot beträgt 36.870,00 DM.

Im Übrigen wird wegen des geringsten Gebots auf die als Anlage beigefügte Berechnung verwiesen.

B) Versteigerungsbedingungen

Das Bargebot ist vom Zuschlag an mit vier vom Hundert zu verzinsen und mit den Zinsen im Verteilungstermin zu zahlen. Die Zinspflicht endet, wenn der Betrag unter Verzicht auf das Recht zur Rücknahme hinterlegt wird (§ 49 Abs. 2 ZVG). Die Kosten des Zuschlagsbeschlusses trägt der Ersteher. Versteigerungsbedingungen, die von den gesetzlichen Vorschriften abweichen, sind – mit Ausnahme der nachstehenden – nicht festgestellt.

Abweichende Versteigerungsbedingungen: Es findet lediglich ein Gesamtausgebot der Mieteigentumsanteile unter Verzicht auf Einzelausgebote statt.

Die getroffenen Feststellungen wurden verlesen. Sodann wies das Gericht darauf hin, dass mit der Aufforderung zur Abgabe von Geboten weitere Anmeldungen ausgeschlossen werden und einen Rangverlust erleiden (§ 110 ZVG). Weitere Anmeldungen wurden nicht abgegeben.

Um 10.30 Uhr forderte das Gericht zur Abgabe von Geboten auf.

Es wurden folgende Gebote abgegeben:

1. Theodor Meyer	36.870,00 DM
2. Helmut Müller	40.000,00 DM
3. Theodor Meyer	45.000,00 DM
6. Helmut Müller	50.000,00 DM
7. Theodor Meyer	55.000,00 DM

8.	B-Bank	57.000,00 DM
9.	Helmut Müller	59.000,00 DM
10.	Theodor Meyer	60.000,00 DM
11.	B-Bank	65.000,00 DM
12.	Helmut Müller	66.000,00 DM
13.	Theodor Meyer	67.500,00 DM
14.	Helmut Müller	68.000,00 DM
15.	Theodor Meyer	69.000,00 DM
16.	B-Bank	69.500,00 DM
17.	Helmut Müller	69.600,00 DM
18.	Theodor Meyer	70.000,00 DM

Meistbietender blieb: Herr Theodor Meyer mit einem Bargebot in Höhe von 70.000,00 DM.

Dieses Gebot wurde durch dreimaligen Aufruf verkündet. Trotz der Aufforderung des Gerichts wurde kein weiteres Gebot abgegeben. Sodann verkündete das Gericht um 11.05 Uhr den Schluss der Versteigerung.

Hiernach wurden die anwesenden Beteiligten über den Zuschlag gehört.

Folgende Erklärungen wurden abgegeben:

Herr Theodor Meyer bat, den Zuschlag auf sein Meistgebot sofort zu erteilen. Herr Hermann Meyer beantragte, den Zuschlag zwei Wochen auszusetzen, da er mit dem Miteigentümer Theodor Meyer noch eine einvernehmliche Regelung über eine freiwillige Auseinandersetzung treffen wolle. Die anderen Beteiligten gaben keine Erklärung zum Zuschlag ab.

Es wurde sodann der anliegende Beschluss verkündet.

Beschluss

Der Termin zur Verkündung einer Entscheidung über den Zuschlag wird bestimmt auf den

1. Juli 2000, 10.00 Uhr

an der Gerichtsstelle Bitburg, Gerichtsstraße 2, Zimmer 405.

Die Sitzung ist geschlossen.

Das Amtsgericht

gez. Wirtz, Rechtspfleger

Anlage zum Protokoll über den Versteigerungstermin vom 16. Juni 2000

Geringstes Gebot

A. Bestehen bleibende Rechte:		
1. II/1: Geh- und Fahrrecht,	Ersatzwert	100,00 DM
2. II/2: Wohn- und Mitbenutzungsrecht,	Ersatzwert	56.880,00 DM
3. Grundschuld III/1:		20.000,00 DM
4. Grundschuld III/4:		15.000,00 DM
Summe bestehen bleibende Rechte:		91.980,00 DM
B. Bargebot:		
1. Gerichtskosten vorläufig geschätzt		4.000,00 DM
2. Öffentliche Lasten		
a) Gemeindekasse Speicher		
aa) Grundsteuer		1.000,00 DM
bb) Erschließungskostenbeitrag		1.000,00 DM
b) Kreisverwaltung Bitburg-Prüm		120,00 DM
3. Zinsen III/1: 15 Prozent aus 20.000,00 DM vom 1. Januar 1996 bis 30. Juni 2000		13.500,00 DM
4. Zinsen III/4: 15 Prozent aus 15.000,00 DM vom 1. Januar 2000 bis 30. Juni 2000		1.125,00 DM
5. Ausgleichsbetrag nach § 182 Abs. 2 ZVG		16.125,00 DM
Summe Bargebot:		36.870,00 DM
Geringstes Gebot insgesamt:		
Summe bestehen bleibende Rechte:		91.980,00 DM
Summe Bargebot:		36.870,00 DM
Summe geringstes Gebot:		128.850,00 DM

geänderte Versteigerungsbedingung nur mit Zustimmung des Beeinträchtigten erfolgen.

Im Rahmen von Teilungsversteigerungen kann z. B. der Kreis der Bieter eingeschränkt werden, sodass Gebote nur von bisherigen Miteigentümern abgegeben werden können. Hierzu ist jedoch die Zustimmung aller Eigentümer erforderlich.

Zu den Berechtigten, die von Bietern Sicherheitsleistung verlangen können, gehört neben den Gläubigern, auf deren Ansprüche eine Zuteilung entfällt, auch jeder Eigentümer, da er bei Nichtzahlung des Gebots nicht von seinen Verbindlichkeiten befreit wird bzw. in der Teilungsversteigerung den Erlös nicht erhält. Die Sicherheitsleistung muss von jedem Bieter getrennt und sofort nach Abgabe bzw. Zulassung des Gebots verlangt werden. Das Verlangen kann nicht nachgeholt werden. Sollte der Bieter ein weiteres Gebot abgeben, könnte die Sicherheitsleistung verlangt werden, falls dies beim vorherigen Gebot vergessen wurde.

Gerade in Teilungsversteigerungen wird oft versucht, durch das Verlangen von Sicherheitsleistung die Gebote von anderen Miteigentümern zu verhindern.

Soweit einem Miteigentümer eine durch sein abgegebenes Gebot ganz oder teilweise gedeckte Hypothek, Grundschuld oder Rentenschuld zusteht, braucht er für sein Gebot keine Sicherheit zu leisten[1].

Wegen der Ausführungen zum Ablauf des Versteigerungstermins wird auf A. 7.9.7 verwiesen; der Ablauf ist in der Teilungsversteigerung grundsätzlich damit identisch. Besonderheiten ergeben sich hier nicht. Bezüglich des Rechts II/2 wurde für die Berechnung des Ersatzwertes die Anmeldung des Berechtigten zugrunde gelegt. Dies würde hier aufgrund des Alters des Berechtigten (vollendetes 74. Lebensjahr) dazu führen, dass der Jahreswert von 6.000,00 DM mit dem Faktor 9,48 multipliziert wird, was einen Wert i. H. v. 56.880,00 DM ergibt.

Nach Ende der Bietezeit tritt das Gericht in die Verhandlung über den Zuschlag ein. Sind Gebote nicht abgegeben worden, wird das Verfahren gem. § 77 Abs. 1 ZVG einstweilen eingestellt oder gem. § 77 Abs. 2 ZVG aufgehoben. In der Teilungsversteigerung besteht nicht die Möglichkeit, nach dem zweiten ergebnislosen Termin eine Überleitung in die Zwangsverwaltung zu beantragen.

Liegt ein Meistgebot vor, können die Gläubiger und die anderen Beteiligten hierzu eine Erklärung abgeben. Grundsätzlich ist dem Meistgebot der

[1] § 184 ZVG

Zuschlag zu erteilen. Eine Zuschlagsversagung kann jedoch in Betracht kommen, wenn die Voraussetzungen des § 85 a ZVG (5/10-Grenze) oder des § 74 a ZVG (7/10-Grenze) vorliegen.

Die 5/10-Grenze ist auch im Rahmen der Teilungsversteigerung von Amts wegen zu berücksichtigen, die 7/10-Grenze nur dann, wenn die Rechte eines Gläubigers nicht im geringsten Gebot berücksichtigt worden sind (z. B. bei unterschiedlicher Belastung). Im Übrigen wird auf A. 7.9.9 verwiesen. Ein Miteigentümer kann, außer er wäre gleichzeitig auch Berechtigter eines eingetragenen Rechts, keinen Zuschlagsversagungsantrag wegen Nichterreichens der 7/10-Grenze stellen.

Soweit keine Gründe für eine Zuschlagsversagung vorliegen, erteilt das Gericht im Versteigerungstermin oder in einem gesonderten Verkündungstermin den Zuschlag. Das Muster eines Zuschlagsbeschlusses ist auf Seite 339 f., Muster 47, dargestellt.

Bereits mit der mündlichen Verkündung des Zuschlags als staatlichem Hoheitsakt geht das Eigentum auf den Ersteher über[1], sofern der Beschluss nicht im Beschwerdewege aufgehoben wird. Er erwirbt das Grundstück sowie alle Gegenstände, auf die sich die Versteigerung erstreckt, also auch das Zubehör[2].

Alle Rechte, die nach den Versteigerungsbedingungen nicht bestehen geblieben sind, erlöschen, Gefahren, Nutzungen und Lasten gehen sofort über[3]. Der Ersteher tritt in eventuell bestehende Miet- und Pachtverhältnisse ein. Unter den Voraussetzungen des § 53 ZVG geht auch die persönliche Schuld mit über. Ab dem Zuschlag ist das Meistgebot mit 4 Prozent zu verzinsen[4]. Ist Sicherheitsleistung in bar oder per Scheck geleistet worden, sollte insoweit auf das Recht der Rücknahme verzichtet werden, da dann die Verzinsungspflicht in Höhe der Sicherheitsleistung entfällt.

Der Zuschlagsbeschluss ist gem. § 93 ZVG für den Ersteher Vollstreckungstitel zum Zwecke der Räumung des Grundstücks. Auf Antrag des Erstehers erteilt das Vollstreckungsgericht (grundsätzlich erst nach Rechtskraft des Zuschlagsbeschlusses) eine vollstreckbare Ausfertigung des Zuschlagsbeschlusses zum Zwecke der Räumung gegen den früheren Eigentümer. Dies gilt auch im Rahmen einer Teilungsversteigerung, wenn einer der früheren Miteigentümer das Grundstück aufgrund seiner Miteigentümereigenschaft genutzt hat.

---

[1] § 90 Abs. 1 ZVG
[2] § 90 Abs. 2 ZVG
[3] § 56 ZVG
[4] § 49 Abs. 2 ZVG

Zuschlagsbeschluss in der Teilungsversteigerung **Muster 47**

– 6 K 11/99 –

Beschluss

In dem Verfahren zur Zwangsversteigerung des im Grundbuch von Speicher Blatt 2488 eingetragenen Grundstücks

lfd. Nr. 1 Flur 27 Nr. 17/3 Gebäude- und Freifläche, Bahnhofstraße 2,83 ar und lfd. Nr. 2 zu 1 Geh- und Fahrrecht an dem Grundstück Flur 27 Nr. 17/2 Gebäude- und Freifläche, Bahnhofstraße

Eigentümer:

1. Herr Hermann Meyer, Roonstraße 7, 54662 Speicher,
2. Herr Theodor Meyer, Bahnhofstraße 9, 54662 Speicher,

zu je einem halben Anteil.

In dem Versteigerungstermin am 16. Juni 2000 ist Herr Theodor Meyer, Bahnhofstraße 9, 54662 Speicher Meistbietender geblieben.

Daher wird ihm der vorbezeichnete Grundbesitz für den durch Zahlung zu berichtigenden Betrag von 70.000,00 DM (in Worten: Siebzigtausend Deutsche Mark) zugeschlagen unter folgenden Bedingungen:

1. Das Bargebot in Höhe von 70.000,00 DM ist von heute ab mit vier vom Hundert zu verzinsen und mit den Zinsen vom Ersteher im Verteilungstermin zu zahlen.
2. Der Ersteher trägt die Kosten dieses Beschlusses.
3. Als Teil des geringsten Gebots bleiben folgende Rechte bestehen:
   a) II/1: Geh- und Fahrrecht für den jeweiligen Eigentümer des Grundstücks Flur 27 Nr. 17/4;
   b) II/2: Wohn- und Mitbenutzungsrecht für Walter Meyer, geb. 20. August 1925, Speicher;
   c) III/1: Grundschuld i. H. v. 20.000,00 DM nebst 15 Prozent Jahreszinsen für die A-Bank eG, Bitburg;
   d) III/4: Grundschuld i. H. v. 15.000,00 DM nebst 15 Prozent Jahreszinsen für die A-Bank eG, Bitburg.
4. Im Übrigen gelten die gesetzlichen Versteigerungsbedingungen.

Gründe:

Im Versteigerungstermin vom 16. Juni 2000 ist Herr Theodor Meyer mit einem Bargebot in Höhe von 70.000,00 DM auf das Gesamtausgebot Meistbietender geblieben. Alle Verfahrensvorschriften wurden beachtet, §§ 81 bis 85 a ZVG. Dem Meistbietenden ist daher der Zuschlag zu erteilen.

Bitburg, den 1. Juli 2000

Das Amtsgericht
gez. Wirtz, Rechtspfleger

6 Erlösverteilung

6.1 Ziel der Erlösverteilung

Nach Erteilung des Zuschlags kann das Gericht den Verteilungstermin bestimmen, im Normalfall wird jedoch zunächst die Rechtskraft des Zuschlags abgewartet.

Im Rahmen der Teilungsversteigerung besteht das Ziel darin, das unteilbare Grundstück durch teilbares Geld zu ersetzen. Die Aufteilung selbst müssen jedoch weiter die früheren Miteigentümer vornehmen. Das Gericht verteilt also nicht den den Eigentümern zustehenden Übererlös entsprechend den Miteigentumsanteilen oder bei einer Erbengemeinschaft entsprechend den Erbquoten. Nach Abzug der Kosten sowie der Ansprüche der Gläubiger steht der Übererlös allen früheren Miteigentümern gemeinschaftlich zu. Das Versteigerungsgericht wird sich zwar um eine einvernehmliche Regelung bemühen, ist jedoch auch nur ein Miteigentümer damit nicht einverstanden oder gibt keine Erklärung ab, muss der Übererlös hinterlegt werden. Die Miteigentümer müssen sich dann im Rahmen eines Zivilprozesses auseinandersetzen.

Ansonsten läuft das Verteilungsverfahren ab wie im Rahmen einer Vollstreckungsversteigerung insoweit wird auf A. 8 verwiesen.

Das Muster einer Terminsbestimmung für den Verteilungstermin ist auf Seite 341, Muster 48, dargestellt.

6.2 Verteilung an die früheren Miteigentümer

Nach Verteilung des Versteigerungserlöses an die Gläubiger tritt der sodann verbleibende Übererlös für die Beteiligten an die Stelle der bisherigen Berechtigung am Grundstück. Die Gemeinschaft der bisherigen Grundstückseigentümer setzt sich an diesem Übererlös fort. Die Auseinandersetzung innerhalb dieser Gemeinschaft setzt eine einvernehmliche Erklärung aller früheren Miteigentümer voraus. Kommt eine Einigung nicht zustande, wird der Übererlös vom Versteigerungsgericht zugunsten aller Berechtigten hinterlegt.

Auch dann, wenn ein Miteigentümer das Grundstück ansteigert, kann er nicht seinen Anteil abziehen, sondern muss zunächst das volle Meistgebot an das Gericht zahlen. Dies muss bereits bei Gebotsabgabe berücksichtigt werden, da bei Nichtzahlung eine Forderungsübertragung erfolgt. Selbst wenn Einzelerlöse wegen unterschiedlicher Belastung

Terminsbestimmung zum Verteilungstermin in der Teilungsversteigerung

Muster 48

– 6 K 11/99 –

In dem Verfahren zur Zwangsversteigerung des im Grundbuch von Speicher Blatt 2488 eingetragenen Grundstücks

lfd. Nr. 1 Flur 27 Nr. 17/3 Gebäude- und Freifläche, Bahnhofstraße 2,83 ar und lfd. Nr. 2 zu 1 Geh- und Fahrrecht an dem Grundstück Flur 27 Nr. 17/2 Gebäude- und Freifläche, Bahnhofstraße

Eigentümer:

1. Herr Hermann Meyer, Roonstraße 7, 54662 Speicher,
2. Herr Theodor Meyer, Bahnhofstraße 9, 54662 Speicher,

zu je einem halben Anteil

wird der Termin zur Verteilung des Versteigerungserlöses bestimmt auf den

1. Oktober 2000, 10.00 Uhr

an der Gerichtsstelle Bitburg, Gerichtsstraße 2, Sitzungssaal 204, II. Stock.

Wer eine Zahlung aus dem Versteigerungserlös beansprucht, hat die Urkunden über seinen Anspruch und die zum Nachweise seiner Berechtigung erforderlichen Urkunden (Hypothekenbriefe, Grundschuldbriefe, Vollmachten, Erbscheine, Abtretungserklärungen usw.) vor dem Termin einzureichen oder s p ä t e s t e n s zum Termin vorzulegen.

Es ist zweckmäßig, schon zwei Wochen vor dem Termin eine genaue Berechnung der Ansprüche an Kapital, Zinsen und Kosten der Kündigung und der Befriedigung aus dem Grundstück bezweckenden Rechtsverfolgung mit Angabe des beanspruchten Ranges schriftlich einzureichen oder zu Protokoll der Geschäftsstelle zu erklären. In gleicher Weise ist auch anzumelden, wenn ein aus dem Barerlös zu deckendes Recht auf Grund einer Vereinbarung mit dem Ersteher bestehen bleiben soll.

Es wird ausdrücklich darauf hingewiesen, dass eine Auszahlung des den früheren Eigentümern zustehenden Übererlöses nur dann möglich ist, wenn *alle* Miteigentümer eine einvernehmliche Erklärung über die Aufteilung schriftlich oder zu Protokoll der Geschäftsstelle des Amtsgerichts erklärt haben. Sofern eine solche Erklärung nicht abgegeben wird, erfolgt eine Hinterlegung des gesamten Übererlöses.

Falls Sie mit einer Verteilung des Erlöses einverstanden sind, wollen Sie dem Gericht bitte Ihre genaue Bankverbindung angeben, damit Ihr Erlösanteil an Sie überwiesen werden kann.

Bitburg, den 30. August 2000

Das Amtsgericht
gez. Wirtz, Rechtspfleger

festgestellt wurden, weil die Anteile der Miteigentümer unterschiedlich belastet sind, werden nur diese Rechte vorab befriedigt. Auch hier wird ein sodann noch verbleibender Überschuss, wenn keine Einigung erfolgt, für die Gemeinschaft hinterlegt.

Über den aufgestellten Teilungsplan wird im Verteilungstermin sofort verhandelt. Der Teilungsplan kann entweder durch die sofortige Rechtspflegererinnerung oder aber den Widerspruch angefochten werden. Mit der Rechtspflegererinnerung kann nur geltend gemacht werden, dass eine prozessuale Vorschrift über die Aufstellung des Teilungsplans verletzt ist.

Ein Widerspruch gegen den Teilungsplan ist auch hier grundsätzlich nach den Regeln, die auch für eine Vollstreckungsversteigerung gelten, möglich. Das Versteigerungsgericht prüft nur, ob der Widerspruch zulässig ist. Über die Begründetheit des Widerspruchs entscheidet nicht das Versteigerungsgericht. Es wird jedoch im Regelfall versuchen, eine Einigung herbeizuführen.

Der Teilungsplan wird grundsätzlich nach den Regeln aufgestellt, die auch in der Vollstreckungsversteigerung gelten. Um Wiederholungen zu vermeiden, wird insoweit auf A. 8 verwiesen.

Besonderheiten ergeben sich hier insoweit, als dass eine unterschiedliche Belastung der Miteigentumsanteile vorliegt, sodass nach Zuteilung auf die Gesamtrechte eine Verteilung des Erlöses auf die einzelnen Anteile erforderlich wird. Dies erfolgt nach denselben Regeln wie in der Vollstreckungsversteigerung.

Wie sich aus dem Teilungsplan ergibt, fällt der Gläubiger III/4 aufgrund der vorzunehmenden Verteilung mit einem Teil seines Anspruchs aus, da nur einer der Miteigentumsanteile belastet war.

Im Beispielsfall, Muster 49 Seiten 343 ff., konnte über die Aufteilung des den Eigentümern zustehenden Resterlöses keine Einigung erzielt werden, sodass insoweit eine Hinterlegung erfolgt. Soweit keine Ausgleichansprüche bestehen sollten, die außerhalb dieses Verfahrens liegen, stünde der Übererlös dem Miteigentümer Theodor Meyer zu, da es sich nach dem Teilungsplan um denjenigen Überschuss handelt, der sich rechnerisch bei seinem Anteil ergibt. Sollte eine Einigung nicht erfolgen, müsste der Miteigentümer Theodor Meyer Herrn Hermann Meyer auf Zustimmung zur Auszahlung des gesamten Übererlöses an ihn verklagen.

Protokoll über den Verteilungstermin in der Teilungsversteigerung

Muster 49

– 6 K 11/99 –

Protokoll über den Verteilungstermin

Gegenwärtig: Wirtz als Rechtspfleger und als Urkundsbeamter der Geschäftsstelle

In dem Verfahren zur Zwangsversteigerung des im Grundbuch von Speicher Blatt 2488 eingetragenen Grundstücks

lfd. Nr. 1 Flur 27 Nr. 17/3 Gebäude- und Freifläche, Bahnhofstraße 2,83 ar und lfd. Nr. 2 zu 1 Geh- und Fahrrecht an dem Grundstück Flur 27 Nr. 17/2 Gebäude- und Freifläche, Bahnhofstraße –

Eigentümer:

1. Herr Hermann Meyer, Roonstraße 7, 54662 Speicher,
2. Herr Theodor Meyer, Bahnhofstraße 9, 54662 Speicher,

zu je einem halben Anteil –

erschienen am heutigen Termin zur Verteilung des Versteigerungserlöses nach Aufruf der Sache:

1. der Ersteher und Miteigentümer Herr Theodor Meyer,
2. der Miteigentümer Hermann Meyer,
3. für die A-Bank eG: Herr Steffen,
4. für die B-Bank: Herr Müller.

Der am 1. Juli 2000 verkündete Zuschlagsbeschluss wurde verlesen und festgestellt, dass dieser rechtskräftig ist. Sodann wurde der wesentliche Inhalt des Grundbuchblattes und die folgenden Anmeldungen bekannt gemacht:

Nach Anhörung der anwesenden Beteiligten wurde hierauf der

T e i l u n g s p l a n

aufgestellt. Der Teilungsplan ist dieser Niederschrift als Anlage 1 beigefügt. Die Anlage wurde zum wesentlichen Inhalt der Niederschrift erklärt.

Über den Teilungsplan wurde sofort verhandelt.

Ein Widerspruch gegen den Teilungsplan wurde nicht erhoben. Festgestellt wurde, dass auch keine Anmeldung vorliegt, die als Widerspruch zu behandeln wäre.

Der Ersteher hat das bare Meistgebot zzgl. der Zinsen in Höhe von insgesamt 70.700,00 DM am 28. September 2000 auf das Konto der Gerichtszahlstelle überwiesen. Der gesamte Versteigerungserlös ist damit vorhanden.

Eine Einigung zwischen den früheren Miteigentümern Hermann Meyer und Theodor Meyer über die Aufteilung des Übererlöses i. H. v. 17.279,00 DM konnte nicht erzielt werden.

Der den früheren Eigentümern zustehende Betrag i. H. v. 17.279,00 DM wird daher beim Amtsgericht Bitburg zu ihren Gunsten hinterlegt. Das Hinterlegungsgesuch ist diesem Protokoll als Anlage 4 beigefügt.

Die Auszahlung erfolgt mit der dieser Niederschrift als Anlage 2 beigefügten Auszahlungsanordnung. Damit ist die gesamte Teilungsmasse abgewickelt.

Das Grundbuchersuchen ist dieser Niederschrift als Anlage 3 beigefügt.

Bitburg, den 1. Oktober 2000

Das Amtsgericht

Wirtz, Rechtspfleger

Anlage 1 zum Verteilungsprotokoll vom 1. Oktober 2000

I. Teilungsmasse

1. Bares Meistgebot:	70.000,00 DM
2. Zinsen:	700,00 DM
Summe:	70.700,00 DM

II. Bestehen bleibende Rechte:
1. II/1: Geh- und Fahrrecht
2. II/2: Wohn- und Mitbenutzungsrecht
3. III/1: Grundschuld i. H. v. 20.000,00 DM
4. III/4: Grundschuld i. H. v. 15.000,00 DM

III. Schuldenmasse

1. Gerichtskosten		3.272,00 DM
a) Landesjustizkasse Mainz	772,00 DM	
b) Theodor Meyer mit dem Vorschuss i. H. v.	2.500,00 DM	
2. Öffentliche Lasten im Range des § 10 Abs. 1 Rangklasse 3 ZVG		
a) Gemeinde Speicher		
aa) Grundsteuer		1.000,00 DM
bb) Erschließungskostenbeitrag		1.000,00 DM
b) Kreisverwaltung Bitburg-Prüm		120,00 DM

3. Forderungen der Rangklasse 4 des § 10 Abs. 1 ZVG
   a) A-Bank eG:
      15 Prozent Zinsen aus der Grundschuld III/1
      i. H. v. 20.000,00 DM
      vom 1. Januar 1996 bis 30. Juni 2000 — 13.500,00 DM
   b) A-Bank eG:
      15 Prozent Zinsen aus der Grundschuld III/4
      i. H. v. 15.000,00 DM
      vom 1. Januar 2000 bis 30. Juni 2000 — 1.125,00 DM
   c) B-Bank:
      15 Prozent Zinsen aus der Grundschuld III/2
      i. H. v. 10.000,00 DM
      vom 1. Januar 1996 bis 30. September 2000 — 7.125,00 DM
      Kapital III/2 — 10.000,00 DM
   d) Walter Meyer:
      7,5 Prozent Zinsen aus 20.000,00 DM vom
      1. Januar 1992 bis 30. September 2000 — 13.125,00 DM
      Kapital III/3 — 20.000,00 DM

IV. Zuteilung

1. Aus der Teilungsmasse i.H.v. 70.700,00 DM sind gemäß § 109 ZVG vorweg die Kosten des Verfahrens zu entnehmen und zu zahlen an:
   a) Landesjustizkasse Mainz — 772,00 DM
   b) Theodor Meyer mit dem Vorschuss i.H.v. — 2.500,00 DM
2. Gemeindekasse Speicher
   Zuteilung auf öffentliche Lasten festgestellt wie Abschnitt III Nr. 2 a in Höhe von — 2.000,00 DM
3. Kreisverwaltung Bitburg-Prüm
   Zuteilung auf öffentliche Lasten festgestellt wie Abschnitt III Nr. 2 b in Höhe von — 120,00 DM

   Restliche Teilungsmasse: 65.308,00 DM
4. A-Bank eG
   15 Prozent Zinsen aus der Grundschuld III/1
   i. H. v. 20.000,00 DM
   vom 1. Januar 1996 bis 30. Juni 2000 — 13.500,00 DM
   Restliche Teilungsmasse: 51.808,00 DM

Nunmehr ist eine rechnerische Aufteilung des Versteigerungserlöses nach § 112 ZVG erforderlich, da die Miteigentumsanteile unterschiedlich belastet sind und die Zuteilung auf die erloschenen Rechte III/2 und III/3 erfolgt.

Zu der verbleibenden Teilungsmasse werden nach § 112 Abs. 2 S. 2 ZVG die bestehen bleibenden Rechte hinzugerechnet.

1. II/1: Geh- und Fahrrecht,	Ersatzwert	100,00 DM
2. II/2: Wohn- und Mitbenutzungsrecht,	Ersatzwert	56.880,00 DM
3. Grundschuld III/1:		20.000,00 DM
4. Grundschuld III/4:		15.000,00 DM
Summe:		91.980,00 DM

Dies ergibt eine berichtigte Teilungsmasse von 143.788,00 DM. Diese ist nach § 112 Abs. 2 S. 1 ZVG auf die einzelnen Miteigentumsanteile zu verteilen.

Da die Verkehrswerte der Miteigentumsanteile mit je 100.000,00 DM gleich sind, beträgt die Sondermasse für jeden Miteigentumsanteil 71.894,00 DM.

	ein halber Anteil Hermann Meyer	ein halber Anteil Theodor Meyer
	71.894,00	71.894,00
Davon sind gem. § 112 Abs. 2 S. 3 ZVG die bestehen bleibenden Rechte abzuziehen:		
II/1	50,00	50,00
II/2	28.440,00	28.440,00
III/1	10.000,00	10.000,00
III/4	0	15.000,00
Danach verbleiben folgende Erlösanteile:	33.404,00	18.404,00
Hieraus werden zugeteilt:		
5. A-Bank Zinsen III/4		1.125,00
6. B-Bank Grundschuld III/2	17.125,00	
7. Walter Meyer Teilzuteilung der restlichen Teilungsmasse auf die Sicherungshypothek III/4	16.279,00	
8. Übererlös für die Eigentümer:	0,00	17.279,00

Der Gläubiger Walter Meyer fällt mit seinem restlichen Anspruch i. H. v. 16.846,00 DM aus.

Übererlös für die früheren Eigentümer: 17.279,00 DM

Eine Einigung zwischen den früheren Miteigentümern Hermann Meyer und Theodor Meyer über die Aufteilung dieses Übererlöses konnte nicht erzielt werden. Der Betrag von 17.279,00 DM wird daher bei der Hinterlegungsstelle des Amtsgerichts Bitburg zugunsten von Hermann Meyer und Theodor Meyer hinterlegt.

Bitburg, den 1. Oktober 2000

Das Amtsgericht

Wirtz, Rechtspfleger

6.3 Finanzierung des Meistgebots eines der früheren Miteigentümer

Soweit die Bank einem der früheren Miteigentümer das von ihm abgegebene Meistgebot finanziert oder finanzieren will, muss sie zunächst davon ausgehen, dass dieser das Meistgebot in voller Höhe zahlen muss. Ob und inwieweit dem Miteigentümer der auf seinen Anteil entfallende rechnerische Übererlös wieder zufliesst, steht je nach Dauer des sich eventuell anschließenden Zivilprozesses möglicherweise erst nach Jahren fest.

Soweit von den anderen Miteigentümern Ausgleichsansprüche geltend gemacht werden und eine einvernehmliche Regelung nicht möglich ist, wird der komplette Übererlös hinterlegt. Gerade bei früheren Ehegatten wird die Blockade des Übererlöses zum Teil bewusst dazu genutzt, um dem Ex-Ehegatten zu schaden. Dass möglicherweise nur ein Teil des Übererlöses streitbefangen ist, spielt in diesem Zusammenhang oft keine Rolle. Es geht manchmal nur darum, dem anderen zu schaden, selbst wenn hierdurch auch der eigene Anteil blockiert ist.

Für die Finanzierung muss daher die Absicherung zunächst auf dem ersteigerten Grundbesitz erfolgen. Zusätzlich kann sich die Bank den Anspruch des Kunden aus dem zugunsten der früheren Miteigentümergemeinschaft hinterlegten Betrag abtreten lassen.

Praxistipp

Hierbei sollte jedoch dem Ersteher die Befugnis zur Führung des Prozessverfahrens gegen den oder die anderen Miteigentümer belassen werden (sog. Prozessstandschaft). Ansonsten müsste die Bank das Prozessverfahren durchführen, was alleine wegen des damit verbundenen Aufwandes nicht in ihrem Interesse wäre.

6.4 Beachtung des Rückgewähranspruchs bei Grundschulden

Soweit die zugunsten der Bank eingetragenen Grundpfandrechte erlöschen, ist die Behandlung im Verteilungstermin unproblematisch. Der Erlös fließt an die Bank und wird dort mit einer eventuell bestehenden persönlichen Forderung verrechnet. Der Überschuss steht den früheren Miteigentümern gemeinschaftlich zur Verfügung. Auch die Bank kann

– wie das Gericht – den Übererlös nur aufgrund einer übereinstimmenden Erklärung an die früheren Miteigentümer auszahlen.

Bei bestehen gebliebenen Grundpfandrechten darf die Bank keinesfalls nur gegen Zahlung der tatsächlichen persönlichen Forderung Löschungsbewilligung erteilen oder die Grundschuld an einen Dritten abtreten. Dies gilt auch dann, wenn einer der früheren Miteigentümer selbst angesteigert hat. Diese Miteigentümer machen sehr oft den Fehler, bei der Gebotsabgabe und bei bestehen bleibenden Grundschulden nur die persönliche Forderung und nicht den Nominalbetrag der Grundschuld anzusetzen, obwohl sie zunächst voll bezahlen müssen. Erst im Rahmen der Auseinandersetzung mit den anderen Miteigentümern entscheidet sich, ob und in welcher Höhe sie aus dem Übererlös Beträge zurückerhalten.

Die Bank ist aufgrund der Rückgewährverpflichtung gegenüber den früheren Eigentümern verpflichtet, dem Ersteher als neuem Eigentümer gegenüber die Grundschuld im vollen dinglichen Umfang geltend zu machen. Dies bedeutet, sie muss das Kapital, eine eventuell vereinbarte Nebenleistung und die dinglichen Zinsen ab dem Zuschlag geltend machen. Um Streit mit dem Ersteher aus dem Weg zu gehen, sollte die Bank bei einer bestehen gebliebenen Grundschuld sofort nach Rechtskraft des Zuschlagsbeschlusses den Ersteher entsprechend anschreiben und ihm gegenüber die Grundschuld geltend machen. Auch wenn dies für den Ersteher manchmal schwer verständlich ist, muss die Bank ihm gegenüber die hohen dinglichen Zinsen geltend machen.

Soweit die Bank dem Ersteher das Meistgebot finanziert, kann sie die bestehen gebliebene Grundschuld mit in die Finanzierung einbinden, jedoch nur zur dinglichen Ablösung dieser Grundschuld. Der Ersteher muss lediglich als neuer Eigentümer eine entsprechende Verwendungszweckerklärung unterzeichnen.

Nach Erhalt des Ablösungsbetrages muss die Bank den früheren Eigentümern gegenüber abrechnen und ihnen die Höhe des Übererlöses mitteilen. Gleichzeitig sollte darauf hingewiesen werden, dass eine Auszahlung nur aufgrund übereinstimmender Erklärung aller früheren Miteigentümer erfolgen kann.

Soweit solche Erklärungen nicht innerhalb einer angemessenen Frist abgegeben werden, sollte die Bank den Übererlös zugunsten aller früheren Miteigentümer hinterlegen und diesen sodann die Tatsache der Hinterlegung, den Hinterlegungsbetrag und die Namen der anderen Berechtigten mitteilen.

Falls die Rückgewähransprüche aus einer Grundschuld an einen Dritten abgetreten waren, muss die Bank den Übererlös an diesen auskehren.

7 Kosten der Teilungsversteigerung

Die Gerichtskosten sind bei einer Teilungsversteigerung identisch mit denen in einer Vollstreckungsversteigerung, insoweit wird auf A. 4.1 verwiesen.

Bei Beauftragung eines Rechtsanwalts durch die Bank für ihre Vertretung fallen Rechtsanwaltsgebühren nach der BRAGO an. Für die gesamte Abwicklung des Zwangsversteigerungsverfahrens – inkl. der Wahrnehmung möglicherweise mehrerer Versteigerungstermine – erhält der Rechtsanwalt insgesamt $^{10}/_{10}$ Gebühr[1]. Im Einzelnen sind es $^{3}/_{10}$ Verfahrensgebühr, $^{4}/_{10}$ Gebühr für die Wahrnehmung des oder der Versteigerungstermine und $^{3}/_{10}$ Gebühr für das Verteilungsverfahren. Gegenstandswert ist die Forderung des Gläubigers, höchstens jedoch der Grundstückswert, wobei die $^{3}/_{10}$-Gebühr für das Verteilungsverfahren meist einen niedrigeren Gegenstandswert hat.

Beispiele für eine $^{10}/_{10}$-Gebühr nach BRAGO:

Wert = Höhe der Forderung der Bank, höchstens der festgesetzte Verkehrswert des Grundbesitzes

Wert	Gebühr in DM
100.000,00	2.125,00
300.000,00	3.245,00
500.000,00	4.225,00
1.000.000,00	6.225,00

Hinzu kommen die Auslagen und die gesetzliche Mehrwertsteuer.

Soweit der Antragsteller oder der Antragsgegner einen Rechtsanwalt mit ihrer Vertretung beauftragen, erhält dieser ebenfalls insgesamt $^{10}/_{10}$ Gebühr. Der Wert richtet sich nach dem festgesetzten Verkehrswert, bei Miteigentümern nach dem Wert ihres Anteils[2].

[1] § 68 BRAGO
[2] § 68 Abs. 3 Ziffer 2 BRAGO

D. Besondere Zwangsversteigerungsverfahren

Alle vier nachstehend dargestellten besonderen Zwangsversteigerungsverfahren kommen in der Praxis sehr selten vor. Aus diesem Grund wird nur eine grobe Übersicht gegeben und auf eine spezifizierte Darstellung verzichtet.

1 Zwangsversteigerung auf Antrag des Insolvenzverwalters

Die Insolvenzordnung gibt dem Insolvenzverwalter eine neue Möglichkeit, auch die Verwertung von Immobilien zu beschleunigen.

Wie bisher kann der Insolvenzverwalter sowohl die Zwangsversteigerung, als auch die Zwangsverwaltung betreiben[1]. Bisher wurden solche Verfahren äußerst selten durchgeführt, da der Konkursverwalter wie ein in der Rangklasse 5 des § 10 Abs. 1 ZVG betreibender persönlicher Gläubiger angesehen wurde. Dies hatte zur Folge, dass im geringsten Gebot alle vorrangig eingetragenen Grundpfandrechte bestehen blieben und die laufenden und auf Anmeldung der Gläubiger auch zwei Jahre rückständigen Zinsen ins geringste Bargebot aufgenommen wurden. Das dadurch oft sehr hohe geringste Gebot verhinderte dann unter wirtschaftlichen Gesichtspunkten eine Versteigerung.

Außerdem warteten die Grundpfandrechtsgläubiger normalerweise nicht ab, bis der Konkursverwalter die Versteigerung betrieb, sondern leiteten das Verfahren aus ihren Rechten als absonderungsberechtigte Gläubiger im Rahmen einer Vollstreckungsversteigerung ein. Hierzu war lediglich, soweit das Grundstück vom Konkursverwalter nicht aus der Konkursmasse freigegeben wurde, die Umschreibung des dinglichen

---

[1] § 172 ZVG

Vollstreckungstitels gegen den Konkursverwalter und die Zustellung an diesen erforderlich.

Soweit der Konkursverwalter das Verfahren betrieb, hatte ein Grundpfandrechtsgläubiger die Möglichkeit, ein Doppelausgebot dahingehend zu beantragen, dass bei der Feststellung des geringsten Gebots nur die seinem Anspruch vorgehenden Rechte zu berücksichtigen waren[1]. Für den Gläubiger hatte dies jedoch trotzdem den Nachteil, dass er nicht betreibender Gläubiger war und daher auch nicht durch eine einstweilige Einstellung nach Ende der Bietezeit eine Zuschlagsversagung herbeiführen konnte, um als ggf. bestrangig betreibender Gläubiger einen Zuschlag auf ein ihm nicht ausreichendes Meistgebot zu verhindern.

Mit der Einführung der Insolvenzordnung wurde versucht, das bisher bereits nur in sehr seltenen Fällen praktizierte Verfahren zu reformieren, wobei die vorhandenen Mängel leider nicht beseitigt wurden. Es wurden im Gegenteil neue Vorschriften eingeführt, durch die das Verfahren noch schwieriger und undurchsichtiger wird. Es bleibt daher abzuwarten, ob in der Praxis auf Antrag des Insolvenzverwalters künftig mehr Zwangsversteigerungsverfahren durchgeführt werden.

Der zum 1. Januar 1999 neu eingeführte § 174 a ZVG gibt dem Insolvenzverwalter die Möglichkeit, in der von ihm nach § 172 ZVG betriebenen Zwangsversteigerung neben dem gesetzlichen Ausgebot mit den bestehen bleibenden Grundpfandrechten ein Ausgebot dahingehend zu beantragen, dass bei der Feststellung des geringsten Gebots nur die den Ansprüchen aus § 10 Abs. 1 Nr. 1 a ZVG vorgehenden Rechte berücksichtigt werden.

Vallender[2] vertritt die Auffassung, dass die vorrangigen Grundpfandrechtsgläubiger zur Vermeidung des Untergangs ihrer Rechte nur die Möglichkeit haben, die Ansprüche des Insolvenzverwalters aus der Rangklasse 1 a des § 10 Abs. 1 ZVG abzulösen. Da der hierin verankerte neue Kostenbeitrag für die Insolvenzmasse lediglich 4 Prozent des Wertes des Zubehörs beträgt, könnte dies nur im Einzelfall einen erheblichen Betrag ausmachen.

Außerdem sind bei den meisten Zwangsversteigerungen ohnehin nur in geringem Umfange Zubehörgegenstände vorhanden, da diese heute sehr oft gesondert finanziert werden und daher mit Eigentumsrechten

---

[1] § 174 ZVG
[2] Rpfleger 1997, 353 ff.

Dritter belastet sind und nicht mitversteigert werden. Ein Kostenbeitrag scheidet in diesen Fällen dann ebenfalls aus.

Dies würde aber bedeuten, dass dem Insolvenzverwalter ein solches Antragsrecht nur dann zustehen würde, wenn sich auf dem zu versteigernden Grundbesitz auch tatsächlich dem Grundstückseigentümer gehörendes Zubehör befindet, welches mitversteigert wird. Das müsste der Insolvenzverwalter bereits vor Beantragung der Zwangsversteigerung prüfen. Ohne das Antragsrecht nach § 174 a ZVG könnte er wegen des Bestehenbleibens der ggf. eingetragenen Grundpfandrechte keine unter wirtschaftlichen Gesichtspunkten sinnvolle Zwangsversteigerung durchführen.

Sollte jedoch, da Zubehörgegenstände vorhanden sind, ein entsprechendes Antragsrecht des Insolvenzverwalters bestehen, würde im Versteigerungstermin ggf. ein Dreifachausgebot stattfinden. Die eingetragenen Grundpfandrechtsgläubiger hätten ihrerseits die Möglichkeit, einen Antrag auf abweichende Versteigerungsbedingungen nach § 174 ZVG zu stellen.

Soweit dann auf die entsprechenden Ausgebotsarten nur auf ein einzelnes Ausgebot oder aber auf mehrere Ausgebote unterschiedlich hohe Gebote abgegeben werden, stellt sich die Frage, auf welches der abgegebenen Gebote der Zuschlag erteilt werden kann.

Hier kann zum Teil auf die bisherige Kommentierung zu § 174 ZVG zurückgegriffen werden. Soweit nur auf eine Ausgebotsart ein Gebot abgegeben worden ist, so ist für dieses der Zuschlag zu erteilen[1]. Soweit jedoch auf zwei oder alle drei Ausgebotsarten Gebote abgeben werden, wurde bisher von Zeller/Stöber[2] die Auffassung vertreten, dass der Zuschlag auf das abweichende Ausgebot zu erteilen ist.

Auch Steiner/Riedel[3] vertreten diese Auffassung mit der Begründung, dass das Interesse des Antragstellers nach § 174 ZVG an der Ermittlung seines Ausfalls und damit an der Klärung seiner konkursrechtlichen Position Vorrang habe.

Jetzt sind jedoch zwei Anträge auf abweichende Versteigerungsbedingungen möglich und zwar sowohl vom Gläubiger nach § 174 ZVG, als auch vom Insolvenzverwalter nach § 174 a ZVG. Hier wird sich die Rechtsprechung entscheiden müssen, welchem der Antragsrechte bei der Zuschlagsentscheidung Priorität zu geben ist.

---

[1] Steiner/Riedel, a.a.O., § 174 Rz 25; Zeller/Stöber, a.a.O., § 174, Anm. 3.10 b
[2] Zeller/Stöber, a.a.O., § 174, Anm. 3.10 a II
[3] Steiner/Riedel, a.a.O., § 174 Rz 23

Grundsätzlich dürfte nach den Grundregeln des ZVG, insbesondere nach dem Deckungsgrundsatz[1], der Grundpfandrechtsgläubiger nicht über den Antrag des Insolvenzverwalters um sein Grundpfandrecht gebracht werden können. Der Gläubiger könnte dann lediglich über die Ablösung der vorrangigen Ansprüche des Insolvenzverwalters nach § 10 Abs. 1 Nr. 1 a ZVG seine eigene Rechtsposition wahren und erneut das Bestehenbleiben seines Grundpfandrechts herbeiführen.

Nach Auffassung des Gesetzgebers soll § 268 BGB auf die vom Insolvenzverwalter betriebene Zwangsversteigerung entsprechende Anwendung finden. Insoweit weist Marotzke[2] zutreffend darauf hin, dass dem absonderungsberechtigten Gläubiger damit dann nicht geholfen ist, wenn das Grundstück anschließend freihändig an einen Dritten veräußert wird oder das Insolvenzverfahren endet. In diesen Fällen würden die Rechte trotz Ablösung erlöschen.

Muth[3] hat die unterschiedlichen Auswirkungen mit Beispielen sehr detailliert dargestellt und ist der Auffassung, dass für eine Zuschlagsentscheidung nur eine Ausgebotsart nach § 174 ZVG in Betracht kommt. Im Übrigen empfiehlt er eine Aufhebung des § 174 a ZVG, da eine sachliche Rechtfertigung für diese Vorschrift nicht ersichtlich sei[4].

Praxistipp

Der Bank als Grundpfandgläubigerin ist daher anzuraten, in jedem Fall selbst die Zwangsversteigerung aus dem eigenen Grundpfandrecht gegen den Insolvenzverwalter zu betreiben, da in der Vollstreckungsversteigerung kein Antragsrecht des Insolvenzverwalters nach § 174 a ZVG besteht.

Außerdem ist die Bank in der Vollstreckungsversteigerung ggf. bestrangig betreibende Gläubigerin und hat damit die Möglichkeit, durch eine einstweilige Einstellung nach Ende der Bietezeit den Zuschlag auf ein ihr nicht genehmes Meistgebot zu verhindern.

Im Rahmen der Versteigerung durch den Insolvenzverwalter wird der antragstellende Grundpfandgläubiger nach § 174 ZVG nicht bestrangig betreibender Gläubiger. Er kann daher keine Einstellung bewilligen, keine Sicherheitsleistung nach § 67 Abs. 2 ZVG und keine Glaubhaftmachung

[1] § 44 ZVG
[2] ZZP (Bd. 109), 1996, 461, 462
[3] Muth, ZIP 1999, 945 ff.
[4] Muth, ZIP 1999 S. 953

nach § 37 Nr. 4 ZVG verlangen[1]. Dies müsste dann auch für den Antrag des Insolvenzverwalters nach § 174 a ZVG gelten.

Auf Antrag des Insolvenzverwalters kann auch ein Zwangsverwaltungsverfahren eingeleitet werden. Ein solches Verfahren dürfte jedoch nur in ganz seltenen Einzelfällen infrage kommen.

2 Zwangsversteigerung von Schiffen

Auch ein Schiff kann mit einem Grundpfandrecht belastet werden, jedoch nicht mit einer Grundschuld sondern nur mit einer Schiffshypothek[2].

Auf die Zwangsversteigerung eines im Schiffsregister eingetragenen Schiffes oder Schiffsbauwerkes sind grundsätzlich die allgemeinen Vorschriften des ZVG anzuwenden, wobei Besonderheiten ausdrücklich geregelt sind. Zuständig als Vollstreckungsgericht ist das Amtsgericht, in dessen Bezirk sich das Schiff befindet. Dies kann für den Gläubiger bei der versuchten Beschlagnahme ein erhebliches Hindernis darstellen, da er dem Schiff ggf. nachreisen muss.

An die Stelle des Grundbuchs tritt bei der Zwangsversteigerung von Schiffen das Schiffsregister. Als Besonderheit sind die Träger der Sozialversicherung einschließlich der Arbeitslosenversicherung Beteiligte, auch wenn sie keine Forderung angemeldet haben. Bei der Zwangsversteigerung eines Seeschiffes vertritt die Seeberufsgenossenschaft, bei der Zwangsversteigerung eines Binnenschiffes die Binnenschifffahrts-Berufsgenossenschaft die übrigen Versicherungsträger gegenüber dem Vollstreckungsgericht[3]. Die Beschränkung des § 17 ZVG gilt für die Zwangsversteigerung eines eingetragenen Schiffs nicht, soweit sich aus den Vorschriften des Handelsgesetzbuchs oder des Gesetzes betreffend die privatrechtlichen Verhältnisse der Binnenschifffahrt etwas anderes ergibt; die hiernach zur Begründung des Antrags auf Zwangsversteigerung erforderlichen Tatsachen sind durch Urkunden glaubhaft zu machen, soweit sie nicht dem Gericht offenkundig sind. Dem Antrag auf Zwangsversteigerung ist ein Zeugnis der Registerbehörde über die Eintragung des Schiffs im Schiffsregister beizufügen[4]. Bei der Anordnung der Zwangsversteigerung hat das Gericht zugleich die Bewachung und

[1] Steiner/Riedel, a.a.O., § 174 Rz 20
[2] § 8 Abs. 1 SchiffsRG
[3] § 163 Abs. 3 ZVG
[4] § 164 ZVG

Verwahrung des Schiffs anzuordnen. Die Beschlagnahme wird auch mit der Vollziehung dieser Anordnung wirksam[1].

Das Versteigerungsgericht kann zugleich mit der einstweiligen Einstellung des Verfahrens im Einverständnis mit dem betreibenden Gläubiger anordnen, dass die Bewachung und Verwahrung einem Treuhänder übertragen wird, den das Gericht auswählt. Der Treuhänder untersteht der Aufsicht des Gerichts und ist an die ihm erteilten Weisungen des Gerichts gebunden. Das Gericht kann ihn im Einverständnis des Gläubigers auch ermächtigen, das Schiff für Rechnung und im Namen des Schuldners zu nutzen. Über die Verwendung des Reinertrages entscheidet das Gericht. In der Regel soll er nach den Grundsätzen des § 155 ZVG verteilt werden[2].

Ist gegen den Schiffer aufgrund eines vollstreckbaren Titels, der auch gegenüber dem Eigentümer wirksam ist, das Verfahren angeordnet, so wirkt die Beschlagnahme zugleich gegen den Eigentümer. Der Schiffer gilt in diesem Fall als Beteiligter nur so lange, als er das Schiff führt; ein neuer Schiffer gilt als Beteiligter, wenn er sich bei dem Gericht meldet und seine Angabe auf Verlangen des Gerichts oder eines Beteiligten glaubhaft macht[3].

Die Bezeichnung des Schiffs in der Bestimmung des Versteigerungstermins soll nach den Daten des Schiffsregisters erfolgen. Die im § 37 Nr. 4 ZVG bestimmte Aufforderung muss ausdrücklich auch auf die Rechte der Schiffsgläubiger hinweisen[4].

Die Terminsbestimmung soll zusätzlich durch ein geeignetes Schifffahrtsfachblatt bekannt gemacht werden. Befindet sich der Heimathafen oder Heimatort des Schiffs in dem Bezirk eines anderen Gerichts, so soll die Terminsbestimmung auch durch das für Bekanntmachungen dieses Gerichts bestimmte Blatt bekannt gemacht werden[5].

Hat ein Schiffsgläubiger sein Recht innerhalb der letzten sechs Monate vor der Bekanntmachung der Terminsbestimmung bei dem Registergericht angemeldet, so gilt die Anmeldung als bei dem Versteigerungsgericht bewirkt. Das Registergericht hat bei der Übersendung der im § 19 Abs. 2 ZVG bezeichneten Urkunden und Mitteilungen die innerhalb der

[1] § 165 Abs. 1 ZVG
[2] § 165 Abs. 2 ZVG
[3] § 166 ZVG
[4] § 167 ZVG
[5] § 168 ZVG

letzten sechs Monate bei ihm eingegangenen Anmeldungen an das Versteigerungsgericht weiterzugeben[1].

Soweit das Schiff einem Mieter oder Pächter überlassen ist, gilt die Vorschrift des § 580 a BGB entsprechend. Soweit nach § 580 a Abs. 2 BGB für die Wirkung von Verfügungen und Rechtsgeschäften über den Miet- oder Pachtzins der Übergang des Eigentums in Betracht kommt, ist an dessen Stelle die Beschlagnahme des Schiffs maßgebend. Ist der Beschluss, durch den die Zwangsversteigerung angeordnet wird, auf Antrag des Gläubigers dem Mieter oder Pächter zugestellt, so gilt mit der Zustellung die Beschlagnahme als dem Mieter oder Pächter bekannt[2].

Falls das Bargebot im Verteilungstermin nicht gezahlt wird, ist für die Forderung gegen den Ersteher eine Schiffshypothek an dem Schiff in das Schiffsregister einzutragen. Die Schiffshypothek entsteht mit der Eintragung, auch wenn der Ersteher das Schiff inzwischen veräußert hat[3].

Bei der Zwangsversteigerung eines Seeschiffes wird kein Verkehrswert festgesetzt[4]. Sicherheitsleistung ist im Versteigerungstermin für ein Zehntel des Bargebots zu leisten[5].

Die Zwangsversteigerung eines Schiffsbauwerks darf erst angeordnet werden, nachdem es in das Schiffsbauregister eingetragen ist. Der Antrag auf Anordnung der Zwangsversteigerung kann jedoch schon vor der Eintragung gestellt werden[6]. An die Stelle des Grundbuchs tritt das Schiffsbauregister. Wird das Schiffsbauregister von einem anderen Gericht als dem Vollstreckungsgericht geführt, so soll die Terminsbestimmung auch durch das für Bekanntmachungen dieses Gerichts bestimmte Blatt bekannt gemacht werden. An die Stelle der üblichen Veröffentlichungsfrist von sechs Wochen tritt lediglich eine Frist von zwei Wochen, anstatt der Frist von vier Wochen nach § 43 Abs. 2 ZVG gilt lediglich eine solche von einer Woche[7].

Auf die Zwangsversteigerung eines ausländischen Schiffs, das, wenn es ein deutsches Schiff wäre, in das Schiffsregister eingetragen werden müsste, sind die Vorschriften über die Versteigerung eines deutschen Schiffes entsprechend anzuwenden, soweit sie nicht die Eintragung im

[1] § 168 b ZVG
[2] § 169 Abs. 1 ZVG
[3] § 169 Abs. 2 ZVG
[4] § 169 a Abs. 1 ZVG
[5] § 169 a Abs. 2 ZVG
[6] § 170 a Abs. 1 ZVG
[7] § 170 a Abs. 2 ZVG

Schiffsregister voraussetzen[1]. Als Vollstreckungsgericht ist das Amtsgericht zuständig, in dessen Bezirk sich das Schiff befindet. Die Zwangsversteigerung darf, soweit sich nicht aus den Vorschriften des HGB oder des Gesetzes betreffend die privatrechtlichen Verhältnisse der Binnenschifffahrt etwas anderes ergibt, nur angeordnet werden, wenn der Schuldner das Schiff im Eigenbesitz hat. Die hiernach zur Begründung des Antrags auf Zwangsversteigerung erforderlichen Tatsachen sind durch Urkunden glaubhaft zu machen, soweit sie nicht beim Gericht offenkundig sind[2].

Die Terminsbestimmung muss die Aufforderung an alle Berechtigten, insbesondere an die Schiffsgläubiger, enthalten, ihre Rechte spätestens im Versteigerungstermin vor der Aufforderung zur Abgabe von Geboten anzumelden und, wenn der Gläubiger widerspricht, glaubhaft zu machen, widrigenfalls die Rechte bei der Verteilung des Versteigerungserlöses dem Anspruch des Gläubigers und den übrigen Rechten nachgesetzt würden. Die Terminsbestimmung soll, soweit es ohne erhebliche Verzögerung des Verfahrens tunlich ist, auch den aus den Schiffspapieren ersichtlichen Schiffsgläubigern und sonstigen Beteiligten zugestellt und, wenn das Schiff im Schiffsregister eines fremden Staates eingetragen ist, der Registerbehörde mitgeteilt werden[3].

Die Vorschriften über das geringste Gebot sind nicht anzuwenden. Das Meistgebot ist in seinem ganzen Betrag durch Zahlung zu berichtigen. Die Vorschriften der §§ 165, 166, 168 Abs. 1 und 3, 169 a, 170 Abs. 1 ZVG sind anzuwenden. Die vom Gericht angeordnete Überwachung und Verwahrung des Schiffs darf erst aufgehoben und das Schiff dem Ersteher erst übergeben werden, wenn die Berichtigung des Meistgebots oder die Einwilligung der Beteiligten nachgewiesen wird[4].

3 Zwangsversteigerung von Luftfahrzeugen

Auf die Zwangsversteigerung eines in der Luftfahrzeugrolle eingetragenen Luftfahrzeugs sind die Vorschriften des Ersten Abschnitts des ZVG entsprechend anzuwenden, wobei Besonderheiten gesondert geregelt sind. Gleiches gilt für die Zwangsversteigerung eines in dem Register für Pfandrechte an Luftfahrzeugen eingetragenen Luftfahrzeugs, dessen Eintragung in der Luftfahrzeugrolle gelöscht ist[5].

[1] § 171 Abs. 1 ZVG
[2] § 171 Abs. 2 ZVG
[3] § 171 Abs. 3 ZVG
[4] § 171 Abs. 4 ZVG
[5] § 171 a ZVG

Zuständiges Amtsgericht als Vollstreckungsgericht ist das Amtsgericht, in dessen Bezirk das Luftfahrt-Bundesamt seinen Sitz hat. Dies ist das Amtsgericht Braunschweig. Anstelle des Grundbuchs tritt das Register für Pfandrechte an Luftfahrzeugen[1].

Die Zwangsversteigerung darf erst angeordnet werden, nachdem das Luftfahrzeug in das Register für Pfandrechte an Luftfahrzeugen eingetragen ist. Der Antrag auf Anordnung der Zwangsversteigerung kann jedoch schon vor der Eintragung gestellt werden[2].

Bei der Anordnung der Zwangsversteigerung hat das Gericht zugleich die Bewachung und Verwahrung des Luftfahrzeugs anzuordnen. Die Beschlagnahme wird auch mit der Vollziehung dieser Anordnung wirksam[3].

Das Gericht kann zugleich mit der einstweiligen Einstellung des Verfahrens im Einverständnis mit dem betreibenden Gläubiger anordnen, dass die Bewachung und Verwahrung einem Treuhänder übertragen wird, den das Gericht auswählt. Der Treuhänder untersteht der Aufsicht des Gerichts und ist an die ihm erteilten Weisungen des Gerichts gebunden. Das Gericht kann ihn im Einverständnis mit dem Gläubiger auch ermächtigen, das Luftfahrzeug für Rechnung und im Namen des Schuldners zu nutzen. Über die Verwendung des Reinertrages entscheidet das Gericht. In der Regel soll er nach den Grundsätzen des § 155 ZVG verteilt werden[4].

In der Bestimmung des Versteigerungstermins soll das Luftfahrzeug nach dem Register für Pfandrechte an Luftfahrzeugen bezeichnet werden[5]. Auch hat eine Veröffentlichung im Amtsblatt zu erfolgen.

Für die Zwangsversteigerung eines Luftfahrzeugs, das mit einem Registerpfandrecht in ausländischer Währung belastet ist, gelten folgende Sonderbestimmungen[6]:

- ▷ Die Terminsbestimmung muss die Angabe, dass das Luftfahrzeug mit einem Registerpfandrecht in ausländischer Währung belastet ist und die Bezeichnung dieser Währung enthalten.
- ▷ In dem Zwangsversteigerungstermin wird vor der Aufforderung zur Abgabe von Geboten festgestellt und bekannt gemacht, welchen Wert das in ausländischer Währung eingetragene Registerpfandrecht nach

[1] § 171 b ZVG
[2] § 171 c Abs. 1 ZVG
[3] § 171 c Abs. 2 ZVG
[4] § 171 c Abs. 3 ZVG
[5] § 171 d Abs. 1 ZVG
[6] § 171 e ZVG

dem amtlich ermittelten letzten Kurs in DM hat. Dieser Kurswert bleibt für das weitere Verfahren maßgebend.

- Die Höhe des Bargebots wird in DM festgestellt. Die Gebote sind in DM abzugeben.
- Der Verteilungsplan wird in DM aufgestellt.
- Wird ein Gläubiger eines in ausländischer Währung eingetragenen Registerpfandrechts nicht vollständig befriedigt, so ist der verbleibende Teil seiner Forderung in der ausländischen Währung festzustellen. Die Feststellung ist für die Haftung mitbelasteter Gegenstände, für die Verbindlichkeit des persönlichen Schuldners und für die Geltendmachung des Ausfalls im Insolvenzverfahren maßgebend.

Auch bei Luftfahrzeugen gilt § 169 ZVG bzgl. des Miet- und Pachtzinses sowie der Forderungsübertragung wie bei einer Schiffsversteigerung entsprechend[1].

4 Zwangsversteigerung auf Antrag des Erben

Eine solche Zwangsversteigerung findet sehr selten statt. Soweit ein Nachlassgläubiger für seine Forderung ein Recht auf Befriedigung aus einem zum Nachlass gehörenden Grundstück hat, kann der Erbe nach der Annahme der Erbschaft die Zwangsversteigerung des Grundstücks beantragen. Zu dem Antrag ist auch jeder andere berechtigt, welcher das Aufgebot der Nachlassgläubiger beantragen kann[2]. Diese Vorschriften finden keine Anwendung, wenn der Erbe für die Nachlassverbindlichkeiten unbeschränkt haftet oder wenn der Nachlassgläubiger im Aufgebotsverfahren ausgeschlossen ist oder nach den §§ 1974, 1989 BGB einem ausgeschlossenen Gläubiger gleichsteht.

Auf diese Zwangsversteigerung sind die Vorschriften des Ersten und Zweiten Abschnitts des ZVG sowie der §§ 173, 174 ZVG entsprechend anzuwenden, soweit sich nicht aus den §§ 177, 178 ZVG ein anderes ergibt[3]. Der Antragsteller hat die Tatsachen, welche sein Recht zur Stellung des Antrags begründen, durch Urkunden glaubhaft zu machen, soweit sie nicht bei dem Gericht offenkundig sind[4].

[1] § 171 f ZVG
[2] § 175 Abs. 1 ZVG
[3] § 176 ZVG
[4] § 177 ZVG

Die Zwangsversteigerung soll nicht angeordnet werden, wenn die Eröffnung des Nachlassinsolvenzverfahrens beantragt ist[1]. Durch die Eröffnung des Nachlassinsolvenzverfahrens wird die Zwangsversteigerung nicht beendet; für das weitere Verfahren gilt der Insolvenzverwalter als Antragsteller[2].

Ist ein Nachlassgläubiger, der verlangen könnte, dass das geringste Gebot nach Maßgabe des § 174 ZVG ohne Berücksichtigung seines Anspruchs festgestellt wird, bei der Feststellung des geringsten Gebots berücksichtigt, so kann ihm die Befriedigung aus dem übrigen Nachlass verweigert werden[3].

[1] § 178 Abs. 1 ZVG
[2] § 178 Abs. 2 ZVG
[3] § 179 ZVG

Anhang

1 Mustergrundbücher 365

2 Hinweise für Bietinteressenten im Zwangsversteigerungsverfahren 380

3 Sterbetafel 383

4 Zwangsverwalterverordnung 385

5 § 9 EGZVG 393

6 Formulare des DG-Verlags zum Themengebiet „Zwangsversteigerung" 394

Anhang 1: Mustergrundbücher

Nachstehend sind die beiden Mustergrundbücher dargestellt, anhand derer der Ablauf der Zwangsversteigerungsverfahren sowie des Zwangsverwaltungsverfahrens in diesem Buch dargestellt ist.

Die Form eines Grundbuchblattes wurde übernommen.

Das Grundbuch von Speicher, Blatt 1422, ist das Mustergrundbuch für die Vollstreckungsversteigerung mit paralleler Zwangsverwaltung.

Das Grundbuch von Speicher, Blatt 2488, ist das Mustergrundbuch für die Zwangsversteigerung zum Zwecke der Auseinandersetzung.

Amtsgericht Bitburg: **Grundbuch von** Speicher **Band** 474 **Blatt** 1422 **Bestandsverzeichnis**

Laufende Nummer der Grundstücke	Bisherige laufende Nummer der Grundstücke	Bezeichnung der Grundstücke und der mit dem Eigentum verbundenen Rechte					Größe		
		Gemarkung (Vermessungsbezirk)	Flur	Flurstück	Liegenschaftsbuch	Wirtschaftsart und Lage	ha	a	m²
		a	b		c/d	e			
1	2	3					4		
1		Speicher	27	17/1		Gebäude- und Freifläche, Bahnhofstraße		4	83
2		Speicher	27	17/2		Gebäude- und Freifläche, daselbst		4	80
3 zu 2						Geh- und Fahrrecht an dem Grundstück Flur 27 Nr. 17/3 Gebäude- und Freifläche, Bahnhofstraße			
4		Speicher	27	17/4		Gebäude- und Freifläche, daselbst		5	27
5		Speicher	27	17/5		Freifläche, Bahnhofstraße		1	35
6		Speicher	27	18		Freifläche, Bahnhofstraße		1	35

Bestand und Zuschreibungen		Abschreibungen	
Zur lfd. Nr. der Grundstücke		Zur lfd. Nr. der Grundstücke	
5	6	7	8
1, 2	Aus Blatt 831 am 10. Juli 1991 Müller Schulze		
3 zu 2	Hier vermerkt am 10. Juli 1991		
4, 5	Aus Blatt 1079 am 1. April 1992 Müller Schulze		
6	Aus Blatt 2347 am 1. April 1992 Müller Schulze		

Amtsgericht Bitburg: **Grundbuch von** Speicher **Band** 474 **Blatt** 1422 **Erste Abteilung**

Laufende Nummer der Eintragungen	Eigentümer	Laufende Nummer der Grundstücke im Bestandsverzeichnis	Grundlage der Eintragung
1	2	3	4
1	Hermann Meyer geb. am 20. Mai 1947 Speicher	1, 2	Aufgelassen am 10. April 1991 Eingetragen am 10. Juli 1991 Müller Schulze
		4, 5	Aufgelassen am 20. März 1992 Eingetragen am 1. April 1992 Müller Schulze
		6	Aufgelassen am 21. März 1992 Eingetragen am 1. April 1992 Müller Schulze

Amtsgericht Bitburg: **Grundbuch von** Speicher **Band** 474 **Blatt** 1422 **Zweite Abteilung**

Laufende Nummer der Eintragungen	Laufende Nummer der betreffenden Grundstücke im Bestandsverzeichnis	Lasten und Beschränkungen
1	2	3
1	2	Geh- und Fahrrecht für den jeweiligen Eigentümer des Grundstücks Flur 27 Nr. 17/3. Gemäß Bewilligung vom 21. Juni 1953 eingetragen am 06. Juli 1953 in Blatt 831 und mit dem belasteten Grundstück hierher übertragen am 10. Juli 1991. Müller Schulze
2	4, 5	Wohn- und Mitbenutzungsrecht für Herrn Walter Meyer, geb. am 20. August 1925, 54662 Speicher. Gemäß Bewilligung vom 20. März 1992 eingetragen am 02. April 1992. Müller Schulze

Veränderungen		Löschungen	
Laufende Nummer d. Spalte 1		Laufende Nummer d. Spalte 1	
4	5	6	7

Amtsgericht Bitburg: **Grundbuch von** Speicher **Band** 474 **Blatt** 1422 **Dritte Abteilung**

Laufende Nummer der Eintragungen	Laufende Nummer der betreffenden Grundstücke im Bestandsverzeichnis	Betrag	Hypotheken, Grundschulden, Rentenschulden
1	2	3	4
1	1, 2, 3, 4, 5, 6	100.000,00 DM	Einhunderttausend Deutsche Mark Grundschuld nebst 15 Prozent Zinsen für die A-Bank eG, 54634 Bitburg. Vollstreckbar nach § 800 ZPO. Gemäß Bewilligung vom 27. Februar 1992 eingetragen am 01. April 1992. Müller Schulze
2	1, 2, 3, 6	200.000,00 DM	Zweihunderttausend Deutsche Mark Grundschuld nebst 15 Prozent Zinsen für die B-Bank, 54634 Bitburg. Vollstreckbar nach § 800 ZPO. Gemäß Bewilligung vom 06. März 1992 eingetragen am 01. April 1992. Müller Schulze
3	1, 2, 3, 4, 5, 6	200.000,00 DM	Zweihunderttausend Deutsche Mark Grundschuld nebst 15 Prozent Zinsen für die C-Bank eG, 54634 Bitburg. Vollstreckbar nach § 800 ZPO. Gemäß Bewilligung vom 02. April 1992 eingetragen am 02. Mai 1992. Müller Schulze

Veränderungen			Löschungen		
Laufende Nummer d. Spalte 1	Betrag		Laufende Nummer d. Spalte 1	Betrag	
5	6	7	8	9	10

Amtsgericht Bitburg: **Grundbuch von** Speicher **Band** 830 **Blatt** 2488 **Bestandsverzeichnis**

Laufende Nummer der Grundstücke	Bisherige laufende Nummer der Grundstücke	Bezeichnung der Grundstücke und der mit dem Eigentum verbundenen Rechte					Größe		
		Gemarkung (Vermessungsbezirk)	Flur	Flurstück	Liegenschaftsbuch	Wirtschaftsart und Lage	ha	a	m²
		a	b		c/d	e			
1	2	3					4		
1		Speicher	27	17/3		Gebäude- und Freifläche, Bahnhofstraße		2	83
2 zu 1						Geh- und Fahrrecht an dem Grundstück Flur 27 Nr. 17/2 Gebäude- und Freifläche, Bahnhofstraße			

Bestand und Zuschreibungen		Abschreibungen	
Zur lfd. Nr. der Grundstücke		Zur lfd. Nr. der Grundstücke	
5	6	7	8
1	Aus Blatt 833 am 10. Juli 1971 Walter Schmitz		
2 zu 1	Hier vermerkt am 10. Juli 1971 Walter Schmitz		

Amtsgericht Bitburg: **Grundbuch von** Speicher **Band** 830 **Blatt** 2488 **Erste Abteilung**

Laufende Nummer der Eintragungen	Eigentümer	Laufende Nummer der Grundstücke im Bestandsverzeichnis	Grundlage der Eintragung
1	2	3	4
1a	Hermann Meyer geb. am 20. Mai 1947 Speicher zu 1/2 Anteil		Aufgelassen am 16. Mai 1971 Eingetragen am 10. Juli 1971 Walter Schmitz
1b	Theodor Meyer geb. am 30. November 1949 Speicher zu 1/2 Anteil		

Amtsgericht Bitburg: **Grundbuch von** Speicher **Band** 830 **Blatt** 2488 **Zweite Abteilung**

Laufende Nummer der Eintragungen	Laufende Nummer der betreffenden Grundstücke im Bestandsverzeichnis	Lasten und Beschränkungen
1	2	3
1	1, 2	Geh- und Fahrrecht für den jeweiligen Eigentümer des Grundstücks Flur 27 Nr. 17/2. Gemäß Bewilligung vom 21. Juni 1953 eingetragen am 06. Juli 1953 in Blatt 833 und mit dem belasteten Grundstück hierher übertragen am 10. Juli 1971. Walter Schmitz
2	1, 2	Wohn- und Mitbenutzungsrecht für Herrn Walter Meyer, geb. am 20. August 1925, 54662 Speicher. Gemäß Bewilligung von 16. Mai 1971 eingetragen am 10. Juli 1971. Walter Schmitz

Veränderungen		Löschungen	
Laufende Nummer d. Spalte 1		Laufende Nummer d. Spalte 1	
4	5	6	7

Amtsgericht Bitburg: **Grundbuch von** Speicher **Band** 830 **Blatt** 2488 **Dritte Abteilung**

Laufende Nummer der Eintragungen	Laufende Nummer der betreffenden Grundstücke im Bestandsverzeichnis	Betrag	Hypotheken, Grundschulden, Rentenschulden
1	2	3	4
1	1, 2	20.000,00 DM	Zwanzigtausend Deutsche Mark Grundschuld nebst 15 Prozent Zinsen für die A-Bank eG, 54634 Bitburg. Vollstreckbar nach § 800 ZPO. Gemäß Bewilligung vom 27. Februar 1992 eingetragen am 10. Oktober 1992. Walter Schmitz
2	1, 2 auf den 1/2 Anteilen zu 1a	10.000,00 DM	Zehntausend Deutsche Mark Grundschuld nebst 15 Prozent Zinsen für die B-Bank, 54634 Bitburg. Vollstreckbar nach § 800 ZPO. Gemäß Bewilligung vom 30. März 1993 eingetragen am 15. April 1993. Walter Schmitz
3	1, 2 auf den 1/2 Anteilen zu 1a	20.000,00 DM	Zwanzigtausend Deutsche Mark Sicherungshypothek nebst 7,5 Prozent Jahreszinsen ab dem 1. Januar 1992 für Herrn Walter Meyer, geb. am 20. August 1925, 54662 Speicher. Gemäß Urteil des Landgerichts Trier vom 16. November 1993 - 6 O 145/93 - eingetragen am 10. Januar 1994. Walter Schmitz
4	1, 2 auf den 1/2 Anteilen zu 1b	15.000,00 DM	Fünfzehntausend Deutsche Mark Grundschuld nebst 15 Prozent Zinsen für die A-Bank eG, 54634 Bitburg. Vollstreckbar nach § 800 ZPO. Gemäß Bewilligung vom 20. März 1994 eingetragen am 05. April 1994. Walter Schmitz

Veränderungen			Löschungen		
Laufende Nummer d. Spalte 1	Betrag		Laufende Nummer d. Spalte 1	Betrag	
5	6	7	8	9	10

Anhang 2: Hinweise für Bietinteressenten im Zwangsversteigerungsverfahren

1. Veröffentlichung

Versteigerungstermine werden durch Aushang an der Gerichtstafel sowie durch Veröffentlichung im Staats-Anzeiger bekannt gemacht. Darüber hinaus erfolgt ca. drei bis vier Wochen vor dem Termin eine Veröffentlichung in der Tagespresse.

2. Verkehrswert

Die Ermittlung und Feststellung des Verkehrswerts dient dazu, eine Verschleuderung des Objekts zu verhindern. Der Zuschlag (Übertragung des Eigentums auf den Meistbietenden) ist zu versagen:

a) von Amts wegen, wenn das Meistgebot unter 50 Prozent des Verkehrswerts liegt,

b) auf Antrag eines Gläubigers, wenn das Meistgebot unter 70 Prozent des Verkehrswerts liegt.

Wurde der Zuschlag einmal aus einem dieser Gründe versagt, gelten diese Einschränkungen in späteren Versteigerungsterminen nicht mehr. Der Zuschlag kann dann auch auf ein unter 50 Prozent des Verkehrswerts liegendes Meistgebot erteilt werden.

3. Geringstes Gebot

Das geringste Gebot wird nach gesetzlichen Vorgaben vom Versteigerungsgericht berechnet und im Versteigerungstermin vor Beginn der Bietezeit bekannt gegeben.

Es besteht aus zwei Teilen:

a) den bestehen bleibenden Rechten (im Grundbuch in Abteilung II oder III eingetragene Rechte, die vom Ersteher übernommen werden müssen);

b) den bar zu zahlenden Ansprüchen (Gerichtskosten und eventuelle vorrangige öffentliche Lasten).

Der Betrag des geringsten Gebots muss mindestens geboten werden. Ob hierauf ein Zuschlag erteilt werden kann, richtet sich nach anderen Bestimmungen. Angaben zur Höhe des geringsten Gebots können vor dem Versteigerungstermin nicht bindend gemacht werden.

4. Versteigerungstermin

Jeder Bieter muss geschäftsfähig sein. Er muss sich dem Gericht gegenüber durch einen gültigen Personalausweis oder Reisepass legitimieren können. Falls mehrere Personen gemeinschaftlich bieten wollen, müssen sie alle anwesend sein und auch das Beteiligungsverhältnis in dem sie bieten wollen, angeben. Vertreter juristischer Personen oder von Handelsgesellschaften müssen ihre Vertretungsbefugnis durch Vorlage eines beglaubigten Registerauszuges neueren Datums nachweisen können.

Wer als Vertreter für einen Dritten bieten will, muss eine öffentlich beglaubigte Bietungsvollmacht vorlegen. Geboten wird nur der bar zu zahlende Betrag. Falls nach dem geringsten Gebot daneben noch Rechte bestehen bleiben, muss der Wert dieser Rechte (gedanklich) dem abgegebenen Bargebot hinzugerechnet werden. Das Bargebot und der Wert der bestehen bleibenden Rechte ergeben zusammen den Betrag, den der Bieter insgesamt aufwenden muss. Bleiben z. B. nach dem geringsten Gebot 100.000,00 DM bestehen und will der Bieter ein Gebot in Höhe von 150.000,00 DM insgesamt abgeben, so darf er nur 50.000,00 bar bieten.

Die Bietezeit beträgt mindestens 30 Minuten. Der Beginn wird vom Gericht ausdrücklich bekannt gegeben, die Bietezeit kann vom Gericht erst geschlossen werden, wenn trotz Aufforderung keine Gebote mehr abgegeben werden. Es wird angeraten, nicht erst kurz vor dem Ende der Bietezeit mit dem Bieten zu beginnen. Der Bieter nimmt sich dadurch die Möglichkeit, sich das Bieten in Ruhe zu überlegen oder etwaige Mängel noch zu beseitigen.

5. Sicherheitsleistung

Bestimmte Beteiligte haben das Recht, vom Bieter Sicherheitsleistung zu verlangen. Das Gericht fordert von sich aus keine Sicherheit. Die Sicherheitsleistung beträgt 10 Prozent des vom Gericht festgesetzten Verkehrswertes, mindestens jedoch die Kosten des Verfahrens. Die Sicherheit muss auf Verlangen sofort geleistet werden, ist dies nicht möglich, wird das Gebot zurückgewiesen.

Die Sicherheitsleistung kann wie folgt erbracht werden:

a) Bargeld;

b) ein auf die Landeszentralbank gezogener Scheck, der von der Landeszentralbank bestätigt werden muss und dessen Vorlegungsfrist nicht vor dem vierten Tag nach dem Versteigerungstermin ablaufen darf;

c) durch Stellung einer selbstschuldnerischen und unbefristeten Bankbürgschaft; Euroschecks, einfache Schecks, Sparbücher etc. erfüllen diese Anforderungen nicht;

d) durch einen von einer Bank ausgestellten Scheck.

6. Gewährleistung

Für die Richtigkeit und Vollständigkeit der Anmeldungen und Auskünfte der Steuerbehörden haftet das Gericht nicht. Versteigert wird der im Grundbuch eingetragene Grundbesitz in seinem tatsächlichen Bestand, auch wenn er von der Beschreibung laut Grundbuch abweicht. Eine Besichtigung des Objekts ist nur im Einvernehmen mit dem Eigentümer oder dem Besitzer möglich. Weder das Gericht noch die Gläubiger haben die Möglichkeit, Bietinteressenten den Zugang zum Objekt zu verschaffen. Eine Mängelhaftung besteht nicht. Die Versteigerung erstreckt sich grundsätzlich auch auf wesentliche Bestandteile und Zubehör, wobei das Gericht keinerlei Gewähr dafür übernimmt, welche Gegenstände Zubehör oder wesentlicher Bestandteil sind.

7. Räumung des Grundstücks

Der Zuschlagsbeschluss ist gleichzeitig Räumungs- und Herausgabetitel gegen den früheren Eigentümer und die zu seinem Haushalt gehörenden Personen. Eine vollstreckbare Ausfertigung des Zuschlagbeschlusses wird dem Ersteher vom Versteigerungsgericht erteilt. Die Räumung wird durch den Gerichtsvollzieher im Auftrag des Erstehers durchgeführt. Die Kosten der Räumung muss der Ersteher zunächst vorschießen. Bestehende Miet- oder Pachtverhältnisse können vom Ersteher zum erstmöglichen gesetzlichen Termin (gerechnet ab Zuschlag) gekündigt werden (§ 57 a ZVG). Wird diese Kündigungsfrist versäumt, bleibt das Miet- oder Pachtverhältnis wie bisher bestehen. Das vorzeitige Kündigungsrecht ist jedoch ausgeschlossen, wenn Mieter oder Pächter Mietvorauszahlungen oder Baukostenzuschüsse geleistet haben. Solche Leistungen müssen von den Mietern oder Pächtern vollständig zum Versteigerungstermin angemeldet werden. Die Anmeldungen werden vom Versteigerungsgericht bekannt gemacht, es wird jedoch nicht geprüft, ob durch diese Anmeldung das außerordentliche Kündigungsrecht tatsächlich ausgeschlossen ist oder nicht. Über eventuell entstehende Streitigkeiten entscheidet das Prozessgericht.

Zu beachten ist, dass trotz des Ausnahmekündigungsrechts bei Wohnräumen der gesetzliche Mieterschutz gilt.

Bei Zwangsversteigerungen zum Zwecke der Aufhebung einer Gemeinschaft ist das Ausnahmekündigungsrecht ausgeschlossen.

8. Zahlung des Meistgebots

Der Meistbietende hat sein Bargebot spätestens im Verteilungstermin (ca. sechs bis acht Wochen nach dem Zuschlag) bar oder per Überweisung an das Gericht zu zahlen. Eine eventuell geleistete Sicherheit ist hiervon abzuziehen. Der Meistbietende kann das Meistgebot auch vorher unter Verzicht auf das Recht der Rücknahme bei der Hinterlegungsstelle des Amtsgerichts hinterlegen. Vom Zuschlag bis zur Zahlung im Verteilungstermin oder bis zur Hinterlegung ist das Bargebot mit 4 Prozent zu verzinsen.

Zusammen mit der Zustellung der Ladung zum Verteilungstermin erhält der Ersteher vom Gericht eine Aufstellung über den von ihm zu zahlenden Betrag. Das Meistgebot muss vor der Umschreibung des Eigentums im Grundbuch bezahlt werden. Bei einer Finanzierung sollte daher rechtzeitig vorher mit der finanzierenden Bank wegen der Modalitäten Kontakt aufgenommen werden.

9. Eigentumsumschreibung im Grundbuch

Der Ersteher wird zwar bereits mit dem Zuschlag Eigentümer, kann jedoch erst nach dem Verteilungstermin und nach Vorlage der Unbedenklichkeitsbescheinigung des Finanzamts eingetragen werden. Der Eigentumserwerb durch Zuschlag ist grunderwerbsteuerpflichtig, nähere Auskunft erteilt die Grunderwerbsteuerstelle des Finanzamts. Die Eigentumsumschreibung wird nach dem Verteilungstermin und nach Vorlage der Unbedenklichkeitsbescheinigung vom Versteigerungsgericht beantragt.

Der Ersteher trägt die Gerichtskosten für die Erteilung des Zuschlags sowie die Gerichtskosten für die Umschreibung des Eigentums im Grundbuch. Notarkosten entstehen hierdurch nicht.

Diese Hinweise erfolgen ohne Gewähr.

Anhang 3: Sterbetafel

Durchschnittliche Lebenserwartung nach der abgekürzten Sterbetafel 1996/1998 (Deutschland) des Statistischen Bundesamtes in Wiesbaden

Vollendetes Alter	Männlich	Weiblich	Vollendetes Alter	Männlich	Weiblich
0	74,04	80,27	46	30,41	35,68
1	73,44	79,61	47	29,52	34,75
2	72,47	78,64	48	28,64	33,83
3	71,49	77,66	49	27,76	32,91
4	70,51	76,68	50	26,90	31,99
5	69,52	75,69	51	26,04	31,08
6	68,53	74,70	52	25,19	30,17
7	67,54	73,71	53	24,35	29,27
8	66,55	72,72	54	23,52	28,37
9	65,56	71,72	55	22,70	27,47
10	64,57	70,73	56	21,88	26,58
11	63,58	69,74	57	21,08	25,69
12	62,59	68,74	58	20,28	24,81
13	61,60	67,75	59	19,50	23,93
14	60,61	66,76	60	18,73	23,06
15	59,62	65,77	61	17,98	22,20
16	58,64	64,78	62	17,24	21,35
17	57,67	63,80	63	16,52	20,50
18	56,70	62,81	64	15,82	19,67
19	55,76	61,84	65	15,13	18,85
20	54,82	60,86	66	14,46	18,03
21	53,88	59,88	67	13,81	17,23
22	52,93	58,90	68	13,17	16,44
23	51,98	57,92	69	12,55	15,67
24	51,03	56,94	70	11,94	14,90
25	50,07	55,95	71	11,34	14,15
26	49,11	54,97	72	10,76	13,42
27	48,16	53,99	73	10,19	12,70
28	47,20	53,01	74	9,64	12,00
29	46,24	52,03	75	9,11	11,32
30	45,29	51,05	76	8,61	10,86

Vollendetes Alter	Männlich	Weiblich	Vollendetes Alter	Männlich	Weiblich
31	44,33	50,07	77	8,13	10,03
32	43,38	49,09	78	7,86	9,41
33	42,42	48,11	79	7,21	8,82
34	41,47	47,14	80	6,75	8,23
35	40,53	46,17	81	6,33	7,68
36	39,58	45,20	82	5,96	7,17
37	38,64	44,23	83	5,60	6,67
38	37,70	43,27	84	5,27	6,21
39	36,77	42,31	85	4,95	5,77
40	35,84	41,35	86	4,67	5,36
41	34,92	40,39	87	4,41	4,97
42	34,00	39,44	88	4,18	4,62
43	33,10	38,50	89	3,98	4,29
44	32,19	37,56	90	3,82	4,00
45	31,30	36,62			

Für das frühere Bundesgebiet sowie die neuen Länder und Berlin-Ost existieren jeweils eigene Sterbetafeln, die von der vorstehenden geringfügig abweichen.

Anhang 4: Zwangsverwalterverordnung

(Verordnung über die Geschäftsführung und die Vergütung des Zwangsverwalters vom 16. Februar 1970, BGBl I 185)

§ 1 Stellung des Verwalters

(1) Der Verwalter ist bei der Ausführung der Verwaltung selbstständig. Er ist jedoch an die ihm vom Gericht erteilten Weisungen gebunden. Vor wichtigen Maßnahmen hat er den betreibenden Gläubiger und den Schuldner zu hören, soweit dies tunlich und mit dem Aufschub keine Gefahr verbunden ist.

(2) Der Verwalter darf die Verwaltung nicht einem anderen übertragen. Ist er verhindert, die Verwaltung zu führen, so hat er dies dem Gericht unverzüglich anzuzeigen. Zur Besorgung einzelner Geschäfte, die keinen Aufschub dulden, kann sich jedoch der Verwalter im Falle seiner Verhinderung anderer Personen bedienen. Ihm ist auch gestattet, Hilfskräfte zu unselbstständigen Tätigkeiten unter seiner Verantwortung heranzuziehen.

(3) Das Gericht kann dem Verwalter den Abschluss einer Haftpflichtversicherung aufgeben.

§ 2 Ausweis

Der Verwalter erhält als Ausweis eine Ausfertigung des Beschlusses, durch den Zwangsverwaltung angeordnet und seine Bestellung erfolgt ist.

§ 3 Inbesitznahme des Grundstücks, Feststellungen

(1) Der Verwalter hat, wenn er das Grundstück in Besitz nimmt, eine Niederschrift aufzunehmen; Schuldner und Gläubiger sollen tunlichst zugezogen werden. In der Niederschrift sind möglichst genau festzustellen

a) der Zeitpunkt, zu dem der Verwalter den Besitz erlangt;

b) die Beschaffenheit, die bisherige Art der Benutzung und der gegenwärtige Zustand des Grundstücks, die darauf befindlichen Gebäude unter Angabe ihrer Bestimmung und ihres baulichen Zustandes sowie die mit dem Boden zusammenhängenden Erzeugnisse unter Angabe etwaiger Pfändungen;

c) diejenigen Gegenstände, auf die sich die Beschlagnahme des Grundstücks erstreckt, insbesondere die von dem Grundstück getrennten Erzeugnisse und sonstigen Bestandteile sowie das Zubehör des Grundstücks, die Miet- und Pachtzinsforderungen einschließlich der Rückstände unter Angabe der Vertragsverhältnisse sowie etwaiger Pfändungen und Verfügungen über die Forderungen, die mit dem Eigentum an dem Grundstück verbundenen Rechte auf wiederkehrende Leistungen, die Forderungen aus der Versicherung von Gegenständen, die der Beschlagnahme unterliegen, mit Angaben über den Stand der Versicherungen (Prämienzahlung, Rückstände);

d) die öffentlichen Lasten des Grundstücks unter Angabe der laufenden Beträge, welche von dem Verwalter aus den Nutzungen des Grundstücks ohne weiteres Verfahren zu berichtigen sind;

e) die Räume, die dem Schuldner für seinen Hausstand belassen werden;

f) die voraussichtlichen Ausgaben der Verwaltung, insbesondere die Ansprüche der in einem Dienst- oder Arbeitsverhältnis stehenden Personen auf Lohn, Kostgeld oder andere Bezüge seit dem Beginn der Verwaltung;

g) die zu erwartenden Einnahmen und die Höhe des für die Verwaltung erforderlichen Kostenvorschusses;

h) alle sonstigen für die Verwaltung wesentlichen Verhältnisse.

(2) Die Niederschrift ist vom Verwalter dem Gericht vorzulegen. Soweit die in Absatz 1 bezeichneten Verhältnisse nicht schon bei der Inbesitznahme festgestellt werden können, hat der Verwalter die Feststellungen unverzüglich nachzuholen und dem Gericht anzuzeigen.

§ 4 Mitteilungspflicht des Verwalters.

Erstreckt sich die Beschlagnahme auf Forderungen, so ist dies bei der Inbesitznahme von dem Verwalter den anwesenden Drittschuldnern bekannt zu machen. Den abwesenden Drittschuldnern hat der Verwalter die Beschlagnahme unverzüglich durch eingeschriebenen Brief mitzuteilen. Außerdem kann der Verwalter den Erlass von Zahlungsverboten an die Drittschuldner bei dem Gericht beantragen. Die getroffenen Maßnahmen sind in der Niederschrift oder in dem Bericht des Verwalters zu vermerken.

§ 5 Nutzung des Grundstücks

(1) Der Verwalter hat die Art der Benutzung des Grundstücks, die bis zur Anordnung der Verwaltung bestand, in der Regel beizubehalten.

(2) Grundstücke, die nicht landwirtschaftlich oder forstwirtschaftlich genutzt werden, sind durch Vermietung nutzbar zu machen. Das gleiche gilt für Wohnräume, soweit sie nicht dem Schuldner als unentbehrlich für seinen Hausstand zu belassen sind. Räume, die von dem Schuldner zu Geschäftszwecken benutzt werden, sind diesem nur gegen ein angemessenes Entgelt zu belassen. Einzelne Äcker, Gärten und Wiesen können verpachtet werden, auch wenn sie bis dahin nicht verpachtet waren.

(3) Hält der Verwalter eine Abweichung von den Vorschriften der Absätze 1 und 2 für geboten, so soll er die Entscheidung des Gerichts einholen.

§ 6 Miet- und Pachtverträge.

(1) Miet- oder Pachtverträge sowie Abänderungen solcher Verträge sind vom Verwalter schriftlich abzuschließen. Mit dem Schuldner soll der Verwalter solche Verträge nur mit Zustimmung des Gerichts abschließen.

(2) Die Dauer der von dem Verwalter abzuschließenden Miet- oder Pachtverträge soll ohne Zustimmung des Schuldners die Zeit von einen Jahr nicht überschreiten.

(3) Der Verwalter hat in Miet- oder Pachtverträgen zu bedingen,

a) dass der Mieter oder Pächter nicht berechtigt sein soll, Ansprüche aus dem Vertrag zu erheben, wenn das Grundstück vor der Überlassung an den Mieter oder Pächter im Wege der Zwangsversteigerung veräußert wird;

b) dass die gesetzliche Haftung des Vermieters oder Verpächters für den von dem Ersteher zu ersetzenden Schaden ausgeschlossen sein soll, wenn das Grundstück nach der Überlassung an den Mieter oder Pächter im Wege der Zwangsversteigerung veräußert wird und der an die Stelle des Vermieters oder Verpächters tretende Ersteher die sich aus dem Miet- oder Pachtverhältnis ergebenden Verpflichtungen nicht erfüllt;

c) dass der Vermieter oder Verpächter auch von einem sich im Falle einer Kündigung (§ 57 a Satz 1 des Gesetzes über die Zwangsversteigerung und die Zwangsverwaltung) möglicherweise ergebenden Schadensersatzanspruch freigestellt sein soll.

(4) Hält der Verwalter eine Abweichung von den Bestimmungen des Absatzes 1 Satz 1 oder der Absätze 2 oder 3 für geboten, so hat er die Entscheidung des Gerichts einzuholen.

§ 7 Geltendmachung der Ansprüche

(1) Der Verwalter hat für die rechtzeitige Geltendmachung der Ansprüche, auf die sich die Beschlagnahme erstreckt, zu sorgen.

(2) Will der Verwalter von der Erhebung einer Klage wegen rückständiger Leistungen länger als zwei Monate nach der Fälligkeit absehen oder nach Erlangung eines vollstreckbaren Schuldtitels die Zwangsvollstreckung hinausschieben oder unterlassen, so hat er hiervon den Gläubiger und den Schuldner zu unterrichten. Dasselbe gilt, wenn der Verwalter nach Erhebung der Klage das Verfahren ruhen lassen oder die Klage zurücknehmen will.

(3) Bleibt ein Mieter oder Pächter mit der Zahlung des Miet- oder Pachtzinses im Rückstand, so soll der Verwalter in der Regel von dem gesetzlich oder vertraglich begründeten Recht der Kündigung oder der Aufhebung des Vertrages Gebrauch machen, wenn nicht inzwischen alle Rückstände getilgt worden sind.

§ 8 Vorausverfügungen

(1) Behauptet ein Mieter oder Pächter, dass der Miet- oder Pachtzins vor der Beschlagnahme des Grundstücks für eine spätere Zeit als den zur Zeit der Beschlagnahme laufenden Kalendermonat – oder, wenn die Beschlagnahme nach dem 15. Tage des Monats wirksam geworden ist, für eine spätere Zeit als den folgenden Kalendermonat – eingezogen oder dass darüber für diese Zeit in anderer Weise verfügt worden sei, so hat der Verwalter, sofern die Einziehung oder Verfügung dem Gläubiger gegenüber unwirksam ist, diese Unwirksamkeit geltend zu machen und den Miet- oder Pachtzins einzuziehen, sofern nicht der Gläubiger auf die Einziehung verzichtet.

(2) Das gleiche gilt, wenn mit dem Eigentum an dem Grundstück ein Recht auf wiederkehrende Leistungen verbunden und vor der Beschlagnahme des Grundstücks über den Anspruch auf eine Leistung verfügt ist, die erst drei Monate nach der Beschlagnahme fällig wird.

§ 9 Ausgaben der Verwaltung

(1) Der Verwalter hat von den Einnahmen die Beträge zurückzubehalten, die zur Bestreitung der Ausgaben der Verwaltung, einschließlich der ihm selbst zustehenden Vergütung, sowie der Kosten des Verfahrens erforderlich sind.

(2) Der Verwalter soll keine Verpflichtungen eingehen, die nicht aus bereits vorhandenen Mitteln oder aus sicheren Einnahmen des laufenden Miet-, Pacht- oder Wirtschaftsabschnitts erfüllt werden können.

(3) Zur Versicherung von Gegenständen der Verwaltung gegen Brandschaden oder sonstige Unfälle ist der Verwalter, soweit eine solche durch eine ordnungsmäßige Verwaltung geboten erscheint, ohne Rücksicht auf die in Absatz 2 bezeichnete Beschränkung verpflichtet.

(4) Werden Ausgaben erforderlich, die in der in Absatz 2 angegebenen Weise nicht gedeckt werden können, so hat dies der Verwalter dem Gericht anzuzeigen.

(5) Vorschüsse soll der Verwalter nur mit Einwilligung des Gerichts zahlen.

§ 10 Ausbesserungen und Erneuerungen

Der Verwalter soll Ausbesserungen und Erneuerungen auf dem verwalteten Grundstück, die nicht zu der gewöhnlichen Unterhaltung gehören, nur mit Einwilligung des Gerichts vornehmen.

§ 11 Auszahlungen durch den Verwalter

(1) Aus den nach Bestreitung der Ausgaben der Verwaltung sowie der Kosten des Verfahrens (vgl. § 155 Abs. 1 des Gesetzes über die Zwangsversteigerung und die Zwangsverwaltung) verbleibenden Überschüssen der Einnahmen darf der Verwalter ohne weiteres Verfahren nur die laufenden Beträge der öffentlichen Lasten nach der gesetzlichen Rangfolge berichtigen.

(2) Sonstige Zahlungen an die Berechtigten darf der Verwalter nur auf Grund der von dem Gericht nach der Feststellung des Teilungsplans getroffenen Anordnung leisten. Ist zu erwarten, dass solche Zahlungen geleistet werden können, so hat dies der Verwalter dem Gericht unter Angabe des voraussichtlichen Betrages der Überschüsse und der Zeit ihres Eingangs anzuzeigen. An einen im Range nachstehenden Berechtigten darf nur gezahlt werden, wenn als sicher vorauszusehen ist, dass die Zahlungen an die vorgehenden Berechtigten aus Einnahmen geleistet werden können, die bis zur Fälligkeit dieser Zahlungen eingehen.

(3) Sollen Auszahlungen auf das Kapital einer Hypothek oder Grundschuld oder auf die Ablösungssumme einer Rentenschuld geleistet werden, so hat der Verwalter zu diesem Zweck die Anberaumung eines Termins bei dem Gericht zu beantragen.

§ 12 Beendigung der Verwaltung

(1) Der Verwalter darf, abgesehen von seiner Entlassung, die Verwaltung nicht einstellen, bevor das Gericht die Aufhebung des Verfahrens angeordnet hat. Dies gilt auch im Falle der Beendigung der Zwangsverwaltung nach Erteilung des Zuschlags in der Zwangsversteigerung.

(2) Hat der Verwalter die Forderung des Gläubigers einschließlich der Kosten der Zwangsvollstreckung bezahlt, so hat er dies dem Gericht unverzüglich anzuzeigen. Dasselbe gilt, wenn der Gläubiger ihm mitteilt, dass er befriedigt sei oder in die Aufhebung der Verwaltung einwillige.

§ 13 Kassenführung

(1) Der Kassenbestand ist von den eigenen Beständen des Verwalters getrennt zu halten.

(2) Der Verwalter hat für jede Zwangsverwaltung ein Girokonto bei einem geeigneten Geldinstitut oder ein Postscheckkonto einzurichten, über das der mit der Verwaltung verbundene Zahlungsverkehr tunlichst abzuwickeln ist. Das Kontoguthaben bildet einen Teil des Kassenbestandes. Das Konto darf nicht für den persönlichen Geldverkehr des Verwalters benutzt werden. Der Verwalter hat ein Kontogegenbuch zu führen, wenn das Gericht dies anordnet.

(3) Die Kontoauszüge sowie die Belege für die über das Konto abgewickelten Ausgaben und Einnahmen sind vom Verwalter nach der Zeitfolge geordnet gesondert aufzubewahren. Einnahme- und Ausgabebelege dürfen mit Einverständnis des Gerichts auch sachlich geordnet aufbewahrt werden.

(4) Größere Kassenbestände, die voraussichtlich erst später verwendet werden, sind bei einem geeigneten Geldinstitut verzinslich anzulegen. Die Kündigung muss jederzeit möglich sein; eine Kündigungsfrist darf drei Monate nicht überschreiten.

§ 14 Belege

Der Verwalter hat Einnahmen und Ausgaben schriftlich zu belegen. Auf den Belegen ist die laufende Nummer der Eintragung im Konto- und Kassenbuch zu vermerken.

§ 15 Aktenführung

(1) Der Verwalter hat alle Schriftstücke, die sich auf die Verwaltung beziehen, in Akten zu sammeln. Vorgänge der Verwaltung, über die aus den Akten nicht anderweitig Auskunft zu erlangen ist, sind in den Akten zu vermerken.

(2) Verwalter, die mehrere Verwaltungen führen, haben über jede Verwaltung gesonderte Akten zu führen.

(3) Die Einnahme- und Ausgabebelege sind von den übrigen Schriftstücken getrennt zu halten.

§ 16 Konto- und Kassenbuch

(1) Der Verwalter hat für jede Verwaltung ein Konto- und Kassenbuch (Konto) nach anliegendem Muster zu führen. Mit Genehmigung des Gerichts kann das Konto in Karteiform geführt werden.

(2) Das Konto ist jeweils zum Fünfzehnten der Monate Januar, April, Juli und Oktober abzuschließen. Der Überschuss der Einnahmen über die Ausgaben (Bestand) ist in dem abzuschließenden Konto in Ausgabe zu stellen. Alle noch nicht erfolgten Einnahmen oder Ausgaben sind als Rest auszuweisen.

§ 17 Kontenführung

(1) In die Solleinnahme und Sollausgabe des Kontos sind am Anfange der Verwaltung und am Anfange jedes Vierteljahres die in dem Vierteljahr fällig werdenden Beträge, die etwa verbliebenen Reste und der bei Abschluss des Kontos des letzten Vierteljahres verbliebene Bestand einzutragen.

(2) Die bei Beginn der Verwaltung vorhandenen Resteinnahmen sowie die im Laufe eines Vierteljahres entstehenden Solleinnahmen und Sollausgaben sind einzutragen, sobald sie dem Verwalter bekannt werden, die Solleinnahmen jedoch nicht vor Beginn des Vierteljahres, in dem die Beträge fällig oder bezahlt werden.

(3) Zahlungen, die auf Weisung des Gerichts an die Gläubiger geleistet werden sollen, sind erst nach erfolgter Leistung als Sollausgabe einzutragen.

(4) Isteinnahmen – einschließlich des Bestandes – und Istausgaben sind unverzüglich einzutragen.

§ 18 Jahresrechnung, Schlussrechnung

(1) Die jährlich zu legende Rechnung hat der Verwalter dem Gericht zum ersten Mal einen Monat nach Abschluss des vierten Rechnungsvierteljahres einzureichen. In die Rechnung sind nur diejenigen Einnahmen und Ausgaben aufzunehmen, welche noch zu dem Konto des letzten vollendeten Vierteljahres (§ 16 Abs. 2) gehören. Die Belege über Einnahmen und Ausgaben sind beizufügen.

(2) Die Schlussrechnung muss sämtliche Einnahmen und Ausgaben nachweisen. Es kann jedoch auf die Jahresrechnungen Bezug genommen werden. Der Schlussrechnung ist auch das Konto samt Belegen beizufügen.

§ 19 Einteilungsordnung für die Einnahmen

(1) Die Soll- und Isteinnahmen sind in der Rechnung in folgenden Abschnitten nachzuweisen:

1. Bestand der vorigen Rechnung;

2. Erinnerungen aus der vorigen Rechnung;
3. Reste aus der vorigen Rechnung;
4. Miet- und Pachtzinsen;
5. andere Einnahmen.

(2) Bei Miet- und Pachtzinsen (Absatz 1 Nr. 3, 4) sind die Einnahmen für jeden besonders vermieteten oder verpachteten Teil eines Grundstücks unter dessen Bezeichnung zusammenzustellen. Ist ein zu vermietender oder zu verpachtender Teil eines Grundstücks nicht vermietet oder verpachtet gewesen oder ist ein im Laufe des Rechnungsjahres fällig gewordener Miet- oder Pachtzins in einer früheren Rechnung als Einnahme aufgeführt, so ist dies zu vermerken.

§ 20 Einteilungsanordnung für die Ausgaben

(1) Die Soll- und Istausgaben sind in der Rechnung in folgenden Abschnitten nachzuweisen:

1. Erinnerungen ans der vorigen Rechnung;
2. Reste aus der vorigen Rechnung;
3. Unterhaltung des verwalteten Grundstücks und Erstattung der hierzu geleisteten Vorschüsse;
4. öffentliche Lasten;
5. Zahlungen an die Gläubiger;
6. Gerichtskosten der Verwaltung;
7. Vergütung des Verwalters;
8. andere Ausgaben.

(2) Bei den öffentlichen Lasten und den Zahlungen an die Gläubiger sind die Berechtigten in der gesetzlichen oder festgestellten Rangordnung aufzuführen und die auf dieselbe Forderung geleisteten Zahlungen zusammenzustellen.

§ 21 Abweichende Bestimmungen durch das Gericht

Das Gericht kann die Zeiten für den Abschluss des Kontos nach § 16 und die Einreichung der Jahresrechnung nach § 18 Abs. 1 anderweitig bestimmen. Es kann auch abweichende Bestimmungen über die Art der Kassen- und Buchführung sowie der Rechnungslegung treffen.

§ 22 Auskunftspflicht

Der Verwalter hat zu jeder Zeit dem Gericht oder einem mit der Prüfung seiner Geschäftsführung beauftragten Beamten des Gerichts die von ihm geführten Bücher, die sich auf seine Geschäftsführung beziehenden Akten und sonstigen Schriftstücke sowie die in seinen Händen befindlichen Einnahmen aus der Verwaltung auf Verlangen vorzulegen und jede weitere zur Prüfung seiner Geschäftsführung verlangte Auskunft zu erteilen.

§ 23 Vergütung und Auslagenersatz

(1) Der Verwalter hat Anspruch auf eine Vergütung für seine Geschäftsführung, auf Erstattung angemessener barer Auslagen und auf Ersatz der darauf entfallenden Umsatzsteuer.

(2) Der nach § 150 a Abs. 2 Satz 1 des Gesetzes über die Zwangsversteigerung und die Zwangsverwaltung bestellte Verwalter erhält für seine Tätigkeit keine Vergütung (§ 150 a Abs. 2 Satz 2 des Gesetzes über die Zwangsversteigerung und die Zwangsverwaltung).

§ 24 Regelvergütung

(1) Bei der Verwaltung von Grundstücken, die durch Vermieten oder Verpachten genutzt werden, erhält der Verwalter als Vergütung von dem im Kalenderjahr an Miet- oder Pachtzinsen eingezogenen Betrag

bis zu 1000,00 DM	9 v. H.
und von den Beträgen über 1000,00 DM bis 2000,00 DM	8 v. H.,
über 2000,00 DM bis 3000,00 DM	7 v. H.,
über 3000,00 DM	6 v. H.

Als eingezogen gelten auch die auf das Kalenderjahr zu verrechnenden Mietvorauszahlungen.

(2) Ist das Grundstück in einzelnen Teilen vermietet oder verpachtet, so werden die Hundertsätze von den Miet- oder Pachteinnahmen für jeden Teil besonders berechnet.

(3) Ist das Grundstück von dem Verwalter in Besitz genommen, so beträgt die Vergütung des Verwalters, sofern die vorstehenden Bestimmungen nicht einen höheren Betrag ergeben, für jedes angefangene Kalenderjahr 60,00 DM.

(4) Ist das Verfahren der Zwangsverwaltung aufgehoben worden, bevor der Verwalter das Grundstück in Besitz genommen hat, so erhält er eine Vergütung von 30,00 DM, sofern er bereits tätig geworden ist.

§ 25 Abweichende Festsetzung der Vergütung

Ergibt sich im Einzelfall ein Missverhältnis zwischen der Tätigkeit des Verwalters und der Vergütung nach § 24, so ist eine entsprechend geringere oder höhere Vergütung festzusetzen.

§ 26 Vergütung in besonderen Fällen

Für die Verwaltung von Grundstücken, die nicht durch Vermieten oder Verpachten genutzt werden, bestimmt sich die Vergütung des Verwalters nach dem Umfang seiner Tätigkeit und den gezogenen Nutzungen.

§ 27 Geschäftsunkosten

(1) Durch die Vergütung sind die allgemeinen Geschäftsunkosten abgegolten. Zu den allgemeinen Geschäftsunkosten gehört der Büroaufwand des Verwalters. Schreibgebühren und Gehälter von Angestellten, die im Rahmen ihrer laufenden Arbeiten auch bei der Zwangsverwaltung beschäftigt werden, können daher nicht – auch nicht anteilig – in Rechnung gestellt werden. Gleiches gilt für die Kosten einer Haftpflichtversicherung.

(2) Zu den allgemeinen Geschäftsunkosten gehören nicht die besonderen Unkosten, die dem Verwalter im Einzelfall (z. B. durch die Einstellung von Hilfskräften für bestimmte Aufgaben im Rahmen der Zwangsverwaltung oder durch Reisen) erwachsen. Durch Absatz 1 wird nicht ausgeschlossen, dass diese besonderen Unkosten als Auslagen erstattet werden, soweit sie angemessen sind.

§ 28 Festsetzung

Die Vergütung und die dem Verwalter zu erstattenden Beträge werden auf seinen Antrag vom Gericht festgesetzt. Vor der Festsetzung kann der Verwalter mit Einwilligung des Gerichts aus den Einnahmen einen Vorschuss auf die Vergütung und die Auslagen entnehmen.

§ 29 Grundstücksgleiche Rechte

Die vorstehenden Bestimmungen sind auf die Zwangsverwaltung von Berechtigungen, für welche die Vorschriften über die Zwangsverwaltung von Grundstücken gelten, entsprechend anzuwenden.

§ 30 Nichtanwendbarkeit der Verordnung

(1) Die Vorschriften dieser Verordnung gelten nicht, falls der Schuldner zum

Verwalter bestellt ist (§§ 150 b bis 150 e des Gesetzes über die Zwangsversteigerung und die Zwangsverwaltung).

(2) Die Vorschriften dieser Verordnung gelten ferner nicht, falls die durch §§ 150, 153, 154 des Gesetzes über die Zwangsversteigerung und die Zwangsverwaltung dem Gericht zugewiesene Tätigkeit nach landesgesetzlichen Vorschriften von einer landschaftlichen oder ritterschaftlichen Kreditanstalt übernommen worden ist.

§ 31 Außerkrafttreten von Vorschriften

(1) Mit dem Inkrafttreten dieser Verordnung treten alle bisherigen Vorschriften über die Geschäftsführung und die Vergütung des Zwangsverwalters außer Kraft, insbesondere ....

(2) Für Zwangsverwaltungen, die im Zeitpunkt des Inkrafttretens dieser Verordnung bereits angeordnet sind, bleiben die früheren Bestimmungen anwendbar.

§ 32 Geltung in Berlin

(gegenstandslos)

§ 33 Inkrafttreten

Diese Verordnung tritt am 1. März 1970 in Kraft.

Anhang 5: § 9 EGZVG

(1) Soweit ein nach Landesgesetz begründetes Recht an einem Grundstücke, das nicht in einer Hypothek besteht, zur Wirksamkeit gegen Dritte der Eintragung nicht bedarf oder soweit eine Dienstbarkeit oder eine Reallast als Leibgedinge, Leibzucht, Altenteil oder Auszug eingetragen ist, bleibt das Recht nach Maßgabe des Landesgesetzes von der Zwangsversteigerung unberührt, auch wenn es bei der Feststellung des geringsten Gebots nicht berücksichtigt ist.

(2) Das Erlöschen eines solchen Rechtes ist auf Verlangen eines Beteiligten als Versteigerungsbedingung zu bestimmen, wenn durch das Fortbestehen ein dem Rechte vorgehendes oder gleichstehendes Recht des Beteiligten beeinträchtigt werden würde; die Zustimmung eines anderen Beteiligten ist nicht erforderlich.

Anhang 6: Formulare des DG-Verlags zum Themengebiet „Zwangsversteigerung“

Nr. 220 020: Grundschuld – Zweckerklärung (enge Fassung) . . . 395

Nr. 220 030: Grundschuld – Zweckerklärung (enge Fassung) mit Abtretung der Rückgewähransprüche sowie Übernahme der persönlichen Haftung 397

Nr. 220 040: Grundschuld – Zweckerklärung (enge Fassung) mit Abtretung der Rückgewähransprüche 399

Nr. 220 050: Grundschuld – Zweckerklärung zur Sicherung der Geschäftsverbindung 401

Nr. 220 060: Grundschuld – Zweckerklärung zur Sicherung der Geschäftsverbindung mit Abtretung der Rückgewähransprüche sowie Übernahme der persönlichen Haftung 403

Nr. 220 070: Grundschuld – Zweckerklärung zur Sicherung der Geschäftsverbindung mit Abtretung der Rückgewähransprüche 405

Nr. 220 400: Grundschuld – Bestellung einer Brief- oder Buchgrundschuld ohne Zwangsvollstreckungsunterwerfung 407

Nr. 220 410: Grundschuld – Bestellung einer Brief- oder Buchgrundschuld mit Übernahme der persönlichen Haftung sowie dinglicher und persönlicher Zwangsvollstreckungsunterwerfung 410

Grundschuld Zweckerklärung (enge Fassung)

Zur bankinternen Bearbeitung
Nr.

Die

in dieser Urkunde „Gläubigerin" genannt

ist/wird Gläubigerin der im Grundbuch von

Band Blatt/Nr.

Eigentümer:

in dieser Urkunde – auch bei mehreren Personen – „Eigentümer" genannt

eingetragenen/einzutragenden Grundschuld(en):

Abt. III lfd. Nr.	Betrag/Währungseinheit	Abt. III lfd. Nr.	Betrag/Währungseinheit

Soweit in dieser Urkunde von Grundeigentum oder Eigentümer die Rede ist, so ist hierunter bei Wohnungs- oder Teileigentum das belastete Wohnungs- oder Teileigentum bzw. der Wohnungs- oder Teileigentümer und bei (Wohnungs-/Teil-)Erbbaurechten das belastete (Wohnungs-/Teil-)Erbbaurecht bzw. der (Wohnungs-/Teil-)Erbbauberechtigte zu verstehen; soweit in dieser Urkunde von „Grundschuld" die Rede ist, so sind hierunter alle vorgenannten Grundschulden zu verstehen.

1 Zweckerklärung

1.1 Die Grundschuld – sowie eine in einer anderen Urkunde erklärte Abtretung von Rückgewähransprüchen und Eigentümergrundschulden, die obiger (obigen) Grundschuld(en) im Rang vorgehen oder gleichstehen oder eine dort übernommene persönliche Haftung – dienen zur Sicherung aller bestehenden, künftigen und bedingten Forderungen der Gläubigerin oder eines die Geschäftsverbindung fortsetzenden Rechtsnachfolgers der Gläubigerin aus den folgenden Rechtsgründen gegen

Kreditnehmer, persönlicher Schuldner[1]

☐ aus **Darlehen**

Vertrag vom	Betrag/Währungseinheit

Werden Zins- und Tilgungsraten auf einem Konto in laufender Rechnung belastet, so sind dadurch entstehende Kontoüberziehungen (Kreditinanspruchnahme über einen vereinbarten Kredit hinaus oder ohne ausdrückliche Vereinbarung) für die Dauer von drei Monaten zusätzlich gesichert.

☐ aus **Krediten in laufender Rechnung** (insbesondere Buch-, Wechsel-, Akzept- und Avalkrediten)

Vertrag vom	Betrag/Währungseinheit

☐ aus Lieferungen und Leistungen

☐ aus

Vertrag vom	Betrag/Währungseinheit

Die Grundschuld – sowie eine in einer anderen Urkunde erklärte Abtretung von Rückgewähransprüchen und Eigentümergrundschulden, die obiger (obigen) Grundschuld(en) im Rang vorgehen oder gleichstehen oder eine dort übernommene persönliche Haftung – erfassen die Forderungen der Gläubigerin auch dann, wenn die vereinbarte Laufzeit des/der o. g. Vertrags/Verträge verlängert wird (Prolongation); dies gilt ebenfalls, wenn mit der Laufzeitverlängerung eine Änderung der Konditionen verbunden ist.

Sollte(n) der/die o. g. Vertrag/Verträge unwirksam sein, werden auch alle Ansprüche gesichert, die der Gläubigerin infolge der Unwirksamkeit zustehen.

Soweit bisher Zweckerklärungen und Abtretungen der Rückgewähransprüche vereinbart wurden, werden sie durch diese Erklärungen nicht aufgehoben, sondern ergänzt.

Die Abtretung und Verpfändung der Rückgewähransprüche bedarf der Zustimmung der Gläubigerin.

Die Gläubigerin ist berechtigt, sich aufgrund dieser Grundschuld aus dem Grundstück zu befriedigen oder die Grundschuld selbst freihändig zu verwerten; die Gläubigerin wird die Grundschuld freihändig mangels Zustimmung des Eigentümers nur zusammen mit den gesicherten Forderungen und nur in einer im Verhältnis zu dieser angemessenen Höhe verkaufen. Die Gläubigerin darf die Grundschuld bei Vorliegen eines wichtigen Grundes zwangsweise verwerten, insbesondere wenn der Kreditnehmer fälligen Verpflichtungen gegenüber der Gläubigerin nicht nachkommt. Zwangsvollstreckungsmaßnahmen wird die Gläubigerin mit einer Frist von einem Monat schriftlich androhen; eine Fristsetzung ist nicht erforderlich, wenn der Eigentümer seine Zahlungen eingestellt hat

1 Handelt es sich um mehrere Schuldner und soll die Sicherheit auch zur Sicherung der Ansprüche gegen einzelne Schuldner dienen, so ist dies gesondert auszuhandeln und durch einen Zusatz, wie z. B. „und gegen jeden Einzelnen von ihnen", zum Ausdruck zu bringen.

220 020 DG VERLAG FA 6.99

oder die Eröffnung eines gerichtlichen Insolvenzverfahrens über sein Vermögen beantragt worden ist oder wenn die Gläubigerin eine Klage auf Duldung der Zwangsvollstreckung aus der Grundschuld in den belasteten Grundbesitz erhebt.

Zahlt ein Bürge oder ein anderer Dritter an die Gläubigerin, so verpflichtet sie sich, die Grundschuld einschließlich der anderen in dieser Urkunde genannten Sicherungsrechte auf diesen zu übertragen, sofern nicht eine Abrede des Sicherungsgebers mit ihr oder Rechte Dritter entgegenstehen.

1.2 Mit der Gläubigerin ist vereinbart, dass Zahlungen, die aus irgendeinem Grund an sie geleistet werden, weder auf die Grundschuld noch auf deren Zinsen und Nebenleistungen, sondern auf die persönliche Forderung anzurechnen sind. Werden mehrere Forderungen gesichert, steht dem Eigentümer bei Leistung kein Leistungsbestimmungsrecht nach § 366 Abs. 1 BGB zu. Die Gläubigerin ist vielmehr berechtigt, Zahlungseingänge nach der Tilgungsreihenfolge des § 366 Abs. 2 BGB zu verrechnen.

1.3 Die Gläubigerin ist berechtigt, aber nicht verpflichtet, Teile des Grundeigentums sowie Grundstückszubehör aus der Haftung für die Grundschuld zu entlassen und Rangänderungen zu bewilligen. Dies soll auch dann gelten, wenn der Rückgewähranspruch an einen Dritten abgetreten ist oder abgetreten wird.

1.4 Die Gläubigerin ist jederzeit berechtigt, auf den ihren persönlichen Anspruch übersteigenden Teil der Grundschuld und der bei ihr eingetragenen Zinsen und Nebenleistungen zu verzichten sowie den Antrag auf Eintragung des Verzichts im Grundbuch zu stellen.

In einem etwaigen Zwangsversteigerungs- oder Zwangsverwaltungsverfahren ist die Gläubigerin nicht verpflichtet, aus der Grundschuld Beträge geltend zu machen, die über den persönlichen Anspruch hinausgehen.

1.5 Die Gläubigerin oder deren Beauftragte ist berechtigt, das Pfandgrundstück zu besichtigen.

1.6 Der Eigentümer stimmt hiermit zu, dass dem Gläubiger folgende Auskünfte erteilt werden

a) von Steuer- und sonstigen Behörden über Rückstände solcher öffentlicher Lasten, die in einer Zwangsverwaltung oder Zwangsversteigerung des belasteten Grundeigentums mit dem Rang vor dem Recht der Gläubiger zu befriedigen sind,

b) von den zuständigen Stellen über den Einheitswert und den Gebäude-Versicherungswert,

c) von den Gläubigern vor- oder gleichrangiger Grundpfandrechte über die Höhe der Forderungen, Kreditzusagen und bestehenden Sicherheiten.

Die Gläubigerin ist berechtigt, zum Nachweis der Vollmacht die gesamte Urkunde zur Einsicht vorzulegen.

Der Eigentümer verpflichtet sich, der Gläubigerin auf Verlangen Miet- und Pachtverträge und sonstige das Grundstück betreffende Unterlagen vorzulegen.

1.7 Der Eigentümer ist verpflichtet, das Pfandgrundstück gegen Feuer und auf Verlangen der Gläubigerin auch gegen Sturm/Hagel, Leitungswasser, Elementarschäden und weitere Risiken versichert zu halten. Die Auswahl eines geeigneten Versicherungsunternehmens hat im Einvernehmen mit der Gläubigerin zu erfolgen. Die Gläubigerin wird ihr Einvernehmen erklären, wenn keine sachlichen Gründe gegen das vom Eigentümer ausgewählte Versicherungsunternehmen bestehen und insbesondere dem Sicherungsbedürfnis der Gläubigerin Rechnung getragen ist. Wenn der Eigentümer für keinen ausreichenden Versicherungsschutz sorgt oder die Prämien nicht pünktlich zahlt, ist die Gläubigerin berechtigt, dies auf Gefahr und Kosten des Eigentümers zu tun.

2 Schlussbestimmungen

2.1 Aus der Grundschuld – sowie einer in einer anderen Urkunde erklärten Abtretung von Rückgewähransprüchen und von Eigentümergrundschulden, die der/den obigen Grundschuld(en) im Rang vorgehen oder gleichstehen oder einer dort übernommenen persönlichen Haftung – darf sich die Gläubigerin nur einmal in Höhe des Betrags der Grundschuld nebst Zinsen, Nebenleistungen und Kosten befriedigen.

2.2 Jede Änderung oder Ergänzung dieses Vertrags oder eine Vereinbarung über dessen Aufhebung bedarf, um Gültigkeit zu erlangen, der Schriftform.

2.3 Sollten einzelne Bestimmungen dieser Urkunde unwirksam sein bzw. nicht durchgeführt werden, so bleiben die übrigen Bestimmungen wirksam. Soweit Bestimmungen unwirksam sind, gelten ergänzend die gesetzlichen Vorschriften.

2.4 Ergänzend gelten die **Allgemeinen Geschäftsbedingungen** der Gläubigerin (AGB). Die AGB können in den Geschäftsräumen der Gläubigerin eingesehen werden; auf Verlangen werden sie ausgehändigt.

Ort, Datum	Eigentümer

Falls im Hinblick auf den Güterstand der Ehegatten eine Mitwirkung des anderen Ehegatten erforderlich ist, erteilt dieser hiermit seine **Zustimmung.**

Ort, Datum

Die Unterschrift(en) unter dieser Urkunde

☐ wurde(n) vor mir von dem/den Unterzeichner(n) geleistet. ☐ wurde(n) von mir geprüft.

Der Eigentümer ☐ ist mir persönlich bekannt und bereits legitimiert.	hat sich ausgewiesen durch (Urkunde) ☐ Personalausweis	☐ Reisepass	☐
Nr.	ausstellende Behörde		Ausstellungsdatum
Der Ehegatte ☐ ist mir persönlich bekannt und bereits legitimiert.	hat sich ausgewiesen durch (Urkunde) ☐ Personalausweis	☐ Reisepass	☐
Nr.	ausstellende Behörde		Ausstellungsdatum

Ort, Datum	Mitarbeiter der Bank

Grundschuld Zweckerklärung (enge Fassung) mit Abtretung der Rückgewähransprüche sowie **Übernahme der persönlichen Haftung**

Zur bankinternen Bearbeitung

Nr.

Die

in dieser Urkunde „Gläubigerin“ genannt

ist/wird Gläubigerin der im Grundbuch von

Band   Blatt/Nr.

Eigentümer:

in dieser Urkunde – auch bei mehreren Personen – „Eigentümer“ genannt

eingetragenen/einzutragenden Grundschuld(en):

Abt. III lfd. Nr.	Betrag/Währungseinheit	Abt. III lfd. Nr.	Betrag/Währungseinheit

Soweit in dieser Urkunde von Grundeigentum oder Eigentümer die Rede ist, so ist hierunter bei Wohnungs- oder Teileigentum das belastete Wohnungs- oder Teileigentum bzw. der Wohnungs- oder Teileigentümer und bei (Wohnungs-/Teil-)Erbbaurechten das belastete (Wohnungs-/Teil-)Erbbaurecht bzw. der (Wohnungs-/Teil-)Erbbauberechtigte zu verstehen; soweit in dieser Urkunde von „Grundschuld“ die Rede ist, so sind hierunter alle vorgenannten Grundschulden zu verstehen.

1 Zweckerklärung

1.1 Die Grundschuld, die Abtretungen unter 2 sowie die in dieser (unter 3) oder einer anderen Urkunde übernommene persönliche Haftung dienen zur Sicherung aller bestehenden, künftigen und bedingten Forderungen der Gläubigerin oder eines die Geschäftsverbindung fortsetzenden Rechtsnachfolgers der Gläubigerin aus den folgenden Rechtsgründen gegen

Kreditnehmer, persönlicher Schuldner[1]

☐ aus **Darlehen**

Vertrag vom   Betrag/Währungseinheit

Werden Zins- und Tilgungsraten auf einem Konto in laufender Rechnung belastet, so sind dadurch entstehende Kontoüberziehungen (Kreditinanspruchnahme über einen vereinbarten Kredit hinaus oder ohne ausdrückliche Vereinbarung) für die Dauer von drei Monaten zusätzlich gesichert.

☐ aus **Krediten in laufender Rechnung** (insbesondere Buch-, Wechsel-, Akzept- und Avalkrediten)

Vertrag vom   Betrag/Währungseinheit

☐ aus Lieferungen und Leistungen

☐ aus

Vertrag vom   Betrag/Währungseinheit

Die Grundschuld, die Abtretung der Rückgewähransprüche sowie die in dieser oder einer anderen Urkunde übernommene persönliche Haftung erfassen die Forderungen der Gläubigerin auch dann, wenn die vereinbarte Laufzeit des/der o. g. Vertrags/Verträge verlängert wird (Prolongation); dies gilt ebenfalls, wenn mit der Laufzeitverlängerung eine Änderung der Konditionen verbunden ist. Sollte(n) der/die o. g. Vertrag/Verträge unwirksam sein, werden auch alle Ansprüche gesichert, die der Gläubigerin infolge der Unwirksamkeit zustehen.

Soweit bisher Zweckerklärungen und Abtretungen der Rückgewähransprüche vereinbart wurden, werden sie durch diese Erklärungen nicht aufgehoben, sondern ergänzt.

Die Abtretung und Verpfändung der Rückgewähransprüche bedarf der Zustimmung der Gläubigerin.

Die Gläubigerin ist berechtigt, sich aufgrund dieser Grundschuld aus dem Grundstück zu befriedigen oder die Grundschuld selbst freihändig zu verwerten; die Gläubigerin wird die Grundschuld freihändig mangels Zustimmung des Eigentümers nur zusammen mit den gesicherten Forderungen und nur in einer im Verhältnis zu dieser angemessenen Höhe verkaufen. Die Gläubigerin darf die Grundschuld bei Vorliegen eines wichtigen Grundes zwangsweise verwerten, insbesondere wenn der Kreditnehmer fälligen Verpflichtungen gegenüber der Gläubigerin nicht nachkommt. Das Gleiche gilt für ein Vorgehen aus der Übernahme einer persönlichen Haftung. Zwangsvollstreckungsmaßnahmen wird sie mit einer Frist von einem Monat schriftlich androhen; eine Fristsetzung ist nicht erforderlich, wenn der Eigentümer seine Zahlungen eingestellt hat oder die Eröffnung eines gerichtlichen Insolvenzverfahrens über sein Vermögen beantragt worden ist oder wenn die Gläubigerin eine Klage auf Duldung der Zwangsvollstreckung aus der Grundschuld in den belasteten Grundbesitz erhebt.

Zahlt ein Bürge oder ein anderer Dritter an die Gläubigerin, so verpflichtet sie sich, die Grundschuld einschließlich der anderen in dieser Urkunde genannten Sicherungsrechte auf diesen zu übertragen, sofern nicht eine Abrede des Sicherungsgebers mit ihr oder Rechte Dritter entgegenstehen.

1.2 Mit der Gläubigerin ist vereinbart, dass Zahlungen, die aus irgendeinem Grund an sie geleistet werden, weder auf die Grundschuld noch auf deren Zinsen und Nebenleistungen, sondern auf die persönliche Forderung anzurechnen sind. Werden mehrere Forderungen gesichert, steht dem Eigentümer bei Leistung kein Leistungsbestimmungsrecht nach § 366 Abs. 1 BGB zu. Die Gläubigerin ist vielmehr berechtigt, Zahlungseingänge nach der Tilgungsreihenfolge des § 366 Abs. 2 BGB zu verrechnen.

1.3 Die Gläubigerin ist berechtigt, aber nicht verpflichtet, Teile des Grundeigentums sowie Grundstückszubehör aus der Haftung für die Grundschuld zu entlassen und Rangänderungen zu bewilligen. Dies soll auch dann gelten, wenn der Rückgewähranspruch an einen Dritten abgetreten ist oder abgetreten wird.

1.4 Die Gläubigerin ist jederzeit berechtigt, auf den ihren persönlichen Anspruch übersteigenden Teil der Grundschuld und der bei ihr eingetragenen Zinsen und Nebenleistungen zu verzichten sowie den Antrag auf Eintragung des Verzichts im Grundbuch zu stellen. In einem etwaigen Zwangsversteigerungs- oder Zwangsverwaltungsverfahren ist die Gläubigerin nicht verpflichtet, aus der Grundschuld Beträge geltend zu machen, die über den persönlichen Anspruch hinausgehen.

1.5 Die Gläubigerin oder deren Beauftragte ist berechtigt, das Pfandgrundstück zu besichtigen.

1.6 Der Eigentümer stimmt hiermit zu, dass der Gläubigerin folgende Auskünfte erteilt werden

a) von Steuer- und sonstigen Behörden über Rückstände solcher öffentlicher Lasten, die in einer Zwangsverwaltung oder Zwangsversteigerung des belasteten Grundeigentums mit dem Rang vor dem Recht der Gläubiger zu befriedigen sind,

1 Handelt es sich um mehrere Schuldner und soll die Sicherheit auch zur Sicherung der Ansprüche gegen einzelne Schuldner dienen, so ist dies gesondert auszuhandeln und durch einen Zusatz, wie z. B. „und gegen jeden Einzelnen von ihnen“, zum Ausdruck zu bringen.

220 030 DG VERLAG FA 6.99

b) von den zuständigen Stellen über den Einheitswert und den Gebäude-Versicherungswert,
c) von den Gläubigern vor- oder gleichrangiger Grundpfandrechte über die Höhe der Forderungen, Kreditzusagen und bestehenden Sicherheiten.

Die Gläubigerin ist berechtigt, zum Nachweis der Vollmacht die gesamte Urkunde zur Einsicht vorzulegen.
Der Eigentümer verpflichtet sich, der Gläubigerin auf Verlangen Miet- und Pachtverträge und sonstige das Grundstück betreffende Unterlagen vorzulegen.

1.7 Der Eigentümer ist verpflichtet, das Pfandgrundstück gegen Feuer und auf Verlangen der Gläubigerin auch gegen Sturm/Hagel, Leitungswasser, Elementarschäden und weitere Risiken versichert zu halten. Die Auswahl eines geeigneten Versicherungsunternehmens hat im Einvernehmen mit der Gläubigerin zu erfolgen. Die Gläubigerin wird ihr Einvernehmen erklären, wenn keine sachlichen Gründe gegen das vom Eigentümer ausgewählte Versicherungsunternehmen bestehen und insbesondere dem Sicherungsbedürfnis der Gläubigerin Rechnung getragen ist. Wenn der Eigentümer für keinen ausreichenden Versicherungsschutz sorgt oder die Prämien nicht pünktlich zahlt, ist die Gläubigerin berechtigt, dies auf Gefahr und Kosten des Eigentümers zu tun.

2 Abtretung von Rückgewähransprüchen und Eigentümergrundschulden[1]

Der Eigentümer tritt hiermit die Ansprüche auf ganze oder teilweise Übertragung derjenigen gegenwärtigen und künftigen Grundschulden, die der vorstehend genannten Grundschuld im Rang vorgehen oder gleichstehen, nebst allen Zinsen und Nebenleistungen an die Gläubigerin ab, auch soweit diese Ansprüche bedingt sind oder erst künftig entstehen. Dies gilt auch für den Fall der Teilabtretung der vorstehend genannten Grundschuld hinsichtlich des Rückgewähranspruchs an der zum Teil abgetretenen Grundschuld. Sollten Rückgewähransprüche an vorrangigen Grundschulden bereits anderweitig abgetreten sein, so tritt der Eigentümer hiermit seinen Anspruch auf Rückübertragung dieser Ansprüche ab.

Abgetreten werden hiermit ferner – in Bezug auf jede Grundschuld bzw. Teilgrundschuld – die Ansprüche auf:

2.1 Herausgabe des Grundschuldbriefs oder auf Vorlegung des Briefs zur Bildung eines Teilgrundschuldbriefs,
2.2 Rechnungslegung aus dem persönlichen Schuldverhältnis, zu dessen Sicherung die Grundschuld bestellt ist,
2.3 Verzicht auf die Grundschuld sowie Aufhebung der Grundschuld und Erteilung einer Löschungsbewilligung in öffentlich beglaubigter Form,
2.4 Auszahlung des Erlöses – auch gegen das Gericht –, soweit dieser die persönliche Forderung des Grundschuldgläubigers im Zwangsversteigerungs- oder Zwangsverwaltungsverfahren oder bei freihändigem Verkauf des Grundstücks und im Fall der Verwertung der Grundschuld durch Verkauf oder Versteigerung übersteigt,
2.5 Geltendmachung der ganzen Grundschuld nebst aller Zinsen und Nebenleistungen in einem Zwangsversteigerungs- oder Zwangsverwaltungsverfahren.

Soweit die der vorstehend genannten Grundschuld(en) im Rang vorgehenden oder gleichstehenden Grundpfandrechte Eigentümergrundschulden sind, tritt der Eigentümer diese Eigentümergrundschulden an die Gläubigerin ab. Ferner tritt er die Ansprüche auf Herausgabe der zugehörigen Briefe oder auf Einräumung des Mitbesitzes daran ab. Weiterhin tritt er die Ansprüche auf Abgabe von Erklärungen zur Umschreibung der Grundpfandrechte auf den Eigentümer oder die Gläubigerin ab.

Der Eigentümer ermächtigt die Gläubigerin, die Abtretung jederzeit den Grundschuldgläubigern anzuzeigen. Die Gläubigerin ist berechtigt, die Grundschuld(en) löschen zu lassen; der Eigentümer erteilt hierzu jetzt schon seine Zustimmung.

3 Persönliche Haftung

Jeder Eigentümer sowie[2]

alle Namen einsetzen

übernimmt/übernehmen hiermit – als Gesamtschuldner – die **persönliche Haftung** für die Zahlung eines Geldbetrags, dessen Höhe der vereinbarten Grundschuld (Kapital, Zinsen, Nebenleistungen und Kosten der dinglichen Rechtsverfolgung gem. § 1118 BGB) entspricht. Dies gilt auch schon vor der Eintragung der Grundschuld im Grundbuch und vor der Vollstreckung in das belastete Grundeigentum sowie für den Fall des Erlöschens der Grundschuld im Zwangsversteigerungsverfahren hinsichtlich des Betrags (Kapital, Zinsen, Nebenleistungen, Kosten), mit welchem die Gläubigerin hierbei ausgefallen ist.

4 Schlussbestimmungen

4.1 Aus der Grundschuld, den Abtretungen (2) und der persönlichen Haftung (3) darf sich die Gläubigerin nur einmal in Höhe des Betrags der Grundschuld nebst Zinsen, Nebenleistungen und Kosten befriedigen.
4.2 Jede Änderung oder Ergänzung dieses Vertrags oder eine Vereinbarung über dessen Aufhebung bedarf, um Gültigkeit zu erlangen, der Schriftform.
4.3 Sollten einzelne Bestimmungen dieser Urkunde unwirksam sein bzw. nicht durchgeführt werden, so bleiben die übrigen Bestimmungen wirksam. Soweit Bestimmungen unwirksam sind, gelten ergänzend die gesetzlichen Vorschriften.
4.4 Ergänzend gelten die **Allgemeinen Geschäftsbedingungen** der Gläubigerin (AGB). Die AGB können in den Geschäftsräumen der Gläubigerin eingesehen werden; auf Verlangen werden sie ausgehändigt.

Ort, Datum	Ort, Datum
Eigentümer	Mitverpflichtete(r) (auch Ehegatte, wenn unter 3 genannt)

Falls im Hinblick auf den Güterstand der Ehegatten eine Mitwirkung des anderen Ehegatten erforderlich ist, erteilt dieser hiermit seine **Zustimmung.**

Ort, Datum

Die Unterschrift(en) unter dieser Urkunde

☐ wurde(n) vor mir von dem/den Unterzeichner(n) geleistet. ☐ wurde(n) von mir geprüft.

Der Eigentümer ☐ ist mir persönlich bekannt und bereits legitimiert.	hat sich ausgewiesen durch (Urkunde) ☐ Personalausweis	☐ Reisepass	☐
Nr.	ausstellende Behörde		Ausstellungsdatum
Der Mitverpflichtete ☐ ist mir persönlich bekannt und bereits legitimiert.	hat sich ausgewiesen durch (Urkunde) ☐ Personalausweis	☐ Reisepass	☐
Nr.	ausstellende Behörde		Ausstellungsdatum
Der Ehegatte ☐ ist mir persönlich bekannt und bereits legitimiert.	hat sich ausgewiesen durch (Urkunde) ☐ Personalausweis	☐ Reisepass	☐
Nr.	ausstellende Behörde		Ausstellungsdatum

Ort, Datum	Mitarbeiter der Bank

1 Für die Anzeige der Abtretung gegenüber dem Gläubiger vor- oder gleichrangiger Grundschulden und deren Bestätigung Vordruck 222 070 verwenden.
2 Die persönliche Haftung kann nur von Schuldnern oder Bürgen übernommen werden.

Grundschuld Zweckerklärung (enge Fassung) mit Abtretung der Rückgewähransprüche

Zur bankinternen Bearbeitung

Nr.

Die

in dieser Urkunde „Gläubigerin" genannt

ist/wird Gläubigerin der im Grundbuch von

Band Blatt/Nr.

Eigentümer:

in dieser Urkunde – auch bei mehreren Personen – „Eigentümer" genannt

eingetragenen/einzutragenden Grundschuld(en):

Abt. III lfd. Nr.	Betrag/Währungseinheit	Abt. III lfd. Nr.	Betrag/Währungseinheit

Soweit in dieser Urkunde von Grundeigentum oder Eigentümer die Rede ist, so ist hierunter bei Wohnungs- oder Teileigentum das belastete Wohnungs- oder Teileigentum bzw. der Wohnungs- oder Teileigentümer und bei (Wohnungs-/Teil-)Erbbaurechten das belastete (Wohnungs-/Teil-)Erbbaurecht bzw. der (Wohnungs-/Teil-)Erbbauberechtigte zu verstehen; soweit in dieser Urkunde von „Grundschuld" die Rede ist, so sind hierunter alle vorgenannten Grundschulden zu verstehen.

1 Zweckerklärung

1.1 Die Grundschuld, die Abtretungen unter 2 sowie eine in einer anderen Urkunde übernommene persönliche Haftung dienen zur Sicherung aller bestehenden, künftigen und bedingten Forderungen der Gläubigerin oder eines die Geschäftsverbindung fortsetzenden Rechtsnachfolgers der Gläubigerin aus den folgenden Rechtsgründen gegen

Kreditnehmer, persönlicher Schuldner[1]

☐ aus **Darlehen**

Vertrag vom	Betrag/Währungseinheit

Werden Zins- und Tilgungsraten auf einem Konto in laufender Rechnung belastet, so sind dadurch entstehende Kontoüberziehungen (Kreditinanspruchnahme über einen vereinbarten Kredit hinaus oder ohne ausdrückliche Vereinbarung) für die Dauer von drei Monaten zusätzlich gesichert.

☐ aus **Krediten in laufender Rechnung** (insbesondere Buch-, Wechsel-, Akzept- und Avalkrediten)

Vertrag vom	Betrag/Währungseinheit

☐ aus Lieferungen und Leistungen

☐ aus

Vertrag vom	Betrag/Währungseinheit

Die Grundschuld, die Abtretung der Rückgewähransprüche sowie eine in einer anderen Urkunde übernommene persönliche Haftung erfassen die Forderungen der Gläubigerin auch dann, wenn die vereinbarte Laufzeit des/der o. g. Vertrags/Verträge verlängert wird (Prolongation); dies gilt ebenfalls, wenn mit der Laufzeitverlängerung eine Änderung der Konditionen verbunden ist.

Sollte(n) der/die o. g. Vertrag/Verträge unwirksam sein, werden auch alle Ansprüche gesichert, die der Gläubigerin infolge der Unwirksamkeit zustehen.

Soweit bisher Zweckerklärungen und Abtretungen der Rückgewähransprüche vereinbart wurden, werden sie durch diese Erklärungen nicht aufgehoben, sondern ergänzt.

Die Abtretung und Verpfändung der Rückgewähransprüche bedarf der Zustimmung der Gläubigerin.

Die Gläubigerin ist berechtigt, sich aufgrund dieser Grundschuld aus dem Grundstück zu befriedigen oder die Grundschuld selbst freihändig zu verwerten; die Gläubigerin wird die Grundschuld freihändig mangels Zustimmung des Eigentümers nur zusammen mit den gesicherten Forderungen und nur in einer im Verhältnis zu dieser angemessenen Höhe verkaufen. Die Gläubigerin darf die Grundschuld bei Vorliegen eines wichtigen Grundes zwangsweise verwerten, insbesondere wenn der Kreditnehmer fälligen Verpflichtungen gegenüber der Gläubigerin nicht nachkommt. Zwangsvollstreckungsmaßnahmen wird die Gläubigerin mit einer Frist von einem Monat schriftlich androhen; eine Fristsetzung ist nicht erforderlich, wenn der Eigentümer seine Zahlungen eingestellt hat oder die Eröffnung eines gerichtlichen Insolvenzverfahrens über sein Vermögen beantragt worden ist oder wenn die Gläubigerin eine Klage auf Duldung der Zwangsvollstreckung aus der Grundschuld in den belasteten Grundbesitz erhebt.

Zahlt ein Bürge oder ein anderer Dritter an die Gläubigerin, so verpflichtet sie sich, die Grundschuld einschließlich der anderen in dieser Urkunde genannten Sicherungsrechte auf diesen zu übertragen, sofern nicht eine Abrede des Sicherungsgebers mit ihr oder Rechte Dritter entgegenstehen.

1 Handelt es sich um mehrere Schuldner und soll die Sicherheit auch zur Sicherung der Ansprüche gegen einzelne Schuldner dienen, so ist dies gesondert auszuhandeln und durch einen Zusatz, wie z. B. „und gegen jeden Einzelnen von ihnen", zum Ausdruck zu bringen.

220 040 DG VERLAG FA 6.99

1.2 Mit der Gläubigerin ist vereinbart, dass Zahlungen, die aus irgendeinem Grund an sie geleistet werden, weder auf die Grundschuld noch auf deren Zinsen und Nebenleistungen, sondern auf die persönliche Forderung anzurechnen sind. Werden mehrere Forderungen gesichert, steht dem Eigentümer bei Leistung kein Leistungsbestimmungsrecht nach § 366 Abs. 1 BGB zu. Die Gläubigerin ist vielmehr berechtigt, Zahlungseingänge nach der Tilgungsreihenfolge des § 366 Abs. 2 BGB zu verrechnen.

1.3 Die Gläubigerin ist berechtigt, aber nicht verpflichtet, Teile des Grundeigentums sowie Grundstückszubehör aus der Haftung für die Grundschuld zu entlassen und Rangänderungen zu bewilligen. Dies soll auch dann gelten, wenn der Rückgewähranspruch an einen Dritten abgetreten ist oder abgetreten wird.

1.4 Die Gläubigerin ist jederzeit berechtigt, auf den ihren persönlichen Anspruch übersteigenden Teil der Grundschuld und der bei ihr eingetragenen Zinsen und Nebenleistungen zu verzichten sowie den Antrag auf Eintragung des Verzichts im Grundbuch zu stellen. In einem etwaigen Zwangsversteigerungs- oder Zwangsverwaltungsverfahren ist die Gläubigerin nicht verpflichtet, aus der Grundschuld Beträge geltend zu machen, die über den persönlichen Anspruch hinausgehen.

1.5 Die Gläubigerin oder deren Beauftragte ist berechtigt, das Pfandgrundstück zu besichtigen.

1.6 Der Eigentümer stimmt hiermit zu, dass der Gläubigerin folgende Auskünfte erteilt werden

a) von Steuer- und sonstigen Behörden über Rückstände solcher öffentlicher Lasten, die in einer Zwangsverwaltung oder Zwangsversteigerung des belasteten Grundeigentums mit dem Rang vor dem Recht der Gläubiger zu befriedigen sind,
b) von den zuständigen Stellen über den Einheitswert und den Gebäude-Versicherungswert,
c) von den Gläubigern vor- oder gleichrangiger Grundpfandrechte über die Höhe der Forderungen, Kreditzusagen und bestehenden Sicherheiten.

Die Gläubigerin ist berechtigt, zum Nachweis der Vollmacht die gesamte Urkunde zur Einsicht vorzulegen.

Der Eigentümer verpflichtet sich, der Gläubigerin auf Verlangen Miet- und Pachtverträge und sonstige das Grundstück betreffende Unterlagen vorzulegen.

1.7 Der Eigentümer ist verpflichtet, das Pfandgrundstück gegen Feuer und auf Verlangen der Gläubigerin auch gegen Sturm/Hagel, Leitungswasser, Elementarschäden und weitere Risiken versichert zu halten. Die Auswahl eines geeigneten Versicherungsunternehmens hat im Einvernehmen mit der Gläubigerin zu erfolgen. Die Gläubigerin wird ihr Einvernehmen erklären, wenn keine sachlichen Gründe gegen das vom Eigentümer ausgewählte Versicherungsunternehmen bestehen und insbesondere dem Sicherungsbedürfnis der Gläubigerin Rechnung getragen ist. Wenn der Eigentümer für keinen ausreichenden Versicherungsschutz sorgt oder die Prämien nicht pünktlich zahlt, ist die Gläubigerin berechtigt, dies auf Gefahr und Kosten des Eigentümers zu tun.

2 Abtretung von Rückgewähransprüchen und Eigentümergrundschulden[1]

Der Eigentümer tritt hiermit die Ansprüche auf ganze oder teilweise Übertragung derjenigen gegenwärtigen und künftigen Grundschulden, die der vorstehend genannten Grundschuld im Rang vorgehen oder gleichstehen, nebst allen Zinsen und Nebenleistungen an die Gläubigerin ab, auch soweit diese Ansprüche bedingt sind oder erst künftig entstehen. Dies gilt auch für den Fall der Teilabtretung der vorstehend genannten Grundschuld hinsichtlich des Rückgewähranspruchs an der zum Teil abgetretenen Grundschuld. Sollten Rückgewähransprüche an vorrangigen Grundschulden bereits anderweitig abgetreten sein, so tritt der Eigentümer hiermit seinen Anspruch auf Rückübertragung dieser Ansprüche ab.

Abgetreten werden hiermit ferner – in Bezug auf jede Grundschuld bzw. Teilgrundschuld – die Ansprüche auf:

2.1 Herausgabe des Grundschuldbriefs oder auf Vorlegung des Briefs zur Bildung eines Teilgrundschuldbriefs,

2.2 Rechnungslegung aus dem persönlichen Schuldverhältnis, zu dessen Sicherung die Grundschuld bestellt ist,

2.3 Verzicht auf die Grundschuld sowie Aufhebung der Grundschuld und Erteilung einer Löschungsbewilligung in öffentlich beglaubigter Form,

2.4 Auszahlung des Erlöses – auch gegen das Gericht –, soweit dieser die persönliche Forderung des Grundschuldgläubigers im Zwangsversteigerungs- oder Zwangsverwaltungsverfahren oder bei freihändigem Verkauf des Grundstücks und im Fall der Verwertung der Grundschuld durch Verkauf oder Versteigerung übersteigt,

2.5 Geltendmachung der ganzen Grundschuld nebst aller Zinsen und Nebenleistungen in einem Zwangsversteigerungs- oder Zwangsverwaltungsverfahren.

Soweit die der vorstehend genannten Grundschuld(en) im Rang vorgehenden oder gleichstehenden Grundpfandrechte Eigentümergrundschulden sind, tritt der Eigentümer diese Eigentümergrundschulden an die Gläubigerin ab. Ferner tritt er die Ansprüche auf Herausgabe der zugehörigen Briefe oder auf Einräumung des Mitbesitzes daran ab. Weiterhin tritt er die Ansprüche auf Abgabe von Erklärungen zur Umschreibung der Grundpfandrechte auf den Eigentümer oder die Gläubigerin ab.

Der Eigentümer ermächtigt die Gläubigerin, die Abtretung jederzeit den Grundschuldgläubigern anzuzeigen. Die Gläubigerin ist berechtigt, die Grundschuld(en) löschen zu lassen; der Eigentümer erteilt hierzu jetzt schon seine Zustimmung.

3 Schlussbestimmungen

3.1 Aus der Grundschuld, den Abtretungen (2) sowie einer in einer anderen Urkunde übernommenen persönlichen Haftung darf sich die Gläubigerin nur einmal in Höhe des Betrags der Grundschuld nebst Zinsen, Nebenleistungen und Kosten befriedigen.

3.2 Jede Änderung oder Ergänzung dieses Vertrags oder eine Vereinbarung über dessen Aufhebung bedarf, um Gültigkeit zu erlangen, der Schriftform.

3.3 Sollten einzelne Bestimmungen dieser Urkunde unwirksam sein bzw. nicht durchgeführt werden, so bleiben die übrigen Bestimmungen wirksam. Soweit Bestimmungen unwirksam sind, gelten ergänzend die gesetzlichen Vorschriften.

3.4 Ergänzend gelten die **Allgemeinen Geschäftsbedingungen** der Gläubigerin (AGB). Die AGB können in den Geschäftsräumen der Gläubigerin eingesehen werden; auf Verlangen werden sie ausgehändigt.

Ort, Datum	Eigentümer

Falls im Hinblick auf den Güterstand der Ehegatten eine Mitwirkung des anderen Ehegatten erforderlich ist, erteilt dieser hiermit seine **Zustimmung.**

Ort, Datum

Die Unterschrift(en) unter dieser Urkunde

☐ wurde(n) vor mir von dem/den Unterzeichner(n) geleistet. ☐ wurde(n) von mir geprüft.

Der Eigentümer ☐ ist mir persönlich bekannt und bereits legitimiert.	hat sich ausgewiesen durch (Urkunde) ☐ Personalausweis	☐ Reisepass	☐
Nr.	ausstellende Behörde		Ausstellungsdatum
Der Ehegatte ☐ ist mir persönlich bekannt und bereits legitimiert.	hat sich ausgewiesen durch (Urkunde) ☐ Personalausweis	☐ Reisepass	☐
Nr.	ausstellende Behörde		Ausstellungsdatum

Ort, Datum	Mitarbeiter der Bank

1 Für die Anzeige der Abtretung gegenüber dem Gläubiger vor- oder gleichrangiger Grundschulden und deren Bestätigung Vordruck 222 070 verwenden.

Grundschuld Zweckerklärung zur Sicherung der Geschäftsverbindung

Zur bankinternen Bearbeitung

Nr.

Die

in dieser Urkunde „Gläubigerin" genannt

ist/wird Gläubigerin der im Grundbuch von

Band Blatt/Nr.

Eigentümer:

in dieser Urkunde – auch bei mehreren Personen – „Eigentümer" genannt

eingetragenen/einzutragenden Grundschuld(en):

Abt. III lfd. Nr.	Betrag/Währungseinheit	Abt. III lfd. Nr.	Betrag/Währungseinheit

Soweit in dieser Urkunde von Grundeigentum oder Eigentümer die Rede ist, so ist hierunter bei Wohnungs- oder Teileigentum das belastete Wohnungs- oder Teileigentum bzw. der Wohnungs- oder Teileigentümer und bei (Wohnungs-/Teil-)Erbbaurechten das belastete (Wohnungs-/Teil-)Erbbaurecht bzw. der (Wohnungs-/Teil-)Erbbauberechtigte zu verstehen; soweit in dieser Urkunde von „Grundschuld" die Rede ist, so sind hierunter alle vorgenannten Grundschulden zu verstehen.

1 Zweckerklärung

1.1 Die Grundschuld – sowie eine in einer anderen Urkunde erklärte Abtretung von Rückgewähransprüchen und Eigentümergrundschulden, die obiger (obigen) Grundschuld(en) im Rang vorgehen oder gleichstehen oder eine dort übernommene persönliche Haftung – dient/dienen zur Sicherung aller bestehenden, künftigen und bedingten Forderungen der Gläubigerin oder eines die Geschäftsverbindung fortsetzenden Rechtsnachfolgers der Gläubigerin gegen

Kreditnehmer, persönlicher Schuldner[1]

aus der bankmäßigen Geschäftsverbindung, insbesondere
- **aus** laufender Rechnung und aus der Gewährung von **Krediten jeder Art,** Wechseln, Schecks, Lieferungen oder Leistungen,
- **aus** Bürgschaften sowie sonstigen **Verpflichtungserklärungen des Schuldners für Dritte,** jeweils ab deren Fälligkeit, sowie

aus im Rahmen der üblichen Bankgeschäfte **von Dritten erworbenen Forderungen,** Wechseln und Schecks.

Die Sicherheit haftet auch dann im oben genannten Umfang, wenn sie anlässlich einer bestimmten Krediteinräumung bestellt wird.

Sollte(n) der/die oben genannte(n) Vertrag/Verträge unwirksam sein, werden auch alle Ansprüche gesichert, die der Gläubigerin infolge der Unwirksamkeit zustehen.

Sind Sicherungsgeber und Schuldner identisch, so erfasst die Sicherheit auch Forderungen, die vom Gesamtrechtsnachfolger des Schuldners begründet werden; sind Sicherungsgeber und Schuldner nicht identisch, erfasst die Sicherheit Forderungen gegen den Gesamtrechtsnachfolger nur, soweit die Forderungen auf Krediten beruhen, die bereits dem Schuldner zugesagt oder von ihm in Anspruch genommen worden sind.

Soweit bisher Zweckerklärungen vereinbart wurden, werden sie durch diese Erklärung nicht aufgehoben, sondern ergänzt.

Die Gläubigerin ist berechtigt, sich aufgrund dieser Grundschuld aus dem Grundstück zu befriedigen oder die Grundschuld selbst freihändig zu verwerten; die Gläubigerin wird die Grundschuld freihändig mangels Zustimmung des Eigentümers nur zusammen mit den gesicherten Forderungen und nur in einer im Verhältnis zu dieser angemessenen Höhe verkaufen. Die Gläubigerin darf die Grundschuld bei Vorliegen eines wichtigen Grundes zwangsweise verwerten, insbesondere wenn der Kreditnehmer fälligen Verpflichtungen gegenüber der Gläubigerin nicht nachkommt. Zwangsvollstreckungsmaßnahmen wird die Gläubigerin mit einer Frist von einem Monat schriftlich androhen; eine Fristsetzung ist nicht erforderlich, wenn der Eigentümer seine Zahlungen eingestellt hat oder die Eröffnung eines gerichtlichen Insolvenzverfahrens über sein Vermögen beantragt worden ist oder wenn die Gläubigerin eine Klage auf Duldung der Zwangsvollstreckung aus der Grundschuld in den belasteten Grundbesitz erhebt.

Zahlt ein Bürge oder ein anderer Dritter an die Gläubigerin, so verpflichtet sie sich, die Grundschuld einschließlich der anderen in dieser Urkunde genannten Sicherungsrechte auf diesen zu übertragen, sofern nicht eine Abrede des Sicherungsgebers mit ihr oder Rechte Dritter entgegenstehen.

1.2 Mit der Gläubigerin ist vereinbart, dass Zahlungen, die aus irgendeinem Grund an sie geleistet werden, weder auf die Grundschuld noch auf deren Zinsen und Nebenleistungen, sondern auf die persönliche Forderung anzurechnen sind. Werden mehrere Forderungen gesichert, steht dem Eigentümer bei Leistung kein Leistungsbestimmungsrecht nach § 366 Abs. 1 BGB zu. Die Gläubigerin ist vielmehr berechtigt, Zahlungseingänge nach der Tilgungsreihenfolge des § 366 Abs. 2 BGB zu verrechnen.

1.3 Die Gläubigerin ist berechtigt, aber nicht verpflichtet, Teile des Grundeigentums sowie Grundstückszubehör aus der Haftung für die Grundschuld zu entlassen und Rangänderungen zu bewilligen. Dies soll auch dann gelten, wenn der Rückgewähranspruch an einen Dritten abgetreten ist oder abgetreten wird.

1.4 Die Gläubigerin ist jederzeit berechtigt, auf den ihren persönlichen Anspruch übersteigenden Teil der Grundschuld und der bei ihr eingetragenen Zinsen und Nebenleistungen zu verzichten sowie den Antrag auf Eintragung des Verzichts im Grundbuch zu stellen.

In einem etwaigen Zwangsversteigerungs- oder Zwangsverwaltungsverfahren ist die Gläubigerin nicht verpflichtet, aus der Grundschuld Beträge geltend zu machen, die über den persönlichen Anspruch hinausgehen.

1 Handelt es sich um mehrere Schuldner und soll die Sicherheit auch zur Sicherung der Ansprüche gegen einzelne Schuldner dienen, so ist dies gesondert auszuhandeln und durch einen Zusatz, wie z. B. „und gegen jeden Einzelnen von ihnen", zum Ausdruck zu bringen.

220 050 DG VERLAG FA 6.99

1.5 Die Gläubigerin oder deren Beauftragte ist berechtigt, das Pfandgrundstück zu besichtigen.

1.6 Der Eigentümer stimmt hiermit zu, dass der Gläubigerin folgende Auskünfte erteilt werden

a) von Steuer- und sonstigen Behörden über Rückstände solcher öffentlicher Lasten, die in einer Zwangsverwaltung oder Zwangsversteigerung des belasteten Grundeigentums mit dem Rang vor dem Recht der Gläubiger zu befriedigen sind,

b) von den zuständigen Stellen über den Einheitswert und den Gebäude-Versicherungswert,

c) von den Gläubigern vor- oder gleichrangiger Grundpfandrechte über die Höhe der Forderungen, Kreditzusagen und bestehenden Sicherheiten.

Die Gläubigerin ist berechtigt, zum Nachweis der Vollmacht die gesamte Urkunde zur Einsicht vorzulegen.

Der Eigentümer verpflichtet sich, der Gläubigerin auf Verlangen Miet- und Pachtverträge und sonstige das Grundstück betreffende Unterlagen vorzulegen.

1.7 Der Eigentümer ist verpflichtet, das Pfandgrundstück gegen Feuer und auf Verlangen der Gläubigerin auch gegen Sturm/Hagel, Leitungswasser, Elementarschäden und weitere Risiken versichert zu halten. Die Auswahl eines geeigneten Versicherungsunternehmens hat im Einvernehmen mit der Gläubigerin zu erfolgen. Die Gläubigerin wird ihr Einvernehmen erklären, wenn keine sachlichen Gründe gegen das vom Eigentümer ausgewählte Versicherungsunternehmen bestehen und insbesondere dem Sicherungsbedürfnis der Gläubigerin Rechnung getragen ist. Wenn der Eigentümer für keinen ausreichenden Versicherungsschutz sorgt oder die Prämien nicht pünktlich zahlt, ist die Gläubigerin berechtigt, dies auf Gefahr und Kosten des Eigentümers zu tun.

2 Schlussbestimmungen

2.1 Aus der Grundschuld – sowie einer in einer anderen Urkunde erklärten Abtretung von Rückgewähransprüchen und von Eigentümergrundschulden, die der (den) obigen Grundschuld(en) im Rang vorgehen oder gleichstehen – darf sich die Gläubigerin nur einmal in Höhe des Betrags der Grundschuld nebst Zinsen, Nebenleistungen und Kosten befriedigen.

2.2 Jede Änderung oder Ergänzung dieses Vertrags oder eine Vereinbarung über dessen Aufhebung bedarf, um Gültigkeit zu erlangen, der Schriftform.

2.3 Sollten einzelne Bestimmungen dieser Urkunde unwirksam sein bzw. nicht durchgeführt werden, so bleiben die übrigen Bestimmungen wirksam. Soweit Bestimmungen unwirksam sind, gelten ergänzend die gesetzlichen Vorschriften.

2.4 Ergänzend gelten die **Allgemeinen Geschäftsbedingungen** der Gläubigerin (AGB). Die AGB können in den Geschäftsräumen der Gläubigerin eingesehen werden; auf Verlangen werden sie ausgehändigt.

Ort, Datum	Eigentümer

Falls im Hinblick auf den Güterstand der Ehegatten eine Mitwirkung des anderen Ehegatten erforderlich ist, erteilt dieser hiermit seine **Zustimmung.**

Ort, Datum

Die Unterschrift(en) unter dieser Urkunde

☐ wurde(n) vor mir von dem/den Unterzeichner(n) geleistet. ☐ wurde(n) von mir geprüft.

Der Eigentümer ☐ ist mir persönlich bekannt und bereits legitimiert.	hat sich ausgewiesen durch (Urkunde) ☐ Personalausweis	☐ Reisepass	☐
Nr.	ausstellende Behörde		Ausstellungsdatum
Der Ehegatte ☐ ist mir persönlich bekannt und bereits legitimiert.	hat sich ausgewiesen durch (Urkunde) ☐ Personalausweis	☐ Reisepass	☐
Nr.	ausstellende Behörde		Ausstellungsdatum

Ort, Datum	Mitarbeiter der Bank

Grundschuld Zweckerklärung zur Sicherung der Geschäftsverbindung mit Abtretung der Rückgewähransprüche sowie **Übernahme der persönlichen Haftung**

Zur bankinternen Bearbeitung

Nr.

Die

in dieser Urkunde „Gläubigerin“ genannt

ist/wird Gläubigerin der im Grundbuch von

Band Blatt/Nr.

Eigentümer:

in dieser Urkunde – auch bei mehreren Personen – „Eigentümer“ genannt

eingetragenen/einzutragenden Grundschuld(en):

Abt. III lfd. Nr.	Betrag/Währungseinheit	Abt. III lfd. Nr.	Betrag/Währungseinheit

Soweit in dieser Urkunde von Grundeigentum oder Eigentümer die Rede ist, so ist hierunter bei Wohnungs- oder Teileigentum das belastete Wohnungs- oder Teileigentum bzw. der Wohnungs- oder Teileigentümer und bei (Wohnungs-/Teil-)Erbbaurechten das belastete (Wohnungs-/Teil-)Erbbaurecht bzw. der (Wohnungs-/Teil-)Erbbauberechtigte zu verstehen; soweit in dieser Urkunde von „Grundschuld“ die Rede ist, so sind hierunter alle vorgenannten Grundschulden zu verstehen.

1 Zweckerklärung

1.1 Die Grundschuld, die Abtretungen unter 2 sowie die in dieser (unter 3) oder einer anderen Urkunde übernommene persönliche Haftung dienen zur Sicherung aller bestehenden, künftigen und bedingten Forderungen der Gläubigerin oder eines die Geschäftsverbindung fortsetzenden Rechtsnachfolgers der Gläubigerin gegen

Kreditnehmer, persönlicher Schuldner[1]

aus der bankmäßigen Geschäftsverbindung, insbesondere
- **aus** laufender Rechnung und aus der Gewährung von **Krediten jeder Art,** Wechseln, Schecks, Lieferungen oder Leistungen,
- **aus** Bürgschaften sowie sonstigen **Verpflichtungserklärungen des Schuldners für Dritte,** jeweils ab deren Fälligkeit, sowie **aus** im Rahmen der üblichen Bankgeschäfte **von Dritten erworbenen Forderungen,** Wechseln und Schecks.

Die Sicherheit haftet auch dann im oben genannten Umfang, wenn sie anlässlich einer bestimmten Krediteinräumung bestellt wird.

Sollte(n) der/die oben genannte(n) Vertrag/Verträge unwirksam sein, werden auch alle Ansprüche gesichert, die der Gläubigerin infolge der Unwirksamkeit zustehen.

Sind Sicherungsgeber und Schuldner identisch, so erfasst die Sicherheit auch Forderungen, die vom Gesamtrechtsnachfolger des Schuldners begründet werden; sind Sicherungsgeber und Schuldner nicht identisch, erfasst die Sicherheit Forderungen gegen den Gesamtrechtsnachfolger nur, soweit die Forderungen auf Krediten beruhen, die bereits dem Schuldner zugesagt oder von ihm in Anspruch genommen worden sind.

Soweit bisher Zweckerklärungen und Abtretungen der Rückgewähransprüche vereinbart wurden, werden sie durch diese Erklärung nicht aufgehoben, sondern ergänzt.

Die Gläubigerin ist berechtigt, sich aufgrund dieser Grundschuld aus dem Grundstück zu befriedigen oder die Grundschuld selbst freihändig zu verwerten; die Gläubigerin wird die Grundschuld freihändig mangels Zustimmung des Eigentümers nur zusammen mit den gesicherten Forderungen und nur in einer im Verhältnis zu dieser angemessenen Höhe verkaufen. Die Gläubigerin darf die Grundschuld bei Vorliegen eines wichtigen Grundes zwangsweise verwerten, insbesondere wenn der Kreditnehmer fälligen Verpflichtungen gegenüber der Gläubigerin nicht nachkommt. Das Gleiche gilt für ein Vorgehen aus der Übernahme einer persönlichen Haftung. Zwangsvollstreckungsmaßnahmen wird die Gläubigerin mit einer Frist von einem Monat schriftlich androhen; eine Fristsetzung ist nicht erforderlich, wenn der Eigentümer seine Zahlungen eingestellt hat oder die Eröffnung eines gerichtlichen Insolvenzverfahrens über sein Vermögen beantragt worden ist oder wenn die Gläubigerin eine Klage auf Duldung der Zwangsvollstreckung aus der Grundschuld in den belasteten Grundbesitz erhebt.

Zahlt ein Bürge oder ein anderer Dritter an die Gläubigerin, so verpflichtet sie sich, die Grundschuld einschließlich der anderen in dieser Urkunde genannten Sicherungsrechte auf diesen zu übertragen, sofern nicht eine Abrede des Sicherungsgebers mit ihr oder Rechte Dritter entgegenstehen.

1.2 Mit der Gläubigerin ist vereinbart, dass Zahlungen, die aus irgendeinem Grund an sie geleistet werden, weder auf die Grundschuld noch auf deren Zinsen und Nebenleistungen, sondern auf die persönliche Forderung anzurechnen sind. Werden mehrere Forderungen gesichert, steht dem Eigentümer bei Leistung kein Leistungsbestimmungsrecht nach § 366 Abs. 1 BGB zu. Die Gläubigerin ist vielmehr berechtigt, Zahlungseingänge nach der Tilgungsreihenfolge des § 366 Abs. 2 BGB zu verrechnen.

1.3 Die Gläubigerin ist berechtigt, aber nicht verpflichtet, Teile des Grundeigentums sowie Grundstückszubehör aus der Haftung für die Grundschuld zu entlassen und Rangänderungen zu bewilligen. Dies soll auch dann gelten, wenn der Rückgewähranspruch an einen Dritten abgetreten ist oder abgetreten wird.

1.4 Die Gläubigerin ist jederzeit berechtigt, auf den ihren persönlichen Anspruch übersteigenden Teil der Grundschuld und der bei ihr eingetragenen Zinsen und Nebenleistungen zu verzichten sowie den Antrag auf Eintragung des Verzichts im Grundbuch zu stellen. In einem etwaigen Zwangsversteigerungs- oder Zwangsverwaltungsverfahren ist die Gläubigerin nicht verpflichtet, aus der Grundschuld Beträge geltend zu machen, die über den persönlichen Anspruch hinausgehen.

1.5 Die Gläubigerin oder deren Beauftragte ist berechtigt, das Pfandgrundstück zu besichtigen.

1.6 Der Eigentümer stimmt hiermit zu, dass der Gläubigerin folgende Auskünfte erteilt werden
a) von Steuer- und sonstigen Behörden über Rückstände solcher öffentlicher Lasten, die in einer Zwangsverwaltung oder Zwangsversteigerung des belasteten Grundeigentums mit dem Rang vor dem Recht der Gläubiger zu befriedigen sind,
b) von den zuständigen Stellen über den Einheitswert und den Gebäude-Versicherungswert,
c) von den Gläubigern vor- oder gleichrangiger Grundpfandrechte über die Höhe der Forderungen, Kreditzusagen und bestehenden Sicherheiten.

Die Gläubigerin ist berechtigt, zum Nachweis der Vollmacht die gesamte Urkunde zur Einsicht vorzulegen.

Der Eigentümer verpflichtet sich, der Gläubigerin auf Verlangen Miet- und Pachtverträge und sonstige das Grundstück betreffende Unterlagen vorzulegen.

1 Handelt es sich um mehrere Schuldner und soll die Sicherheit auch zur Sicherung der Ansprüche gegen einzelne Schuldner dienen, so ist dies gesondert auszuhandeln und durch einen Zusatz, wie z. B. „und gegen jeden Einzelnen von ihnen“, zum Ausdruck zu bringen.

220 060 DG VERLAG FA 6.99

1.7 Der Eigentümer ist verpflichtet, das Pfandgrundstück gegen Feuer und auf Verlangen der Gläubigerin auch gegen Sturm/Hagel, Leitungswasser, Elementarschäden und weitere Risiken versichert zu halten. Die Auswahl eines geeigneten Versicherungsunternehmens hat im Einvernehmen mit der Gläubigerin zu erfolgen. Die Gläubigerin wird ihr Einvernehmen erklären, wenn keine sachlichen Gründe gegen das vom Eigentümer ausgewählte Versicherungsunternehmen bestehen und insbesondere dem Sicherungsbedürfnis der Gläubigerin Rechnung getragen ist. Wenn der Eigentümer für keinen ausreichenden Versicherungsschutz sorgt oder die Prämien nicht pünktlich zahlt, ist die Gläubigerin berechtigt, dies auf Gefahr und Kosten des Eigentümers zu tun.

2 Abtretung von Rückgewähransprüchen und Eigentümergrundschulden[1]

Der Eigentümer tritt hiermit die Ansprüche auf ganze oder teilweise Übertragung derjenigen gegenwärtigen und künftigen Grundschulden, die der vorstehend genannten Grundschuld im Rang vorgehen oder gleichstehen, nebst allen Zinsen und Nebenleistungen an die Gläubigerin ab, auch soweit diese Ansprüche bedingt sind oder erst künftig entstehen. Dies gilt auch für den Fall der Teilabtretung der vorstehend genannten Grundschuld hinsichtlich des Rückgewähranspruchs an der zum Teil abgetretenen Grundschuld. Sollten Rückgewähransprüche an vorrangigen Grundschulden bereits anderweitig abgetreten sein, so tritt der Eigentümer hiermit seinen Anspruch auf Rückübertragung dieser Ansprüche ab.

Abgetreten werden hiermit ferner – in Bezug auf jede Grundschuld bzw. Teilgrundschuld – die Ansprüche auf:

2.1 Herausgabe des Grundschuldbriefs oder auf Vorlegung des Briefs zur Bildung eines Teilgrundschuldbriefs,

2.2 Rechnungslegung aus dem persönlichen Schuldverhältnis, zu dessen Sicherung die Grundschuld bestellt ist,

2.3 Verzicht auf die Grundschuld sowie Aufhebung der Grundschuld und Erteilung einer Löschungsbewilligung in öffentlich beglaubigter Form,

2.4 Auszahlung des Erlöses – auch gegen das Gericht –, soweit dieser die persönliche Forderung des Grundschuldgläubigers im Zwangsversteigerungs- oder Zwangsverwaltungsverfahren oder bei freihändigem Verkauf des Grundstücks und im Fall der Verwertung der Grundschuld durch Verkauf oder Versteigerung übersteigt,

2.5 Geltendmachung der ganzen Grundschuld nebst aller Zinsen und Nebenleistungen in einem Zwangsversteigerungs- oder Zwangsverwaltungsverfahren.

Soweit die der vorstehend genannten Grundschuld(en) im Rang vorgehenden oder gleichstehenden Grundpfandrechte Eigentümergrundschulden sind, tritt der Eigentümer diese Eigentümergrundschulden an die Gläubigerin ab. Ferner tritt er die Ansprüche auf Herausgabe der zugehörigen Briefe oder auf Einräumung des Mitbesitzes daran ab. Weiterhin tritt er die Ansprüche auf Abgabe von Erklärungen zur Umschreibung der Grundpfandrechte auf den Eigentümer oder die Gläubigerin ab.

Der Eigentümer ermächtigt die Gläubigerin, die Abtretung jederzeit den Grundschuldgläubigern anzuzeigen. Die Gläubigerin ist berechtigt, die Grundschuld(en) löschen zu lassen; der Eigentümer erteilt hierzu jetzt schon seine Zustimmung.

3 Persönliche Haftung

Jeder Eigentümer sowie[2]

Namen einsetzen

übernimmt/übernehmen hiermit – als Gesamtschuldner – die **persönliche Haftung** für die Zahlung eines Geldbetrags, dessen Höhe der vereinbarten Grundschuld (Kapital, Zinsen, Nebenleistungen und Kosten der dinglichen Rechtsverfolgung gem. § 1118 BGB) entspricht. Dies gilt auch schon vor der Eintragung der Grundschuld im Grundbuch und vor der Vollstreckung in das belastete Grundeigentum sowie für den Fall des Erlöschens der Grundschuld im Zwangsversteigerungsverfahren hinsichtlich des Betrags (Kapital, Zinsen, Nebenleistungen, Kosten), mit welchem die Gläubigerin hierbei ausgefallen ist.

4 Schlussbestimmungen

4.1 Aus der Grundschuld, den Abtretungen (2) und der persönlichen Haftung (3) darf sich die Gläubigerin nur einmal in Höhe des Betrags der Grundschuld nebst Zinsen, Nebenleistungen und Kosten befriedigen.

4.2 Jede Änderung oder Ergänzung dieses Vertrags oder eine Vereinbarung über dessen Aufhebung bedarf, um Gültigkeit zu erlangen, der Schriftform.

4.3 Sollten einzelne Bestimmungen dieser Urkunde unwirksam sein bzw. nicht durchgeführt werden, so bleiben die übrigen Bestimmungen wirksam. Soweit Bestimmungen unwirksam sind, gelten ergänzend die gesetzlichen Vorschriften.

4.4 Ergänzend gelten die **Allgemeinen Geschäftsbedingungen** der Gläubigerin (AGB). Die AGB können in den Geschäftsräumen der Gläubigerin eingesehen werden; auf Verlangen werden sie ausgehändigt.

Ort, Datum	Ort, Datum
Eigentümer	Mitverpflichtete(r) (auch Ehegatte, wenn unter 3 genannt)

Falls im Hinblick auf den Güterstand der Ehegatten eine Mitwirkung des anderen Ehegatten erforderlich ist, erteilt dieser hiermit seine **Zustimmung.**

Ort, Datum

Die Unterschrift(en) unter dieser Urkunde

☐ wurde(n) vor mir von dem/den Unterzeichner(n) geleistet. ☐ wurde(n) von mir geprüft.

Der Eigentümer ☐ ist mir persönlich bekannt und bereits legitimiert.	hat sich ausgewiesen durch (Urkunde) ☐ Personalausweis	☐ Reisepass	☐
Nr.	ausstellende Behörde		Ausstellungsdatum
Der Mitverpflichtete ☐ ist mir persönlich bekannt und bereits legitimiert.	hat sich ausgewiesen durch (Urkunde) ☐ Personalausweis	☐ Reisepass	☐
Nr.	ausstellende Behörde		Ausstellungsdatum
Der Ehegatte ☐ ist mir persönlich bekannt und bereits legitimiert.	hat sich ausgewiesen durch (Urkunde) ☐ Personalausweis	☐ Reisepass	☐
Nr.	ausstellende Behörde		Ausstellungsdatum

Ort, Datum	Mitarbeiter der Bank

1 Für die Anzeige der Abtretung gegenüber dem Gläubiger vor- oder gleichrangiger Grundschulden und deren Bestätigung Vordruck 222 070 verwenden.
2 Die persönliche Haftung kann nur von Schuldnern oder Bürgen übernommen werden.

Grundschuld Zweckerklärung zur Sicherung der Geschäftsverbindung mit Abtretung der Rückgewähransprüche

Zur bankinternen Bearbeitung

Nr.

Die

in dieser Urkunde „Gläubigerin" genannt

ist/wird Gläubigerin der im Grundbuch von

Band Blatt/Nr.

Eigentümer:

in dieser Urkunde – auch bei mehreren Personen – „Eigentümer" genannt

eingetragenen/einzutragenden Grundschuld(en):

Abt. III lfd. Nr.	Betrag/Währungseinheit	Abt. III lfd. Nr.	Betrag/Währungseinheit

Soweit in dieser Urkunde von Grundeigentum oder Eigentümer die Rede ist, so ist hierunter bei Wohnungs- oder Teileigentum das belastete Wohnungs- oder Teileigentum bzw. der Wohnungs- oder Teileigentümer und bei (Wohnungs-/Teil-)Erbbaurechten das belastete (Wohnungs-/Teil-)Erbbaurecht bzw. der (Wohnungs-/Teil-)Erbbauberechtigte zu verstehen; soweit in dieser Urkunde von „Grundschuld" die Rede ist, so sind hierunter alle vorgenannten Grundschulden zu verstehen.

1 Zweckerklärung

1.1 Die Grundschuld, die Abtretungen unter 2 sowie eine in einer anderen Urkunde übernommene persönliche Haftung dienen zur Sicherung aller bestehenden, künftigen und bedingten Forderungen der Gläubigerin oder eines die Geschäftsverbindung fortsetzenden Rechtsnachfolgers der Gläubigerin gegen

Kreditnehmer, persönlicher Schuldner[1]

aus der bankmäßigen Geschäftsverbindung, insbesondere

– **aus** laufender Rechnung und aus der Gewährung von **Krediten jeder Art,** Wechseln, Schecks, Lieferungen oder Leistungen,
– **aus** Bürgschaften sowie sonstigen **Verpflichtungserklärungen des Schuldners für Dritte,** jeweils ab deren Fälligkeit, sowie **aus** im Rahmen der üblichen Bankgeschäfte **von Dritten erworbenen Forderungen,** Wechseln und Schecks.

Die Sicherheit haftet auch dann im oben genannten Umfang, wenn sie anlässlich einer bestimmten Krediteinräumung bestellt wird.

Sollte(n) der/die oben genannte(n) Vertrag/Verträge unwirksam sein, werden auch alle Ansprüche gesichert, die der Gläubigerin infolge der Unwirksamkeit zustehen.

Sind Sicherungsgeber und Schuldner identisch, so erfasst die Sicherheit auch Forderungen, die vom Gesamtrechtsnachfolger des Schuldners begründet werden; sind Sicherungsgeber und Schuldner nicht identisch, erfasst die Sicherheit Forderungen gegen den Gesamtrechtsnachfolger nur, soweit die Forderungen auf Krediten beruhen, die bereits dem Schuldner zugesagt oder von ihm in Anspruch genommen worden sind.

Soweit bisher Zweckerklärungen und Abtretungen der Rückgewähransprüche vereinbart wurden, werden sie durch diese Erklärung nicht aufgehoben, sondern ergänzt.

Die Gläubigerin ist berechtigt, sich aufgrund dieser Grundschuld aus dem Grundstück zu befriedigen oder die Grundschuld selbst freihändig zu verwerten; die Gläubigerin wird die Grundschuld freihändig mangels Zustimmung des Eigentümers nur zusammen mit den gesicherten Forderungen und nur in einer im Verhältnis zu dieser angemessenen Höhe verkaufen. Die Gläubigerin darf die Grundschuld bei Vorliegen eines wichtigen Grundes zwangsweise verwerten, insbesondere wenn der Kreditnehmer fälligen Verpflichtungen gegenüber der Gläubigerin nicht nachkommt. Zwangsvollstreckungsmaßnahmen wird die Gläubigerin mit einer Frist von einem Monat schriftlich androhen; eine Fristsetzung ist nicht erforderlich, wenn der Eigentümer seine Zahlungen eingestellt hat oder die Eröffnung eines gerichtlichen Insolvenzverfahrens über sein Vermögen beantragt worden ist oder wenn die Gläubigerin eine Klage auf Duldung der Zwangsvollstreckung aus der Grundschuld in den belasteten Grundbesitz erhebt.

Zahlt ein Bürge oder ein anderer Dritter an die Gläubigerin, so verpflichtet sie sich, die Grundschuld einschließlich der anderen in dieser Urkunde genannten Sicherungsrechte auf diesen zu übertragen, sofern nicht eine Abrede des Sicherungsgebers mit ihr oder Rechte Dritter entgegenstehen.

1.2 Mit der Gläubigerin ist vereinbart, dass Zahlungen, die aus irgendeinem Grund an sie geleistet werden, weder auf die Grundschuld noch auf deren Zinsen und Nebenleistungen, sondern auf die persönliche Forderung anzurechnen sind. Werden mehrere Forderungen gesichert, steht dem Eigentümer bei Leistung kein Leistungsbestimmungsrecht nach § 366 Abs. 1 BGB zu. Die Gläubigerin ist vielmehr berechtigt, Zahlungseingänge nach der Tilgungsreihenfolge des § 366 Abs. 2 BGB zu verrechnen.

1.3 Die Gläubigerin ist berechtigt, aber nicht verpflichtet, Teile des Grundeigentums sowie Grundstückszubehör aus der Haftung für die Grundschuld zu entlassen und Rangänderungen zu bewilligen. Dies soll auch dann gelten, wenn der Rückgewähranspruch an einen Dritten abgetreten ist oder abgetreten wird.

1.4 Die Gläubigerin ist jederzeit berechtigt, auf den ihren persönlichen Anspruch übersteigenden Teil der Grundschuld und der bei ihr eingetragenen Zinsen und Nebenleistungen zu verzichten sowie den Antrag auf Eintragung des Verzichts im Grundbuch zu stellen.

In einem etwaigen Zwangsversteigerungs- oder Zwangsverwaltungsverfahren ist die Gläubigerin nicht verpflichtet, aus der Grundschuld Beträge geltend zu machen, die über den persönlichen Anspruch hinausgehen.

1.5 Die Gläubigerin oder deren Beauftragte ist berechtigt, das Pfandgrundstück zu besichtigen.

1.6 Der Eigentümer stimmt hiermit zu, dass der Gläubigerin folgende Auskünfte erteilt werden

a) von Steuer- und sonstigen Behörden über Rückstände solcher öffentlicher Lasten, die in einer Zwangsverwaltung oder Zwangsversteigerung des belasteten Grundeigentums mit dem Rang vor dem Recht der Gläubiger zu befriedigen sind,
b) von den zuständigen Stellen über den Einheitswert und den Gebäude-Versicherungswert,
c) von den Gläubigern vor- oder gleichrangiger Grundpfandrechte über die Höhe der Forderungen, Kreditzusagen und bestehenden Sicherheiten.

1 Handelt es sich um mehrere Schuldner und soll die Sicherheit auch zur Sicherung der Ansprüche gegen einzelne Schuldner dienen, so ist dies gesondert auszuhandeln und durch einen Zusatz, wie z. B. „und gegen jeden Einzelnen von ihnen", zum Ausdruck zu bringen.

220 070 DG VERLAG FA 6.99

Die Gläubigerin ist berechtigt, zum Nachweis der Vollmacht die gesamte Urkunde zur Einsicht vorzulegen.
Der Eigentümer verpflichtet sich, der Gläubigerin auf Verlangen Miet- und Pachtverträge und sonstige das Grundstück betreffende Unterlagen vorzulegen.

1.7 Der Eigentümer ist verpflichtet, das Pfandgrundstück gegen Feuer und auf Verlangen der Gläubigerin auch gegen Sturm/Hagel, Leitungswasser, Elementarschäden und weitere Risiken versichert zu halten. Die Auswahl eines geeigneten Versicherungsunternehmens hat im Einvernehmen mit der Gläubigerin zu erfolgen. Die Gläubigerin wird ihr Einvernehmen erklären, wenn keine sachlichen Gründe gegen das vom Eigentümer ausgewählte Versicherungsunternehmen bestehen und insbesondere dem Sicherungsbedürfnis der Gläubigerin Rechnung getragen ist. Wenn der Eigentümer für keinen ausreichenden Versicherungsschutz sorgt oder die Prämien nicht pünktlich zahlt, ist die Gläubigerin berechtigt, dies auf Gefahr und Kosten des Eigentümers zu tun.

2 Abtretung von Rückgewähransprüchen und Eigentümergrundschulden[1]

Der Eigentümer tritt hiermit die Ansprüche auf ganze oder teilweise Übertragung derjenigen gegenwärtigen und künftigen Grundschulden, die der vorstehend genannten Grundschuld im Rang vorgehen oder gleichstehen, nebst allen Zinsen und Nebenleistungen an die Gläubigerin ab, auch soweit diese Ansprüche bedingt sind oder erst künftig entstehen. Dies gilt auch für den Fall der Teilabtretung der vorstehend genannten Grundschuld hinsichtlich des Rückgewähranspruchs an der zum Teil abgetretenen Grundschuld. Sollten Rückgewähransprüche an vorrangigen Grundschulden bereits anderweitig abgetreten sein, so tritt der Eigentümer hiermit seinen Anspruch auf Rückübertragung dieser Ansprüche ab.
Abgetreten werden hiermit ferner – in Bezug auf jede Grundschuld bzw. Teilgrundschuld – die Ansprüche auf:

2.1 Herausgabe des Grundschuldbriefs oder auf Vorlegung des Briefs zur Bildung eines Teilgrundschuldbriefs,

2.2 Rechnungslegung aus dem persönlichen Schuldverhältnis, zu dessen Sicherung die Grundschuld bestellt ist,

2.3 Verzicht auf die Grundschuld sowie Aufhebung der Grundschuld und Erteilung einer Löschungsbewilligung in öffentlich beglaubigter Form,

2.4 Auszahlung des Erlöses – auch gegen das Gericht –, soweit dieser die persönliche Forderung des Grundschuldgläubigers im Zwangsversteigerungs- oder Zwangsverwaltungsverfahren oder bei freihändigem Verkauf des Grundstücks und im Fall der Verwertung der Grundschuld durch Verkauf oder Versteigerung übersteigt,

2.5 Geltendmachung der ganzen Grundschuld nebst aller Zinsen und Nebenleistungen in einem Zwangsversteigerungs- oder Zwangsverwaltungsverfahren.

Soweit die der vorstehend genannten Grundschuld(en) im Rang vorgehenden oder gleichstehenden Grundpfandrechte Eigentümergrundschulden sind, tritt der Eigentümer diese Eigentümergrundschulden an die Gläubigerin ab. Ferner tritt er die Ansprüche auf Herausgabe der zugehörigen Briefe oder auf Einräumung des Mitbesitzes daran ab. Weiterhin tritt er die Ansprüche auf Abgabe von Erklärungen zur Umschreibung der Grundpfandrechte auf den Eigentümer oder die Gläubigerin ab.
Der Eigentümer ermächtigt die Gläubigerin, die Abtretung jederzeit den Grundschuldgläubigern anzuzeigen. Die Gläubigerin ist berechtigt, die Grundschuld(en) löschen zu lassen; der Eigentümer erteilt hierzu jetzt schon seine Zustimmung.

3 Schlussbestimmungen

3.1 Aus der Grundschuld, den Abtretungen (2) sowie einer in einer anderen Urkunde übernommenen persönlichen Haftung darf sich die Gläubigerin nur einmal in Höhe des Betrags der Grundschuld nebst Zinsen, Nebenleistungen und Kosten befriedigen.

3.2 Jede Änderung oder Ergänzung dieses Vertrags oder eine Vereinbarung über dessen Aufhebung bedarf, um Gültigkeit zu erlangen, der Schriftform.

3.3 Sollten einzelne Bestimmungen dieser Urkunde unwirksam sein bzw. nicht durchgeführt werden, so bleiben die übrigen Bestimmungen wirksam. Sowoit Bestimmungen unwirksam sind, gelten ergänzend die gesetzlichen Vorschriften.

3.4 Ergänzend gelten die **Allgemeinen Geschäftsbedingungen** der Gläubigerin (AGB). Die AGB können in den Geschäftsräumen der Gläubigerin eingesehen werden; auf Verlangen werden sie ausgehändigt.

Ort, Datum	Eigentümer

Falls im Hinblick auf den Güterstand der Ehegatten eine Mitwirkung des anderen Ehegatten erforderlich ist, erteilt dieser hiermit seine **Zustimmung.**
Ort, Datum

Die Unterschrift(en) unter dieser Urkunde			
☐ wurde(n) vor mir von dem/den Unterzeichner(n) geleistet.			☐ wurde(n) von mir geprüft.
Der Eigentümer ☐ ist mir persönlich bekannt und bereits legitimiert.	hat sich ausgewiesen durch (Urkunde) ☐ Personalausweis	☐ Reisepass	☐
Nr.	ausstellende Behörde		Ausstellungsdatum
Der Ehegatte ☐ ist mir persönlich bekannt und bereits legitimiert.	hat sich ausgewiesen durch (Urkunde) ☐ Personalausweis	☐ Reisepass	☐
Nr.	ausstellende Behörde		Ausstellungsdatum

Ort, Datum	Mitarbeiter der Bank

1 Für die Anzeige der Abtretung gegenüber dem Gläubiger vor- oder gleichrangiger Grundschulden und deren Bestätigung Vordruck 222 070 verwenden.

Grundschuld[1]	Bestellung einer Brief- oder Buchgrundschuld ohne Zwangsvollstreckungsunterwerfung	Zur bankinternen Bearbeitung Nr.

1 Grundschuldbestellung

1.1 Der/Die Eigentümer

in dieser Urkunde – auch bei mehreren Personen – „Eigentümer" genannt

des/der im Grundbuch von ______

eingetragenen Grundstücks/Grundstücke

Band ______ Blatt/Nr. ______ Bestandsverzeichnis lfd. Nr. ______

in dieser Urkunde „Grundeigentum" genannt

bestellt auf dem genannten Grundeigentum eine Grundschuld in Höhe von

Betrag/Währungseinheit

in Worten (Betrag/Währungseinheit):

zugunsten

Gläubigerin

nebst ______ Prozent Jahreszinsen vom heutigen Tage an sowie einer einmaligen Nebenleistung von fünf Prozent des Grundschuldbetrags. Die Zinsen sind am ersten Werktag eines jeden Jahres für das vorangegangene Kalenderjahr zahlbar, spätestens jedoch im Verteilungstermin.

Grundschuld und Nebenleistung sind fällig.

1.2 Ein Grundschuldbrief soll ______ [2] gebildet werden. Auf Vorlage des Grundschuldbriefs und der sonstigen in § 1160 BGB genannten Urkunden im Fall der Mahnung oder Geltendmachung der Grundschuld wird auch namens des Rechtsnachfolgers verzichtet. Die Gläubigerin ist gemäß § 1117 Abs. 2 BGB berechtigt, sich den Grundschuldbrief vom Grundbuchamt aushändigen zu lassen.

1.3 Soweit in dieser Urkunde von Grundeigentum oder Eigentümer die Rede ist, so ist hierunter bei Wohnungs- oder Teileigentum das belastete Wohnungs- oder Teileigentum bzw. der Wohnungs- oder Teileigentümer und bei (Wohnungs-/Teil-)Erbbaurechten[3] das belastete (Wohnungs-/Teil-)Erbbaurecht bzw. der (Wohnungs-/Teil-)Erbbauberechtigte zu verstehen.

1 Für die Zweckerklärung einschließlich der Abtretung der Rückgewähransprüche ist Vordruck 220 030 oder 220 060 bzw. 220 040 oder 220 070 zu verwenden.
2 Soll ein Grundschuldbrief nicht gebildet werden (Buchgrundschuld), so ist hier das Wort „nicht" einzutragen; die folgenden beiden Sätze sind dann zu streichen.
3 Vordruck 220 170 verwenden, falls nach dem Erbbauvertrag zur Belastung oder Veräußerung des Erbbaurechts die Zustimmung des Grundstückseigentümers erforderlich ist.

220 400 DG VERLAG FA 1.00

2 Bewilligungen und Anträge

2.1 Der Eigentümer bewilligt und beantragt die Eintragung der unter 1 bestellten Grundschuld nebst Zinsen und Nebenleistung im Grundbuch.

Raum für eine etwaige vom Gesetz (§ 45 GBO) abweichende Bestimmung des Rangverhältnisses

Sollten etwa ausbedungene Rangstellen zunächst nicht verschafft werden können, so beantragt der Eigentümer, das vorgenannte Grundpfandrecht an nächstoffener Rangstelle einzutragen.

Der vorgenannte Antrag sowie etwaige weitere in dieser Urkunde gestellten Anträge auf Eintragung oder Löschung sind nicht als einheitliche Anträge zu behandeln.

Der Eigentümer stimmt der Löschung der der vorgenannten Grundschuld gleich- und vorrangigen Grundpfandrechte zu.

2.2 Der Eigentümer beantragt beim Grundbuchamt, der Gläubigerin

a) den Grundschuldbrief auszuhändigen, sofern dessen Erteilung nicht ausgeschlossen ist,

b) nach Vollzug der Eintragungsanträge eine unbeglaubigte Grundbuchabschrift zu erteilen,

c) von etwaigen Zwischenverfügungen eine Abschrift zu erteilen.

2.3 Der Eigentümer beantragt beim Notar,

a) der Gläubigerin sofort eine beglaubigte Abschrift dieser Urkunde zu erteilen,

b) dem Grundbuchamt die Urschrift dieser Urkunde einzureichen,

c) dem Eigentümer eine einfache Abschrift dieser Urkunde zu erteilen.

3 Schlussbestimmungen

3.1 Ist die Grundschuld zunächst nicht bei dem gesamten in Abschnitt 1.1 aufgeführten Grundeigentum eingetragen, so soll sie bereits mit der Eintragung an einem Teil des Grundeigentums als Einzelgrundschuld entstehen; ist sie bei mehreren, jedoch nicht bei allen Teilen des Grundeigentums eingetragen, so entsteht sie als Gesamtgrundschuld insoweit, als sie eingetragen ist.

3.2 Die in dieser Urkunde genannten Eigentümer bestellen sich gegenseitig zu **Zustellungsbevollmächtigten** und bevollmächtigen sich gegenseitig, alle Zustellungen und Willenserklärungen, die das Grundpfandrecht betreffen, und zwar auch im Zwangsvollstreckungsverfahren, in Empfang zu nehmen.

3.3[1] Der Eigentümer ist mit der späteren Umwandlung in eine Briefgrundschuld und mit einem Verzicht auf die Rechte nach § 1160 BGB einverstanden. Er bevollmächtigt die jeweilige Gläubigerin unter Befreiung von den Beschränkungen des § 181 BGB, jederzeit die Eintragung der Umwandlung in das Grundbuch zu bewilligen und zu beantragen sowie sich den Brief vom Grundbuchamt aushändigen zu lassen.

3.4 Die Kosten dieser Urkunde und ihres Vollzugs trägt der Eigentümer.

3.5 Sollten einzelne Bestimmungen dieser Urkunde unwirksam sein bzw. nicht durchgeführt werden, so bleiben die übrigen Bestimmungen wirksam. Soweit Bestimmungen unwirksam sind, gelten ergänzend die gesetzlichen Vorschriften.

3.6 Der Notar hat den Grundbuchinhalt festgestellt.

4 Zustimmungserklärung des Ehegatten

Der Ehegatte erteilt hiermit aus güterrechtlichen Gründen seine **Zustimmung**.[2]

1 Streichen, wenn von vornherein ein Grundschuldbrief gebildet werden soll.
2 Streichen, wenn die Zustimmung des anderen Ehegatten nach § 1365 BGB nicht erforderlich ist.

Zustimmung und Antrag der Gläubigerin

Die Gläubigerin stellt unter Annahme der Grundschuldbestellung hiermit ebenfalls alle Anträge an das Grundbuchamt aus dieser Urkunde.

Ort, Datum	Gläubigerin[1]

1 Eine Beglaubigung der Unterschrift der Gläubigerin ist nicht erforderlich.

Grundschuld[1]	Bestellung einer Brief- oder Buchgrundschuld mit Übernahme der persönlichen Haftung sowie dinglicher und persönlicher Zwangsvollstreckungsunterwerfung	Zur bankinternen Bearbeitung Nr.

Urkundenrolle Nr. **Jahr**

Verhandelt zu

am

Vor mir,

erschien(en):

Eigentümer

weiter erschienen:

1 Für die Zweckerklärung einschließlich der Abtretung der Rückgewähransprüche ist Vordruck 220 030 oder 220 060 bzw. 220 040 oder 220 070 zu verwenden.

220 410 DG VERLAG FA 1.00

Der/Die Erschienene(n) erklärte(n) vorab:

Soweit in dieser Urkunde von Grundeigentum oder Eigentümer die Rede ist, so ist hierunter bei Wohnungs- oder Teileigentum das belastete Wohnungs- oder Teileigentum bzw. der Wohnungs- oder Teileigentümer und bei (Wohnungs-/Teil-)Erbbaurechten[1] das belastete (Wohnungs-/Teil-)Erbbaurecht bzw. der (Wohnungs-/Teil-)Erbbauberechtigte zu verstehen.

Der/Die Erschienene(n) erklärte(n) sodann:

1 Grundschuldbestellung

1.1 Der Eigentümer des/der im Grundbuch von

[ ]

eingetragenen Grundstücks/Grundstücke

Band [ ] Blatt/Nr. [ ] Bestandsverzeichnis lfd. Nr. [ ]

Grundeigentum

bestellt auf dem genannten Grundeigentum eine Grundschuld in Höhe von

Betrag/Währungseinheit

in Worten (Betrag/Währungseinheit):

zugunsten

Gläubigerin

nebst [ ] Prozent Jahreszinsen vom heutigen Tag an sowie einer einmaligen Nebenleistung von 5 Prozent des Grundschuldbetrags. Die Zinsen sind am ersten Werktag eines jeden Jahres für das vorangegangene Kalenderjahr zahlbar, spätestens jedoch im Verteilungstermin.

Grundschuld und Nebenleistung sind fällig.

1.2 Ein Grundschuldbrief soll [ ] [2] gebildet werden. Auf Vorlage des Grundschuldbriefs und der sonstigen in § 1160 BGB genannten Urkunden im Fall der Mahnung oder Geltendmachung der Grundschuld wird auch namens des Rechtsnachfolgers verzichtet. Die Gläubigerin ist gemäß § 1117 Abs. 2 BGB berechtigt, sich den Grundschuldbrief vom Grundbuchamt aushändigen zu lassen.

1.3 Ist die Grundschuld zunächst nicht bei dem gesamten in Abschnitt 1.1 aufgeführten Grundeigentum eingetragen, so soll sie bereits mit der Eintragung an einem Teil des Grundeigentums als Einzelgrundschuld entstehen; ist sie bei mehreren, jedoch nicht bei allen Teilen des Grundeigentums eingetragen, so entsteht sie als Gesamtgrundschuld insoweit, als sie eingetragen ist.

2 Dingliche Zwangsvollstreckungsunterwerfung

Der Eigentümer und der/die Erschienene(n) zu [ ] als künftiger/künftige Eigentümer unterwirft/unterwerfen sich wegen aller Ansprüche an Kapital, Zinsen und Nebenleistung, welche der Gläubigerin aus der Grundschuld zustehen, der sofortigen Zwangsvollstreckung in das mit der Grundschuld belastete Eigentum, und zwar in der Weise, dass die Zwangsvollstreckung aus dieser Urkunde gegen den jeweiligen Eigentümer des Grundeigentums zulässig sein soll.

1 Vordruck 220 170 verwenden, falls nach dem Erbbauvertrag zur Belastung oder Veräußerung des Erbbaurechts die Zustimmung des Grundstückseigentümers erforderlich ist.
2 Soll ein Grundschuldbrief nicht gebildet werden (Buchgrundschuld), so ist hier das Wort „nicht" einzutragen; die folgenden beiden Sätze sind dann zu streichen.

3 Bewilligungen und Anträge

3.1 Der Eigentümer bewilligt und beantragt im Grundbuch die Eintragung

a) der unter 1 bestellten Grundschuld nebst Zinsen und Nebenleistung.

Raum für eine etwaige vom Gesetz (§ 45 GBO) abweichende Bestimmung des Rangverhältnisses

Sollten etwa ausbedungene Rangstellen zunächst nicht verschafft werden können, so beantragt der Eigentümer, das vorgenannte Grundpfandrecht an nächstoffener Rangstelle einzutragen.

b) seiner Unterwerfung unter die sofortige Zwangsvollstreckung gemäß 2.

Die vorgenannten Anträge sowie etwaige weitere in dieser Urkunde gestellten Anträge auf Eintragung oder Löschung sind nicht als einheitliche Anträge zu behandeln.

Der Eigentümer stimmt der Löschung der der vorgenannten Grundschuld gleich- und vorrangigen Grundpfandrechte zu.

3.2 Der Eigentümer beantragt beim Grundbuchamt, der Gläubigerin

a) den Grundschuldbrief auszuhändigen, sofern dessen Erteilung nicht ausgeschlossen ist,

b) nach Vollzug der Eintragungsanträge eine unbeglaubigte Grundbuchabschrift zu erteilen,

c) von etwaigen Zwischenverfügungen eine Abschrift zu erteilen.

3.3 Der Eigentümer beantragt beim Notar,

a) der Gläubigerin sofort eine Ausfertigung dieser Urkunde zu erteilen,

b) der Gläubigerin eine vollstreckbare Ausfertigung dieser Urkunde zu erteilen,

c) dem Grundbuchamt eine Ausfertigung dieser Urkunde einzureichen,

d) dem Eigentümer eine einfache Abschrift dieser Urkunde zu erteilen.

4 Persönliche Haftung mit Zwangsvollstreckungsunterwerfung

Der/Die Erschienene(n) zu ____________

nämlich[1]

Namen einsetzen

übernimmt/übernehmen hiermit – als Gesamtschuldner – die **persönliche Haftung** für die Zahlung eines Geldbetrags, dessen Höhe der vereinbarten Grundschuld (Kapital, Zinsen, Nebenleistungen) entspricht und unterwirft/unterwerfen sich gleichzeitig deswegen der **sofortigen Zwangsvollstreckung** aus dieser Urkunde in sein/ihr **gesamtes Vermögen.** Dies gilt auch schon vor der Eintragung der Grundschuld im Grundbuch und vor der Vollstreckung in das belastete Grundeigentum sowie für den Fall des Erlöschens der Grundschuld im Zwangsversteigerungsverfahren hinsichtlich des Betrags (Kapital, Zinsen, Nebenleistungen, Kosten), mit welchem die Gläubigerin hierbei ausgefallen ist. Er/Sie beantragt/beantragen beim Notar, der Gläubigerin auch insoweit eine vollstreckbare Ausfertigung dieser Urkunde zu erteilen.

Der Notar hat die Erschienenen insbesondere auf die über die Grundschuldsicherheit hinaus übernommene persönliche Schuldverpflichtung hingewiesen und über die daraus folgende Haftung mit dem gesamten Vermögen belehrt.

Aus der unter 1 bestellten Grundschuld und der übernommenen persönlichen Haftung darf sich die Gläubigerin nur einmal in Höhe des Betrags der Grundschuld nebst Zinsen, Nebenleistungen und Kosten der dinglichen Rechtsverfolgung gem. § 1118 BGB befriedigen.

1 Die persönliche Haftung kann nur von Schuldnern oder Bürgen übernommen werden.

5 Schlussbestimmungen

5.1 Die in dieser Urkunde genannten Eigentümer bestellen sich gegenseitig zu **Zustellungsbevollmächtigten** und bevollmächtigen sich gegenseitig, alle Zustellungen und Willenserklärungen, die das Grundpfandrecht betreffen, und zwar auch im Zwangsvollstreckungsverfahren, in Empfang zu nehmen.

5.2[1] Der Eigentümer ist mit der späteren Umwandlung in eine Briefgrundschuld und mit einem Verzicht auf die Rechte nach § 1160 BGB einverstanden. Er bevollmächtigt die jeweilige Gläubigerin unter Befreiung von den Beschränkungen des § 181 BGB, jederzeit die Eintragung der Umwandlung in das Grundbuch zu bewilligen und zu beantragen sowie sich den Brief vom Grundbuchamt aushändigen zu lassen.

5.3 Der künftige Eigentümer verzichtet auf den Nachweis seiner Eintragung als Eigentümer bei der Erteilung einer vollstreckbaren Ausfertigung dieser Urkunde.

5.4 Die Kosten dieser Urkunde und ihres Vollzugs trägt der Eigentümer.

5.5 Sollten einzelne Bestimmungen dieser Urkunde unwirksam sein bzw. nicht durchgeführt werden, so bleiben die übrigen Bestimmungen wirksam. Soweit Bestimmungen unwirksam sind, gelten ergänzend die gesetzlichen Vorschriften.

5.6 Der Notar hat den Grundbuchinhalt festgestellt.

6 Zustimmungserklärung des Ehegatten

Der Ehegatte erteilt hiermit aus güterrechtlichen Gründen seine **Zustimmung**.[2]

– Nicht Inhalt der notariellen Urkunde –

Zustimmung und Antrag der Gläubigerin

Die Gläubigerin stellt unter Annahme der Grundschuldbestellung hiermit ebenfalls alle Anträge an das Grundbuchamt aus dieser Urkunde.

Ort, Datum	Gläubigerin[3]

1 Streichen, wenn von vornherein ein Grundschuldbrief gebildet werden soll.
2 Streichen, wenn die Zustimmung des anderen Ehegatten nach § 1365 BGB nicht erforderlich ist.
3 Eine Beglaubigung der Unterschrift der Gläubigerin ist nicht erforderlich.

Literaturverzeichnis

Balser/Bögner/Ludwig	Vollstreckung im Grundbuch, 10. Auflage 1999
Claßen-Kövel/Keilhäuber	Teilungs- und Zwangsversteigerungen, 1998
Clemente, Clemens	Recht der Sicherungsgrundschuld, 3. Auflage 1999
Dassler/Schiffhauer/ Gerhardt/Muth	Gesetz über die Zwangsversteigerung und die Zwangsverwaltung, 12. Auflage 1991
Der Junge Rechtspfleger	Zwangsversteigerung und Zwangsverwaltung, 2. Auflage 1968
Ehlenz/Weis	Insolvenzrecht für Banken, 1999
Eickmann, Dieter	Die Teilungsversteigerung, 4. Auflage 1998
Eickmann, Dieter	Zwangsversteigerungs- und Zwangsverwaltungsrecht, 1991
Gablenz, Klaus Bernhard	Immobilienzwangsversteigerung, 1999
Gerhardt, Walter	Grundpfandrechte im Insolvenzverfahren, 8. Auflage 1999
Haarmeyer/Wutzke/ Förster/Hintzen	Zwangsverwaltung, 2000
Hintzen, Udo	Handbuch der Immobiliarvollstreckung, 3. Auflage 1999
Hintzen, Udo	Zwangsversteigerung, 1999
Hennings Dorothee	Zwangsversteigerungs- und Zwangsverwaltungsrecht, 3. Auflage 1990
Jäckel/Güthe	Kommentar zum Zwangsversteigerungsgesetz, 7. Auflage 1937
Korintenberg/Wenz	Gesetz über die Zwangsversteigerung und die Zwangsverwaltung, 6. Auflage 1935
Matschke, Hans Dieter	Immobilien versteigern und auseinandersetzen, 2. Auflage 1998
Mohrbutter/Drischler/ Radtke/Tiedemann	Die Zwangsversteigerungs- und Zwangsverwaltungspraxis, 7. Auflage 1990

Palandt	Bürgerliches Gesetzbuch, 59. Auflage 2000
Reinhard/Müller	Das Zwangsversteigerungsgesetz, 7. Auflage 1930
Siepe, Werner	Erfolgreiches Ersteigern von Haus oder Wohnung, 1997
Steiner	Zwangsversteigerung und Zwangsverwaltung, 9. Auflage 1984
Stöber, Kurt	Forderungspfändung, 12. Auflage 1999
Stöber, Kurt	Zwangsvollstreckung in das unbewegliche Vermögen, ZVG Handbuch, 7. Auflage 1999
Storz, Karl-Alfred	Praxis der Teilungsversteigerung, 2. Auflage 1999
Storz, Karl-Alfred	Praxis des Zwangsversteigerungsverfahrens, 7. Auflage 1998
Teufel, Helmut	Zwangsversteigerung und Zwangsverwaltung, 1979
Weinbörner, Udo	Zwangs- und Teilungsversteigerung bei Grundbesitz, 1995
Zeller/Stöber	Zwangsversteigerungsgesetz, 16. Auflage 1999

Stichwortverzeichnis

Ablösung 29, 98, 110 ff., 126, 128, 137, 213, 323, 354
- einstweilige Einstellung 127
- Grundpfandgläubiger 129, 137, 349
- öffentliche Lasten 98, 128, 129

Ablösungsbetrag 130
Abrechnung des Versteigerungs erlöses 239, 321
Abtretung der Rechte aus dem Meistgebot 155 f., 163, 236
- Grunderwerbsteuer 155 f.
- Haftung 156
- Kosten 156
- verdeckte Vollmacht 156, 163, 330
- Zuschlag 155

abweichende Versteigerungsbedingungen 142, 148, 153, 228 ff., 330, 353
Altenteil 39, 50, 140, 149, 153 f., 172, 196, 231, 326, 393
Altlasten 44 ff., 287
Anmeldung 19, 99, 101, 103 f., 139, 149, 176, 196 f., 212, 301
- zum Versteigerungstermin 99, 101, 103 f., 139
- zum Verteilungstermin 185, 187, 189, 197, 206, 214, 318
- zum Verteilungstermin in der Zwangsverwaltung 279, 282

Anordnungsbeschluss 53, 57, 139, 226, 252, 261, 307
- Teilungsversteigerung 306
- Vollstreckungsversteigerung 55
- Zwangsverwaltung 263

Antrag
- auf Zwangsversteigerung 53 f., 65, 70, 225, 227
- auf Teilungsversteigerung 303, 305, 319
- auf Vollstreckungsversteigerung 53, 70, 225, 227
- auf Zwangsverwaltung 262, 268

Antragsrücknahme 77, 230, 290 f., 310, 317, 322
Aufhebung der Gemeinschaft 299, 303
Aufhebung des Verfahrens 69, 127, 152, 170, 267, 291 f.
Aufhebungsbeschluss 292
Auflassungsvormerkung 30, 40, 193 f.
Ausbietungsgarantie 178 ff.
- Ausfallgarantie 181
- notarielle Beurkundung 180

Ausgebotsarten
- Einzelausgebot 114 ff., 121, 326, 330
- Gesamtausgebot 114 ff., 139 f., 326, 330
- Gruppenausgebot 114 ff., 140 f.

Ausgleichsbetrag § 182 ZVG 316 f., 336
außergerichtliche Befriedigung 211
außergerichtliche Verteilung 33, 210 ff., 281
außerordentliches Kündigungsrecht 20, 104, 175, 324

Bargebot 37, 117, 125, 137, 146 f., 184, 227, 310 ff., 318, 336
Bargebotszinsen 207, 231
Baulast 40
Befriedigungserklärung 209, 212
Befriedigungsfiktion gem. § 114 a ZVG 113, 166 ff.
- Abtretung der Rechte aus dem Meistgebot 167
- fällige Forderung 166

– Mithaftender 112, 166 f.
– persönliche Forderung 166
– Strohmann 167
– Verkehrswert 87
Beitritt 64, 68, 279, 318
– Teilungsversteigerung 320
– Vollstreckungsversteigerung 64, 68 ff., 81, 226
– Zwangsverwaltung 258 ff.
Beitrittsbeschluss 71, 269, 320
– 4-Wochen-Frist 322
Bekanntmachung des Termins 92 f., 356
– im Internet 95
Beschlagnahme 30, 37, 47, 50, 56, 257, 307, 356
– Eintritt 47, 56, 307
– Ende 48
– Veräußerungsverbot 47, 307
– Wirksamwerden 47, 261, 356, 359
Beschlagnahmewirkung 47, 104, 152, 265, 296, 307
beschränkt persönliche Dienstbarkeit 39, 192, 194
Bestandteile 47 f., 105 f.
bestehen bleibende Rechte 37, 98, 100, 121, 136, 150, 153 f., 230, 234 f., 310 f., 344 f., 349
bestrangig betreibender Gläubiger 35, 37, 98, 110, 121, 126 f., 153, 226, 304, 317, 352
Beteiligte 18
– Gläubiger 18, 27, 127, 148 f., 196, 229, 244, 279, 299, 301, 355, 358
– Schuldner 18, 57 f., 77 f., 119 ff., 159 ff., 166 ff., 207 f., 225 f., 241 ff., 349
Bewertung im Grundbuch eingetragener Rechte 35, 235, 304
Bietezeit 98, 101, 109, 120 ff., 151, 161 f., 230, 317, 337
Bietungsvollmacht 155, 157 f., 179
Briefrecht 25, 188, 220
Bruchteilseigentum 114, 116, 213, 299 ff., 303, 310, 312, 322, 330, 340
Bruchteilsgemeinschaft 299 ff., 310, 312

Deckungsgrundsatz 35, 304, 310, 316, 354
Deckungskapital 192 f.
Dienstbarkeit 38, 50, 193, 231
– beschränkte persönliche 39, 192, 194
dingliche Forderung 23, 42, 52, 99, 110, 130, 160 f., 189 f., 222, 258
dinglicher Gläubiger 25 f., 153, 160
dinglicher Schuldner 27
dinglicher Titel 23 f., 27
dingliches Vorkaufsrecht 39, 193, 195, 232, 235, 324
Doppelausgebot 39, 121, 153 f., 229 ff., 316
Drittwiderspruchsklage 255
Duldung der Zwangsvollstreckung 23, 27, 129
Duldungsklage 24
Duldungstitel 23, 24, 129

Eigenbesitzer 47 f., 267
Eigentümergrundschuld 31, 42, 190 f., 216, 219 ff., 302, 311
Eigentumswechsel 24 f., 175, 236, 241, 318
Einstellungsbeschluss 64, 77, 79, 83
einstweilige Einstellung des Zwangsversteigerungsverfahrens
– auf Antrag des Insolvenzverwalters 61, 65
– auf Antrag des Schuldners 57 f., 60, 73, 78, 226
– auf Bewilligung des Gläubigers 77, 81 ff., 112, 136
– in der Teilungsversteigerung 308 f., 317 f., 322
– von Amts wegen 152, 170
– wegen Nichtabgabe von Geboten 111, 152
einstweilige Einstellung des Zwangsverwaltungsverfahrens auf Antrag des Insolvenzverwalters 294
Einzelausgebot 114 ff., 121, 326, 330
– Zuschlag 119 ff.
Erbbaurecht 38, 232 ff., 324
– Erbauzins 193, 195, 231 ff.
– Stillhalteerklärung 235
– Zustimmung des Grundstückseigentümers 173, 231, 236

Erbbauzins 193, 195, 231 ff.
Erbe 26, 45, 299, 303, 322, 340
– Zwangsversteigerung auf Antrag des Erben 360 f.
erhöhte Sicherheitsleistung 134, 135 ff.
Erinnerung 196, 212, 252, 254, 342
Erlösverteilung 184 ff., 278 ff., 340 ff.
– Teilungsversteigerung 340 ff.
– Vollstreckungsversteigerung 184 ff.
– Zwangsverwaltung 278 ff.
Ersatzwert 39, 149 f., 193 f., 231
Ersteher 149, 160, 170, 210, 237 ff., 241, 324, 338
– dinglicher Schuldner 207, 225, 349
– persönlicher Schuldner 100, 168, 207, 223, 228
Erzeugnisse 47 f., 106

Finanzierung des Erstehers 237 f.
– Miteigentümer in der Teilungsver steigerung 349
– Vollstreckungsversteigerung 237 f.
Flugzeuge – siehe Luftfahrzeuge
Flurbereinigungsverfahren 38
Forderungsübertragung 223 ff., 231, 340 – siehe auch Nichtzahlung des Meistgebots
Fortsetzung des Verfahrens 73, 77, 81, 152, 170
Fortsetzungsantrag 73, 77, 84
Fortsetzungsbeschluss 85, 253

Gebote 100f., 111 ff., 123, 135, 151 f., 162, 330, 337, 353
– Bietungsvollmacht 155, 157 f., 179
– gesetzliche Vertreter 155
– juristische Personen 155
– Vormundschaftsgericht 155
Gerichtskosten 32 f., 35, 37, 170, 185, 206, 210, 278, 311
– Teilungsversteigerung 32 f., 350
– Vollstreckungsversteigerung 32 f.
geringstes Bargebot 146 f., 313 ff., 336
geringstes Gebot
– Teilungsversteigerung 304, 310 ff., 332
– Vollstreckungsversteigerung 36 ff., 117, 141, 146 ff.
Gesamtausgebot 114 ff., 121 ff., 140, 212, 326, 330
– Antrag 114, 116, 140, 332
– Verteilung 121 ff., 203, 212 ff., 346
– Zuschlag 119 ff., 122 f.
Gesamtgrundpfandrecht
– Verteilung nach § 1132 BGB 127, 212 ff.
– Verteilung nach § 64 ZVG 29, 121 ff.
Gesamthandseigentümer 310
gesetzliche Versteigerungsbedingungen 141 f., 149, 172, 234, 332 f., 338
gesetzliche Vertretung 155
gesetzlicher Löschungsanspruch 30, 42, 219 ff., 311
Gläubiger 18, 24 f., 27, 36, 127 f., 148 f., 196, 229, 244, 279, 290, 299, 301, 316 ff., 351, 355, 358
Gläubigerablösung s. Ablösung
Gläubigerwechsel 24 f.
Grundbuchersuchen 206, 210, 221, 225, 307
Grundbuchsperre 37 f., 67
Grunddienstbarkeit 38, 193, 195
– Bewertungserklärung 235
– Wertersatz 193 f.
Grunderwerbsteuer 44, 113, 140, 155 f., 210, 226, 238, 330
Grundpfandrecht 19 ff., 27 f., 63, 92, 98 f., 101, 167, 188, 207 f., 212 f., 219 ff., 234, 265, 294 ff., 318 ff., 348 ff., 351 ff.
Grundschuld 21, 28 f., 40 ff., 49 ff., 94, 124, 130, 136 f., 161, 188 f., 207 f., 216 ff., 2222 ff., 233, 237 f., 244 ff., 302, 311, 348 ff.,
– dinglicher Anspruch 23 f., 27
– Rückgewähranspruch 191, 208, 216 ff., 222 ff., 240, 245, 302, 348 f.
– Übererlös 189, 192, 219, 223 f.
– Verwendungszweckerklärung 21, 41, 130, 191, 207, 216 f., 240, 302, 349
Grundschuldzinsen 63, 161
– laufende Ansprüche 36, 43, 50 ff., 185
– rückständige Ansprüche 37, 50 ff., 101, 188, 289, 310
– Verjährung 28, 42
Grundsteuer 43, 270, 272

Grundstücksbezeichnung 26, 92, 302
Grundstücksbruchteil 299 ff., 303, 312, 322
Grundstückseigentümer 18, 21 ff., 30 f., 47, 57 ff., 87, 122, 130, 134, 154, 159 f., 176 f., 218, 254, 261, 349
Gruppenausgebot 114 ff., 140 f.
– Zuschlag 119

Hinweise für Bietinteressenten 380
Höchstbetragshypothek 192
Hypothek 23, 42, 47 f., 99, 168, 191, 216, 257, 311

Insolvenzantrag 66 ff.
Insolvenzverwalter 29, 38, 61 ff., 242, 293 f., 309, 351 ff.
– Einstweilige Einstellung des Zwangsversteigerungsverfahrens auf Antrag des I. 61, 65
– Einstweilige Einstellung des Zwangsverwaltungsverfahrens auf Antrag des I. 294
– Zwangsversteigerung auf Antrag des I. 351 ff.
– Zwangsversteigerung gegen den I. 38, 65, 293, 354

Klausel 19, 24 f., 42, 174, 225 f.
– Umschreibung 24 ff., 65, 128, 136, 294
Konkurs 30, 38, 68
Kosten
– Abhalten des Versteigerungstermins 32
– bisherige Rechtsverfolgung 101, 279, 287, 290
– Durchführung des Zwangsversteigerungsfahrens 32 f., 37, 113, 210
– Durchführung des Zwangsverwaltungsverfahrens 278
– Eintragung einer Zwangssicherungshypothek 32
– Erhaltung und Verbesserung 276 f., 288, 298
– Gerichtskosten 32 f., 35, 37, 170, 185, 206, 210, 278, 311
– Rechtsanwaltsgebühren 33 f., 350

Kündigung
– Grundpfandrecht 21, 101
– Mietverhältnis 104, 174 f., 231, 272, 295, 324

Lebenserwartung 150, 192, 383 f.
Liegenbelassungsvereinbarung 207 f., 238 f.
– Bargebotsminderung 207
– Befriedigungswirkung 208
– Form 208
– Grundpfandrechte 207
– Rückgewähranspruch 208
– Zeitpunkt 209, 239
Litlohnansprüche 35, 101, 288
Löschung des Zwangsversteigerungsvermerks 310
Löschung des Zwangsverwaltungsvermerks 293
Löschungsanspruch 219 ff.,
Löschungsvormerkung 219 ff.
– Zwischenrechte 221
Luftfahrzeuge 358 f.
– Luftfahrtbundesamt 359
– Vollstreckungsgericht 359

Meistgebot 112 f., 118 f., 134, 154 ff., 167 ff., 223, 241 f., 324, 337, 348
Mietpfändung aus dinglichem Anspruch 297 f.
– Vorrang öffentlicher Lasten 298
Mieter 104, 128, 174 ff., 266, 270, 297, 357
Mietverhältnis 47, 104, 174 f., 231, 272, 294 f., 324, 338
Mietvorauszahlung 104, 175 ff., 227
Mietzins 175 ff., 194, 258, 265 ff., 295 ff.
Miteigentumsanteil 17, 114, 116, 213, 299 ff., 303, 330, 340
Mithaftende 112, 166 f.
mithaftende Gegenstände 48, 106 ff., 307, 338, 352
Mitteilung an sonstige Beteiligte 18 f., 69, 86, 92, 169, 185, 212, 253, 279, 293, 301, 324
Mitteilung nach § 41 ZVG
– Teilungsversteigerung 322, 329
– Vollstreckungsversteigerung 102, 129

Nichtzahlung des Meistgebots 130, 136, 223
– Befriedigungswirkung 223
– Forderungsübertragung 136, 223
– Sicherungshypothek 225 f.
– Wiederversteigerung 225 f.
Nießbrauch 29, 192, 194

Öffentliche Bekanntmachung 92 f., 356
Öffentliche Lasten 35, 101, 128 ff., 149, 234, 265, 279, 287, 289, 294
– Kosten der Altlastsanierung 44 ff., 287
– übliche öffentliche Lasten 43 f., 298
– Vorrang öffentlicher Lasten bei Pfändung 298

Pachtverhältnis 47, 170, 174 ff., 257, 294 f., 324, 338
persönliche Forderung 19, 25, 28 f., 40 f., 110, 130, 160, 190, 216, 218 f., 245, 302, 349
persönlicher Gläubiger 18, 22, 27, 36, 128, 279, 287, 290, 351
persönlicher Titel 22, 27
Pfändung
– Auseinandersetzungsanspruch des Miteigentümers 303, 322 f.
– Erbteil 299, 322 f.
– Mietpfändung aus dinglichem Anspruch 297 f.
Pfändungsvermerk 323
Pfandrecht 358 f.

Rangklassen 35 f., 43, 50 f., 188, 227, 287 ff., 304, 311
Reallast 23, 39, 50, 153, 192, 194 ff., 232 ff.
Rechte in Abt. II 37 ff., 192 ff., 311
Rechte in Abt. III 40 ff., 188 ff., 311
Rechtsanwaltsgebühren
– Teilungsversteigerung 350
– Vollstreckungsversteigerung 32 ff.
– Zwangsverwaltung 277
Rechtsmittel
– Anfechtung des Teilungsplans 192, 196 f., 222, 342
– Drittwiderspruchsklage 255
– einstweilige Einstellung 109
– Erinnerung 196, 212, 252, 254, 342
– gegen Anordnungs- bzw. Beitrittsbeschluss 57, 61, 252
– Rechtspflegererinnerung 196, 252, 342
– sofortige Beschwerde 252 ff.
– Vollstreckungsgegenklage 196, 218
– Vollstreckungsschutz 159, 174, 254, 298, 309
– Wertfestsetzungsbeschluss 87, 324
– Zuschlagsbeschwerde 61, 150, 170, 252 f.
Rechtsnachfolge 25, 45, 128
Rechtspfleger 18, 252 ff., 301
Rückgewährberechtigter 189, 224, 348
Rückgewähranspruch 191, 208, 216 ff., 222 ff., 240, 245, 302, 348 f.
– in der Teilungsversteigerung 348 f.
– und Löschungsanspruch 222 ff.

Sachverständiger 60, 81, 227
Schiffe 355 ff.
– Bewachung 355,
– Binnenschiffe 355
– Seeschiffe 355, 357
– Vollstreckungsgericht 355
Schiffshypothek 355, 357
Schiffsregister 355 ff.
Schuldenmasse 200, 344
Schuldner 18, 53, 57 f., 60, 73, 77 f., 100, 113, 119 ff., 134, 159 ff., 166 ff., 196, 207 f., 225 f., 239, 241 ff., 267, 270, 273, 323, 349
– Eigenbesitzer 47 f., 267
– Grundstückseigentümer 18, 21 ff., 30 f., 47, 57 ff., 87, 122, 130, 134, 154, 159 f., 176 f., 218, 254, 261, 349
– Tod 26
Schuldnerberater 96, 116, 122 f., 175 ff., 229
Schuldnerschutz
– nach § 85 a ZVG 113, 119 ff., 159 ff., 163, 338
– nach § 765 a ZPO 60 f., 154, 160, 174, 254, 309
Sicherheitsleistung 110, 130 ff., 169, 223, 337, 354, 357
– Bankscheck 132 ff.

– bestätigter Bundesbankscheck 128, 132, 135
– Bürgschaft 132, 134 f., 223
– erhöhte 134, 135 ff.
Sicherungseigentümer 108 f.
Sicherungshypothek 17, 22, 30 ff., 67, 94, 100, 191, 225 ff., 322
sofortige Beschwerde 252, 254
Staatsanzeiger 92, 95
Strohmann 167, 173, 223, 227, 330
Surrogationsprinzip 188

Tabelle über durchschnittliche Lebenserwartung 383
Teileigentum 17, 300
Teilungsmasse 149, 199 ff., 209, 213, 344 ff.
Teilungsplan 185 ff., 196 ff., 208 ff., 211, 265, 271 f., 278 f., 284 ff., 342 ff.
– Ausführung 196, 209, 223, 278
– bestehen bleibende Rechte 200, 203, 207, 209, 344, 346
– Grundsätze für die Aufstellung 185 ff.
– Schuldenmasse 200, 344
– Widerspruch 192, 196 f., 222, 342
Teilungsversteigerung 299 ff.
– bestehen bleibende Rechte 310 f., 333, 344, 346
– betreibender Gläubiger 310, 316 ff.
– Bruchteilsgemeinschaft 299 ff., 310, 312
– einstweilige Einstellung 308 f., 317 f.
– geringstes Gebot 304, 310 ff.
– Gesamthandsgemeinschaft 310
– Verteilung des Erlöses 323, 340 ff.
– Vollstreckungsschutz 309
– Zuschlag 324, 337 ff.
Terminsbekanntmachung 92 f., 356
Terminsbestimmung 90, 92, 185 f., 279 f., 328, 341, 356 ff.
Titel
– dinglicher 23 f., 27
– persönlicher 22, 27

Umfang der Beschlagnahme 30, 47 f., 257, 265, 296, 307, 356
Umsatzsteuer 241 ff.
Unterschiedliche Belastung von Miteigentumsanteilen 312, 342

Veräußerungsverbot 40, 47, 307
Verfügungsbeschränkung 48, 307
Vergütung des Zwangsverwalters 259, 270, 274 ff., 294, 390 ff.
Verhandlung über den Zuschlag 152, 154 f., 161 f., 337
Verkehrswert 32, 44, 86 ff., 105, 324 ff., 357
Verkehrswertfestsetzung 86 ff., 324 ff., 357
– Sachverständigengutachten 60, 81, 227
– Überprüfung im laufenden Verfahren 88
– Wertfestsetzungsbeschluss 88, 327
Veröffentlichung 92, 95
Versagung des Zuschlags 98, 113, 119 ff., 126 f., 159 ff., 163, 169 f., 230, 253, 317, 338
Versicherungsleistung 47 ff.
Versteigerung mehrerer Grundstücke 115
– Verbindung der Verfahren 18, 27, 236, 300
Versteigerungsbedingungen
– abweichende 142, 148, 153, 228 ff., 330, 353
– gesetzliche 141 f., 149, 172, 234, 332 f., 338
Versteigerungstermin 148 ff., 331 ff.
– Anmeldung im Termin 99, 101, 103 f., 139
– Bietezeit 98, 101, 109, 120 ff., 151, 161 f., 230, 317, 337
– mehrere zusammengehörende Objekte 114 ff.
– Ort 89
– Verhandlung über den Zuschlag 152, 154 f., 161 f., 337
– Zuschlag 111, 116 ff., 122, 154, 168 f., 171, 338, 352 ff.
Verteilung eines Gesamtrechts
– Verteilung nach § 1132 BGB 127, 212 ff.
– Verteilung nach § 64 ZVG 29, 121 ff.

Verteilungstermin 197 ff., 278 ff., 340 ff.
- Anmeldung zum Verteilungstermin 187, 282
- Teilungsversteigerung 318
- Vollstreckungsversteigerung 185, 187, 189, 197, 206, 214
- Zwangsverwaltung 279, 282
Verteilungsverfahren
- Teilungsversteigerung 340 ff.
- Vollstreckungsversteigerung 197 ff.
- Zwangsverwaltung 278 ff.
- Verwendungszweckerklärung 21, 41, 130, 191, 207, 216 f., 240, 302, 349
Verwertung durch Forderungsverkauf 127, 244 ff.
vollstreckbare Urkunde 22, 24 f., 94
Vollstreckungsgegenklage 196, 218
Vollstreckungsgericht 18, 197, 298, 300, 323, 355, 358, 359
Vollstreckungsschutz 159, 174, 254, 298, 309
Vollstreckungsvoraussetzungen 19, 22, 128, 258, 265, 297
Vorkaufsrecht 39, 193, 232, 235
- Teilungsversteigerung 324
- Vollstreckungsversteigerung 193, 195, 232
vorläufiger Teilungsplan 197, 206, 208
Vormerkung 192, 193, 195, 219, 232 f.
Vorschüsse im Zwangsverwaltungsverfahren 35, 101, 271, 276 f., 287 f.

Wahlmöglichkeit Löschungsanspruch/Rückgewähranspruch 222 ff.
Wegerecht 38, 40, 150
Wertersatz 39 f., 192, 194 ff., 232
Wertfestsetzung 86 ff., 324 ff., 357
wesentliche Bestandteile 47, 105 f.
Widerspruch 304
Widerspruch gegen den Teilungsplan 192, 196 f., 222, 342
- Begründetheit 196
- Hilfszuteilung 196
- Rechtsstreit 197
- Vollstreckungsschuldner 196, 222
- Widerspruchsklage 197, 222
wiederkehrende Leistungen 35, 47, 232, 277, 281, 310 f.
- laufende Beträge 36, 43, 50 ff., 185
- rückständige Beträge 37, 50 ff., 101, 188, 289, 310
Wiederversteigerung 131, 223 ff.
Wohnrecht 39, 50, 153, 194, 267
Wohnungseigentum 17, 271, 300, 324
- Zustimmung des Verwalters 173

Zahlung im Termin 184
Zubehör 47, 106 ff., 307, 338, 352
- Bereicherungsansprüche 104 f.
- schuldnerfremdes Zubehör 47, 104 f.
Zuschlag 111, 116 ff., 122, 154, 167 ff., 352 ff.
- bei mehreren Ausgebotsarten 116, 122, 352 ff.
- Eigentumswechsel 170, 227, 237, 241, 338
- Grunderwerbsteuer 113, 155 f., 210, 226, 238
- Räumungstitel 173, 338
- Rechtskraft 170, 173, 253
- Titel 225 f., 228
- Umfang 170
Zuschlagsbeschluss 154, 168 f., 171, 339
- Gefahrübergang 170
- Vollstreckbarkeit 225
Zuschlagsbeschwerde 61, 150, 170, 253
Zuschlagsverkündigungstermin 156, 168, 324
Zuschlagsversagung 98, 113, 119 ff., 126 f., 159 ff., 163, 169 f., 230, 253, 317, 338
Zuschlagsversagung nach § 74 a ZVG 154, 160 ff., 322, 338
- Antragsrecht 160 f., 164 f.
- Widerspruchsrecht 169
Zuschlagsversagung nach § 85 a ZVG 113, 119 ff., 159 ff., 163, 338
Zustellung 19, 26, 38, 87, 92, 136, 169, 185, 225, 252, 261, 279, 293, 307
- vollstreckbare Urkunde 25
- von Amts wegen 53
Zuteilung 35 f., 105, 160, 188 f., 192 ff., 207 ff., 218, 240, 265, 293, 317, 323
Zuzahlung 112, 127, 149, 162 f., 196, 221

Zwangssicherungshypothek 17, 22, 30 ff., 67, 94, 100, 191, 225 ff., 322
- Eintragung 17, 30 ff.
- gesetzlicher Löschungsanspruch 42 f., 219 ff.

Zwangsversteigerung auf Antrag des Insolvenzverwalters 351 ff.
- Antrag 351, 353
- betreibender Gläubiger 352
- Doppelausgebot 352 f.
- Zuschlagserteilung 354

Zwangsversteigerung zur Aufhebung der Gemeinschaft s. Teilungsversteigerung 299 ff.

Zwangsversteigerungsvermerk 18 f., 36 f., 48, 53, 68, 210, 301, 307

Zwangsverwalter
- Bericht über die Inbesitznahme 271
- Bestellung 258
- Betriebsfortführung 273 f.
- geeignete Person 259
- Haftung 259
- Inbesitznahme des Grundstücks 261, 267
- Institutsverwalter 258 ff.
- Mietvertrag 272 f.
- Schuldner als Verwalter 267 f.
- Vergütung 259, 270, 274 ff., 294, 390 ff.
- Verteilung des Erlöses 278 ff.
- Verwertung der Nutzungen 273
- Zwangsverwalterverordnung 385 ff.

Zwangsverwaltung 257 ff.
- Anordnungsbeschluss 263
- Beendigung 291
- Beitrittsbeschluss 269
- Gerichtskosten 278
- Rechtsanwaltsgebühren 277

Zwangsverwaltung auf Antrag des Insolvenzverwalters 355

Zwangsverwaltungsvermerk 261, 279, 293